日本哲学史

The History of Japanese Philosophy

藤田正勝

昭和堂

日本哲学史

——目次

第二部　形成期——大正・昭和前期の哲学

第一章　大正・昭和前期の思想状況

第二章　西田哲学と田辺哲学

第三章　西田・田辺と同時代の哲学のさまざまな展開

第四章　西田・田辺の弟子たち

第三章　戦後の日本の哲学の多様な展開

序章　日本の「哲学」と「哲学史」

1　「哲学」をどう捉えるか

(1)「哲学」とは

「日本哲学史」について論じるにあたって、まず問題になるのは、「哲学とは何か」ということである。古代ギリシア以来の西洋の伝統の立場に立てば、それは自明な問いであると言えるかもしれない。しかし、日本において哲学を問題にするとき、それは必ずしも自明の問いではない。日本は、明治維新後、政治のあり方を根本から変えたが、学問の領域においても、西洋のそれに倣う形で根本的な変革が加えられた。哲学も、物理学や法学などと同じく、そのときに受容された学問の一つである。しかしその受容は、ただ単にすでにできあがったものを別の場所に移すという作業ではなかった。新しく紹介された哲学は、それ以前に成立していた世界観を基盤にして、それと混じりあう仕方で受け入れられていった。そうであるとすれば、そこで受け入れられたものをphilosophy と同じ意味で「哲学」と呼ぶことができるのか。さらに、その基盤となったものは「哲学」と呼びうるのか、あるいはそうでないのか。もしそれでないとすれば何なのか、という問いが当然出されうる。受容した側からすれば、何が「哲学」かという問いは、このような簡単には答えられない問題と切り離しがたく結びついている。

われわれは現在、「哲学」という言葉を違和感なく使っているが、この訳自体が、伝統的な思想を踏まえてはじめてなされたものであった。philosophia, filosofie (philosophie), philosophy と呼ばれる学問の存在を知ったとき、それをどう訳するか、明治の初め、人々は大いに迷ったに違いない。たとえば「究理学」や「性理学」、「理学」、「理論」、「玄学」、「知識学」といったさまざまな訳が試みられたことからも、そのことが知られる。「究理学」や「性理学」、「理学」という訳がなされたのは、哲学が周濂渓《しゅうれんけい》（一〇一七―一〇七三）に始まる宋学に重ねあわせて理解されたからである。そのなかでも、最初、有力であったのは「理学」という訳であった。多くの語学辞書が philosophy を「理学」と訳しているし[1]、明治初期に広く読まれたジョン・スチュアート・ミルの『自由之理』（中村正直訳、一八七一年）でも philosophy は「理学」と訳されている。

それに対して西周は philosophy あるいは filosofie (philosophie) という言葉の「知を愛する」というもともとに意味に沿って、最初「希哲学」と、そしてのちに「哲学」と訳した。それがやがて広く使われるようになったのであるが、なぜ西は「理学」という訳を避けたのか、それを知る手がかりになるのは、「生性発蘊」と題された論考の次の言葉である。「理学理論ナト訳スルヲ直訳トスレトモ、他ニ紛ルコト多キ為メニ、今哲学ト訳シ、東洲ノ儒学ニ分ツ」（西一・三一）[2]。直訳としては「理学」ないし「理論」という訳が適切であることを認めながら、「他ニ紛ルコト多キ為メ」に「哲学」という訳を選択したことがここで言われている。「他ニ紛ル」というのは、もちろん儒学と混同されることを慮ってのことにほかならない。なぜ混同を避けようとしたのか、それは西が、哲学を儒学と根本において異なった学問として理解していたからである。両者の違いを際だたせるために、彼はあえて「哲学」という新造語を使ったのである（詳しくは第一章第一節を参照）。しかし、西もまったく自由にこの訳語を作りだしたのではない。そう訳したときに彼の念頭にあったのは、周濂渓の『通書』「志学第十」の「聖希天、賢希聖、士希賢」という表現であった。それを踏まえて「希哲学」という訳語を作りだしたのである。

このことからも、哲学の受容が、それ以前に定着していた思想的な基盤の上ではじめてなされた営みであったことがわかる。当然、その思想の伝統もまた、哲学の受容と展開の歴史のなかに入り込んでいる。そこに形成されたのが「哲学」であったと言うことができる。

（2）「哲学の中心」は存在するか？

このように受容する側の思想的な基盤の上で受けとめられ、伝統的な思想と混じりあいながら、独自な発展を遂げていったものを、philosophy と同じ意味で「哲学」と呼ぶことができるのかという問いに対して、古代ギリシア以来の西洋の哲学こそが「哲学」と呼ばれるべきものであり、それ以外のものはそれの変容にすぎない、という答が出されるかもしれない。しかし、はたしてそう簡単に言えるであろうか。

かつて京都大学で西田幾多郎の『善の研究』が刊行百周年を迎えたのを機に、記念の国際シンポジウムが開催されたが、そこでゲストの一人であった韓国江原大学のイ・グァンネ（Lee Kwang Rae, 李光来）が「西洋哲学と東洋哲学との対話――哲学の中心はどこにもある／ない」という題で講演を行った。[3] その副題の「哲学の中心はどこにもある／ない」という表現は、二〇世紀のフランスを代表する哲学者であり、現象学の発展に力を尽くしたメルロ・ポンティ（Maurice Merleau-Ponty, 1908-1961）の著作から取られたものである。メルロ・ポンティは『シーニュ』（Signes, 1960）と題した著作に収めた「どこにもありどこにもない」（Partout et nulle part）という文章――これは彼が編集した『著名な哲学者たち』[4] の序文として書かれたものである――のなかで、「哲学の中心点はどこにでもあるが、その周辺はどこにもない」[5] と記している。イ・グァンネの問題提起は、この言葉を踏まえたものであった。

メルロ・ポンティはこの古今東西の哲学者たちの文章を集めたアンソロジーの序文で、まず、このように過去の著名な哲学者たちの文章を集めて一冊の本を編むことの危うさについて述べている。それは、そうした著作が往々にして、さまざまな観点やさまざまな学説のカタログといった性格のものに終わってしまいがちだからである。過去の哲学者の知的な肖像画を並べたカタログが、読者に「空虚な試み」という印象を与えることに対して、メルロ・ポンティは、出版に先立ってこの序文のなかで、危惧の念を表明している。

彼が、さまざまな観点やさまざまな学説のカタログという表現をしたとき、その念頭にあったのはヘーゲルの『哲学史講義』における「阿呆の画廊」（Galerie der Narrheiten）という言葉であったと考えられる。ヘーゲルの『哲学史講義』は後世に大きな影響を与えたが、そこで彼がまずしたのは、哲学史の記述は客観的なものでなければならないという、従来、哲学史に対して当然のこととして求められてきた要求を考え直すことであった。ヘーゲル自身の表現でいうと、「歴史は事実を偏りなく物語るべきである」という要求、つまり、哲学史を叙述する者の「特殊な関心と目的」とを極力抑えて物語るべきであるという要求[6]に疑義を呈することであった。それは、ディオゲネス・ラエルティウス以来の学説誌（doxographia）としての哲学史、具体的に言えば、年代順に哲学者の学説を並べていく形の哲学史に対して、否という言葉を突きつけるものであった。

過去の哲学者の見解・主張を、あたかも美術館に絵画を陳列するかのように、ただ並べていくだけの哲学史に対して、ヘーゲルは、それを通して人は博識にはなるであろうが、しかし博識とは無用な、つまり知っているということ以外には何の役にも立たないことをたくさん知っているということにすぎない、というように述べ、そのような無用な知の陳列にすぎない哲学史を「阿呆の画廊」と呼んだのである。

ヘーゲルの考えでは、哲学史は「偶然に抱かれる見解のコレクション」、つまりさまざまな学説の――必然性を欠いた――単なる寄せ集めではなく、「理念」（Idee）の必然的な展開であった。つまり、理念が自らを生みだし、矛盾を止揚し、自己を具体化していく過程であった。理念は哲学の歴史の進展とともにより具体的なものになっていくのである。そのような観点から言えば、理念の展開の途上に出現するそれぞれの哲学は、単なる「阿呆」ではない。何の連関もなくギャラリーに並べられるだけの絵画ではない。それぞれの哲学は、理念の展開の必須な一段階として、全体のなかに位置づけられる。しかも単に過去において必須であったものとしてではなく、総体としての理念を構成する一つの欠くことのできない契機として位置づけられるのである。そのような観点から書かれる哲学史は、決して「阿呆の画廊」などではなく、むしろ「思惟する理性の英雄たちの画廊」であるとヘーゲルは言う。

　メルロ・ポンティは、このようなヘーゲルの哲学史理解に強い反対の意を表明したのである。そこではそれぞれの哲学の固有の語彙や概念が無視され、その固有性を奪われて、言わばその魂が奪いとられて、ヘーゲルの構想した「絶対的体系」の下絵として、そのなかに組み込まれてしまう。そのような理解の上に立ってメルロ・ポンティは、過去の哲学が、言わばそれ自身の内から乗りこえられ、最終的に「絶対的体系」へと構築されていくというヘーゲルの楽天性をきびしく批判したのである。

　過去のどの哲学も——当然、ヘーゲルの「絶対的体系」の企てもそのなかに含まれる——、真理と狂気との両面をそのうちにはらんだ一つの全体的な企てなのであり、「あらゆる哲学を包む唯一の哲学というものは存在しない」[7]とメルロ・ポンティは述べている。そのような文脈のなかで、「哲学の中心点はどこにでもあるが、その周辺はどこにもない」と言われたのである。

　メルロ・ポンティはこの「哲学の中心点はどこにでもあるが、その周辺はどこにもない」という脱中心主義宣言のなかに、もう一つの意味を重ねている。それは「哲学と東洋」という問題に関わる。ここでもヘーゲルの哲学史理解が踏まえられている。ヘーゲルは『哲学史講義』のなかで、まず最初に哲学史とは何か、そして哲学は、したがって哲学の歴史はどこから始まるかという問題について論じている。そして結論として、東洋においては哲学が成立せず、哲学はギリシアにおいて始まったこと、したがって哲学史の記述はギリシア哲学から始められるべきことを宣言している。

ヘーゲルが哲学史の記述からインドや中国の思想を排除したのは、彼の理解によれば、東洋においては思考が単なる主観的な思いにとどまっており、客観的、実体的なものに高まっていなかったからである。言いかえれば、存在がまだ普遍的なものとして捉えられず、それに明確な規定が与えられていなかったからである。思考はそこではまだ「思考の思考」たりえていなかったのである。この「思考の思考」はヨーロッパにおいてはじめて成立したのであり、そこにおいてはじめて思考は哲学たりえたという確信がヘーゲルにはあった。

このヘーゲルの理解に対して、メルロ・ポンティは西洋的なものもまた、一箇の「歴史的創造物」であることを主張している。『シーニュ』のなかで彼は、フッサール（Edmund Husserl, 1859-1938）の『ヨーロッパの学問の危機と先験的現象学』における言葉、つまり「ヨーロッパ的な人間性は、そのうちに絶対的な理念を内包しており、「中国」とか「インド」と言われるときのように、単に経験的な人類学上の一つのタイプではないのかどうか(8)」という問いのなかで使われている表現を用いて、思想はみな、原理的に「人類学上の一つのタイプ」にすぎず、特別の権利をもつものはないこと、したがってヨーロッパ的思考もまたそのような特別の権利をもたないことを主張している。確かに西洋的な思考は、概念的な理解において、そしてその厳密さにおいてすぐれてはいるが、しかし他方、インドや中国の哲学は、「存在を支配する」のではなく、むしろ「存在との交渉の反響ないし共鳴器」であろうと務めてきた点にその特徴をもつ。メルロ・ポンティは、そうした別の思考に触れることによって、西洋の哲学は、「「西洋的」になることによって自らに閉ざしてしまったさまざまの可能性を測り、またおそらくはそれをふたたび開く術を学ぶことができるであろう(9)」と述べている。

ここでも指摘されているように、古代ギリシア以来の西洋の「哲学」こそが哲学であり、それ以外のものはそれを変容した異質なものであるという立場に固執することは、おそらく、自らのまなざしを閉ざしてしまうことにつながる。「西洋的」なもののみが哲学でありうるという理解は、一つの見方、一つの「哲学」理解であるにすぎない。哲学はもともと、それに携わる人々による主体的な思索によって担われ、従来の枠を超えて発展してきたし、これからもそのような形で発展していくであろう。新しい場所に置かれた哲学も、その場所で思索を始めた主体によって担われ、既存の世界観と対立したり、融合しあったりしながら、新たな展開を遂げていく。その新しい展開のそれぞれが「哲学」であり、そのどれも、他の思索を「他者」と見なす特別な権利をもたないと言えるのではないだろうか。

そうした立場に立つとき、哲学の「対話」の重要性が浮かびあがってくる。われわれのものの見方には、たいていの場合、先入見というものがまとわりついているが、哲学においても、当然のこととして見過ごされている前提、隠された前提が存在する。しかし、その存在に気づくこと、それを自覚にもたらすことは決して容易ではない。われわれは、長い時間をかけて作りあげられてきたものの見方のなかで自らの思想を形成し、その枠組みのなかで思索する。その枠組みのなかでものを考えるとき、思索の対象には意識を向けるが、その枠組み自体を意識することはない。ある特定のフレイムワーク（準拠枠）のなかで思索していることを考えることはない。そのフレイムワークを成立させている前提に吟味の目を向けることはない。自らのフレイムワークの隠された前提に気づくのは、異なったフレイムワークをもった思想に出会ったときである。文化一般がそうであるように、哲学もまた異なった思考に触れ、そこに自己にないものを見いだしたときに、自らの制限に気づき、従来の枠を超えて自らを発展させ、豊かにすることができる。

科学史家・科学哲学者として知られるトマス・クーン（Thomas Kuhn, 1922-1996）がかつて『科学革命の構造』[10]

という著作のなかで、同じフレイムワークのもとで研究を進める場合には、有意義な対話や相互批判を行うことができるが、しかし、異なったパラダイムを有する者のあいだではそれを行うことができないと主張したことがある。いわゆる「パラダイム」論を展開したのであるが、それに対してカール・ポパー（Karl Popper, 1902-1994）は、「フレイムワークの神話」と題した論文を発表し、クーンの相対主義的な理解を、科学の合理性と客観性を否定するものとして批判した。そこでポパーは次のように述べている。フレイムワークを異にした見解を前にしたときに、言い換えれば、より困難な問いを問いかけられたときに、われわれの見解は「より強く揺さぶられ、……それ以前とはよほど異なった仕方でものごとを見ることができるようになる。つまり、知的地平がより広く拡張される[11]」。

実際、われわれは同じ前提に立つ哲学者同士のあいだではなく、むしろ違った前提に立つ思想家とのあいだで対話を行うときに、従来の枠組みを超えた創造的な思索を行うことができるのではないだろうか。閉じた環境のなかでは生み出せなかった、新しい研究の可能性を切り開くことができるのではないだろうか。異なった思索の土壌から生みだされたものを排除するのではなく、むしろそれと積極的に関わっていくことによってわれわれは哲学を新たな地平へともたらすことができるように思われる。われわれは以上で述べたような広い意味で「哲学」を捉えたいと考えている。

(3) 明治以前の思想的な営みを「哲学」と呼ぶことができるか？

哲学の受容が、それ以前に成立していた世界観を基盤にして、それと混じりあう仕方でなされたとすれば、philosophy という新しい学問に触れる以前の、その受容の基盤となったものは「哲学」なのか、そうではないのか、もしそれでないとすれば何なのか、ということが次に問われるであろう。この問いと関わってすぐに思い浮かぶのは、中江兆民の「古より今に至る迄哲学無し」という言葉である。

兆民は『民約訳解』（一八八二―八三年）などを通してJ・J・ルソーの社会契約の思想や人民主権論を紹介し、自由民権運動に理論的基盤を提供したことで知られるが、『理学鉤玄』や『理学沿革史』（ともに一八八六年）など哲学に関する著作も多い――これらの著作の表題は、兆民が philosophy の訳語として「理学」という言葉を長く用いていたことを示している――。その兆民が亡くなる直前に執筆した『一年有半《ゆうはん》』（一九〇一年）のなかで次のように記している。「我日本、古より今に至る迄哲学無し。本居〔宣長〕、〔平田〕篤胤の徒は古陵を探り、古辞を修むる一種の考古家に過ぎず。……近日は加藤某〔弘之〕、井上某〔哲次郎〕、自ら標榜して哲学家と為し、世人も亦或は之を許すと雖も、其実は己れが学習せし所の泰西某々《たれそれ》の論説を其儘に輸入し、所謂崑崙《こんろん》に箇棗《このなつめ》を呑めるもの、哲学者と称するに足らず」（中江一〇・一五五）[12]。ここでは、以前にも古い事跡を調べたり、古い文献を研究したりした者、あるいは明治以降に西洋の哲学を紹介した者はいるが、古来より現在に至るまで、哲学者と呼ばれるべき者はいなかったし、したがって哲学も日本には存在しなかったという兆民の理解がはっきりと表明されている。

もしそうであるとすれば、逆に、何が存在したのか、ということが問題になる。その問いに答える形で一般に広く使われているのは、「思想」という言葉である。「思想」も、「哲学」と同様、古い言葉ではない。明治になって広く使われるようになった言葉である。おそらく thought という英語に対応させて、人生や社会についてのある定まった見解という意味で広く使われるようになっていったと考えられる。井上哲次郎らが編纂した『哲学字彙』（一八八一年）においても、thought に「思想」という訳語があてられている。

一般に空海や親鸞、あるいは世阿弥や本居宣長が著したものは、哲学と呼ばれずに、思想と呼ばれ、それが定着している。学問の領域においても、東北大学法文学部文化史学講座の教授を長く務めた村岡典嗣《つねつぐ》らの努力によって「日本思想史」という学問が一定の地歩を築いてきた。しかし、この「日本思想史」という学問のあり方は、他の国々の学問と比較したとき、かなり特殊な形態をとっていると言える。ヨーロッパでは、伝統的に哲学、そして哲学史がその領域をカバーしてきた。哲学は存在論や認識論だけでなく、実践哲学や歴史哲学、政治哲学、芸術哲学、宗教哲学などを含み、多領域にわたるが、「日本思想史」にあたるものが、哲学ないし哲学史の一分野として、あるいは哲学から独立した一分野として形成されることはなかった。

中国では、日本で「哲学」という言葉が定着したのを受けて、philosophy の訳語として「哲学」という言葉が使われはじめ、現在ではそれがごく普通に使われている。それが使われ始めたのは、一九世紀の末くらいからだと言われている。当初はその訳語が適切かどうか議論があったようであるが、二〇世紀になると、この言葉が一挙に広がり、「中国哲学史」が書かれるようになった（たとえば胡適《こせき》の『中国哲学史大綱』など）。その場合、老荘思想や孔孟の思想も、当然のこととして、そのなかに含められた。老子や孔子はもちろん哲学という枠組みのなかでその思想を論じたわけではないが、そこで論じられた事柄は、内容的に西洋の哲学と重なるという理解がそこにあったと考えられる。つまり倫理学や政治哲学、あるいは論理学にあたるものが中国の伝統思想のなかには存在したと考えられたのであろう。そういう理解に立って、「哲学」という表現が広く使われたと考えられる。

それに対して日本ではなぜ古代から現代に至る「日本哲学史」というものが書かれなかったのか。なぜ空海の哲学や世阿弥の哲学と呼ばれず、空海の思想、世阿弥の思想と言われてきたのか。この問題を考える手がかりをわれわれは和辻哲郎の『日本倫理思想史』に求めることができる。そこで和辻は「倫理思想史」と「倫理学史」とを区別するために、倫理と倫理思想と倫理学との関係について論じている。

「倫理」とは、和辻によれば、個人であると同時に社会的である人間を貫く普遍的な理法である。ただ普遍的な理法は、普遍的なままで社会のなかに存在するのではなく、歴史的社会的な制約を受け、特定の様式のもとに存在する。しかもそれは、個人のなかに無意識のうちに蓄積し、無意識のうちに行為となって現われるというのではなく、最初から言葉と、つまりロゴスと結びついている。そしてそのロゴスのもつ力によって、まとまった思想的表現に発展する。それが「倫理思想」である。その特徴は、それが時代的な、あるいは社会的な制約のもとにある点にある。それに対して「倫理学」は、「倫理思想」がもつ歴史的社会的制約の枠を超えて、それを普遍的な地平において問題にし、その理性的な根拠を問うということを通して成立する。

しかし、この「倫理学」もまた、歴史的社会的制約をまったく免れているわけではなく、時代とともに変遷する。それは確かに普遍的な倫理を探究しようとする努力に基づいてはいるが、普遍的な倫理そのものではないからである。したがって倫理学にも歴史が存在する。和辻には、この「倫理学」の歴史をたどる「倫理学史」という可能性と、歴史的社会的な枠の中で成立し、動的に変化していく「倫理思想」を対象にする「倫理思想史」という可能性とが与えられていた。そのうちから和辻は、『日本倫理思想史』という表題が示すように、後者の可能性を選択したのである。

それは日本の歴史のなかで、「厳密な意味で倫理学と呼ばれてよいようなもの」がほとんど存在しなかった（和辻一二・一一）[13]ということに関わっている。和辻の考えでは、倫理学の成立には、「教えに対する懐疑」が必須な前提をなしている。しかし、仏教にせよ、儒教にせよ、それらは基本的に、始祖や教祖の教説に対する懐疑を拒否するものであった。中江兆民が古陵を探り、古辞を修める「考古家」を哲学者と認めなかったのも、このことに関わる。つまり、「考古家」はテクストの発見者であり、読解者、解説者ではあっても、その妥当性を疑い、普遍的な観点からその妥当性を検討・吟味する人ではなかった。このように絶対的な真理とされたものをも疑い、それを理性の立場で吟味するということが十分になされなかったということが、人々に「哲学」という言葉の使用をためらわせたと考えられる。歴史的社会的な制約を受けたものの存在をまず肯定し、その上でその特質や意義を考察するという立場に立つとき、「哲学」よりもむしろ「思想」の方が受け入れやすかったのではないだろうか。

伝統的な思想が「哲学」という言葉で呼ばれなかった理由について、もう一つ別の観点から考えてみたい。哲学の一つの領域として芸術哲学というものが存在する。かつて日本に芸術哲学が存在したかと問われるならば、即座にイエスという答を発することはためらわれる。もちろん日本においても、古代から美をめぐってさまざまな思索がなされてきたことはまちがいがない。しかし、たいていの場合、「美とは何か」という原理的な問いは立てられてこなかった。多くの場合、実際の創作活動や表現活動に密着したところで美とは何かということが考えられ、美をめぐる思索が蓄積されてきた。たとえば世阿弥の能楽論などをその例として挙げることができる。しかし、世阿弥の伝書は基本的には能楽の修行論であり、後継者にのみ直接伝えられるものであった。もちろん、一面では、そのなかで「美とは何か」ということが問われたが、しかし、本来の意図は修行の道筋を示すというところにあった。

いま、実際の活動の場に密着したところで思索が積み重ねられてきたと言ったが、その背景に、日本の思想風土のなかに、理論や知よりも、実践を重視する伝統が存在してきたことを指摘することもできるであろう。そういう立場からすると、理論や知は、それだけでは意味をなさないのであり、実践、あるいは行と結びついてはじめて意味をもってくる。そういう考え方が日本には——あるいは東アジアには——強く存在したと言うことができる。

とりまとめて言えば、確かに一方で、いわゆる日本思想のなかにも、芸術哲学や倫理学、政治哲学などと重なる内容があり、近世以前にも哲学が存在したと言うこともできる。しかし他方、「美とは何か」といった原理的な問いが立てられ、それをめぐる主張の理性的な根拠が問われるということはまれであった、ということも指摘できる。その面に注目して、哲学の不在が語られたのであろう。そのために「思想」という表現が好んで用いられたと考えられる。

「日本思想史」という表現が広く用いられ、学問の一分野としても定着したのは、そのことに基づく。それはもちろん一方では、実際の活動の場に密着したところで積み重ねられてきた思索をそのままに（その豊かさのままに）捉えることを目ざすものであったと言うことができる。その意味で「日本思想史」が構想されたことには、十分な理由が存在したと言える。しかし他方で、それがもし事実の把握にとどまり、原理的な考察を欠いたままに終わるとすれば、哲学に代わるものにはなりえないということも指摘しうるであろう。

さて、以上で見た、philosophy という新しい学問に触れる以前の、その受容の基盤となった思想は「哲学」なのかという問いは、われわれがこの『日本哲学史』という著作において、どこから叙述を始めるべきかという問題に直接結びついている。われわれは日本の「思想」の歴史をもそのなかに収めるべきであろうか。それとも、西洋の「哲学」に触れ、それを受容し始めて以降の思索の歩みにその叙述を限定すべきであろうか。

日本の伝統的な「思想」に原理的な思索が不十分であるとしても、それが内容的に哲学と重なる部分をもつことは言うまでもない。それを単純に「哲学」とは異質なものと性格づけることはできない。また、仮に、両者の違いを強調する場合であっても、先に指摘したように、明治以降の哲学の受容も、それ以前の思想的な基盤を踏まえてはじめてなされたものであり、そのなかにはそれ以前の伝統が入り込んでいる。具体的な例を挙げれば、西田幾多郎はその思想形成の過程で西洋哲学だけでなく、禅や陽明学、宋学などからも影響を受けている。その伝統が西田の哲学のなかに入り込んでいる。そうであるとすれば、明治以降の哲学の歴史も、それ以前の伝統思想の叙述を踏まえて、はじめて十分に、あるいはより深い次元から理解されると言うことができる。

ジェームズ・ハイジックらの編集になる『日本哲学史料集』[14]の試み、すなわち聖徳太子の「十七条憲法」から現代思想までの流れを日本哲学の歴史として叙述するという試みも、十分に成り立ちうる。しかし、西洋の哲学に触れて以降、哲学がどのように受けとめられ、どのように受け入れられていったのか、そしてそこからどのようにして独自の思索が展開していったのか、そこに限定した叙述も可能であると考える。おそらくそのことによって焦点を絞った、よりまとまった叙述が可能になる。本書では、その理由の主要な部分は著者の力量という点にあるが、後者の方針に沿って叙述を行いたいと考えている。

注

（1）　たとえば堀達之助等編『英和対訳袖珍辞書』（一八六二＝文久二年）では philosophy には「理学」、Natural philosophy には「窮理学」という訳が付されている。柴田昌吉・子安峻『附音挿図 英和字彙』（一八七三＝明治六年）では「理学、理論、理科」という訳が挙げられている。ちなみに science には前者では「学問、技芸」、後者では「学芸、学問、知恵、知識、博学」という日本語があてられており、まだ「科学」なり「理学」という訳語は用いられていない。

（2）　西周の著作に関しては、『西周全集』全四巻（大久保利謙編、宗高書房、一九六〇―一九八一年）から引用した。引用文のあとに、「西」と記し、巻数と頁数とを記した。なお引用にあたっては適宜、句読点や振りがなを付したり、カタカナをひらがなに直したりした箇所がある（以下も同様）。

（3）　藤田正勝編『『善の研究』の百年――世界へ／世界から』（京都大学学術出版会、二〇一一年）三六九頁以下を参照されたい。

（4）　Les philosophes célébres, publié sous la direction de Maurice Merleau-Ponty. L. Mazenod 1956.

（5）　Maurice Merleau-Ponty, Signes. Paris 1960, p161.

（6）　G. W. F. Hegel: Werke in zwanzig Bänden. Hrsg. von E. Moldenhauer und K. M. Michel. Frankfurt am Main 1971. Bd. 18. S. 15f.

（7）　Maurice Merleau-Ponty, Signes. p161.

（8） Edmund Husserl: Die Krisis der europäischen Wissenschaften und die transzendentale Phänomenologie. Husserliana : Gesammelte Werke, Bd. 6. Den Haag 1954. S.14.

（9） Maurice Merleau-Ponty, Signes. p176.

（10） Thomas S. Kuhn, The Structure of Scientific Revolutions. Chicago 1962.

（11） Karl R. Popper: The Myth of the Framework. Edited by M. A. Notturno. London and New York 1994, p. 35-36.

（12） 中江兆民の著作に関しては、『中江兆民全集』全十七巻・別巻一（岩波書店、一九八三―八六年）から引用した。引用文のあとに「中江」と記し、巻数と頁数とを記した。「崑崙に箇の棗を呑む」とは、他の人の説をうのみにすること。「渾崙呑棗《こんろんどんそう》」（棗を丸呑みしても、その味はわからないという意味）という禅語を踏まえる。

（13） 和辻哲郎の著作に関しては、『和辻哲郎全集』全二〇巻・補遺（岩波書店、一九六一―一九七八年）から引用した。引用文のあとに「和辻」と記し、巻数と頁数とを記した。

（14） Japanese philosophy, a sourcebook, edited by James W. Heisig, Thomas P. Kasulis, John C. Maraldo, University of Hawai'i Press, 2011.

2　哲学史とは何か

次に「哲学史」の問題について考えてみたい。「哲学史とは何か」という問いもまた、自明であるように見えるが、はたしてそうであろうか。たとえば哲学史を記述するものは歴史的な事実をどこまでも客観的に叙述することをめざすべきなのか、それとも、哲学史家もまた一箇の哲学者として過去の哲学と向きあうべきなのであろうか。つまり、一定の立場に立って叙述すべき対象を選択し、それに評価を与えていくべきなのであろうか。そのこととも関わるが、哲学と哲学史とはどのように関わるのか。哲学史上の探求はそのまま哲学であると言えるのか。哲学史を叙述しようとするものは、必然的にこのような問いの前に置かれることになる。

(1)　日本における哲学史の受容

それらの問いを取り上げる前に、まず最初に、明治以降、西洋で書かれた哲学史が日本でどのように受容されたのか、どのような役割を果たしたのか、ということを見ておきたい。

明治の初期にもっともよく読まれた西洋の哲学書は、J・S・ミルの『自由について』(On Liberty) ではなかったかと思われる。この書は一八五九年にロンドンで出版されたが、一八七一 (明治四) 年にすでに中村正直によって日本語に翻訳され、『自由之理』の表題のもとに出版された。そのほか進化論が盛んに紹介されたこともあり、明治初期にはハーバート・スペンサーの著作などもよく読まれた。

これらは純粋の哲学書ないし学術書としてよりも、むしろ、当時の社会的な要請とのつながりにおいて読まれたと言ってよいであろう。つまり、ミルの著作にせよ、スペンサーの著作にせよ、そこに自由民権運動を支える思想的な支柱が探し求められたのである。たとえばスペンサーの“Social Statics”（1851）などは、今日から見れば決してラディカルな内容をもつものではなかったが、『社会平権論』（松島剛訳、一八八一―一八八四年）という表題で出版され、板垣退助が「民権の教科書」と呼んだことからも知られるように、自由民権運動に共感を覚える人々に多大の影響を与えた。

しかしやがて、日本の社会の要請や課題ということから離れて、哲学それ自体に関心が向けられていった。大学が制度として整備されていったということとも関わるが、哲学は徐々にアカデミー内部のものになっていったのである。その際、この哲学という学問がそれ自体としてどのような学問であったのか、あるいはどのような学問であるのかということを容易に知るための手がかりにされたのが「哲学史」であった。明治の初期から中期にかけて非常に多くの哲学史が翻訳された。そしてやがて井上円了や三宅雪嶺、清沢満之、大西祝、波多野精一といった人々によって西洋哲学史が講義されたり、出版されるようになった[1]。

日本において最初に哲学史の講義を行ったのは、西周であったと言ってよいであろう。私塾「育英舎」で一八七〇（明治三）年から西は「百学連環」と題した講義を行っている。「百学連環」は Encyclopedia の訳であるが、その言葉が示すように、この講義は哲学のみを対象としたものではなく、学問全体に説き及んでおり、哲学に関して詳細な講義がなされたわけではない。しかし簡単なものとは言え、「致知学」（Logic）や「理体学」（Ontology）など哲学の諸領域にわたって概説がなされ、同時に「哲学歴史」の概観がなされている。わが国においてはじめてなされた哲学概論、および哲学史の講義であったと言うことができる。

この講義と並行して執筆されたと考えられる稿本「生性発蘊」（浄書本には明治六年六月に校合を終了したことが記されている）においても、西は古代ギリシアから現代にまでおよぶ哲学の歴史に触れたあと、オーギュスト・コントの『実証哲学講義』（Cours de philosophie positive, 1830-1842）の内容について詳しく論じている。その際に

史はわが国に紹介されることになったのである。

西が手がかりとしたのは、イギリスの哲学者であり演劇評論家でもあったG・H・ルイス（George Henry Lewes, 1817-1878）の『付伝哲学史』[2]であり、『コントの科学哲学』[3]であった。ルイスの哲学史を通して西洋の哲学の歴史はわが国に紹介されることになったのである。

西周の「百学連環」は、わが国においてなされた最初の哲学概論、および哲学史に関する講義であったが、諸学問の一領域としてごく簡単に触れられたにすぎず、聴講者もまた限られていた。後世への影響という点ではるかに大きな意味をもったのは、アーネスト・フェノロサ（Ernest Francisco Fenollosa, 1853-1908）が外国人教師として東京大学で行った哲学史の講義である。彼がわが国の哲学の歴史のなかで果たした役割については第一部第二章で詳しく見てみたいが、この哲学史講義のなかでフェノロサは、シュヴェーグラー（Albert Schwegler, 1819-1857）の『哲学史概説』[4]の英語抄訳[5]、およびルイスの『付伝哲学史』、さらにハーバード大学で教えを受けたボーウェン（Francis Bowen, 1811-1890）の『デカルトからショーペンハウアーとハルトマンに至る近代哲学』[6]を参考にデカルトからヘーゲル、スペンサーに至る哲学を講じた。このフェノロサの講義によってカントからヘーゲルに至る近代ドイツ哲学が東京大学で、そして日本ではじめて詳しく紹介されたのである。

このフェノロサの講義がわが国における西洋哲学史受容の基点となったと言うことができるが、その後、徐々に西洋で書かれた哲学史が日本語に翻訳されていった。ボーウェンの書ももっとも早い時期に翻訳された哲学史の一つである。フェノロサの哲学史を聴いた有賀長雄がそれを翻訳し、一八八四（明治一七）年から翌年にかけて『訳解近世哲学』という表題のもとに出版している。一八八四年には慶應義塾で学んだ竹越与三郎が一九世紀フランスの代表的な哲学者の一人であったヴィクトール・クザン（Victor Cousin, 1792-1867）の『現代哲学史講義』[7]を、その英訳書[8]に基づいて翻訳を行い、『近代哲学宗統史』（巻之一）の表題のもとに出版している。さらにカリボイス（Heinrich Moritz Chalybäus, 1796-1862）の『カントからヘーゲルまでの思弁哲学の歴史的発展』[9]の英訳[10]

を主たる手がかりとして竹越が講述したものが、同じ年に『独逸哲学英華』の名で刊行されている。その二年後、一八八六年には中江兆民が『理学沿革史』を出版している。これはフイエ（Alfred Fouillée, 1838-1912）の『哲学史』[11]を翻訳したものであり、文部省編輯局から刊行された。

西洋哲学史の紹介はこのように翻訳という形で始められたが、やがて日本人自身の手で哲学史が著されるようになった。もっとも早く書かれたものとして末松謙澄の『希臘古代理学一斑』（一八八三年）と井上哲次郎・有賀長雄の『西洋哲学講義』（一八八三—五年）を挙げることができるが、ともに古代哲学のみを取り扱ったものである。古代から現代までを通観したものとしては井上円了の『哲学要領 前篇』（一八八六年）がもっとも早い時期に属する。この『哲学要領』の特徴は、哲学史と哲学概論（後篇）とに連関をもたせた点、そして哲学史を西洋にのみ限定せず、東洋哲学と西洋哲学の二部から構成した点にある。ただ、ギリシア哲学については比較的詳しい叙述がなされているが、その他はごく簡単な記述に終わっている。

西洋近代哲学をはじめて詳しく論じたのは、一八八九（明治二二）年に刊行された三宅雪嶺の『哲学涓滴』である。凡例で雪嶺はシュヴェーグラーとクーノー・フィッシャー（Kuno Fischer, 1824-1907）から叙述の材料を得たことを記しているが、前者はフェノロサが東京大学で用いた『哲学史概説』であり、後者は『近代哲学史』[12]であったと考えられる。三宅雪嶺の哲学史が近代に限定されたものであったのに対し、清沢満之が一八九〇年から一八九三年にかけて真宗大学寮で行った西洋哲学史に関する講義[13]は、古代から現代、ロッツェやコント、スペンサーにまで説き及んでおり、視野の広さにおいても、理解の深さにおいても、この時点では——公刊されなかったが——もっともすぐれた内容をもつ哲学史であった。シュヴェーグラーやボーウェン、ルイスらの哲学史が踏まえられていると考えられるが、それらの記述を単にパラフレーズするのではなく、十分に咀嚼し、最後に自らの「批評」を付け加えている。

（2）「哲学史とは何か」という問い

三宅雪嶺の『哲学涓滴』が日本ではじめてのまとまった西洋近代哲学史であるとすれば、大西祝の『西洋哲学史』は――公刊されたものとして――はじめてギリシアから現代に至るまでの西洋の哲学の歴史を詳細にたどったものとして、明治における西洋哲学史受容の一つの到達点を示すものと言うことができる。これはまず大西の勤務先であった東京専門学校の講義録に連載され、その後、大西祝講述『西洋哲学史 完』（東京専門学校蔵版）として刊行された。大西は一九〇〇年に病没したが、一九〇三年から『大西博士全集』（警醒社書店）が刊行され、『西洋哲学史』もその第三、第四巻として出版された。

この大西の西洋哲学史は古代哲学に関する詳細な記述という点でも、また、はじめて中世哲学について詳しい記述がなされた点でも特筆に値するし、大西が深い関心を寄せていたカント哲学についての記述はきわめて充実したものになっている。それにとどまらず、哲学史がどのような学問であるべきかというメタ・レヴェルの問いがつねにその記述にあたって念頭に置かれている。そこに大西の哲学史の大きな特徴がある。

その「緒論」のなかで大西は、一方で「一哲学史家たとひ自己の哲学上の所信を懐抱すとも若しこれを唯一の標準として凡べての学説を是非褒貶することをせば偏僻の弊に陥り易し」と述べるとともに、他方また、「全く批評を用ゐざるは未だ史家としての職務を全うせざるものと謂ふべきなり」（大西三・八）[14] というように述べ、哲学史を記述するという仕事が内包する本質的な困難さに言及している。ここではそれ以上に立ち入って論じていないが、それに先だって一八九三年に――東京大学を卒業して四年後のことである――大西は「哲学史とは何ぞや」と題した文章を『六合雑誌』第一五四号に発表し、この問題について深く論究している。

この哲学史とは何かという問いは、ヘーゲル以後の哲学史家にとってきわめて大きな意味をもつ問題であった。すでに名前を挙げたシュヴェーグラーやK・フィッシャー、さらにはヴィンデルバントなど一九世紀中頃から二〇世紀初めにかけて活躍した哲学史家は、ヘーゲルの哲学史理解をどう評価するかという問題に直面した。それはとりもなおさず、哲学史とは何かという問題に答えるということを意味した。

ヘーゲルの理解では、第一節でも述べたように、哲学史は「偶然に抱かれる見解の寄せ集め」ではなく、「理念（Idee）の発展の体系」であり、「必然的な連関」をもつものであった。もちろん現実の歴史のなかに登場するものは、偶然的な性格を免れることはできない。特殊な状況の下で、特殊な場所に、偶然的な覆いをまとって生起する。しかし、その偶然性という覆いを取り除けば、そこに論理的概念という形での理念（つまり『論理学』のなかで叙述される理念）のさまざまな段階が見いだされる。つまり、外面的なものを取り去れば、「歴史における哲学の継起」と、論理のレヴェルでの理念の展開とが重なっていることを見てとることができるのである。[15]

したがって哲学の歴史を研究し、それを叙述するということは、理念が現実化されていく具体的なプロセスを把握し、明示するということを意味する。つまり、哲学史を研究することは、それ自体が哲学の営みという意味をもつのである。そういう観点から、「哲学の歴史の研究は、哲学の研究それ自身である」[16]というようにヘーゲルは述べている。

ヘーゲルによれば、「理念の発展の体系」である哲学の歴史は、理念が具体的なものに、あるいは現実的なものになっていく過程でもある。それは逆に言えば、最後の、もっとも新しい哲学こそが「もっとも発展した、もっとも豊かな、そしてもっとも深い哲学」[17]であるということである。さらに言えば、理念の論理的規定が尽くされるとともに、哲学の歴史もまた完結するということを意味する。哲学史上のさまざまな哲学が一つの円であるとすれば、それらすべてを円周とするような大きな円が最後に描かれるということになる。[18]ヘーゲルの自己理解では、彼の哲学と哲学史こそ、この最後に描かれる円であったと言ってよいであろう。

ヘーゲル以後を叙述しなければならないヘーゲル以後の哲学史家にとっては、この哲学史理解に対する態度を表明することなしには、もはや哲学史を記述することは不可能となったのである。シュヴェーグラーも『哲学史概説』のなかで、その冒頭にまず「哲学史の概念」という章を置き、そこで「哲学の完成」という考えに大きな疑問を呈している。彼によれば、哲学は「その時代の生活全体の哲学的表現」であり、「さまざまな相継いで現れる時代哲学（Zeitphilosophien）」という形でのみ存在しうるのであり、それが完成するということはありえない。さらにシュヴェーグラーは、歴史のうちに見いだされる哲学体系の継起と、論理学のなかに見いだされる論理的カテゴリーの継起とが一致するというヘーゲルのテーゼに対しても、「このような見方は、原理的にも正しくないし、歴史に照らしても維持されない」というように明確な批判を行っている。[19][20]

ヴィンデルバントもまた『哲学史教本』のなかで、ヘーゲルが、「哲学史を哲学的に体系化しようとする構成上の誤り」に陥るとともに、しばしば「歴史的事実をむりやりねじ曲げて」しまったことを指摘している。[21]哲学史家は何より事実の精密な確定から出発しなければならない。しかし、それだけで哲学史家の仕事が終わるわけではない。それとともに、一つの学説を先行する学説との関わりにおいて、また時代の文化、つまり時代の宗教や芸術、政治、科学などとの関わりにおいて、さらには哲学者個人の個性や受けた教育との関係において説明しなければならない。そしてその上で、当該の学説が哲学の歴史のなかでどのような寄与をなしえたのかを明らかにしなければならない。このような三つの課題を担うものとしてヴィンデルバントは哲学史を理解している。

このようにヘーゲル以後、論理的展開に重点を置いたヘーゲルの哲学史に対して種々の疑問や批判が示され、哲学史のあるべき姿をめぐってさまざまな議論が重ねられてきたのであるが、このような議論を踏まえて、大西祝もまた「哲学史とは何か」ということを正面から問題にしたのである。

大西は、事実の確定やその説明が哲学史の叙述において必須であることを指摘し、「哲学史とは何ぞや」のなかで次のように述べている。「かの所謂る編年史体に事蹟を叙し学説を列ぬるのみにては未だ以て哲学史の職分を完うせりと云ふ可らざるは勿論、其事蹟、其学説の生起上の関係を説明するを以ても未だ足れりと云ふ可らずと考ふ。諸説の興敗変遷する中に哲学の進歩若しくは退歩の跡を見ずしては、未だ哲学史攷究の至れるものと云ふ可らず」(大西七・五八)。ここでは「進歩若しくは退歩」という言葉で言い表されているが、過去の学説への批判的評価なくしては哲学史は哲学史たりえないということを大西は強調するのである。

いまの箇所につづけて大西はまた次のように記している。「然るに進歩なる観念は之を推し究むれば一の哲学的所見を含むものなり。世に進歩なるものをありとし又その進歩の何たるを語らんには、自家の立脚地たるべき哲学上の定見なかる可らず。何をか進歩と云ひ、何をか退歩と云ふかは、唯だ時代の前後にのみよりて知るべからず。必ずや自家の取る哲学上の立脚地を以て其標準となさゞる可らず」(大西七・五九)。大西はこのように、批判的な評価のためには自己の哲学的立脚地が必要であることを主張するとともに、そこに一つの循環が生じることを述べている。一個の哲学者でなければ哲学史家たりえないが、しかしまた哲学史から学ばなければ哲学者たりえない。そこから次のような主張が導き出されている。「彼此相依りて研究さるべきなり。哲学完うして哲学史も完かるべく、哲学史完うして哲学も完かるべし」(大西七・六〇)。

しかしこのように哲学として完全であり、哲学史として完全であるということは、大西も認めるように、「望外のこと」と言わざるをえない。そのために、哲学史は批判的評価を行うべきではなく、ただ事実の陳述にのみ自己を規制すべきであるということも主張されるが、それに対して大西は次のように述べている。「不完の哲学的立脚地よりして哲学史を評論しつゝ、行く間に発見する所ありて其の哲学的立脚地を進ましめ、其立脚地の進むに従うて哲学史の研究も進みゆくにあらずや。哲学に基ける哲学史と哲学史に基ける哲学とは縦令《たとえ》完全無過を期す可らずと雖も相携へて進むべき者にあらずや」(大西七・六一)。つまり、哲学史がつねにそのなかに不完全性を内包するということがまず認められている。しかし哲学史に立脚した哲学と哲学に立脚した哲学史との相互の連携によって、哲学も、そして哲学史もその不完全性を徐々に克服する道が開かれるというのが、大西がここで出したさしあたっての結論であった。もちろんそれは、この連携が具体的にどのように促進されるのかという困難な問題に結びついている。しかし、一つの方向を指し示す議論であったと言うことができるであろう。

哲学史が日本人の手で書かれるようになってほとんど年数が経っていない時期にすでにこのように「哲学史とは何か」という問題が自覚的に問われたこと、そしてそれが深い内容をもつものであったことは注目に値する。それ以後に書かれた多くの哲学史が、この問題に触れることがなかったことを考えれば、大西が哲学史家としてきわめて鋭い感覚をもっていたことが知られる。

われわれもまた、大西が考えたように、自分自身の立脚地をもつことによってはじめて哲学史を叙述することができると考える。それなしには、何を選択し、それをどのように叙述し、評価するか、を決定することができないからである。もしそれを前面に出すのであれば、たとえば清沢満之が先に触れた『西洋哲学史講義』のなかで行っているように、それぞれの哲学者の学説について記したあと、それに対する「批評」を付していくという形を取ることになる。本書では、そのためのスペースを確保することができなかったが、哲学史の本来のあり方を示していると言えるであろう。

しかし、それはもちろん、ヘーゲルが考えたように、過去の哲学を自らの哲学体系のなかに組み込んでいくことではない。哲学にはどこにも固定した中心がないように、その「完成」もまたないと考えられる。ヘーゲル以後の哲学史家が考えたように、歴史性がより重視されなければならない。ヴィンデルバントや大西が言うように、哲学史には、まず正確な事実の確定が、そしてそれの説明が求められる。そしてさらに当該の学説が哲学の歴史のなかでどのような寄与をなしたのかを明らかにすることが求められる。その評価は、哲学史を叙述するものの哲学的な立場を前提にしてはじめて可能になる。その立場そのものについても、さらにその立場に立って叙述された哲学史についても、つねに批判的な吟味が求められる。その批判を通して哲学史もまた、その歩みを前に進めていくことが可能になるのではないだろうか。

先ほど「哲学の歴史の研究は、哲学の研究それ自身である」というヘーゲルの主張に触れたが、いま述べたような理解に立つとき、哲学と哲学史との関わりはどのように考えられるのかという点について、少し記しておきたい。事実をふり返り、それを正確に記述することだけが哲学史の課題であるとすれば、哲学史はそのまま哲学であるとは言えない。それは哲学の痕跡にすぎないであろう。しかし、哲学史家に求められるのは、同時に、過去の哲学者が取りあげた問題を自らの問題として反芻し、吟味し、それを踏まえて、その哲学の果たした役割を評価することである。その評価が哲学の発展に寄与することは当然考えられる。そのような面から言えば、哲学史は哲学の単なる痕跡ではない。むしろ、それ自身が哲学の営みであると言うことができる。

(3) 哲学史叙述の方法

さて次に、哲学史を研究し、叙述する方法について考えてみたい。先に見たように、ヴィンデルバントは、事実の確定とともに、それの説明を重視した。ある哲学学説をそれに先行する学説との関わりにおいて、またその時代の宗教や芸術、政治、科学などとの関わりにおいて説明することを哲学史の課題と考えた。前者は通時的に、つまり時間の軸に沿う形で、ある学説の成立やその特徴を明らかにすることになるし、後者は共時的に、つまりある特定の時代に着目して、その時代の文化のなかである学説がどのような意義をもち、どのような役割を果たしたかを明らかにすることになる。

前者のように、時間的・歴史的な変化に注目したものとしては、かつてラヴジョイ(Arthur O. Lovejoy, 1873-

1962）が構想した“history of ideas”のようなものも考えられる。概念史ないし観念史であるが、そのほか、ある概念や学説がそれ以後の哲学にどのような影響を与えたかを探究する影響史も、あるいは、たとえば弁証法が日本で明治以降どのように受け入れたかを明らかにするというような受容史も、通時的な観点からなされる研究の一つである。そのほか発展史――たとえばフッサールが提唱した現象学がそれ以後どのように発展を遂げたかを明らかにすること――などもその一つである。

かつて和辻哲郎はその編集に深く関与した『岩波講座倫理学』（一九四〇―四一年）において、自らも「尊皇思想とその伝統」という論文や「献身の道徳とその伝統」といった論文を発表したが、これらの論文も、時間軸に沿って通時的に、言いかえれば、問題史的な立場から尊皇思想や献身の道徳を考察した論文であった。しかし興味深いことに、和辻は戦後『日本倫理思想史』（一九五二年）を出版した際には、同じ材料を使いながら、しかし戦前の論文とは異なった方法をとった。すなわち、横の軸に力点を置く、つまり、それぞれの時代を総合的に捉えるという点に力点を置いた叙述を行った。このように共時的な観点から考察を行うことによって、通時的な視点からは見えないものが多く明らかになるであろうことは十分に予想することができる。そういう意味でこの時代横断的なアプローチもまた哲学史研究の一つの重要な方法であると言うことができる。

ヘーゲルの有名な言葉に、哲学は「時代の子（供）」（Sohn der Zeit）[22]であるというものがある。つまり哲学もまた、時代と関わりなく、超時代的に生まれてくるのではなく、むしろ時代こそが哲学の親なのだ、ということをヘーゲルは主張したのである。先ほど名前を挙げた大西祝も『西洋哲学史』の「緒論」のなかで、「哲学は一時代一社会の文化、即ち当時代人心の全般の傾向、希望、信仰と決して全く離るべきものにあらず」（大西三・四）と述べて、哲学がその時代なり社会の影響のなかで成立するものであることを主張している。もしそうであるとすれば、時代の子供である哲学を時代から切り離して、子供だけで考察するのは一面的なのではないかという主張は、十分に説得力をもつ。

その場合、どの範囲までを考察の対象にするかによって、哲学史のスタイルが変わってくることになる。まず第一に、同じ時代状況のなかで成立した他の哲学との比較を行うことが考えられる。そうすることによって、他の哲学とのあいだに存在する共通性なり、あるいは逆に、違いや独自性を浮き彫りにすることが可能になる。第二に、同時代の政治や文化、思想との関係に焦点を当てるということが考えられる。哲学もまた孤立した営みではなく、その時代の政治的・文化的・思想的状況のなかで成立したものであり、それに制約されている。その関係を明らかにすることによって、哲学者がその時代の思想的課題をどのように受けとめ、それを自分の思想にどのように反映していったか、またそれがその時代にどのような影響を与えたかが考察可能になる。さらに第三に、その哲学の、社会的・経済的な基盤・背景との関わりに目を向けるということも可能である。それは、マルクスが『経済学批判』のなかで論じた土台（Basis、下部構造）と上部構造（Überbau）との問題に関わってくるが、哲学もその時代の経済的・社会的基盤、あるいは政治的背景と無縁に成立してくるのではない。そうした考察も必要であろう(23)。

ある哲学の学説について、通時的にその成立や展開を問題にする場合にせよ、共時的に他の同時代の哲学と比較して論じる場合にせよ、それを哲学の学説に限定して問題にするか、あるいは、当の哲学者の生活、つまり哲学以外の営為をも視野に入れて考察するか、ということも哲学史を叙述する上で一つの問題になる。

西田哲学の研究ということに関連づけて言うと、末木剛博が『西田幾多郎――その哲学体系』のなかでこの問題を提起している。その第Ⅰ巻の「第1章序論」のところで末木は、この書の目的が「西田の著作の内部脈絡をたどることにある」ということを明言している。末木のいう「内部脈絡」というのは、哲学者の著作のうちに見られる「語句の意味的な連関」である。それに対比されているのは、「外部脈絡」、つまり「一著作がその外部環境と結ぶ関係」である。具体的に言うと、「著者の心理・生活情況、その著作のおかれた社会的情況（政治的・経済的・階級的・歴史的情況）、言語的情況など」[24]である。

末木のとった方法は、この外部的な連関を無視する、あるいは可能なかぎり排除して、内部脈絡をたどることに意識を集中するというものであった。末木はこの選択を、外部脈絡を内部脈絡のなかに不用意に持ち込むことは当の著作にはないものを密輸入して、その著作を変質させてしまうことにつながるというように根拠づけている。その具体例として末木は、『善の研究』は西田の座禅の体験の表現であるという解釈を挙げている。末木によれば、『善の研究』の内部脈絡をたどる上で、そのような解釈は必ずしも必要でないし、むしろそのような外部脈絡の導入によって内部脈絡が変質してしまう危険性がある。そのような点を顧慮して、末木は「純粋内部分析」という立場をとることを宣言している。

しかし、末木の言う「外部脈絡」が哲学史研究にとってまったく意味がないというわけではない。たとえば上田閑照は『西田幾多郎――人間の生涯ということ』のなかで、「人間の生涯」という点に注目して、西田の思索の歩みのあとを追っている。上田は人間の「生涯」を三つの事態の重なりとして捉える。まず第一に「人生」、第二に「歴史的社会的生」、第三に「境涯」である。「人生」というのは、ある人が一生のうちにどのような出来事、どのような人に出会い、何を思い、何を行ったかということであり、「歴史的社会的生」とは、ある特定の社会のなかで、そしてある特定の時代において営まれるその人の生である。「境涯」は単なる処世術とか、その時々の心境のことではない。上田の表現をそのまま使うと、「「生きる」ということの総体への一つの決着を含んだ「生き方」、「死に方」と一つであるところの「生き方」」（上田一・四一―四二）[25]である。この三つのものの重なりである「生涯」が、その人の思想なり哲学に無関係であるということはありえない。むしろ思想なり哲学はその人の「生涯」の結晶であるという側面をもつ。そのような観点から当の哲学を解釈していくことも大きな意味をもつ。

「内部脈絡」に限定するのか、「外部脈絡」をも考慮するのかというのは、哲学史研究にとって容易に決しがたい問題であるが、おそらくどちらか一方が正しいというようには言えないであろう。むしろ二通りの哲学史がありうると言えるかもしれない。取り扱う問題自体が、「内部脈絡」に限定することを、あるいは「外部脈絡」をも考慮することを求めることもありうるであろう。本書においても、それぞれの場に応じて、考察の視点を設定していきたいと考えている。

先に挙げた、通時的な考察を行うべきか、あるいは共時的な考察を行うべきかという問題も、同様に、一方に限定すべきものではないと考える。西田幾多郎の哲学を例に挙げれば、その後期の思索は、『善の研究』における「純粋経験」論や、中期の「場所」論などの上にはじめて成立したものであり、それとのつながりを考慮しなければ、おそらく十分に理解できないであろう。しかし他方、それは一九三〇年代から四〇年代にかけての政治や社会、文化との関わりのなかで形成されたものであり、その時代の課題と密接に結びついたものであった。それに制約されると同時に、その課題に答えようとするものであったと言うことができる。本書では、この点に関しても、取り扱う対象に応じて、必要な視点から考察を加えたいと考えている。

注

(1) 日本における哲学史の歴史について詳しく論じたものとして柴田隆行『哲学史成立の現場』(弘文堂、一九九七年)がある。
(2) George Henry Lewes, A Biographical History of Philosophy, London 1845-6.
(3) George Henry Lewes, Comte's Philosophy of the Sciences, London 1853.
(4) Albert Schwegler, Geschichte der Philosophie im Umriß, Stuttgart 1847.
(5) Albert Schwegler, Handbook of History of Philosophy, translated by J. H. Stirling, Edinburgh n. d. 第二版は一八六八年刊。

（6） Francis Bowen, Modern Philosophy from Descartes to Shopenhauer and Hartmann, New York 1877.
（7） Victor Cousin, Cours de l'histoire de la philosophie moderne, Paris 1841-46.
（8） Victor Cousin, Course of the History of Modern Philosophy, Translated by O. W. Wight. 2 vols., New York 1852.
（9） Heinrich Moritz Chalybäus, Historische Entwickelung der speculativen Philosophie von Kant bis Hegel, Dresden/Leipzig 1837.
（10） Heinrich Moritz Chalybäus: Historical survey of speculative philosophy from Kant to Hegel, translated from the 4th edition of the German by Alfred Tulk. Andover 1854.
（11） Alfred Fouillée, Histoire de la philosophie, Paris 1875.
（12） Kuno Fischer: Geschichte der neuern Philosophie. 6 Bde. Mannheim/Heidelberg 1854-1877.
（13） 『清沢満之全集』第五巻、岩波書店、二〇〇三年。
（14） 大西祝の著作については『大西博士全集』全七巻（改版、警醒社書店、一九二四―二七年）から引用した。引用文のあとに、「大西」と記し、巻数と頁数とを記した。
（15） Hegel: Werke in zwanzig Bänden. Hrsg. von E. Moldenhauer und K. M. Michel. Frankfurt am Main 1971. Bd. 18. S. 49.
（16） Hegel: Werke in zwanzig Bänden. Bd. 18. S. 49.
（17） Hegel: Werke in zwanzig Bänden. Bd. 18. S. 61.
（18） Hegel: Werke in zwanzig Bänden. Bd. 18. S. 46.
（19） Albert Schwegler, Geschichte der Philosophie im Umriß. 14. Aufl. Stuttgart 1887. S. 7f.
（20） Albert Schwegler, Geschichte der Philosophie im Umriß. S. 2.
（21） Wilhelm Windelband, Lehrbuch der Geschichte der Philosophie, 3. Aufl. Tübingen/Leipzig 1903. S. 9.
（22） Hegel: Vorlesungen über die Philosophie der Geschichte. Werke in zwanzig Bänden. Bd. 12. S. 72.
（23） 家永三郎に「思想史学」の方法を論じた『日本思想史学の方法』（名著刊行会）という書がある。そこで家永は、いま挙げた第三のタイプの思想史研究に関わるが、物質的生産関係が基礎構造となり、それが人間の精神的生産を制約するということを基本的に認めながら、しかし、土台が上部構造を全面的に決定するわけではないことを指摘している。例えば親鸞の思想に関して言えば、それが十三世紀の日本の経済的・社会的基礎構造によって制約されていることはまちがいがない。したがってそれが親鸞の思想を生む必要な条件であったということは言える。しかしそれが十分な条件であったということは言えない。このように家永は主張している。『日本思想史学の方法』(名著刊行会、一九九三年)五二頁参照。

(24) 末木剛博『西田幾多郎――その哲学体系』(全四巻、春秋社、一九八三―八八年)第Ⅰ巻、四頁。

(25) 上田の著作に関しては『上田閑照集』全一一巻(岩波書店、二〇〇一―二〇〇三年)から引用した。引用文のあとに「上田」と記し、巻数と頁数とを記した。

第一部

受容期——明治の哲学

第一章　明治前期の哲学

1　「哲学」受容前史

（1）日本で最初の「哲学」講義

日本で最初に哲学の講義がなされたのはいったいいつであったのだろうか。手がかりのない漠然とした問いのように思われるが、幸いにもこれまでのキリシタン研究によって答が出されている。意外に古く、今から四三〇年余り前、一五八三（天正一一）年のことである。イエズス会の高等教育機関であるコレジオが一五八〇年に日本ではじめて豊後の府内に設立されたが、その年に人文課程の講義が開始された。そして一五八三年一〇月二一日、人文課程を終えた神学生に対して哲学課程の講義が始められた。用いられたテクストは、ローマにあった神学教育機関であるコレジオ・ロマノ（Collegio Romano）で哲学と神学を教えたフランシスコ・デ・トレド（Francisco de Toledo）によるアリストテレスの論理学解説であった。しかしそれはラテン語による講義であった。しかもその講義を聴いたのは五名のポルトガル人神学生であった。[1] その意味では、日本における哲学の講義の実質的な始まりとは言えないかもしれない。[2]

「哲学」（philosophia, filosofie, philosophy）という言葉がわが国ではじめて記されたのも、やはりキリシタン関係の出版物においてであった。一六世紀の末から一七世紀の初めにかけて、イエズス会によりわが国にはじめてもたらされた活版印刷機を用いて印刷されたいわゆるキリシタン版がそれである。資料として現存しているキリシタン版のうちもっとも古いものは、一五九一年に島原の加津佐で出版された『サントスの御作業の内抜書』であるが、そのなかで何度か「ヒィロゾフィア」（philosophia）や「ヒィロゾホ」（philosopho）〔哲学者〕という言葉が使用されている。たとえば次のような記述がある。「セネカはスチルボン［Stilpon］ヒィロゾホの言へることを褒美せられたり。その言葉といふは、かのヒィロゾホの居住せし在所を敵軍に敗られて後、デメチリヨ［Demetrios］といふ大将このヒィロゾホに遇うて、この度の乱に何を失ひけるぞと言ふに答へて曰く、何をも失墜せずと。その身の財宝はヒィロゾフィヤなれば、身につけたる宝は失ふことなきといふこころなり」(3)。ここに見られるように、翻訳されずにポルトガル語のまま「ヒィロゾホ」という言葉が使われている。これがわが国における最初の使用例である。

（2）哲学に触れた人々

哲学（フィロソフィア）がどういう学問であるか、簡単にその内容に触れたものにはイタリア人宣教師ジュセッペ・キアラ（Giuseppe Chiara, 1602-85）が残した「岡本三右衛門筆記」がある。キアラは鎖国下の日本に潜入を試みたが、捕えられ、拷問にかけられてころび、その後、岡本三右衛門という日本名を名のった。作事奉行の命によって一六七四年にキリシタン『宗門之書物』を記している。三冊からなるこの書は、キリスト教についてだけではなく、ヨーロッパ諸国の政治や制度にも言及しており、おそらく教育制度についての記述も含んでいたと考えられるが、その後失われ、その内容を現在では確かめることはできない。しかし内閣文庫に「岡本三右衛門筆記」が残されている。そのなかでキアラは「品々ノ学文〔学問〕ノ事」という章を設け、「グラマチカ」や「レトリカ」などの人文科学から自然科学、航海術に至るまで、ヨーロッパの学問について簡単な説明を行っている。「ヒロソヒヤ（Philosophia）」については、まず「万物ノ理ヲ明ラムル四年ノ学」と定義し、「ヒロソヒヤト申ハ世界ノ義ニ付、知恵ヲミカキ候タメ問答ノ学ニテ御座候。後生ニ当ル学ニテハ無二御座一候」という説明を加えている(4)。

新井白石（一六五七―一七二五）は江戸中期、幕政に深く関与した朱子学者であったが、周知のように、やはり禁教政策下の日本に潜入して布教活動を行おうとしたイタリア人宣教師シドッティ（Giovanni Battista Sidotti, 1668-1715）の取り調べに基づいて『西洋紀聞』（一七一五年）を著した人である。その際白石は、キアラが残したキリシタンに関する三冊の書を借り受け、予備知識を得た後、シドッティを尋問した。それを踏まえて記された『西洋紀聞』には、世界の地理や歴史とともに、キリスト教の教義や信仰に関する詳しい記述がある。哲学に関する記述はないが、白石は、シドッティが博識であり、西洋の多くの学問のうち十六科に通じていたと記しており、哲学や論理学にも話が及んだと考えられる。一方で「天文地理の事に至ては、企（て）及ぶべしとも覚えず」と記すとともに、他方、「其教法を説くに至ては、一言の道〔儒教の教え〕にちかき所もあらず、智愚たちまちに地を易へて、二人の言を聞くに似たり。こゝに知りぬ、彼方の学のごときは、たゞ其形と器とに精しき事を、所謂形而下なるものゝみを知りて、形而上なるものは、いまだあづかり聞かず。さらば、天地のごときも、これを造れるものありといふ事、怪しむにはたらず(5)」と記している。おそらく、西洋の精密な自然科学に驚嘆するとともに、そのキリスト教的な世界観や宇宙観が、朱子学の太極説に比してきわめて稚拙であるという印象を抱いたのであろう。この対比は、江戸後期・幕末の和魂洋才論、「東洋道徳、西洋芸術」論にも影響を与えたと考えられる。

ヨーロッパの学問全体を見渡すことができる人が出たのは、江戸後期になってからであり、その代表的な人物として渡辺崋山（一七九三―一八四一）や高野長英（一八〇四―一八五〇）らの名前を挙げることができる。高野長英は、もともとシーボルトから直接医学を学んだ医者であり、蘭学者であったが、医学だけでなく、化学などに関する著作もあり、読書ノートと言うべき『聞見漫録、第一』のなかに「西洋学師ノ説」と題された文章が収められている（原本は無題。一八三五年に執筆されたものと推測される）。学師とは wijsgeer〔哲学者〕の訳であると考えられるが、そこで長英は、タレス、ピタゴラスから一八世紀に至る哲学の歴史をたどっており、簡単な紹介に終わっており、また自然哲学に関する記述が多いが、日本ではじめて書かれた西洋哲学史概説と言える。たとえばソクラテスについては次のように記している。「「ソコラーテス」トイフモノアリ。伝来諸説ノ非ヲ刈リ、善ヲ収メ、一家ノ教ヲ立テ、以テ大ニ政教ノ道ヲ開ク。……後人、此人ヲ唱シテ、学師ノ父トナス。其行フ所、飲食ノ節ニモ能ク中ヲ主トシ（非常過度ノコトナキヲ云フナリ）、知足ヲ求メズ〔「愛知」をモットーとしたことを指す〕、物ヲ忍ブヲ以テ専一トセリ。能ク後世ノ亀鑑トナル(6)」。

そして最後に学問分類を行っている。それによれば「諸学科ノ興ル所、概シテ之ヲ見レバ、五科ニ過ギズ」。つまり、諸学問は五つに分類される。まず第一にレイデンキュンデ（redenkunde）、「事物ノ自然作用ノ原由《げんゆう》ニ従テ規則ヲ立テ、其真偽、虚実ヲ知ルノ法」。論理学に当たるが、長英は「知理義学」という仮の訳を付している。次にセーデンキュンデ（zedenkunde）。倫理学であるが長英は「法教」としている。次いでナチウルキュンデ（natuurkunde）。自然学に当たるが、仮に「格物窮理学」と訳されている。第四にホーヘンナチウルキュンデ（bovennaturkunde）。形而上学であるが、それを長英は「五神器（耳目口鼻身）ニ感ゼザル諸物性質ヲ知ルノ学」としている。最後にウヰスキュンデ（wiskunde）、つまり「数学」である(7)。

形而上学について言えば、それがいわゆる一般形而上学である存在論と、特殊形而上学である心理学・宇宙論・神学からなることが述べられているが、おそらくその具体的な内容にまで理解は及んでいなかったと考えられる。「フィロソフィア（フォロソフィー）」の訳が試みられ、その内容が具体的に知られるようになったのは、西周や津田真道らが活動を始めてからであったと言えるであろう。

（3）「哲学」という言葉の翻訳

序章で述べたように、「哲学」という訳語は西周によって作られたものであったが、その訳語が確定するに至るまでの過程を簡単に見ておきたい。上で触れたように、『サントスの御作業の内抜書』では「ヒィロゾフィア」という言葉がそのまま用いられていたが、同じくイエズス会によって天草で出版された『拉葡日辞典』（一五九五年）には Philosophia、Philosophor の項目があり、Philosophia の方は、ローマ字で「学文の好き、あるいは、万物の理を明らむる学文」という説明が、そして Philosophor の方には、「フィロソフィアという学文をする、あるいは、彼の学者のごとく問答する」という説明がなされている。「学問の好き」という説明は、ギリシャ語の原義を日本語にしたものと考えられるし、「万物の理を明らむる学文」という説明の方は、哲学が実際に何であるかを示そうとしたものと言える。しかし Philosophia に対応する日本語はここではまだ作り出されていない。

西周もまた、一八六二（文久二）年にオランダのライデン大学に留学する前に、あるいは赴く途上で書いたと推測される西洋哲学史の講案のなかでは、「此頃此学〔ヒロソヒ〕をなせる人々（賢者）たちは、自らソヒストと名のり（けり）、語の意は賢哲といふことにて、いと誇りたる称なりしかは、彼のソコラテスは謙遜してヒロソフルと名のりけるとそ、語の意は賢徳を愛する人といふことにて、所謂希賢の意と均しかるべしと存《おもは》せらる」（西一・一六）と記し、「ヒロソヒ」というカタカナで「哲学」を表現している。

一方、一八六一（文久元）年に執筆された津田真道の「性理論」に寄せた跋文においては、「西土の学、之を伝ふる既に百年余、格物舎密《せいみ》地理器械等諸科に至りては、間《まま》其室を窺ふ者有り、独り吾希哲学《ヒロソヒ》一科に至りては、則ち未だ其人を見ず、……独り此に見る有る者、特に吾が友天外如来〔津田の号〕より始まる」(8)（西一・一三）というように、「希哲学」と訳し、それに「ヒロソヒ」というルビを付けている。この「希哲学」が filosofie（philosophie）あるいは philosophia に付された最初の訳であったと言える。

この「希哲学」という訳は、「百学連環」や「生性発蘊」のなかで言われているように、周濂渓の『通書』「志学第十」の「聖希天、賢希聖、士希賢」という表現を踏まえたものである。津田真道もまた一八六〇（万延元）年から一八六二（文久元）年のあいだに書かれたと推定される「天外独語」という文章のなかで「ヒロソヒー」というルビを付して「求聖学」という言葉を用い、「性理論」のなかでも「道を志し聖を希ふ者」(9)という表現をしている。これもまた『通書』の言葉から着想を得た訳と言ってよいであろう。この「希哲学」、あるいは「求聖学」という訳は、西と津田が別々に思いついたものではなく、おそらくは両者のあいだで議論が交わされた結果と考えるのが自然であろう。

序でに言えば、西と津田が filosofie（philosophie）を訳すにあたって『通書』の表現を連想したのは、オランダ語において外来語としての filosofie（philosophie）とともに、ギリシア語のもとの意味に従った wijsbegeerte（愛智学）という言葉が併用されていたことが一つの原因であったかもしれない(10)。

幕末から明治の初めにかけて、この「希哲学」、「求聖学」以外にもさまざまな訳が試みられている。序章で触れたように、そのなかでもっとも有力であったのは「理学」という訳であった。それはおそらく哲学が宋学に重ね合わせて理解されたからである。宋学の開祖と言われる周濂渓の言う「太極」を、朱子（一一三〇―一二〇〇）は「理」として、つまり個々の現象（気陰陽）の存在根拠、ないし個々の存在の普遍的原理として理解し、この「理」を基礎に儒学の新しい展開を図った。このように「理」を重視するものであったため、宋学は「性理学」

とも、また単に「理学」とも呼ばれた。この「性理学」なり「理学」と哲学とのあいだに人々は共通するものを見出し、それを訳語として選んだと考えられる。[11]

しかし、西周はこの「理学」という訳を採用することはなかった。あくまでも「知を愛する」という原義に従い、philosophy を「希哲学」と、そしてやがて「哲学」と訳した。西がはじめて「哲学」という訳語を用いたのは、現存している資料から推すかぎり、一八七〇（明治三）年に書かれた「復某氏書」がはじめてである。これは、西と同じ津和野の人で幕末・維新期に活躍した国学者大国隆正やその弟子たちの立場を批判したものと言われているが、そのなかで次のように記している。「大率《おおよそ》孔孟の道、西洲の哲学に比して大同小異、東西相因襲せすして符節をあはせたるか如し」（西一・三〇五）。同じ年から開始された講義「百学連環」でも、「希賢学となすも亦可なるへし」と言われているが、基本的には「哲学」という訳語が用いられている。

西が印刷物の形で「哲学」という訳を公にしたのは、一八七四（明治七）年に出版された『百一新論』においてである。「百一」というのは、「百教ノ趣キ極意ノ所ヲ考フレバ、同一ノ趣意ニ帰ス」という西の主張を表現したものであるが、ここで言う「教」は、宗教のことではなく、「身ヲ治メル道具」としての「人道ノ教」、つまりモラルのことであり、それが国によってさまざまであれ、その中心にあるものは同じであるという考えを西はここで展開している。この『百一新論』の最後の所で西は次のように記している。「箇様ナコト〔「物理」、「天然自然ノ理」〕ヲ参考シテ心理ニ徴シ、天道人道ヲ論明して、兼テ教ノ方法ヲ立ツルヲヒロソヒー、訳シテ哲学ト名ケ、西洋ニテモ古クヨリ論ノアルコトデゴザル」[12]（西一・二八九）。

この「哲学」という訳が徐々にひろまり、定着していったと考えられる。そしてそれを決定的にしたのは、一八七七（明治一〇）年に東京大学が設立された際、文学部に「史学、哲学及政治学科」が置かれたことであった。同時に設置された「理学部」[13]から区別するためにも、「哲学」という訳語が取られたと考えられる。

哲学用語の確定に大きく寄与したのは井上哲次郎らによって編まれた『哲学字彙』（一八八一年）であるが、そこでは辞書自体の名前が示すように、philosophy は基本的には「哲学」と訳されている。しかし興味深いことに、「理学」という訳も併用されている。たとえば Critical philosophy を「批評理学」、Practical philosophy を「実践理学」としている。[14] あとで取りあげる中江兆民は、一八八六（明治十九）年に『理学沿革史』〔フィエー（Alfred Fouillée, 1838-1912）の『哲学史』の翻訳〕や哲学の概論である『理学鉤玄《こうげん》』を出版しているが、そこではなお philosophie が「理学」と訳されており、かなり長い期間にわたってこの二つの訳語が併存していたことがここからも知られる。

（4）儒学から区別された「哲学」

以上で見たように、西周は filosofie あるいは philosophy を「理学」とは訳さず、あくまでも「知を愛する」という原義に従い、「希哲学」と、そしてやがて「哲学」と訳したのであるが、日本における儒学の伝統、そして西自身の素養ということを考えれば、「理学」という訳は十分に選択される可能性があったと考えられる。しかし実際には西は「哲学」という訳を選んだ。なぜであろうか。

序章でも触れたように、西は「生性発蘊」のなかで、直訳としては「理学」ないし「理論」という訳が適切であることを認めながら、儒学と混同されるのを避けるために「哲学」という訳語を選択したと述べている。[15] 西はなぜ儒学と混同されることを回避しようとしたのであろうか。この問いに答える前に、西が西洋の哲学をどのようなものとして理解していたのかということをまず見ておきたい。先ほど、一八七〇年の「復某氏書」のなかで西が「大率孔孟の道、西洲の哲学に比して大同小異、東西相因襲せずして符節をあはせたるが如し」と述べていることを見た。ここでは儒学と哲学とが、相互に影響関係がなかったにも拘わらず、基本的に同じ内容をもっていたことが言われている。同じ趣旨のことは、ほぼ同じ頃に書かれたと考えられる「開題門」と題された文章のなかでも述べられている。「東土これを儒と謂ひ、西洲これを斐鹵蘇比《ヒロソヒー》と謂ふ。皆天道を明らかにし、人の極を立つる、その実一なり」(16)（西一・一九）。すべての存在を貫く理法を明らかにし、道徳の大本・原則を立てるという点で、哲学と儒学とが同一のものであることが言われている。

しかし、一八七〇年の一一月から開始された「百学連環」の講義では、西は、哲学が儒学とは異なった西洋独自の学問であることを強調している。たとえば次のように述べている。「此編中説き示す所は［たとえば神理学（＝神学）の部では］和漢西洋と順序を以てせしか、哲学の部に至りて西洋を以て先きになせしは、我か国の如きは更に哲学と称すへきものすくなく、漢の如きも西洋の比にあらさるに依るところなり」（西四・一八二）。宗教については日本から叙述を始めたのに対し、哲学に関しては、西洋の哲学に比すべきものが東洋にはほとんど存在しなかったが故に、叙述の順序を変えて西洋から始めたということがここで言われている。

もちろん西も、両者のあいだに共通するものがまったく存在しないと考えていたわけではない。とくに「名教学」と訳された倫理・道徳に関する学、つまり Ethics については、両者に内容上の重なりがあることを西も認めている。「名教学たるものは漢の儒学と称するものと大なるところはおなしくして、小なるところは僅かに異なるあり」（西四・一六〇）。先に見たように、『百一新論』でも、「人道ノ教」に関しては、東洋・西洋を問わず、その内容が「同一ノ趣意ニ帰ス」と西は述べている。倫理学については、たとえ細かい点で相違があるにしても、基本的には内容は同一であるというのが西の理解であった。

しかし他の分野に関しては、西は西洋のそれに比すべきものが東洋には存在しなかったことを主張する。宋学で言われる「理」は、あらゆる存在の根源ないし根拠を問題にするものであり、それを西洋の哲学と比較するということは十分可能であったと思われる。それにも拘わらず、西はなぜ「西洋の比にあらさる」と言うのであろうか。

西は両者のあいだに一つの根本的な相違を見ていた。その違いを西は「百学連環」のなかで次のように言い表している。「哲学は東洲の儒学と称するものにて、此儒学の根元は鄒魯《すうろ》［孔子と孟子］とす。其鄒魯より以来学者たるもの其孔孟の学派を連綿と相続し来りて、更に変革することなしと雖も、西洲の学者の如きは太古より連綿其学を受るといへとも、各々の発明に依て前の学者の説を討ち滅《け》し唯た動かすへからさるのことのみを採るか故に、次第に開け次第に新たなるに及へり」（西四・一六九）。

まず儒学の特質を西は、その起点となる孔子・孟子の教えのなかに「真理」を置き、それを代々受け継ぐことを求めてきた点に見いだしている。一例を挙げれば、伊藤仁斎の「論語の一書は、万世道学之規矩準則なり。其の言、至正至当[17]」という言葉のうちに、そのような儒学の真理観をよく見てとることができるであろう。

それに対して、西によれば、西洋の学問においては「真理」はそれとは根本的に異なった仕方で受け取られている。もちろん一面では学問は伝統との関わりなしには成立しえない。しかし、その根底にあるのは、伝統をそのまま前提とするのではなく、それに対して批判と検証を加えることによってはじめて事柄の真相に至りうるという真理観である。真理はつねに発展のうちにあると考えられてきたと言ってもよい。

このような西洋の学問観との対比において西は、儒教の根本的な制限を、先人の学説を墨守しようとする態度のうちに見ている。たとえば「漢儒の卓絶に至らさるは泥古の二字にあり」（西四・一八二）というように、「泥古」という言葉でそのことを言い表している。始祖の学説のうちに真理の基準を見いだそうとする態度のうちに、学問的精神と相容れないものを見ていたと言ってもよい。哲学と儒学とのあいだに西が明確な一線を引こうとしたのは、このような認識を踏まえてのことであった。そして西が「理学」ではなく、あえて「哲学」という新造語を使ったのは、このような相違を際だたせるためであったと考えられる。

もちろんこのことは西が、儒学を全面的に否定しようとしたということを意味しない。「漢儒の卓絶に至らさるは泥古の二字にあり」という言葉に続いて「それゆゑその頂上一鍼するときは必らす開化に及ひ、西洋と比較するに及ふへし」（西四・一八二―三）と言われている。始祖の言葉を規矩準則とするのではなく、それを批判的に検討し、新しい真理を見いだす努力を積み重ねることによって、西洋の哲学に匹敵しうるものになりうる可能性を認めていたと言うことができる。

注

（1）　Hubert Cieslik「府内のコレジヨ――大友宗麟帰天四百周年によせて」、『キリシタン研究』第二七輯、一〇一頁以下。

（2）　その後、府内のコレジオでは一五八五年から神学課程が始まっている。府内で主として哲学・神学課程の指導に当たったのは、スペイン人のイエズス会神父ペドロ・ゴメス（Pedro Gomes, 1535-1600）であったが、彼がその際に使用したテクストは長いあいだ失われたものと考えられていた。しかし今世紀になってドイツ人のイエズス会神父ヨゼフ・シュッテ（Joseph Schütte）によって、それがヴァチカンの図書館において（デカルトと親交のあったスウェーデン女王クリスチナが寄贈した文献類のなかから）発見された。以下の文献を参照。J. Schütte: Drei Unterrichtsbücher für Japanische Jesuitenprediger aus dem 16. Jahrhundert. In: Archivum Historicum S. J. (Societas Jesu), Bd. 8. Rom 1939. このテクストは一五九二年から翌年にかけて作成されたもので、『イエズス会日本人会員のためのカトリック教徒真理要綱（コンペンディウム）』（Compendium catholicae veritatis, in gratiam Japonicorum fratrum Societatis Iesu）と題されている。

（3）　『サントスの御作業』印影篇（勉誠社、一九七六年）第二巻三一八―九頁、翻字篇（勉誠社、一九七九年）第二巻三一八―九頁。なお引用に際して、旧漢字は新漢字に改めた（以下、他の著作からの引用についても、同様に新漢字を用いた）。『日本哲学思想全書』第一巻「哲学篇」の「解説」（三枝博音）三頁、茅野良男「近代日本の哲学とドイツ観念論」（茅野編『ドイツ観念論と日本近代』、ミネルヴァ書房、一九九四年）一二頁をも参照。

（4）　この「岡本三右衛門筆記」は新井白石『新訂西洋紀聞』（平凡社、東洋文庫一一三、一九六八年）に『西洋紀聞』関係資料

の一つとして収められている。同書三四四頁。
(5)『新訂西洋紀聞』一三、一六―一七頁。
(6)『日本思想大系』第五五巻「渡邊崋山・高野長英・佐久間象山・横井小楠・橋本左内」（岩波書店、一九七一年）二〇五頁。
(7)『日本思想大系』第五五巻「渡邊崋山・高野長英・佐久間象山・横井小楠・橋本左内」二一〇頁。長英がこの「西洋学師ノ説」を執筆した際に依拠した文献が何であったのかはわかっていない。
(8) もと漢文、筆者による書き下し。
(9)『津田真道全集』全二巻、大久保利謙・桑原伸介・川崎勝編、みすず書房二〇〇一年。上巻七三、一二〇頁。
(10) 齋藤毅『明治のことば――東から西への架け橋』講談社、一九七七年、三四八頁参照。
(11) 中国ではじめて詳細に西洋の学問を紹介したのは、イエズス会の宣教師ジュリオ・アレーニ（Giulio Aleni, 1582-1649, 艾儒略）の答述著『西学凡』であったが、そこでも「斐録所費亜」は「理科」ないし「理学」と訳されている。斎藤毅『明治のことば』三一七頁以下参照。
(12) 西がオランダから帰った翌年、京都で私塾を開き西洋の学問を講じた際、『百一新論』についても講義がなされたと考えられている。しかし、そのときすでに「哲学」という訳語が使用されていたかどうかはわからない。西が「百学連環」以降は主として「哲学」という訳語を用いるようになったのに対し、津田は明治七年に発表された『明六雑誌』第三号の論文「開化ヲ進ル方法ヲ論ス」のなかでもなお「希哲学」という訳語を用いている（『津田真道全集』上巻三〇六頁）。原意を残すこの言葉の方がふさわしいという考えが津田のなかにあったのかもしれない。
(13) 東京大学の前身である大学南校では法科・文科・兵科とならんで理科が置かれており、この理科を受け継ぐ形で「理学部」という名称が用いられたと考えられる。大学南校の文科には「性理」という分野が設けられており、それが哲学分野にあたるものであった。
(14)『哲学字彙』では science には「理学、科学」という訳があてられている。
(15) もっとも西も「生性発蘊」で theology を「神理学」、metaphysics を「超理学」と訳しており、「理」という概念自体を用いなかったわけではない。
(16) もと漢文、筆者による書き下し。philosophy が訳されずに「斐歯蘇比」とされているのは、「開題門」の起稿がオランダ時代に遡るためであろう。蓮沼啓介「開題門の成立事情」(『神戸法学雑誌』第三〇巻二号、三号、一九八〇年)参照。

(17) 伊藤仁斎『論語古義』(佐藤正範校、六盟館、一九〇九年)総論六頁。

2　西周による哲学の受容

(1) 明治時代の哲学の時期区分

井上哲次郎（一八五〇―一九四四）は、一八七七（明治一〇）年に新設されたばかりの東京大学の哲学科に第一期生として入学し、その後、ドイツ留学を経て、一八九〇年に東京大学の教授となり、一九二三（大正一二）年まで、長きにわたってその職にあった。日本において哲学という学問が受け入れられ、定着していくプロセスのただなかにいた人である。その井上が晩年に「明治哲学界の回顧」（一九三二年）という文章を発表している。そこで井上は明治時代の哲学の流れを三つに区分している。第一期は明治の初めから一八九〇（明治二三）年までの啓蒙期である。英米、あるいはフランスの自由独立の思想、自由民権思想が紹介、喧伝された時期である。第二期は一八九〇年から一九〇五（明治三八）年まで、つまり大日本帝国憲法が発布されて自由民権運動が一応その役割を終えたあとの時期である。井上はこの時期にドイツ哲学が紹介され、とくに大学教育のなかでドイツ哲学研究が大きな位置を占めるようになったことを指摘している。第三期は一九〇四年に始まった日露戦争によってナショナリズムがいっそう高揚し、国家至上主義的な考えが支配的になった時期以降になるが、井上はこの時期に、個人の自覚が顕著となり、世界的な精神が生まれるとともに、社会問題に大きな注意を払う人々が出てきたというように、その特徴を言い表している(1)。

本章ではこの区分で言えば、第一期を取り上げる。哲学が大学という制度のなかにその場所を見いだし、発展を遂げていく以前にあたる。この時期には哲学は大学の枠のなかでその一つの学科としてではなく、むしろ社会全体のなかで受けとめられた。序章でも述べたように、哲学書は、純粋な学術書としてよりも、むしろ、当時の社会の要請や課題との関わりにおいて読まれたのである。言わば新しい時代の方向を指し示すものとして哲学が輝きを放っていた時代であったと言うこともできるであろう。

西田幾多郎、田辺元のもとで学んだ唐木順三に「西田幾多郎先生」というエッセーがあるが、そこで唐木は、西田を訪ねたときに、明治時代の研究を勧められたこと、しかも「明治は二〇年までが面白い」と言われたということを記している。(2) 具体的に何を指して、西田が「面白い」と言ったのかは記されていない。しかし、おそらくいま言ったことに関係しているのではないかと推測する。つまり、最初にヨーロッパの哲学や自由思想などに触れ、それを社会のなかに生かそうとした人々の格闘の跡のおもしろさを研究することを唐木に勧めたのではないだろうか。

(2) 西周のオランダへの留学

西周（一八二九—一八九七）は最初朱子学を学んだ人であるが、のちに江戸に出て洋学を学ぶことを志し、その能力が認められて、一八五七（安政四）年、徳川幕府の洋学の研究教育機関であった蕃書調所の教授手伝並に採用された。一八六二（文久二）年、蕃書調所の同僚であった津田真道（一八二九—一九〇三）とともに、二隻の軍艦発注のために派遣された幕府の使節に随行してオランダに留学した。ヘレフートスライス（Hellevoetsluis）に到着した一行はライデン大学の中国学・日本学教授のホフマン（J. J. Hoffmann）に迎えられた。西が船中で認め、ホフマンに手渡したと考えられるオランダ語の文章が残っている。「関係各位」と宛名書きされたこの文章で西は留学の意図を次のように記している。「ヨーロッパ諸国との関係においてもまた多くの内政上および施設の改良を行うためにも、より一層必要な学問があり、これらは統計学・法律学・経済学・政治学および外交の学等の領域に求めなければならないものですが、これらの学問は日本では未だ知られては居ないのです。……以上の外にまた、私は哲学あるいは愛智学といわれる学問の領域をも学びたいと思います。わが国の法律で禁止されている神学とは異なり、この学問はデカルト・ロック・ヘーゲル・カント等の唱道したものであります」[3]。これを受け取ったホフマンは同僚の経済学・統計学の教授であったシモン・フィッセリング（Simon Vissering）を紹介、西と津田はフィッセリングからその自宅で直接講義を受けることになった。

フィッセリングは二人を前に「性法（自然法）」、「万国公法（国際法）」、「国法（憲法）」、「制産学（経済学）」、「政表（統計学）」の五つの学問を二年間にわたって講義した。講義に先だってフィッセリングは西と津田に次のように語ったと言われている。「第一に性法を論ず、是凡百《ぼんぴゃく》法律の基礎たればなり。次に万国公法ならびに国法を論ず、是、性法を推拡し、外は以て万国の交際を律し、内は以て国家の法度に準ずる者なり。後又制産学を論ず、是国を富まし民を安んず其の道如何を教ゆる者なり。而して是を終る政表に於てし、而して国の情状如何を察する其の周密を悉《つく》すの術を以てす」（西二・一四一以下）。このようにフィッセリングは法学・経済学に関わる学問をもっとも基礎的なものから始め、そしてその連関にしたがって順次講義していくということをした。このフィッセリングの講義は、内容だけでなく、その講義の仕方もまた西の学問理解に大きな影響を与えたのではないかと推測される。

西はオランダで得た研究の成果を、帰国後、私塾育英舎において「百学連環」という講義を通して若い人々に伝えようとした。「百学連環」は西が Encyclopedia という言葉に与えた訳語である。西は経済学や国際法などの個別科学ではなく、西洋の学問が総体としてどのようなものであるのかを伝えようとしたと言うことができる。

日本のように、それまで長い期間にわたって外部との交渉を閉ざしてきた国が、突然、異質な、しかも高度に発達した文明に接触したとき、そこで知識人が担わなければならなかった課題の一つ――しかもきわめて大きな課題の一つ――は、その異質な文明、あるいはそれを支える知が――それまで自らの国で支配的であった知と比較したとき――いかなる知であるか、しかも総体としていかなる知であるかを語らなければならなかったという点にある。日本の思想家のなかで、まっさきにその課題に正面から取り組んだのが西周、その人であった。もちろん法学なら法学、経済学なら経済学といった個別の学問なり知識を導入することも当時の日本において重要な課題であったし、西自身、フィッセリングの国際法に関する講義を『万国公法』（一八六八年）という表題で出版したり、ヘヴン（Joseph Haven, 1816-1874）の Mental Philosophy（1857）を『心理学』（全三巻、一八七五―七六年）という名のもとで刊行したりしている。しかし西は、新しく接した学問が、総体として、旧来の学問といかなる点においてその本質を異にするのか、この点を明らかにすることをより重要な課題として捉えたのである。まさにその課題に取り組んだ点で、西は明治初期の知識人のなかできわめて大きな役割を果したと言うことができる。

（3）「知の体系」としての西洋の学問

また「百学連環」の「連環」という言葉に、西が西洋の学問をどのように捉えていたかがよく現れている。つまり、西は西洋の学問を単なる個別科学の集積としてではなく、相互に有機的に連関しあった一つの全体として捉えた。学問は本来、相互に連関しあった一つの体系をなすものであるという理解が西のなかにあったのである。なぜ西はそのような体系的な、あるいは総合的な視点をもつことができたのか。おそらくそのことに、先ほど述べたフィッセリングの講義が深く関与しているのではないだろうか。それを通して西は西洋の知がさまざまな学問の集合体ではなく、一つの「知の体系」であることを学んだと考えられる。

さらにオランダ留学中にオーギュスト・コント（Auguste Comte, 1798-1857）の思想に触れたことも、西がそのような視点をもつに至った大きな理由であったと推測される。西はフィッセリングのもとで法学・経済学を学んだだけでなく、哲学にも関心をもちつづけ、多くの書物を読んでいる。[4] 西は留学以前にすでにデカルトやヘーゲルについて若干の知識を得ていたが、彼らではなく、当時オランダでもっとも有力であったコントの実証主義やJ・S・ミル（John Stuart Mill, 1806-1873）の功利主義などの新しい思潮から大きな刺激を受けた。たとえば『明六雑誌』に発表した「人世三宝説」（一八七五年）では「カノ実理学《ポシチヒズム》（仏ノ奥及斯多坤度《アウクストコント》）起リテヨリ頗ル世間ノ耳目ヲ一新シタリト見エ、諸大家ノ説モ漸ク実理ニ基ツキタルコト多キ……」（西一・五一四）というように述べている。「百学連環」では「当今のミル氏に至りて総ての学たるもの大に開くに及へり」（西四・一八一）と記している。

また「百学連環」の講義と並行する形で執筆したと考えられる稿本「生性発蘊」（浄書本には明治六年六月に校合を終了したことが記されている）のなかで西は、コントの哲学が引きおこした一大変革について語っている。それによれば、当時の学問がかかえていたもっとも大きな問題は学問の細分化であった。それぞれの細分化した学問が学問全体のなかでどのような位置を占めるのかということに関して、誰も適確な判断を下すことができず、その課題を哲学者に委ねようとするが、哲学者の方も具体的な科学に関する知識が乏しくその課題を果たすことができない、そのような状況に学問があったことを西は述べている。そしてそのような状況のなかで、個別諸科学の成果を踏まえつつ、それらに「統一の観［統一的視点］」を与え、学問に根本変革を引きおこしたのが、コントの実証哲学、具体的には『実証哲学講義』（Cours de philosophie positive, 6 vols. 1830-1842）のなかで展開された彼の哲学であった、というように西は述べている。

このようなコント哲学についての理解、そしてその問題意識への強い共感があったために、西は、西洋の学問を日本に紹介するとき、それを一つの「知の体系」として紹介しようとしたと考えられる。この紹介の仕方は、明治の日本にとって何が必要か、何を取り入れるべきか、という問いに対して、西がどのように考えていたかということをよく示している。木に竹を接ぐように、つまみ食い的に個別の学問を受容して従来の学問との折衷を図っていくのではなく、まず西洋の学問が総体として何であるかを理解することが必要であり、それに基づいて従来の学問を根本から変革することが必要なのだという考えが西のなかにあったと言ってよいであろう。そこにまさに西の卓見を見てとることができる。

（4）帰納法と実証的な知への注目

西周の哲学の大きな特徴の一つは、学問の方法への関心である。先ほど、西洋の学問が総体として旧来の学問といかなる点においてその本質を異にするのか、この点を明らかにすることを西が重要な課題として捉えていたということを言った。そういう観点から西が注目したのが、学問の方法としての帰納法であった。「生性発蘊」のなかで西は、「今余が宗とし本づく所は、……法［フランス］の墺胡斯《アウゴスト》、坤度《コント》が実理学《ポシチヒズム》に淵源し、近日有名の大家、英の約翰《ジオン》、士低化多《スチワルト》、美爾《ミル》が帰納致知《インヂユクチーウ》の方法《メトード》に本［づ］いて……」（西一・三六）と記している。このように西は、帰納法こそ自らの学問が立脚する方法的立場であることを明確に宣言している。

それは、儒学に依拠する旧来の学問に対する批判と背中合わせになっている。「百学連環」の「総論」において西は、儒者の用いた方法が「経書を学ぶ者は之を重《じゅう》とし、……総て其重とする所よりして種々の道理を引き出す」という「演繹の法」であることを述べたあと、次のように語っている。「凡そ学たる、演繹帰納の二つにして、古来演繹の学なるか故に、前にもいへる如く其の一つの拠《よりどころ》ありて、何もかもそれより仕出す。故に終に其郭《かく》を脱すること能はすして、固陋《ころう》頑愚に陥るなり。是即ち実知なることなくして唯書籍手寄《たよ》りの学にして、已れ書籍を役すること能はす、却て是か奴隷となり使役せらるゝなり」（西四・二三―二四）。西は東洋の学問の不十分性を、まず拠りどころとなるものを前提にし、そこからすべてのものを導きだそうとする演繹法を根本に置いた点に、そのために書籍を活用するのではなく、逆にそれに使役せられ、固陋頑愚に陥った点に見ている。「実知」から遠く離れた学問に終わってしまったというのが西の理解であった。

西がその著作のなかでコントの三段階の発展の法則に繰り返し言及したのも、そのような理解があったからである。「百学連環」の「総論」においても次のように記している。「近来仏国の Auguste Comte なる人の発明せし語に、総て何事にもあれ最初より都合克仕遂るものにあらす、其を遂んには stage 即ち舞台或は場と訳する字にして、其場所たる三ツありて始めの一ツより次第に二ツを経て第三に至りて止ると言へり、其第一の場所とは theological stage 即ち神学家、第二は metaphysical stage 即ち空理家、第三は positive stage 即ち実理家、此に於て始めて止ると言へり、総て此の如きものにして、其第一第二の場所を踏むの長短、久不久、ありて実理なる第三に至るの遅速ありと雖も、皆第一二の場所を踏まされは第三の実理に至るの道あらさるなり」（西四・六二―六三）。

人間の文化や社会、あるいは学問は、神話的な世界観を基礎に置いた段階から、形而上学的な世界観に基づく段階へと至り、最後に実証的な知に依拠した段階へと発展を遂げていくというのである。西は第二の形而上学的段階のなかに、西洋の合理主義の哲学とともに、宋学を位置づけている。西の初期の稿と考えられる「開題門」[5]においてすでに次のように言われている。「余謂らく、宋儒と羅覰奈侐士謨《ラショナリズム》、その説出入有りと雖も、見るところ頗る相似たり、唯輓近に至り、孛士氏非士謨《ポスティビズム》［positivism］、拠証確実、弁論明哲、将に大いに後学を補する有り、是我が亜細亜の未だ見ざる所にして、墺梧支坤度《オーギュストコント》実に是を首唱す」[6]（西一・一九）。

ラショナリズムというのは、もちろんデカルトからヘーゲルに至る西洋近代の合理主義哲学を指すが、それと宋学とのあいだに西は共通するものを見ていたのである。西が両者を退けたのは、「百学連環」の表現を使えば、両者の主張するところが「臆断（prejudice）」と「惑溺（superstition）」に基づいていたからである[7]（西四・六一）。「臆断」と「惑溺」に基づく「空理」――それに対して西は「論大にして、語詳なりと雖も、裨する所幾何ぞ」と記している――ではなく、「実物」に基づいて検証し、「実知」を積み重ねることによって、つまり「晏比離《えんぴり》の方」（経験的方法）に基づいて帰納的に導きだされる「実理」（positive knowledge）こそ真理の名に値するという考えが西の哲学を支えていたと言える。

「空理家」の段階（metaphysical stage）を経て、いまコントやJ・S・ミルの哲学を通して「実理家」の段階（positive stage）へと至ろうとしていると言うのであるが、興味深いことに西は「開題門」において次のように付け加えている。「葸稠亜杜美爾《スチアートミル》の名まさに一時に冠たり、唯此の学の興るや、日尚浅しとなす、それ規模を恢張し、節目を詳悉し、以てその盛を致すが若きは、その任将に後人にあり」（西一・二〇）。この新しい真理発見の方法を確立し、その上に学問を構築することを現代的課題として捉えていたことがここから知られる。

注

（1）岩波講座『哲学』「明治哲学界の回顧」（岩波書店、一九三二年）六頁以下参照。

船山信一はそれに対して『明治哲学史研究』（ミネルヴァ書房、一九五九年）のなかで明治の哲学の歴史を次の五つの時期に分けている。第一期は一八八二（明治一五）年までの「実証主義の移植」の時期。第二期は一八八九（明治二二）年までの「観念論と唯物論との分化」の時期。第三期は一九〇五年（明治三八）年までの「日本型観念論の確立」の時期。第四期は一部第三期と重複するが一八九五年から一九一一（明治四四）年までの「哲学啓蒙家」の時期。第五期は一九二六（大正末）年までの「日本型観念論の大成」の時期である。

（2）唐木順三「西田幾多郎先生——昭和二十年六月のノートから」、『日本の心』所収。『唐木順三著作集』（増補版、全一九巻、筑摩書房、一九八一—一九八二年）第九巻四二二頁。

（3）高坂史朗「新しい世界を求めて——西周とオランダとの出会い」、島根県立大学西周研究会編『西周と日本の近代』（ぺりかん社、二〇〇五年）六二—六四頁。原文は次の冊子に収められている。Gerhart Vissering, De Troonbestijging van den Keizer van Japan. De relatien in ouden tijd van Holland tot Japan. Amsterdam, blz. 6-8.

（4）蓮沼啓介『西周に於ける哲学の成立』（有斐閣、一九八七年）一一九頁以下参照。

（5）「開題門」においては、philosophy が訳されずに「斐鹵蘇比」とされており、その草稿の起稿はオランダ時代に遡ると考えられる。蓮沼啓介「開題門の成立事情」（『神戸法学雑誌』第三〇巻二号、三号、一九八〇年）参照。

（6）もと漢文、筆者による書き下し。「開題門」については、小泉仰が『西周と欧米思想との出会い』（三嶺書房、一九八九年）のなかで詳しい検討を行っている。同書五四頁以下参照。

（7）明治十五年に執筆された「尚白劄記《さっき》」のなかでは西は次のように宋学を批判している。「宋儒の如く何も斯《か》も天理と説きて天地風雨の事より人倫上の事為まで皆一定不抜の天理存して、此れに外るれは皆天理に背くと定むるは、余りに措大の見に過きたりと謂ふ可し、茲より為ては疎大なる錯謬に陥りて、夫《か》の日月の蝕、旱魃、洪水の災も人君の政治に関係せりと云ふ妄想を生するに到る可し」（一・一七〇）。

3　福沢諭吉と近代日本の学問

(1) 明六社

幕末から明治の時期に、国を開き、西洋の文明と正面から向きあったとき、――丸山真男の「開国」という論考の表現を使えば――「ヨーロッパで長期的に成長した諸々の文化的要素が……一度に重なり合い、「西洋」という巨大な塊となって殺到した」(丸山八・四九)[1]。そしてこの「塊」に屈服するか、それを拒否するか、その選択を迫られたとき、日本は前者を選択した。そこに、この「塊」の圧倒的な影響のもとで政治や経済の制度だけでなく、文化や学問など、あらゆる面で根本的な変革を進めていく歴史が始まった。西洋近代の人間観やものの見方、その上に打ち立てられたさまざまな制度、具体的に言えば、自由や権利の主体という人間理解、合理主義的な思考方法、進歩主義的な歴史観、そうしたものに支えられた政治の制度や経済のシステム、技術や産業、それらから圧倒的な衝撃を受けつつ、それを伝統との葛藤のなかで受容し、自己変革を遂げていく歴史が始まった。

この自己変革の思想的な基盤を用意し、文明開化を理論的に支える役割を積極的に担おうとしたのが、西周もその一員であった明六社の人々であった。明六社は一八七三(明治六)年に少弁務使(代理公使)としてアメリカに派遣されていた森有礼が帰国し、西村茂樹と計らって設立した学術結社である。明治六年に設立されたのにちなんでこの名が付けられた。森を代表(社長)とし、森、西村のほか福沢諭吉、西周、津田真道、中村正直、加藤弘之らが会員であった。設立の意図を森有礼は次のように言い表している。「米国にては学者は各其学ぶ所に従ひ、学社を起して以て互に学術を研究し、且講談を為して世人を益す、本邦の学者は何れも孤立して、互に相往来せず、故に世の益をなすこと甚少なし、余は本邦の学者も、彼国の学者の如く互に学社を結び、集会講究せんことを望む(2)」。

彼らはその機関誌『明六雑誌』や演説会の開催を通して欧米の啓蒙思想の普及に努めた。『明六雑誌』第一号に発表された西村茂樹の記事のなかには次のような言葉が見いだされる。「本朝ニテ学術文芸ノ会社ヲ結ビシハ今日ヲ始メトス……何トゾ諸先生ノ卓識高論ヲ以テ愚蒙ノ眠ヲ覚シ天下ノ模範ヲ立テ識者ノ望ヲ曠《むなし》フセザランコトヲ是祈ル(3)」。「愚蒙ノ眠ヲ覚ス」という表現に、彼らの意図したところがよく表現されている。彼らは文字どおり「啓蒙家」であったと言えるであろう。

しかし彼らの活動は長くは続かなかった。『明六雑誌』も明治八年六月に公布された新聞紙条例および讒謗律による民間の自由な政論に対する統制のもとで廃刊を余儀なくされた。新聞紙条例および讒謗律公布後の明六社の会合で福沢は「明六雑誌の出版を止るの議案」を提出しているが、そのなかで次のように述べている。「独り我日本に於は……人間の事物十に八、九は政府の関せざる者なし。止《やむ》を得ざるの事情、俄に変ず可からざるの習慣とは雖も、今の日本は日本人民の日本に非ずして政府の日本と云はざるを得ず。此日本国中に住居する学者が、其所論所行に就き悉皆《しっかい》政治上の関する所を避け、毎言《まいげん》に意を注し毎語心を用ひ、歩々路を選て行かんとするは、果して事実に於て能す可きや」（福沢一九・五五五(4)）。そのような状況のなかで明六社の社員たちは、「節を屈すること能はず。発論を自由にすることも亦能はず。然ば則ち単に雑誌の出版を止るの一策あるのみ」という結論を出さざるをえなかったのである。西洋の衝撃を受けとめつつ、伝統との葛藤のなかで自己変革を遂げていくという「近代化」の営みは、このような力のせめぎあいのなかでなしとげられていったのである。

（2）福沢諭吉と「文明」化という課題

福沢諭吉もまた、このような近代化の現場の渦中にいた一人である。その渦中にいただけでなく、福沢こそ、西洋の衝撃を誰よりも意識的に——単なる驚きとしてではなく、生じるべき変革と結びつけて——受けとめた人であり、その変革について——その理念と道筋とについて——くり返し語り続けた人であったと言えるであろう。

福沢の書いたもののなかには、もちろん「近代化」という言葉はない。福沢においては、いま述べた意味での近代化は「文明」化、つまり「一国文明の進歩を謀る」という表現で語られている。福沢が一八七五（明治八）年に刊行した『文明論之概略』は、彼の数多い著作のなかでも、彼の思想の根幹にあるものを——言いかえればその原理に関わるものを——もっともまとまった形で表明したものであるが、その主題は表題の通り「文明」、ないし「文明」化であった。福沢はまさにその「文明」化の必要性を説いてやまない人であったと言うことができる。

福沢の「文明」についての理解の特徴は、「外の文明」と「内の文明」とを区別した点にある。「外の文明」が目に見える形での文明の成果であるとすれば、「内の文明」は、それを生みだすもととなったものの見方であり、行動の原則である。福沢はこの二つを明確に区別している。そして文明化を実現するためには、「外の文明」ではなく「内の文明」を優先しなければならないというのが福沢の基本的な考えであった。

それは明らかに、進行しつつある西洋受容に対する福沢の痛烈な批判を背景にした主張であった。「外の文明」を支える内なるものにまったく目を向けることなく、ただ衣食住や法律、制度など、外に見えるものだけを移植しようとする表面的な文明論者の態度を福沢は、「啻《ただ》に其の用を為さゞるのみならず却て害を為すこと多し」（福沢四・一九）というように批判している。

福沢が「内の文明」のもとに具体的に何を理解していたかを知るためには、『文明論之概略』第二章の次の文章が手がかりになるであろう。「天地間の事物を規則の内に篭絡《ろうらく》すれども、其の内に在て自から活動を逞ふし、人の気風快発にして旧慣に惑溺《わくでき》せず、身躬《みず》から其の身を支配して他の恩威に依頼せず、躬から徳を脩め躬から智を研き、古を慕はず今を足れりとせず、小安に安んぜずして未来の大成を謀り、進て退かず達して止まらず、学問の道は虚ならずして発明の基を開き、工商の業は日に盛にして幸福の源を深くし……」（福沢四・一七）。習慣となった古いものの見方や行動様式、あるいは支配者の権威に縛られるのではなく、それから脱して、自らの活動を自ら活発にし、自発的に徳をおさめ智をみがくことが、「文明」化を支える「精神的基盤」であるという考えを福沢はもっていた。

ここでも「人の気風快発にして旧慣に惑溺せず」という言い方がなされているが、福沢は「古習の惑溺」、あるいは「古風束縛の惑溺」という表現をしばしば用いている。「惑溺」とは、習慣的となったものの見方や考え方にとらわれ、他のものが見えなくなった状態を指す。別の観点から言えば、固定した原理や価値に安住し、自ら考え、判断するという主体性を放棄した自己のあり方が「惑溺」である。それは人がしばしば陥りやすい陥穽であるが、福沢が問題にしようとしたのは、そのような個人の、そしてそのつど起こりうる意識のとらわれではなく、人々のものの見方のなかに深く食い入って常態化したそれであると言ってよいであろう。そのように惑溺を一時的なものではなく、気風と言えるまでにしているのは、日本について言えば、「権力の偏重」であるというのが福沢の考えであった。「我国の文明を西洋の文明に比較して、其の趣の異なる所は、特に此の権力の偏重に就て見る可し」（福沢四・一四六）と言われている。

この「権力の偏重」は、事実として存在する人間間の差異として理解されてはならない。「固より人間の貴賤貧富、智愚強弱の類は、其の有様（コンヂーション）にて幾段も際限ある可らず。此の段階を存するも交際に妨ある可らずと雖ども、此の有様の異なるに従て兼て又其の権義（ライト）をも異にするもの多し。之を権力の偏重と名るなり」（福沢四・一四七）という言葉が示すように、それは、事実としての差異を権利上の差異として固定化し、下位のものの上位のものへの権利上の隷属、そして精神的な従属を強いるところに生じる。

このような「権力の偏重」が、「人たる者は理非に拘らず他人の心に従て事を為すものなり、我了簡を出すは宜しからず」（福沢三・七九）という風潮を作りだし、固定した原理や価値に安住する人間を作りだしたと言ってよいであろう。そしてこのような惑溺は、上位と下位にある人間のあいだだけでなく、広く政治や学問、宗教の領域においても見られる現象であることを福沢は主張するのである。

（3）懐疑の精神と多事争論

以上で見た「惑溺」からいかにして脱却し、いかにして自由を実現するかということが『文明論之概略』で福沢が論じようとしたもっとも大きな問題であった。そのために不可欠と福沢の考えたものが二つある。一つは「疑の心」であり、もう一つは、思考・見解・価値の多様性である。

『学問のすゝめ』（一八七二—七六年）においても福沢は、「文明の進歩は、天地の間にある有形の物にても無形の人事にても、其の働きの趣を詮索して真実を発明するに在り。西洋諸国の人民が今日の文明に達したる其の源を尋れば、疑の一点より出でざるものなし」（福沢三・一二二）というように述べて、疑いこそが、文明の源であることを主張している。習慣として固定化したものの見方や先達の主張・論証を疑い、それを改めて検討することから、新たな法則や新たな真理の発見がなされるのであり、疑いなくしては文明の進歩はありえないというのである。

ただその疑いが「自発の疑」でなければならないことを福沢は強調している。「我人民の精神に於て此数千年の習慣に疑を容れたる其の原因を尋れば、初て国を開て西洋諸国に交り、彼の文明の有様を見て其の美を信じ、之に倣はんとして我旧習に疑を容れたるものなれば、恰も之を自発の疑と云ふ可らず。唯旧を信ずるの信を以て新を信じ、昔日は人心の信、東に在りしもの、今日は其の処を移して西に転じたるのみにして、其の信疑の取捨如何に至ては果して的当の明あるを保す可らず」（福沢三・一二五）。ただ新しいものに倣うという態度から出た疑いは、何を信じ、何を疑うべきか、その原理に関わる反省を欠いた疑いであり、真の意味での疑いになりえていないということであろう。

福沢が文明化に、あるいは自由の実現に必須な前提として、この懐疑の精神とともに注目するのが、思考・見解・価値の多様性である。たとえば次のような逆説的な表現でそのことを言い表している。「単一の説を守れば、其の説の性質は仮令《たと》ひ純精善良なるも、之に由て決して自由の気を生ず可らず。自由の気風は唯多事争論の間に在て存するものと知る可し」（福沢四・二四）。

なぜ「純精善良」な見解・主張が自由と相反するのか。なぜ多くの見解・主張が対立し、相争うところに自由の気風が生ずるのか。その問いに福沢は直接答えてはいないが、次のように考えることができるであろう。さまざまな見解や主張を許容し、それぞれの根拠を相互に検討し、最善のものを選択するところに議論の地盤が形作られる。ただ一つの説の支配は、逆に、そのような議論の場の成立を妨げる。あるいは、議論の技術の成熟を妨げる。いま述べたような議論の地盤が成立しているところにこそ、自由に議論を戦わし、真理を目ざす気風が生まれると考えられる。

他の主張を押さえこむところにではなく、むしろ他の主張と競いあい、牽制しあうところにこそ自由が成立するという逆説を福沢は次のようにも言い表している。「抑《そもそ》も文明の自由は他の自由を費して買ふ可きものに非ず。諸の権義を許し諸の利益を得せしめ、諸の意見を容れ諸の力を逞ふせしめ、彼我平均の間に存するのみ。或は自由は不自由の際に生ずと云ふも可なり」（福沢四・一四五―一四六）。自由が不自由と相接しながら、あるいは不自由を通して成立するというパラドックスを福沢はきわめて的確に把握している。

（４）学問の変革

福沢が「外の文明」と「内の文明」とを区別し、「内の文明」の重要性を強調したのは、ただ単に「外の文明」を無反省に取り入れようとする時代の風潮を批判するためだけにではなく、それと同時に――そしてより根本的には――、いわゆる「東洋道徳西洋芸術」といった考え方を批判するためでもあったと言うことができるであろう。世界観や道徳観は伝統的なものをそのままとり、その上に西洋の技術文明を接ぎ木するという発想を批判することが福沢の文明論の核心をなしていたと言ってもよい。彼の近代化論は、明らかに学問の変革という問題に結びついていた。

そのことを端的に示していると思われるのは『福翁自伝』（一八九九年）の次の言葉である。「東洋の儒教主義と西洋の文明主義と比較して見るに、東洋になきものは、有形に於て数理学と、無形に於て独立心と、此二点である。……人間万事、数理の外に逸することは叶はず、独立の外に依る所なしと云ふ可き此の大切なる一義を、我日本国に於ては軽く視て居る。……全く漢学教育の罪である」（福沢七・一六七―一六八）。

この文章は、『文明論之概略』を通して福沢が何をめざし、何を訴えようとしたのかを考える上でも大きな手がかりになるが、ここで福沢は東洋に欠け、その文明化に必須なものとして、「数理学」と「独立心」の二つを挙げている。「独立心」については、先に問題にした「外の文明」を支える精神的基盤を指すと考えてよいであろう。『学問のすゝめ』では「人民独立の気力」という表現がなされている。「数理学」はさしあたっては数学と物理学を指すが、より広く合理的な思考を支える基礎的学問を指すと考えてよいであろう。そのような学問の受容が文明化の必須な前提であると福沢が考えていたことを、先の文章はよく示している。

ただ、そのような「東洋になき」学問を旧来の学問の傍らに導入すること、あるいは旧来の学問の基礎の上にそれらを接ぎ木することを福沢がめざしたのではないという点に注意しなければならない。「東洋になきものは、有形に於て数理学……である」という表現だけから判断すれば、もちろん福沢がただ単に学問の一分野としての数学や物理学を東洋にないものとみなしていたと解釈することが可能である。しかし、福沢は旧来の学問をそのまま認めた上で、そこにある分野が欠けていることを問題にしたのではない。というのも、福沢は旧来の学問に――それは何より儒学であったが――文明化を阻害する要素が存在することを明確に主張しているからである。そのことを福沢は次のように言い表している。「儒学は仏法とともに各其の一局を働き、我国に於て今日に至るまで此文明を致したることなれども、何れも皆古を慕ふの病を免かれず」（福沢四・一六一）。

ここではっきりと言われているように、福沢は一面では儒学が日本の文明を支えてきたことを認めている。とりわけ私徳という面でそれが大きな役割を果たしてきたこと、具体的に言えば、それが「人心を鍛錬して清雅ならし」（福沢四・一六三）めてきたことを認めている。しかし同時に福沢は儒学に根本的に欠陥があることを指摘する。それを『文明論之概略』第九章「日本文明の由来」において次のように言い表している。「古を信じ古を慕ふて毫も自己の工夫を交へず、所謂精神の奴隷（メンタルスレーヴ）とて、己が精神をば挙て之を古の道に捧げ、今の世に居て古人の支配を受け、其の支配を又伝へて今の世の中を支配し、洽《あま》ねく人間の交際に停滞不流の元素を吸入せしめたるものは、之を儒学の罪と云ふ可きなり」（福沢四・一六三）。

このように福沢は儒学の欠陥を、おそらくはJ・S・ミルの『自由論』を踏まえて「メンタルスレーヴ」という言葉で言い表しているのであるが、この「古を信じ古を慕ふ」という精神のあり様は、古代に――完全な仕方で――確立された教え、具体的に言えば、「修己安人」あるいは「修身斉家」といった教えを学ぶことが、つまり「道」学が学問の中心に置かれてきたことと深く関わっている。他の諸学問はこの中核の学問——そしてその尚古主義——を前提にした上で展開されたと言うことができるし、また、この中心学問の根本性格は人々の精神のあり様そのものにも決定的な影響を及ぼしたと考えられる。まさにその点を福沢は「儒学の罪」として批判するのである。

丸山真男が「福沢に於ける「実学」の転回——福沢諭吉の哲学研究序説」のなかで論じているように、福沢がその文明論を通して実現しようとしたのは、このように中核をなす学問、あるいは「原型」とも言うべき学問を、「道」学から数理学へと移すことであったと言うことができる。しかし丸山が強調するように、この転回をただ単に学問的関心の重心の移動と解することは、福沢の意図を誤って理解することになるであろう（丸山三・一一四参照）。またそれは、すでに述べたように、数理学による既成の学の補完でもない。そこで真実に意図されていたのは、学問の根本的な性格の変革であった。より正確には、学問を支える精神のあり様を変革することが、福沢の目ざしたものであったと言うことができる。

『文明論之概略』のなかで福沢は学問の進歩という問題を論じながら、新たに構築されるべき学問の性格について次のように述べている。「人間の学問は日に新に月に進て、昨日の得は今日の失と為り、前年の是は今年の非と為り、毎物《まいぶつ》に疑を容れ毎事《まいじ》に不審を起し、之を糺し之を吟味し、之を発明し之を改革して、子弟は父兄に優り後進は先進の右に出て、年々歳々生又生を重ね、次第に盛大に進て、顧て百年の古を見れば、其の粗鹵《そろ》不文にして愍笑《びんしょう》す可きもの多きこそ、文明の進歩、学問の上達と云ふ可きなり」（福沢四・一六二）。

ここから明瞭に読み取れるように、福沢が新しい学問にまず求めたのは、あらゆるものに——したがってこれまで動かない真理とされてきたものにも——疑いの目を向け、徹底した検討を加えるという姿勢ないし態度であった。先に惑溺から脱するための必須な前提として福沢がまず第一に「疑の心」を挙げていることを論じたが、構築されるべき学問に福沢がまず求めたものも、まさにその懐疑の精神であった。

先の引用においてもう一点注目されるのは、「之を糺し之を吟味し、之を発明し之を改革して」と言われている点である。ここで福沢が問題にしているのは、理論の具体的な事象に照らしての検証ということであると考えられる。理論を絶対化するのではなく、つねに現実と照らしあわせ、その有効性を吟味・検討すること、そのことを福沢は学問の進歩の必須の前提として考えていた。

よく知られているように、福沢は文明化を実現するための具体的な施策に関しても「試験（実験）」を重視した。『文明論之概略』においてもたとえば第三章「文明の本旨を論ず」の結論部分において次のように述べている。「人間の目的は唯文明に達するの一事あるのみ。之に達せんとするには様々の方便なかる可らず。随て之を試み随て之を改め、千百の試験を経て其の際に多少の進歩を為す可きものなれば、人の思想は一方に偏す可らず」（福沢四・四九）。ここではより広い文脈で「試験」という言葉が使われているが、学問もまた事実による具体的な検証を経てはじめて進歩するのだというのが福沢の基本的な考えであったと言ってよい。

以上で見たように、懐疑と理論の検証ということを基礎においた学問の必要性こそ福沢が主張しようとしたことであった。もう一度『福翁自伝』の「東洋になきものは、有形に於て数理学と、無形に於て独立心と此二点である」という言葉に立ち戻って言えば、福沢は「数理学」をただ単に学問の一領域としてではなく、それと並んで「東洋になきもの」として挙げた「独立心」と結びついたものとして理解していたと言うことができる。伝統的な考えや理論にとらわれず、主体的に吟味・検討し、つねに新たな真理の発見をめざすという精神のあり様と直接に結びついたものとして「数理学」は理解されていた。福沢が主張したのは、いま述べたような意味での数理学の導入であり、結局は、そのような精神に支えられた学問の構築――および学問全体の再構築――が福沢のめざしたものであった。

新たな学問の構築という問題との関わりで福沢はもう一つの問題に目を向けている。先に「権力の偏重」という気風の存在に言及した。つまり、日本においては職業や地位の上での上下関係が人間関係全体を支配し、精神的な従属関係を作りだしていることに触れた。そのような気風は、伝統的な価値意識に強く影響される人間を作りだしてきたが、同時に学問のあり方にも大きな影響を及ぼしてきた。とりわけ江戸時代を念頭に置いて福沢は次のように述べている。「其の〔東西の学問の〕異別とは何ぞや。乱世の後、学問の起るに当て、此の学問なるもの、西洋諸国に於ては人民一般の間に起り、我日本にては政府の内に起たるの一事なり。西洋諸国の学問は学者の事業にて、其の行はるゝや官私の別なく、唯学者の世界に在り。我国の学問は所謂治者の世界の学問にして、恰も政府の一部分たるに過ぎず」（福沢四・一六〇）。

ここで福沢は、学問が治者の世界のなかでのみ存立しえたこと、いわばそれに奉仕することでその存立を確実にしてきたことを述べている。懐疑と理論の検証を基礎においた学問の確立は、そのようなくびきからの解放——それは精神的態度における「権力の偏重」からの解放と切り離しえない——を通してのみ可能なことを福沢はここで主張していると言ってよい。

（5）西村茂樹の道徳論

西村茂樹（一八二八—一九〇二）もまた、明六社の結成に尽力した一人であり、『明六雑誌』に「政体三種説」や「西語十二解」などの論考を発表している。明治初期に活躍した啓蒙活動家の一人であったが、福沢とは異なり、儒教を再評価する方向に進んだ。一八八七年に『日本道徳論』を発表、独自の道徳思想を世に問うている。

それによれば、明治維新以降「儒道」が廃棄されたために、「中等以上ノ人士ハ道徳ノ根拠ヲ失ヒ、……人心其固結力ヲ弛緩シ、民ノ道徳漸ク頽敗ノ兆ヲ萌セリ」[(5)]という状況が生まれている。そのように「国ニ道徳ノ教衰へ、民ノ風俗頽敗スル」とき、それを唯一救いうるのは道徳学のみであるというのが西村の考えであった。道徳を説きうるものには、世教と世外教とがある。世教とは、自己を修め、国や社会の調和を実現しようとする世俗の教えであり、世外教とは、主として死後の世界に関心を向ける宗教の教えである。西村は前者には儒道と哲学があり、後者には仏教と基督教とがあるとする。どちらを道徳の基礎とすべきかは国によって異なるが、日本では、伝統的に上流の人々が儒道によって自己を陶冶し、それに基づいて制度法律を定めてきたために、世教をその基礎とするのが適当であるということを西村は述べている。

しかし今日、もっぱら儒道によって道徳を立てることはできない。西洋の学問の精緻な成果にあわない面を多くはらんでいることや、古を是とし、今を非とする考えが強くある点などにおいて大きな問題をはらむ。それに対して哲学は「理ヲ以テ師トシ人ヲ以テ師トセザル」ことにより、「其学問漸々精微深遠」となっている。しかし他方、「知ヲ論ズルニ重クシテ、行ヲ論ズルニ軽キ」点で道徳として十分ではない。このような考察を踏まえて西村は、「吾一定ノ主義ハ二教（儒教哲学）ノ精粋ヲ採リテ其粗雑ヲ棄ツルナリ、二教ノ精神ヲ採リテ其形迹ヲ棄ツルナリ」(6)という結論を導きだしている。ここに哲学受容の一つの形を見いだすことができる。

注

（1）丸山の著作に関しては、『丸山真男集』全一六巻・別巻（岩波書店、一九九五―一九九七年）から引用した。引用文のあとに「丸山」と記し、巻数と頁数とを記した。

（2）西村茂樹が『往事録』のなかでこの森有礼の言葉を紹介している。『明治文学全集』第三巻『明治啓蒙思想集』（筑摩書房、一九六七年）四一二頁参照。

（3）『明治文学全集』第三巻『明治啓蒙思想集』四一二頁。

（4）福沢諭吉の著作については『福沢諭吉全集』（岩波書店、再版、一九六九―七一年）から引用した。引用文のあとに、「福沢」と記し、巻数と頁数とを記した。

（5）『明治啓蒙思想集』三七〇頁。

（6）『明治啓蒙思想集』三七八頁。

4 中江兆民――「理学」としての哲学

(1) 中江兆民の学問観

中江兆民(一八四七―一九〇一)は土佐藩の足軽の子として生まれたが、長崎、江戸でフランス語を学び、一八七一(明治四)年、司法省修習生としてフランスに留学して、法学や哲学、歴史学、文学などさまざまな学問を吸収した。一八七四年に帰国、自宅に「仏蘭西学舎」(のちに「仏学塾」と改称)を開き、多くの門弟を集めた。一八八二年、「仏学塾」の雑誌『政理叢談』にルソーの『社会契約論』の漢訳および注解(『民約訳解』)を連載した。その後、フイエ(Alfred Fouillée, 1838-1912)の『哲学史』を訳した『理学沿革史』や、日本で最初の哲学概論とも言うべき『理学鉤玄』(ともに一八八六年)などを出版した。

この『理学沿革史』や『理学鉤玄』という表題が示すように、兆民は「哲学」という訳語が一般化したあとも、philosophie の訳語として「理学」という言葉を用いつづけた。『理学鉤玄』の冒頭において兆民は次のように述べている。「「フィロゾフィー」ハ希臘言ニシテ、世或ハ訳シテ哲学ト為ス。固ヨリ不可ナル無シ。余ハ即チ易経窮理ノ語ニ拠リ、訳シテ理学ト為スモ、意ハ即チ相同ジ」(中江七・一三)。意は同じ、と言いながらも、兆民はすでに定着しはじめていた「哲学」ではなく、あえて「理学」の語を当てている。それは、この引用が示すように、『易経』に由来する(そして朱子学の重要な術語でもある)「窮理」という伝来の言葉に依拠した方がよいと考えたからであろう。もちろん兆民もまた『易経』で言われている「窮理」(「理を窮め性を尽くして以て命に至る」、説卦伝)、あるいは朱子学で言う「格物窮理」が、philosophie とまったく同じ内容を持つと考えていたわけではない。しかし、そのように伝統として根づいているものを手がかりにすることによって、より容易に、異なった文化の中で成立したものを理解し、受容することができると考えたのであろう。そしてそれが可能であると考えられたのは、兆民が、西洋の思想と東洋の思想を貫く普遍的なものの存在を確信していたからだと考えられる。

まず注目しなければならないのは、兆民が西周や津田真道ら「明六社」に集った明治初期の啓蒙家たちとはっきりと異なった学問観をもっていた点である。すでに見たように、西周は空理と実理という表現で東洋と西洋の学問の特徴を言い表している。儒学が「真理に就くもの鮮《すくな》しとす」と言われるのは、ただ文献の解釈に終始し、「実験」（観察と経験）を欠いた「空理」であったからである（西四・五二―五三）。また津田真道は「開化ヲ進ムル方法ヲ論ス」のなかで虚学と実学という言葉を用いてそれぞれの特徴を言い表している。「夫《それ》高遠ノ空理ヲ論スル虚無寂滅、若クハ五行性理、或ハ良知良能ノ説ノ如キハ、虚学ナリ。之ヲ実物ニ徴シ、実象ニ質シテ、専《もっぱら》確実ノ理ヲ説ク近今西洋ノ天文格物化学医学経済希哲学ノ如キハ、実学ナリ。此実学国内一般ニ流行シテ、各人道理ニ明達スルヲ真ノ文明界ト称スベシ」(1)。もちろん西や津田も漢学の深い知識を持った人々であり、その基礎の上に西洋思想を受容したことは疑いがない。しかし彼らは、東洋の仏教や儒学の世界観・道徳論を具体的な経験に基づかない空虚な理論として、そして西洋の学問を確実な論拠の上に立てられた「確実の理」として判然と区別した。「開化ヲ進ムル」ために、まず両者を明確に対比するところから出発したのである。

それに対して兆民は、一方だけを評価する、あるいは絶対視するということはしなかった。兆民にとって学問は「虚学／実学」という二分法で整理できるものではなかったからである。西洋と東洋の学問は、そのあいだに一線を引いて截然と区別されるべきものではなく、それぞれの立場から学問の発展に寄与すべきものと考えられていたと言ってもよい。

一方で、兆民はもちろん、東洋の思想の不十分性を認識していた。一八七五年頃に執筆されたと考えられる草稿（『策論』）のなかで、「父子相愛シ、兄弟相親ムハ、英仏我レ〔ニ〕賢《まさ》ル乎。賢ルコト無シ。上下尊卑礼有ルハ、英仏我レニ賢ル乎。賢ルコト無シ。彼レノ我レニ賢ル所ノ者ハ、只技術ト理論ト有ル而已《のみ》」（中江一・二五）と記している。また序章で触れたように、『一年有半』（一九〇一年）のなかで「我日本、古より今に至る迄哲学無し」（中江一〇・一五五）という言葉を残している。哲学の不在もまた、経験の理論化という点での不十分性を反映したものと言うことができるであろう。

　まさにその理論の不在を克服するという点で、ヨーロッパの哲学は兆民にとって範とすべきものであった。『社会契約論』だけでなく、フイエの『哲学史』、さらにはヴェロン（Eugène Véron, 1825-1889）の『美学（L'esthétique）』[2]などを訳したのも、そのような認識に基づいてのことであったと考えられる。しかし兆民はヨーロッパの哲学を無条件に肯定したのではない。興味深いことに、西周が「拠証確実、弁論明哲、将に大いに後学を補する有り」として高く評価した実証主義の哲学に対しても、兆民は最後の著作『続一年有半』のなかで批判の目を向けている。「此一派は極て確実拠る可きが如くに見えるが、其現実に拘泥するの余り、皎然明白なる道理も、苟《いやしく》も実験に徴し得ない者は、皆抹殺して、自ら狭隘にし、自ら固陋に陥いりて、其弊や大に吾人の精神の能を誣《し》いて、之が声価を減ずるに至るので有る」（中江一〇・二六〇）。たとえ科学的な検証を経ないものであっても、動かしえないと考えられるもの、あるいは道義上認められるべきものは存在するのであり、それをすべて排除すれば、人間の能力を不当に狭めなければならないというのが兆民の考えであった。

　このように兆民が実証主義の哲学を批判しえたのは、「虚学／実学」という二分法的な枠組みで東洋・西洋の思想を整理し、一方を排除するということをしなかったからである。むしろ、そのような枠組みを取り払ったところに自らの視点を据え、評価すべきものを評価するという姿勢を兆民は持ちつづけた。そのような兆民にとって、「他ニ紛ルコト」を慮る必要はなく、あえて「哲学」という新しい言葉を作る必要はなかったと言うことができる。

（２）兆民とルソー

明治初期の啓蒙思想家や初期の自由民権運動家が主としてその拠りどころとしたのは、イギリス流の自然権思想や功利主義思想、そしてその立場に立った自由論、政治論であった。それに対して、兆民はフランスの政治思想を紹介することによって、自由民権運動に新たな理論的基盤を提供した。とりわけルソーの社会契約の思想、人民主権論は、高まりつつあった民権運動にいっそう大きなはずみを与えた。兆民がルソーの思想のなかでとくにその人民主権論に注目したことは、『民約訳解』の「後世、最も婁騒《ルソー》を推して之が首と為すものは、其の旨とするところ、民をして自から修治せしめて、官の抑制する所と為る勿《なか》らしむるに在るを以てなり」（中江一・一三二）という言葉や、「民約の一書、時政を掊撃《ほうげき》して、余力を遺こさず、以て民の権を有することを明かにす」（中江一・一三四）という言葉から知ることができる。そのようなルソー理解の特徴は、訳語の上にも現われている。たとえば“république”の語に対して兆民は、当時すでに通用していた「共和」という言葉ではなく、あえて「自治の国」という言葉を当てている。“république”とは「民みずから国に主となりて別に尊を置かざるもの」（中江一・一九七）であり、「共和」という言葉からは、そのような意味を汲み取ることができなかったからである。

このようなルソーの人民主権論を紹介することによって、兆民は、それまでミルやスペンサーの自由論、代議政治論を拠りどころとしていた民権運動家に大きな影響を与えた。しかし、言論人として自ら自由民権運動の表舞台に出たのは、一八八一（明治一四）年に西園寺公望を社長とし、兆民を主筆として『東洋自由新聞』が発刊されたとき以降である。そこで兆民は、高まりを見せつつあったこの運動のために健筆をふるった。第一号に掲載された「祝詞」のなかで、兆民はルソーを前面に押し出して次のように述べている。「善哉乎《よきかな》、婁騒《ルソー》ノ言ヤ、曰ク人ニシテ自由権無キハ人ニ非ザル也ト」（中江一一・二六）。ルソーの人民主権論の根底には、人間がその本質において自由な存在であるという理解があった。『社会契約論』第一編第一章冒頭の「人間は自由なものとして生まれた、しかもいたるところで鎖につながれている」という言葉や、第四章の「自分の自由の放棄、それは人間たる資格、人類の権利ならびに義務をさえ放棄することである[3]」という言葉がそれを示している。「祝詞」の兆民の言葉はそれを承けたものにほかならない。

しかもルソーは、社会契約を通して人間が獲得するものとして、ただ単に政治的あるいは市民的な自由だけでなく、道徳的自由（liberté morale）をも考えていた（第一編第八章）。それを承けて、兆民は『東洋自由新聞』第一号の社説において二つの自由について論じている。「自由ノ旨趣其目二、曰クリベルテーモラル（即チ心神ノ自由）、曰クリベルテーポリチック（即チ行為ノ自由）ナリ」（中江一四・一）。「リベルテーポリチック」が言論、集会、結社等、政治的な自由、そして行為の自由を意味するのに対し、「リベルテーモラル」は、精神活動の自由を意味する。より具体的には次のように言われている。「リベルテーモラルトハ、我ガ精神心思ノ絶ヱテ他物ノ束縛ヲ受ケズ、完全発達シテ余力無キヲ得ルヲ謂フ」（中江一四・二）。第一にまず、われわれの精神活動が、他から束縛を受けないことを、そしてそれとともに、それが完全な形で発達を遂げることを、「心神ノ自由」は意味する。しかも重点は後者にあった。前者を前提として、精神が全体的な発達を遂げ、十全な活動をなすことこそ、「リベルテーモラル」が意味するところにほかならない。

ルソー自身は、『社会契約論』において「リベルテーモラル」について詳しく論じてはいない。しかし、自由のこのような主体的な理解がルソーに由来することはまちがいない。『社会契約論』の第一編第八章において、ルソーは、社会状態への移行を通して人間が獲得する利益を次のような言葉で表現している。「彼［人間］の能力はきたえられて発達し、彼の思想は広くなり、彼の感情は気高くなり、彼の魂の全体が高められる」(4)。この高められた人間のあり方を「リベルテーモラル」は意味する(5)。

もちろん、「リベルテーモラル」はまた、道徳とのつながりにおいても理解されていた。『社会契約論』では、「たんなる欲望の衝動［に従うこと］はドレイ状態であり、自ら課した法律に従うことは自由の境界である」(6)と言われている。自律という点にルソーは「道徳的自由」の本質を見ていた。兆民はこのルソーの理解をふまえながら、しかしそれにとどまることなく、「リベルテーモラル」のなかに同時に儒教的な倫理をも読み込んでいる。『東洋自由新聞』の社説において、『孟子』に拠りながら、「内ニ省ミテ疚《やま》シカラズ、自ラ反シテ縮《なお》キモ亦此物［リベルテーモラル］ニシテ……」（中江一四・一二）と記している。儒教的な倫理観が兆民の思想の根底にあったことは、同じ『東洋自由新聞』の社説「井上参議ノ演舌ハ一時ノ謬伝ニ過ギズ」からも知ることができる。「造物主の人を生ずるや、其目的は快楽を与るが為なり」（中江一四・四二〇）という主旨の井上馨（一八三五―一九一五）の発言に対して、兆民はむしろ禁欲的な儒教的倫理を対置している。「天ノ人ヲ生ズル、豈《あに》苟モ自ラ快楽ヲ取ラシムル而已《のみ》ナラン哉。……我ガ行ノ果シテ道ニ合スルトキハ、福祉ハ求メズシテ至ル。孔子ノ所謂難ヲ先ニシテ得ルコトヲ後ニスルナリ。易ノ所謂積善ノ家ハ必ズ余慶有ルナリ」（中江一四・四八）。兆民が「リベルテーモラル」を「リベルテーポリチック」から区別するだけでなく、その根拠として、また人間の活動全般の「根基」（中江一四・一二）として、ルソー以上にその意味を強調したのは、おそらくこのような倫理観が兆民のなかにゆるぎないものとしてあったからであろう。

このような自由観を紹介することによって、兆民は自由民権運動に大きな影響を与えたのであるが、そのための場となったのが、仏学塾の雑誌『政理叢談』であった。『政理叢談』には、あわせて八〇編あまりの論文・著作が翻訳され、発表された。しかしその名を高からしめたのは、やはり兆民の『民約訳解』であった。そしてそれをきっかけに「東洋のルソー」という呼称が兆民に帰せられることになった。ルソーの思想への深い共感から言って、兆民にふさわしい呼称と言うことができるであろう。兆民は明らかに、ルソーの自由の理解、人民主権論を受け継いでいる。しかし兆民はルソーの思想をそのまま日本に移植しようとはしなかった。むしろルソーの急進主義に対して、はっきりと批判の言葉を記している。「但其の人、天姿剛烈、加うるに才を負い豪を矜《ほこ》るを以てし、人の軌轍に循《したが》うことを喜ばず。是を以て、事を論ずるに或は矯激の病《へい》なきこと能わず」(『民約訳解』「訳者緒言」、中江一・一三四)。

兆民は、一面において理想をどこまでも持ちつづけた理想主義者であったが、しかし他方、現実のなかで、したがってさまざまな条件のもとではじめて理想が実現されることを知っていた。置かれた状況を無視して理想だけを語るということをしなかった。その意味では兆民は徹底した現実主義者であった。彼のいわゆる「君民共治」論は、そのことをよく示している。兆民は、人民の自治という「実」を優先し、君主の存在にはこだわらなかった。そして逆に「名」にとらわれて急進主義に走ろうとする人々を、「耳食ノ徒往々名ニ眩《めまい》シテ実ヲ究メズ。共和ノ字面ニ恍惚、意ヲ鋭シテ必ズ昔年仏国ノ為セシ所［フランス革命］ヲ為シテ、以テ本邦ノ政体ヲ改正スル有ラント欲スル者、亦其人無シト為サズ」(中江一四・一〇)として退けている。このように、理想の完全な実現をめざして急進主義に走るのではなく、置かれた状況のなかで最大限可能な理想実現を図ろうとするところに、兆民思想の特徴の一つを見ることができる。

それとともに、これまで論じたところから明瞭に見てとれるが、西洋の思想を論じる際につねに東洋の思想的な伝統を念頭に置いていたことも、兆民の思想の一つの特徴として挙げることができる。その端的な例は、先に引用した『東洋自由新聞』の社説である。そこにおいて兆民は、「リベルテーモラル」と、孟子の言う「義ト道トニ配スル浩然《こうぜん》ノ一気」(「公孫丑篇」)とを同一視している。欲望のままに行為するのではなく、自ら法をつくり、それに自ら従う人の心の「余裕」（中江一・一六六）は、道義におのずからつれそう「ひろびろとした気」に通じると考えたのであろう。

しかしもちろん兆民はそこで、西洋の思想を日本に根づかせるために、その便法として伝統的な思想への言及を行ったのではない。そのような言及がなされたのは、両者に相通じるものがあるという確信が兆民のなかに揺るぎなく存在していたからである。『策論』のなかで、次のように言われている。「西土ノ道学ハ希臘《ギリシア》矢蘇曷刺《ソクラテ》篤《ス》、必羅頓《プラトン》ニ原本ス。而テ二賢ノ道ヲ論ズル、仁義忠信ヲ外ニセズ。篤介［兆民］欧地ニ在テ其書ヲ読ミ、誠ニ斯道ノ古今遠邇《えんじ》確乎トシテ易《か》フ可ラザルヲ知ル」（中江一・二六）。ここでは道徳に関してのみ言われているが、兆民が東西に共通すると考えていたのは、道徳論だけにとどまらない。晩年に執筆された『一年有半』（一九〇一年）のなかでは、民権思想もまた欧米の専有ではないことが言われている（中江一〇・一七七参照）。

西洋と東洋の思想をただそれぞれの文脈のなかで理解するだけでなく、むしろ両者を貫く普遍的なものに目を向けたところに兆民思想の特徴が存在する。(7) 兆民にとって、西洋思想に目を向けることは、一方的に西洋思想を受容することではなく、東洋思想と、そしてやはり特殊なものの一つである西洋の思想とを貫く普遍的なものに目を向けることを意味した。その点で兆民は、先にも述べたように、「明六社」に集った明治初期の啓蒙思想家たちとははっきりと異なった立場に立っていたと言うことができる。

（3）ナカエニスム

一九〇一（明治三四）年の春に兆民は喉頭癌のため、余命一年半という診断を受けた。その療養中に執筆したのが『一年有半』と『続一年有半』である。

兆民が哲学、道徳を重視したことは先にも見たが、『一年有半』で彼がもっとも強調したのも、「理」ないし

「理義」の重要性であった。「理義」という言葉を兆民は多義的に用いているが、それはまず「儒教的な道義」を意味する。「物質の美」と「理義の善」とを対比させ、次のように述べている。「夫れ学術如何に邃《すい》なるも、権勢如何に盛なるも、名望如何に隆《さかん》なるも、若し子として父を虐し、良人として妻を窘《くる》しめ、朋友を欺き、及び諸々不善を行はゞ如何。我国家如何に強きも、隣国如何に弱きも、我れ故無く兵を隣国に加へば如何。外物は竟《つい》に理義に勝つこと能はざる也。本末の別あれば也。夫れ此言や今の灰殻者《はいからしゃ》流必ず言はん、陳腐聞くに堪へずと。然り凡そ理義の言は皆陳腐なり。之を言ふに於て陳腐なるも、之を行ふに於て新奇なり」（中江一〇・二〇九）。しかしもちろん、そこに単なる伝統主義を見てとる必要はない。そこには同時に、ルソーの道徳主義への共感もまた込められている。

理義はまた「道理にかなった原則、理論」の意味でも用いられている。「我邦人は利害に明にして理義に暗らし。事に従ふことを好みて、考ふることを好まず。……故に凡そ其の為す所浅薄にして、十二分の処所《しょしょ》に透徹すること能はず。今後に要する所は、豪傑的偉人よりも哲学的偉人を得るに在り」（中江一〇・一七七）。兆民は一方で、事態の推移に従って身を処し、いたずらに争わないといった日本人の長所を認めながら、しかし他方、それがより大きな短所の裏面であることを見抜いていた。自ら理を追求することなく、理にかなった行動の原理・原則を持たない日本人の「浮躁軽薄」を兆民はきびしく批判している。理義に暗いという日本人の欠点は、当然、その学問にも反映せざるをえない。「我日本、古より今に至る迄哲学無し」ということも、そのことと深く関わっている。

『一年有半』が出版されたあと、余命がもはやいくばくもないのは兆民自身にとってもあきらかであったが、兆民は自らの哲学の概要を書き残すために、ふたたび筆をとった。哲学なきを嘆くだけでなく、独自の哲学を生みだすために、せめて礎なりとも残したいという思いからであったであろうか。「理学者」として死ぬことが彼の念願であったと言えるかもしれない。『続一年有半』は、「呼吸は奄々《えんえん》として、四支五体は鶴の如く」という状態のなかでわずか十日ほどで書き上げられた。

兆民は自己の立場を「無神無霊魂」と表現し、はっきりと唯物論の立場に立つことを宣言している。しかし、『理学鉤玄』においてのように、自然科学のさまざまな内容に説き及ぶのではなく、まず実証主義に対する批判を行い、そして独自の認識論を展開している。

事実に依拠し、経験を重んじる実証主義（現実派）は、「詩韻的想像力」に基づいて理論を展開する虚霊派に対して優位に立つ。しかし、すでに第一節で触れたように、現実派もまた絶対に確実なものではなく、大きな欠点を有する。検証をしなくても確実な知識は無数に存在するからである。それをすべて排除するとすれば、それは「偏狭固陋」以外のなにものでもない。「何ぞ現実派の推理に怯懦なる哉と謂はねばならぬ」（中江一〇・二六二）という言葉で兆民は実証主義の立場を退けている。

それに続いて兆民は、唯物論の立場に立った認識論を展開している。まず、外界の事物を観念に解消しようとする唯心論を否定し、逆に観念を外的事物の経験に基礎づけている。観念は、意識から独立に存在する諸事物の模写によって成立するとされている（「外間［外界］現に其者が有て、其影象を吾人の精神に写し来るので有る」、中江一〇・二七三）。この理解には、もちろん、批判を加えることが可能であろう。そこでは認識が外的事物の意識への直接的な反映として捉えられている。人間の認識の能動的側面への顧慮がなされていない。また、人間の認識の歴史性あるいは社会性に対して目が向けられていない。このような批判が可能であろう。しかし、『続一年有半』における兆民の意図は、日本において自立した哲学が形成されるための礎を築くという点にあった。それの具体的な構築は後世に委ねられたと言うことができる。「他日幸に其人を得て、此間より一のナカヱニスムを組織することが有るならば、著者に取て本懐の至りで有る」（中江一〇・二九二）という言葉で兆民はこの書を閉じている。

注——

（1）『津田真道全集』上下（大久保利謙・桑原伸介・川崎勝編、みすず書房、二〇〇一年）上三〇六頁。

（2）『維氏美学』（上下）と題して一八八三、四年に文部省編輯局から出版された。

（3）Jean-Jacques Rousseau, Du Contrat social et autres œuvres politiques. Introduction de Jean Ehrard. Paris 1975, p. 236, 239-240. ルソー『社会契約論』桑原武夫・前川貞次郎訳、岩波文庫、一九五四年、一五、二二頁。

（4）Jean-Jacques Rousseau, Du Contrat social et autres œuvres politiques, p. 247. ルソー『社会契約論』三六頁。

（5）このような自由の理解に、さらに、兆民がフランスにおいて接触を持ったと推測される法学者アコラース（Émile Acollas, 1826-91）や、フランク（Adolph Franck, 1809-87）の『哲学辞典』の影響も考えられるであろう。この点に関しては宮村治雄『理学者 兆民——ある開国経験の思想史』（みすず書房、一九八九年）三〇頁以下、および七〇頁以下を参照。

（6）Jean-Jacques Rousseau, Du Contrat social et autres œuvres politiques, p. 247. ルソー『社会契約論』三七頁。

（7）この点に関しては松永昌三『中江兆民評伝』（岩波書店、一九九三年）第九章を参照。

第二章　大学という制度（アカデミズム）のなかの哲学

1　東京大学におけるフェノロサの哲学講義

（1）東京大学および文学部の創設

前章で見たように、明治の初め、哲学は言わば社会全体のなかで、その目ざすべき方向を指し示すものとして受けとめられ、それをめぐって活発な議論がなされた。しかしそれは、やがて大学という制度が整備されることによって、そこに確かな場所を見いだしていった。それは同時に、哲学が大学のなかで研究され、学ばれる学問という枠のなかにはめ込まれていくプロセスでもあった。

東京開成学校と東京医学校が合併して東京大学[1]が創設されたのは一八七七（明治一〇）年である。その際、東京開成学校が改組されて法・理・文三学部となり、東京医学校が医学部に引き継がれた。法理文学部綜理には加藤弘之（一八三六—一九一六）が就任した。文学部には、最初、「史学、哲学及政治学科」と「和漢文学科」の二学科が置かれた。一八七九年には第一学科は「哲学、政治学、理財学科」と改められ、一八八一年には「哲学科」、「政治学及理財学科」、「和漢文学科」の三学科となった。

法理文三学部の最初の綜理となった加藤弘之は、維新前、幕府の蕃書調所（開成所）に勤め、日本で最初にドイツ語を学修した人であるが、維新後は明治新政府の大学大丞などの職に就いた。一八六一（文久元）年に著した『鄰草《となりぐさ》』（そのときには公にされなかった）において、また一八六八（慶応四）年に出版した『立憲政体略』において欧米の立憲思想を紹介した。一八七〇（明治三）年には『真政大意』を刊行し、天賦人権論を紹介した。さらに一八七四（明治七）年には『国体新論』を出版している。そこで加藤は、「国家ニ於テハ人民ヲ主眼ト立テ特ニ人民ノ安寧幸福ヲ求ムルヲ目的ト定メ、而シテ君主及ビ政府ナル者専ラ此目的ヲ遂ゲンガ為メニ存在スルヲ以テ国家ノ大主旨トナス」というように人民主権を主張し、「蓋シ自由権ハ天賦ニシテ安寧幸福ヲ求ムルノ最要具」であると、天賦人権論を改めて展開している。(2)

加藤は日本で最初に自由民権思想に注目した人であったとも言うことができる。しかし、一八八一（明治一四）年に東京大学の綜理に就任した際、天賦人権思想を明らかな謬見であるとし、『真政大意』や『国体新論』の絶版を政府に願いでた。そして翌年、『人権新説』を発表し、社会進化論の立場から民権思想に対する批判を行った。優者が必ず勝利を収め、劣者が敗れて優者のみが生き残るというのは「永世不易ノ自然規律」であり、社会もまたこの優勝劣敗適者生存の法則に従って進化を遂げてきた。そのことを知らず、すべての人間が自由と平等の権利を生まれながらにもっていることを主張する天賦人権論者は「妄想論者」でしかないことをここで主張した。(3) この加藤の変化の背後には、一八七四年に民撰議院設立建白書が出されて以降、徐々に保守化していった政治の動きがあったであろうし、自らの置かれた立場が強く意識されていたとも考えられる。

（2）フェノロサとスペンサー哲学

東京大学で最初に哲学関係の講義を担当したのはサイル（Edward W. Syle, 1817-1890）である。サイルはイギリス生まれであるが、アメリカに移住、アメリカ聖公会宣教師として中国、日本で伝道を行った。一八七四（明治七）年に東京大学の前身である東京開成学校の教師となり、修身学と歴史学を担当した。修身学ではホプキンズの『人論』とヘヴンの『心理学』とを教科書として用いた。[4] 一八七七（明治一〇）年に、東京開成学校と東京医学校とが合併して、東京大学が創設されたのにともない、そこで引き続いて史学と道義学とを教えた。ただ学生たちにはあまり大きな影響を与えなかった。一八七九年に第四期生として東京大学に入学した三宅雄二郎（雪嶺、一八六〇―一九四五）が、井上哲次郎の「明治哲学界の回顧」に付した「付記」のなかで、「神学味が多くて、哲学味が少く、哲学に触れると云ふ程に触れなかった」と記している。[5]

東京大学で最初に西洋の哲学を本格的に紹介したのはフェノロサ（Ernest Francisco Fenollosa, 1853-1908）であった。フェノロサはハーヴァード大学で学んだのち、東京大学で動物学を教えていたエドワード・モースの推薦により一八七八（明治一一）年に東京大学に二五歳で赴任し、政治学、理財学（経済学）と哲学史とを教えた（のちには哲学を中心に教えた）。一八八六年まで八年間東京大学に在職し、その後文部省、さらに東京美術学校に転じたが、東京大学在職中に井上哲二（次）郎をはじめ、多くの学生を指導した。

一八七八年度、一八七九年度の『東京大学法理文学部一覧』および『東京大学法理文学部年報』に記載された「申報」によると、二年生配当の哲学史の講義ではフェノロサは――序章で触れたように――シュヴェーグラーの『哲学史概説』やルイスの『付伝哲学史』、ボーウェンの『デカルトからショーペンハウアーとハルトマンに至る近代哲学』などを手がかりにしてデカルトからヘーゲル、スペンサーに至る近代哲学の歴史についての講義を行った。このフェノロサの講義によってカントからヘーゲルに至る近代ドイツ哲学が東京大学ではじめて詳しく紹介されたのである。この講義から受けた印象を、一八八〇（明治一三）年から翌年にかけて哲学史の講義を聴いた三宅雪嶺がのちに『大学今昔譚』と題した著作のなかで次のように記している。「十一年八月、米国人フエノロサが来学し、最初予備門にて経済学を担当し、大学で哲学を担当した。哲学科が独立しない間のこと、フエノロサの授業が頗る面白く、学生の注意を唆つた。それまで哲学は外山〔正一〕教授がスペンサーの第一原理〔“First Principles”, 1862〕を主にしたのをば、フエノロサが簡単にデカルトから初め、カント、フイヒテ、シエリング、ヘーゲルまで雄弁に説き立て、僅かな期間にドイツ哲学を紹介した。これは英学者が前に概ね知らず、世間に知れなかつたところであつて、今更のやうに耳新しく聞え、哲学とはさういふものかと人が興味を覚えるところがあつた(6)」。

フェノロサがハーヴァード大学在学中にもっとも影響を受けたのは、当時ダーウィンの進化論と結びついてきわめて大きな影響力をもったスペンサーの進化論哲学であった。スペンサーの進化論哲学は、彼の母国であるイギリスよりも、むしろアメリカで迎えられ、一八七〇年前後に空前のスペンサー・ブームをアメリカで引きおこした。フェノロサはまさにそのブームのなかで学生生活を送ったのである。メアリ夫人の回想録によれば、ハーヴァード大学在学中、フェノロサは「スペンサー・クラブ」の結成に力を注いだ(7)。

そうした学問形成から言えば当然のことであろうが、フェノロサは東京大学においても進化論の哲学を大いに鼓吹した。一九〇八（明治四一）年に彼が亡くなったときに、東京大学の哲学会の機関誌である『哲学雑誌』「雑録」に「元大学教授フェ子《ママ》ロサ氏逝く」（第二六〇号）という記事が発表されたが（執筆者は不詳）、そこで次のように言われている。「エドワード・エス・モールス氏……理科に教鞭をとつて、大〔い〕に進化論を鼓吹す。又殆んど之と同時に外山博士帰朝し、理科の矢田部〔良吉〕等と共に進化論を唱ふ。されば更にフェ子ロサ氏来りて進化論を唱道するや、殆んど帝国大学の思想界は進化論を以て充溢せるの有様なりき」。

序章でスペンサーの“Social Statics”が『社会平権論』として訳出され、自由民権運動に共感を覚える人々に多大の影響を与えたと述べたが、それと並行するような形で明治十年代にスペンサーの進化論哲学はフェノロサや外山正一ら、東京大学の教員によってさかんに喧伝されたのである。一般にスペンサーの思想には二つの面が混在していると言われる。一つの面は、"Social Statics" など前期の著作に見られる自然法的・個人主義的な側面である。それに対して後期の著作、たとえば The Principles of Sociology（1876-1896）などにおいては、社会有機体論的な考えが前面に出ている。アメリカでは主に後期の思想が社会の支配的・保守的な勢力によって受け入れられていったが、それに対して、日本ではこの二つの面が別々に受け入れられた。

フェノロサは、アメリカにおける社会有機体論的な思想を中心にしたスペンサー受容のただなかで思想形成を行い、そのような観点から、日本においてもスペンサーの思想に関する講演や講義を行った。来日早々、フェノロサは文部大臣に対して、東京大学の文学部に「社会原論」という科目を作り、社会が一個の有機体であることを学生に学ばせる必要があるという答申を行っている。そしてそのような趣旨に添った講演を行っている。その内容は井上哲次郎らによって翻訳され、明治一三年に「世態開進論」という表題のもとに、東京大学法理文三学部の機関誌であった『学芸志林』という雑誌に発表されている。さらに明治一四年以降、フェノロサは東京大学の正規科目としても、世態学（社会学）の講義を行っている。

このフェノロサの、いま述べたような社会有機体論的なスペンサー思想の紹介は、日本におけるスペンサー受容に大きな変化をもたらした。その点について、高橋徹《あきら》が「日本における社会心理学の形成」という論文のなかで次のように述べている。「フェノロサは、当時のスペンサー解釈の急進主義的傾向に反省をうながし、スペンサーの社会変動論における「穏健性」を指摘することによって、やがて生ずる「民権論の教科書としてのスペンサー」から「国権論の案内書としてのスペンサー」という解釈転換のキイを準備した(8)」。

実際、「世態開進論」の講演においてフェノロサは、一方で「天賦ノ自由」について語りつつ、しかし他方、「若シ初メニ専制政府ノ出テ、蛮民ヲ駕御シ教化ヲ施シ従順ノ風ヲ養成セル微《なか》リセハ此自由ナル者モ遂ニ渙発スルノ期ナカリシナラン。故ニ専制政府ハ自由ノ繈褓《きょうほう》ナリト謂フモ亦不可ナカルベシ」[9]と述べている。まず専制政府が確立され、その後はじめて自由が実現されるのであり、順序を逆転することはできないというのがフェノロサの考えであったと言えるであろう。

（3）フェノロサのドイツ哲学講義

フェノロサが大学時代に最初に関心を寄せたのはスペンサーの進化論哲学であったが、やがてドイツ哲学について深い理解を有していたボーウェン（Francis Bowen, 1811-1890）の講義や、アメリカにおけるヘーゲル哲学の受容に大きな役割を果たしたセントルイス哲学協会の『思弁哲学雑誌』（The Journal of Speculative Philosophy）などを通してヘーゲル哲学に触れ、強く惹かれていったと推測される[10]。そのような関心に基づいて、東京大学でもドイツの近代哲学、とくにヘーゲルの哲学に力点を置いた講義を行った。一八八四年度にフェノロサの哲学史講義を聴き、自らのちに真宗大学寮で西洋哲学史を講じた清沢満之は、この西洋哲学史講義のなかで「東京大学にてフェノロサ氏はヘーゲル氏を非常に褒めて、此の後はヘーゲル氏の説を開展するの哲学に止まるなりと云へり」と語っている[11]。

このようにフェノロサは一方で進化論の哲学から、そして他方へーゲルの哲学から影響を受けた人であったが、彼が両者の関係をどのように考えていたのかを、われわれはフェノロサの講義を筆記した資料から知ることができる。阪谷芳郎（第五期生）が筆記した哲学史講義（明治一四年度）のノートであるが、そこでフェノロサはヘーゲルとスペンサーの哲学について論じたあと、最後に次のように述べている。「もしわれわれがスペンサーの進化論とヘーゲル哲学とを結合することができれば、われわれは完全な哲学を持つことになるだろう。そして、われわれはこれがこれから三〇年か四〇年のうちになされるだろうと信じる。ただしヘーゲルの唯一の弱点は、彼が科学についての知識に乏しいということである。両哲学は互いに補い合う。スペンサーの学説は、ヘーゲルに機械的進化が欠落している点を埋め合わせる。スペンサーとヘーゲルはまったく異なるように見えるとはいえ、しかし実は最も密接に結びついているのである。実際、ヘーゲルの学説なしにはスペンサーの進化はまったく考えられないのである」[12]。

日本ではじめて行われたフェノロサのドイツ哲学についての講義は、先に紹介した三宅雪嶺の言葉が示すように、学生たちの関心を大いにそそった。しかし、高学年向けの講義は学生たちを必ずしも満足させるものではなかった。雪嶺自身が『大学今昔譚』のなかで次のように記している。「フエノロサも哲学の初歩を講義したときこそ有益で面白かつたが、その後にはカントの英訳、ヘーゲルの英訳、ヒュームの著書を文字通りに読む位のもので、これといふことがなかつた」[13]。

フェノロサはある年にはヘーゲルの『論理学』もテクストにしているが、使われたのは英訳であり、ドイツ語に習熟した学生には歓迎されなかった。フェノロサの講義が高学年の学生に満足を与えられなかったのは、彼がまだ若年でありながら、政治学や理財学（経済学）、世態学（社会学）など多方面の講義をしなければならなかったこと、またドイツ哲学に関心を寄せてはいたが、必ずしもそれを専門的に研究した人ではなかったことなどが、その原因であったのではないかと推測される。また、本章第五節で述べるように、彼が日本美術により大きな関心を寄せるようになっていったことも関わっているであろう。

しかしフェノロサが日本の哲学教育において新しいページを開いた人であったことはまちがいがない。その講筵に列した学生のなかには、有賀長雄、三宅雪嶺、坪内逍遙、井上円了、徳永（清沢）満之、沢柳政太郎、大西祝らがいた[14]。その多くが卒業後、哲学を講じたり、自ら哲学史を著した人々であった。その意味で、フェノロサの講義こそわが国における西洋哲学史受容の基点となったと言っても決して過言ではない。

注

(1) 一八七七年に設立された「東京大学」は、その後一八八六年に「帝国大学」に、一八九七年に「東京帝国大学」に名称を変更した。本書では誤解を避けるために「東京大学」、「東大」という名称で統一した。それにあわせて「京都帝国大学」も「京都大学」、「京大」と表記した。

(2) 『明治文学全集』3『明治啓蒙思想集』筑摩書房、一九六七年、一六四、一六六頁。

(3) 『明治啓蒙思想集』一七四、一七七頁。

(4) ホプキンズの『人論』とは Mark Hopkins. An outline study of man, or, the body and mind in one system, 1876 を指すと考えられる。またヘヴンの『心理学』とは、Joseph Haven. Mental Philosophy, 1857 である。前章で触れたように、この書は西周が翻訳し、『心理学』（全三巻、一八七五―七六年）として出版している。サイルの講義に関しては、西尾浩二「明治前期の東京大学外国人哲学教師の資料調査――日本における西洋哲学の初期受容に関する調査・分析のために」（大谷大学『真宗総合研究所研究紀要』第二九号）六三頁以降を参照。

(5) 岩波講座『哲学』「明治哲学界の回顧」（岩波書店、一九三二年）九二頁。

(6) 三宅雪嶺『大学今昔譚』、我観社、一九四六年、三五―六頁。

(7) フェノロサ『東洋美術史綱』上下、森東吾訳、東京美術、一九七八―一九八一年、に収められた「未亡人序文」（上巻一三〇頁）参照。

(8) 高橋徹「日本における社会心理学の形成」、『今日の社会心理学』第一巻『社会心理学の形成』（培風館、一九六五年）四二八頁。

(9) フェノロサ「世態開進論」、山口静一編『フェノロサ社会論集』（思文閣出版、二〇〇〇年）一四八頁。この講演はおそらくフェノロサの来日直後、一八七八（明治一一）年一〇月一九日になされたと推測される（同書一一六頁）。

(10) 栗原信一『フェノロサと明治文化』（六芸書房、一九六八年）一二一―一二三頁、山下重一『スペンサーと日本近代』（御茶ノ水書房、一九八三年）一二六頁、山口静一『フェノロサ――日本文化の宣揚に捧げた一生』（三省堂、一九八二年）上二八―二九頁。フェノロサの来日の事情や東京大学での講義については、とくにこの山口静一『フェノロサ――日本文化の宣揚に捧げた一生』に詳しい記述がある。

（11）『清沢満之全集』（全八巻、暁烏敏・西村見暁編、法蔵館、一九五三―一九五七年）第二巻五六四頁。

（12）原文は英文。訳は『ヘーゲル哲学研究』第一五号に掲載された日本ヘーゲル学会文献資料委員会の史料「フェノロサ講義「哲学史――ヘーゲル論」（阪谷芳郎筆記）」（山口誠一・守津隆訳）による。『哲学雑誌』第二六〇号の記事「元大学教授フェ子ロサ氏逝く」にも次のような記述がある「氏の哲学は、独逸流の哲学を講ずるに於ては、カント、フィヒテ、シェリング、ヘーゲルに渡りて講説すると共に、又英国流の哲学を論じてはミル、スペンサーについての講述を悉うせり。而して氏の考ふる所によれば、超物理学［metaphysics］はヘーゲルに至りて頂点に達せるものにして、而かも此のヘーゲルの思想たるや、進化論と一致する所あり、されば此の超物理学に於けるヘーゲルの思想と、及スペンサー等の思想とを融合調和せしめて、将に此に今後の哲学の方針を立つべきなりと。……是れ正に学者の企図すべき所にして、畢竟二者を打ちて一丸となすにありと。是れフェ子ロサ氏が哲学の眼目とする所なり」。

（13）三宅雪嶺『大学今昔譚』一二九頁。

（14）山口静一『フェノロサ』上巻四二頁以下を参照。

2 現象即実在論——井上哲次郎・井上円了

（1）井上哲次郎の「現象即実在論」

東京大学文学部の草創期、「史学、哲学及政治学科」（のちに「哲学科」と「政治学及理財学科」に分かれた）からはきわめて多彩な人物が出た。たとえば井上哲次郎や岡倉天心、嘉納治五郎、三宅雪嶺、坪内逍遙、井上円了、沢柳政太郎らの名前を挙げることができる。井上哲次郎は東京大学の第一期生としてフェノロサのもとで哲学を学んだのち、ドイツに留学、一八九〇（明治二三）年に帰国してすぐに東京大学文科大学の教授となった。長くアカデミーのなかでの哲学研究・教育を支えた人物であり、まず井上を取りあげることにしたい。留学中はハイデルベルク大学でクーノー・フィッシャーのもとで、またライプツィヒ大学でヴィルヘルム・ヴント（Wilhelm Wundt, 1832-1920）のもとで学んだ。その後、新設されたベルリン大学の東洋語学校で日本語講師を務めた。帰国後、東京大学ではカントやショーペンハウアーなど、ドイツ哲学の紹介に力を尽くした。

井上の大きな業績の一つは、留学以前になるが、彼が中心となって日本最初の哲学辞典である『哲学辞彙』（東京大学三学部印行、一八八一年）を編纂し、出版したことである。これは哲学用語を解説したものではなく、対応する日本語訳を挙げただけのものであったが、西洋哲学の術語の確定という点で大きな役割を果たした。日本の学問用語は、その多くを西周に負うが、倫理学や美学、言語学、絶対、世界観、人格などの訳語は井上によるものである。

そのほかにも井上は多様な貢献を行ったが、その後の日本における哲学の展開という観点から注目されるのは、「現象即実在論」と呼ばれる独自の思想を打ち立てようとした点である。

一八九七年に『哲学雑誌』に発表した「現象即実在論の要領」において井上は、一方で世界は現象のみからなるとする立場を、また意識の内部に得られる実在の観念こそが真実の存在であるとする立場を否定するとともに、他方、世界を実在と現象とに分かち、現象の背後にある不変の実在が現象の根拠であり、現象はその派生的な現れにすぎないとする立場をも否定し、自らの立場を「現象即実在論」という言葉で表現している。そしてその立場について次のように説明している。「実在と現象は畢竟同一の世界なり、現象が実在によりて生ぜられたりと云ふよりも現象其物が即ち実在なり、実在と現象とは吾人抽象して之れを区別すれども、是れ本《も》と一身両様同体不離にして根底より異なるものにあらず、現象を離れて実在なく、実在を離れて現象なく、両者は合一して世界を成せり(1)」。現象と実在とは、その差異の側面に注目すれば、たしかに区別されるが、実際には、現象そのものが実在であり、両者が合一して世界を構成しているというのが、井上の理解であった。

井上は晩年、「明治哲学界の回顧」において改めてこの自らの「現象即実在論」について論じているが、そこでは、まず実在論に「一元的表面的実在論」、「二元的実在論」、「現象即実在論」の三つが区別されることを述べている。「一元的表面的実在論」とは、素朴に現象をそのまま実在であるとする実在論である。それに対して「二元的実在論」は、現象と実在とを明確に区別し、現象界の背後に、それとは異なった実在の世界を考える立場である。「現象即実在論」は言うまでもなく井上自身の立場であるが、ここで井上は差別と平等という仏教の概念を用いてその特徴を説明している。世界は一面においてはそれぞれが独自の姿をもつ現象、つまり差別によって成り立っている。しかし、その特殊性をもった現象を通じて共通するものがある。つまり平等の側面が必ずある。概念の上では区別されるが、事実の上では統一されていると言うのである。この差別的側面と平等的側面、言いかえれば現象と実在とが融合している、つまり「現象は実在と共にあり、実在は現象を透して(2)」あるというのが井上の「現象即実在論」の骨子である。

この「現象即実在論」について井上は「現象即実在論の要領」において、「此世界観は円融相即の主義を取るものなるが故に亦之れを円融実在論とも称す[3]」と述べているが、そこには、対立するものがそれぞれ独自のものでありながら、他のものと相即相入しているという、とくに天台や華厳で言われる「円融相即」の思想の影響を見てとることができる。井上の現象即実在という発想の根底に仏教の「円融」の概念があったと言ってよいであろう。

井上が東京大学で仏教の思想に触れたのは曹洞宗の僧であった原坦山（一八一九―一八九二）の講義を通してであった（当時原は一時的に僧籍を剥奪されていた）。原は、法理文学部綜理であった加藤弘之の依頼を受けて、一八七九（明治一二）年から文学部和漢文学科の講師として、科外に設けられた「仏書講義」を担当し、『大乗起信論』などの仏典について講じた（一八八二年から科目名は「印度哲学」に改められた）。この講義の開設は、いわゆる「廃仏毀釈」のあと仏教が置かれていた状況を考慮するとき、一つの決断であったと言うことができるであろう。それは仏教の再評価という観点からだけでなく、日本の哲学の形成という観点からも大きな意味をもった[4]。

井上は『懐旧録』のなかでも、また『井上哲次郎自伝』のなかでも、この原の仏典講義を通してはじめて大乗仏教の妙味を知り、それ以来、大乗仏教の研究を続けていることを記している。とりわけ井上が注目したのは、『大乗起信論』の「真如」の概念であった。一九〇一年に発表した「認識と実在との関係」のなかで井上は、実在については存在・非存在という現象界にのみ妥当する概念では言い表しえないことを述べ、『大乗起信論』の「離言説相、離名字相」（言説の相を離れ、名字の相を離る）、あるいは「非有相、非無相」（有相にも非ず、無相にも非ず）という「真如」の特質がそれにあてはまることを述べている[5]。

また井上は興味深いことに、『哲学辞彙』において、Reality の訳語として「実体」とともに、「真如」を挙げている。そしてそこで『大乗起信論』の「当知、一切法不可説不可念、故名為真如」（当《まさ》に知るべし、一切の法は説くべからず、念ずべからず。故に名づけて真如となす）という言葉を参照することを指示している。『大乗起信論』では、もちろん、衆生には「心真如」という側面と「心生滅」という側面とがあることが言われている。心はその本性において虚妄の区別を超え、生滅を超えているが、しかし実際には煩悩にとらわれ、生滅をくり返す。しかし、この二つの側面が別々のものではなく、生滅がそのまま不生不滅であることを『大乗起信論』は「不生不滅与生滅和合非一非異」（不生不滅と生滅と和合して一にあらず異にあらず）と表現している。井上が、実在と現象とは一面でたしかに区別されるが、本来は同体不離であり、両者が融合して世界を構成していると主張するとき、この『大乗起信論』の「真如」の理解が踏まえられていたと考えられる。(6)

井上は一八八四（明治一七）年にドイツに留学する前に、一年間、東京大学文学部で助教授として「東洋哲学史」を講じたが（聴講者のなかに井上円了や三宅雪嶺がいた）、原坦山の仏書講義から大きな影響を受け、仏教に大きな関心を抱いていたことがその背景にあったと考えられる。さらに留学から帰り東京大学の教授となってからも、井上は西洋哲学とともに東洋哲学にも関心を寄せつづけ、インド哲学についての講義を行った。その後、日本の陽明学や古学、朱子学、神道などに関する講義も行った。それをまとめたのが『日本陽明学派之哲学』（一九〇〇年）『日本古学派之哲学』（一九〇二年）『日本朱子学派之哲学』（一九〇五年）である。そこで井上は西洋の学問分類（宇宙論や心理論、倫理論など）にしたがって江戸期の思想家の思想を整理し、さらにそこに陽明学派、古学派、朱子学派という「学派」の存在を浮き彫りにしていくことを試みた。また蟹江義丸（一八七二―一九〇四）とともに『日本倫理彙編』（育成会、一九〇一―一九〇三年）を編み、江戸期の儒学を以上の三学派に折衷学派、独立学派を加えた五学派に整理し、その史料の刊行を行った。この井上の江戸期儒学の理解の枠組みが、以後の日本思想研究に大きな影響を与えた。

「明治哲学界の回顧」においても井上は、ただ西洋哲学の受け売りにのみ終始したり、東洋哲学に目を向けるにしてもただ文献学的な関心からのみそれを研究するという現状を「哲学的精神」の欠如として批判し、東洋哲学を西洋哲学と比較対照することを通して、「いっそう進んだ哲学思想を構成する」[7]ということが現在の課題であることを主張している。ここからも井上が、西洋哲学にのみ偏ることなく、東洋哲学をも同時に攻究し、両者を統合し、発展させていく必要性を強く意識していたことが明瞭に見てとれる。このような井上の姿勢は、井上円了や三宅雪嶺などにも影響を与えた。そこに明治の哲学者たちがもっていた一つの大きな特徴を見いだすことができる。

井上哲次郎は以上で見た「現象即実在論」を通して独自の哲学的な立場を打ちたてようと努めたと言えるであろうが、船山信一が『明治哲学史研究』のなかで指摘したように、船山以前の明治哲学史研究ではその試みは十分に評価されなかった。井上を「ピーク・明治哲学の性格決定者」として描きだすことができなかったために、それまでの明治哲学史はきわめて平板なものになってしまったという船山の主張は、正鵠を射たものと言うことができる。それとともに、西田幾多郎の「純粋経験」論は一面ではもちろん井上の「現象即実在論」にない独創性をもつものであるが、他面、それを受け継ぐとともに、それを「発展させ大成させた」[8]という側面をもつという船山の主張も、重要な論点を提示したものと言うことができる。

たとえば井上は「認識と実在との関係」で主観・客観と実在との関わりを問題にし、次のように述べている。「主観客観を離れて別に実在ありて第三者 tertium quid の地位を占むるにあらず。即ち主観客観の差別を失了せるもの、之れを実在 Wesen となす」[9]。このような理解が、井上のもとで学んだ西田に、その思想を形成し展開していく上で一つの方向を指し示した可能性は十分に考えられる。もちろん、現象と実在との円融を説くとき、井上はその融合がいかにして成立しているのかを十分に説明していない。その点で学説として十分に練り上げられたものではなかったが、その着想は西田にも大きな関心をもって受けとめられたと考えられる。

そのような意味で、『善の研究』における「実在とは唯我々の意識現象即ち直接経験の事実あるのみである」、あるいは「直接経験の事実に於ては主客の対立なく、精神物体の区別なく、物即心、心即物、唯一箇の現実あるのみである」（西田一・四三、一四四）[10]といった西田の主張を、井上らの「現象即実在論」との関わりで考察することは重要な課題であると言うことができる。西田が『善の研究』執筆中に記した多くの断片が「純粋経験に関する断章」としてまとめられているが、そのなかに「仏教の大綱」という断片がある。そこで西田が、「大乗仏教は現象即実在論なり。具体的一元論なり。真如と生滅とは水と波の如くに同一なり。差別即無差別、無差別即差別にして、三法印は遂に一実相印に帰す」[11]（西田一六・二二七）と記していることも興味深い。井上が『大乗起信論』を踏まえて「現象即実在論」を主張していたことを、西田が十分に知っていたことを示すものと言ってよいであろう。

（2）井上円了の「現象即実在論」

「現象即実在論」は井上哲次郎一人のものではなかった。井上円了（一八五八―一九一九）は東京大学第六期生であり、井上哲次郎の後輩になるが、彼もまた「現象即実在論」を説いた一人である。むしろ円了の方が――自らの立場を「現象即実在論」という言葉で表現したわけではないが――井上哲次郎よりも早く現象即実在という考えを提示している。

それは一八八六（明治一九）年に出版された『哲学一夕話』のなかにすでに見える。その第一編「物心両界の関係を論ず」においてまず、「世界は物のみにして心なしと立つる」唯物論と、「世界は心の中にありてその外に物なしと立つる」唯心論とを、一方に偏した考え方として斥けるとともに、物と心とを統合した「非物非心の理」を根本の存在とし、「その理の外に物心なしと立つる」唯理論をも、やはり理に偏した立場として否定している。理は物心を離れてあるものではなく、「理は物心を含有し、物心は理を具備し、二者その別あるも相離るるにあらず。相離れざるもその別なきにあらず。これを哲理の中道とす」（円了一・三五）[12]という考えをここで円了は示している。ここではじめていわゆる「現象即実在論」の立場が表明され、具体的な形を取るにいたったと言うことができる。[13]

円了は哲学者でもあったが、同時に仏教者でもあり、活力を失っていた仏教を再生することをその使命と考えていた。そのような観点から多くの著作を著しているが、『仏教活論序論』（一八八七年）もその一つである。ここで円了は、『哲学一夕話』において「理」と言われていたものを、「真如」という仏教概念を用いて言い表している。そして真如と相対的な存在との関係を『大乗起信論』で説かれている水波の喩えを借りて（円了も原坦山の「仏書講義」の受講者の一人であった）、次のように説明している。「水は絶対の真如に比し、波は相対の万物に比し、万物の形象一ならざるは波の形象万殊なるに比し、真如の理体の平等普遍なるは水の体の差別なきに比し、……万物と真如の相離れざるゆえんを示して、水を離れて波なく、波を離れて水なしという」（円了三・三七〇）。そしてそこから「要するに真如と物心の関係は同すなわち異、異すなわち同なり。一にして二、二にして一なり。これを仏教にて円融相即の法門という」（円了三・三七一）という結論を導き出している。

円了は『哲学一夕話』を発表してから二三年後、一九〇九年に『哲学新案』と題する著作を発表し、改めて自らの立つところを明らかにし、東洋哲学と西洋哲学とを「総合結成する」ことを通して、独自の哲学を打ちたてることを試みた。ここで円了はきわめて体系的な考察を行っているが、その基本的な立場は、『哲学一夕話』以来の「現象即実在論」であった。

ここで円了は物象とその本体である物如、心象とその本体である心如とを区別しているが、彼によれば、両者は本来は一体である。つまり両者は「不一不二にて互いに相包含せるもの」（円了一・三二〇）という関係にある。それにとどまらず、物如と心如とのあいだにもこの関係が成り立っていることを円了は主張し、その関係を「如々相含」という言葉を用いて表現している。それに加えて、物心両界の根底にも両者を統一するものがあることを述べ、それをここでは一如、ないし如元、真元という言葉で言い表している。そしてこの物心の世界とその本体である一如との関係について次のように述べている。「一如の体に万象、万感を具備し、懐抱し、兼帯し包含して物心両界を開現すると共に、万象、万感が一如真元を具備し懐抱し、兼帯し包含して、重々無尽なる以上は、一物一分子一元素中にも、一如真元を包有し、一心一感中にも、一如真元を含蔵し、これまた重々無尽なり」（円了一・三五四）。

その観点から円了は宇宙の真相が、「象如《しょうにょ》相含・如々相含」（円了一・三九五）と表現されうることを主張するとともに、自分自身が最終的に立ちえた立場について次のように言い表している。「物界を起点としたる観察、心界を根拠としたる論証、経験を主眼とせるもの、認識を本意とせるもの等、いずれも一理ありと考定し、これらの所見を総合集成して、相含無尽説を帰結するに至れり」（円了一・三九六）。「諸論諸説を総合集成したる相含論」（円了一・四〇一）が彼の最終的な哲学的立場であったと言えるであろう。

このように円了の哲学への貢献は、井上哲次郎とともに「現象即実在論」という一つの哲学的な見解を打ちたてようとした点にあるが、それとともに、井上哲次郎や三宅雪嶺らとともに加藤弘之、西周らの賛同を得て「哲学会」を組織し、『哲学会雑誌』を創刊したこと、さらに晩学の者や、資力のない者、外国語を読めない者などに哲学修得の道を開くために「哲学館」（のちの東洋大学）を創設したこと、その講義録を「哲学館講義録」として刊行し、学館以外の人々にも哲学に触れる機会を作ったことなどは、円了の大きな業績である。その活動は、哲学が大学という枠を超えて、広く根を下ろしていく上で大きな役割を果たした。

それとともに注目されるのは、円了が井上哲次郎と同様に、東洋哲学と西洋哲学とを統合し発展させていこうという姿勢をもっていた点である。それは円了が一八八六年、七年に刊行した『哲学要領』(前編・後編)にも現れている。その前編は、日本人の手によってもっとも早い時期に書かれた、古代から現代までを通観した哲学史であったが、その特徴は、哲学史と哲学概論(後篇)とに連関をもたせた点、そして哲学史を西洋にのみ限定せず、東洋哲学と西洋哲学の二部から構成した点にある。もちろん円了は、哲学として西洋の哲学がすぐれていることをはっきりと認めている。事実による理論の裏付けが重視されている点、さらに諸学説がつねに真偽を争い、発展を目ざしている点にその優越性を見ている。しかし円了が彼の哲学史をあえて東洋哲学と西洋哲学との二部構成としたのは、西洋の哲学もまた完全なものではなく、将来における発展に東洋の哲学が寄与しうる可能性を見ていたからである。そのことをわれわれは、一八八七年に文科大学哲学会の機関誌として『哲学会雑誌』が発刊された際に円了が草した「哲学ノ必要ヲ論ジテ本会ノ沿革ニ及ブ」という文章から知ることができる。そこで次のように言われている。「我ガ東洋ニ在リテハ西洋人ノ未ダ研究セザル従来固有ノ哲学アリテ、其中ニ亦自ラ一種ノ新見アリテ存スルヲ見ル。若シ今日之ヲ我邦ニ研究シテ西洋ノ哲学ニ比較対照シ、他日其二者ノ長ズル所ヲ取リテ一派ノ新哲学ヲ組成スルニ至ラバ、独リ余輩ノ栄誉ノミナラス、日本全国ノ栄誉ナリ」[14]。壮大な展望のもとで円了が思索していたことがここからも見てとることができる。

注

(1) 井上哲次郎「現象即実在論の要領」、『哲学雑誌』第一三巻第一二三号、三八三頁。
(2) 井上哲次郎「明治哲学界の回顧」、岩波講座『哲学』(岩波書店、一九三二年)七五頁。

（3）『哲学雑誌』第一三巻第一二三号、三八四頁。
（4）原坦山が井上哲次郎や、このあとで取り上げる井上円了などに与えた影響については、渡部清が「仏教哲学者としての原坦山と『現象即実在論』との関係」（『上智大学哲学科紀要』第二四号、一〇七頁以下）、「井上哲次郎の哲学体系と仏教の哲理」（『上智大学哲学科紀要』第二五号、七八頁以下）、「「西田哲学」の真景」（『日本の哲学』第八号、五八頁以下）のなかで詳しく論じている。
（5）井上哲次郎「認識と実在との関係」、『巽軒論文二集』（冨山房、一九〇一年）二二一頁。
（6）この点について井上克人が『西田幾多郎と明治の精神』（関西大学出版部、二〇一一年）のなかで詳しく検討している。同書一六四頁以下参照。
（7）井上哲次郎「明治哲学界の回顧」、岩波講座『哲学』、八六頁。
（8）船山信一『明治哲学史研究』（ミネルヴァ書房、一九五九年）四七、七九頁。井上克人も『西田幾多郎と明治の精神』のなかで、この船山の指摘を承けて、西田と明治期の「現象即実在論」との実質的関連を考察することを重要な課題としている（同書一五一頁）。
（9）井上哲次郎「認識と実在との関係」、『巽軒論文二集』（冨山房、一九〇一年）一四七頁。
（10）西田幾多郎の著作に関しては、『西田幾多郎全集』（新版）全二四巻（竹田篤司ほか編、岩波書店、二〇〇二―二〇〇九）から引用した。引用文のあとに「西田」と記し、巻数と頁数とを記した。
（11）水波の喩えは『大乗起信論』に見える。
（12）井上円了の著作については『井上円了選集』全二五巻（東洋大学、一九八七―二〇〇四年）から引用した。引用文のあとに、「円了」と記し、巻数と頁数とを記した。
（13）西田幾多郎が、若いときにこの『哲学一夕話』から大きな影響を受けたということを雑誌『現代』の対談のなかで語っている。「元来私は哲学をやらうと思つてゐなかつた。矢張り理科の方を考へてをつたところが、その頃、井上円了といふ人が『哲学一夕話』といふ薄いパンフレットを出した、それを読んで非常に興味を覚え、刺激を受けて段々哲学に入つたのです」（「世界的哲学者西田幾多郎博士に物を訊く」、西田二四・八〇）。
（14）『哲学会雑誌』第一冊第一号、八―九頁。

3　哲学史の著述を通しての哲学受容――三宅雪嶺・清沢満之

（1）三宅雪嶺の『哲学涓滴』

序章でも述べたように、わが国において哲学が受容されていく上で大きな役割を果たしたのが哲学史であった。明治の初期から中期にかけて非常に多くの哲学史が翻訳されたが、やがて井上円了や三宅雪嶺、清沢満之、大西祝、波多野精一といった人々によって西洋哲学史が講義されたり、出版されるようになった。その活動を通して、哲学は一つの学問として定着していったと言うことができる。なかでも大きな影響を与えたのが、三宅雪嶺（一八六〇―一九四五）が一八八九（明治二二）年に出版した『哲学涓滴』であった(1)。

三宅は東京大学の第四期生で、フェノロサ、外山正一らから教えを受けた。在野のジャーナリスト、評論家として活躍した人であるが、初期には、井上哲次郎や井上円了らとともに「哲学会」の結成や『哲学会雑誌』の創刊に力を尽くし、また日本ではじめてのまとまった西洋近世・近代哲学史であるこの『哲学涓滴』を刊行した。凡例に記されているように、その材料の多くは、ヘーゲル学派の哲学史家であったシュヴェーグラー（Albert Schwegler, 1819-57）とクーノー・フィッシャー（Kuno Fischer, 1824-1907）の哲学史からとられた。ここで三宅はフィッシャーなどに拠りながら、ヨーロッパ近代の哲学を「独断法の哲学」（「経験派」（Empirismus）と「推想派」（Rationalismus）に分けられている）、「懐疑法の哲学」（バークレーやヒュームらの哲学）、「批判法の哲学」（カントからヘーゲルに至るドイツ観念論の哲学）に分類している。三宅がもっとも詳しく論じたのは、最後の「批判法の哲学」であり、ヘーゲルについて、「ヘーゲル実に哲学の一大団円を作れり」（三宅一九八(2)）という評価をしている。たとえば中江兆民の『理学沿革史』などと比較したとき、カント以後のドイツの哲学、とくにヘーゲルに関して詳しい記述を行い、高く評価している点に三宅の哲学史の大きな特徴がある。そこにはフェノロサから受けた影響が反映していると見ることもできるし、またヘーゲル学派の哲学史観の影響と見ることもできる。重要なのは、この三宅の西洋哲学史観が、以後の日本における西洋哲学史についての理解の大枠を決めたと考えられる点である。

『哲学涓滴』において注目される点の一つに、ここではじめて「弁証法」という用語が用いられたことを挙げることができる。ただ三宅はカントの transzendentale Dialektik を「超絶弁証法」と訳しているが、ヘーゲルの Dialektik については「弁証法」ではなく、「三断法」という訳を用いている。[3] それについて三宅は次のように説明している。「三断法の論式を示さば、爰《ここ》に甲なる本義の起るあれば、必ず之に随て非甲なる反論の義の起るものとし、甲と非甲と已でに対立するときは、両義本より相反すれども、而も亦必ず相合すべきの理あるを以て、之を総合して乙なる義の起るものとす。而して甲を本断と云ひ、非甲を反断と云ひ、乙を合断といふ」（三宅一八九）。ここで弁証法が、甲と非甲という対立を乙によって総合する方式としてきわめて図式的に理解されている点が目を引く。[4] それは以下で述べる清沢満之にも見られる特色であり、あとでもう一度触れることにしたい。

もう一点、『哲学涓滴』において注目されるのは、三宅が西洋哲学の歴史を叙述するに先立って、「諸論」のなかで「東洋哲学と西洋哲学」という章を設け、そこで西洋の文化を一方的に東洋の文化に優越したものとする見方に異議を唱えている点である。三宅も井上哲次郎や井上円了らと軌を一にして、西洋哲学と東洋哲学との統合を構想した。もちろん三宅は東洋哲学の弱点に無自覚であったわけではない。具体的にはその欠点を――西周の理解に通じるが――「一議一論祖師の言語を注釈するに止まりし」（三宅一五一）という点に見ている。結局のところ、祖師の言説の訓詁注釈に陥ってしまい、それを客観的、学問的に検討することをしてこなかったために、好事家しかそれに関心を示さなくなった状況が生まれていることを指摘し、「有て無きは、東洋哲学ならん」という言葉を発している。そのような欠点を有するにも拘わらず、三宅が東洋哲学に注目するのは、彼の理解では、哲学が知情意の三領域を包括するもの、あるいは包括すべきものであったからである。知の分野ではたしかに西洋の哲学が圧倒的な優位性を示しているが、東洋哲学においては知が実践と深く結びついており、そういう点で東洋哲学が貢献しうるものが多々あるという考えを三宅はもっていた（そういう観点から三宅は知行合一説で知られる王陽明に目を向け、『王陽明』（一八九三年）と題した書物を出版している）。

このように三宅は、哲学においても採るべきものは採り、捨てるべきものは捨てるという態度を保持していた。そのような考え方に基づいて『哲学涓滴』の結論において次のように記している。「我国儒教を伝ふる久し。仏教を伝ふるも久し。若し泰西の哲学を注入し、混然和合して新に進化開達するに及ては、東海に於て宇内第二十世紀の哲学界を支配するを得ん」（三宅一九八―一九〇）。儒教仏教の伝統と西洋哲学の精密な議論とが触れあうことによって、そこに新たな可能性が開かれることを期待していたと言ってよいであろう。

（2）清沢満之の『西洋哲学史講義』とヘーゲル弁証法の受容

清沢満之（一八六三―一九〇三）は東京大学を卒業後、研究者ではなく信仰者としての道を歩んだため、哲学の領域で多くの業績を残すことはなかったが、当時、『宗教哲学骸骨』（一八九二年）などを通して高い評価を得ていた。たとえば藤岡作太郎（一八七〇―一九一〇）の『国文学史講話』（一九〇八年）の最後の章「明治の世」のなかに、「当時思想界に於て名ありしは大西祝と清沢満之となり、明治の哲学、明治の宗教をいふものは必ず二人の名を逸すべからず」[5]という言葉が見える。藤岡はもちろん国文学者であり、哲学界の事情に精通していたわけではない。しかし西田幾多郎もまた、清沢没後二五年を記念した追悼講演会に招かれて講演をした折に、「従来日本には哲学研究者は随分あるが日本の哲学者といふべきは故大西祝氏と我清沢満之氏であらう」と語ったということが伝えられている。[6]「哲学研究者」と呼ばれる人は数多くいるが、「哲学者」と呼ばれるべき人はこの二人を措いてほかにはないという言葉は、大西と清沢が単なる西洋哲学の紹介者ではなく、自分の脚で立った思索者であり哲学者であったという評価を西田がしていたことを示している。

清沢は一八九〇年から一八九三年にかけて真宗大学寮（大谷大学の前身）で西洋哲学史に関する講義を行ったが、[7]それは――序章でも触れたように――『哲学涓滴』とは異なって古代から現代、ロッツェやコント、スペンサーにまで説き及んだものであり、視野の広さにおいても、理解の深さにおいても、この時点では――公刊されなかったが――もっともすぐれた内容をもつ哲学史であった。フェノロサのもとで学んだときに用いたシュヴェーグラーやボーウェン、ルイスらの哲学史が踏まえられているが、それらの記述を単にパラフレーズするのではなく、十分に咀嚼し、主要な学説について概説したあと、最後に自らの「批評」を付け加えている。

清沢は『西洋哲学史講義』のヘーゲルの章で、「東京大学にてフェノロサ氏はヘーゲル氏を非常に褒めて、此の後はヘーゲル氏の説を開展するの哲学に止まるなりと云へり」（清沢五・三〇六）と記しているが、清沢自身も「ヘーゲル氏風の哲学は、実に正しき方に随へると云ふことは、争のなきことなり」（清沢五・三一三）と高く評価している。なかでもその弁証法（Dialektik）――それを清沢は「三段法」ないし「三段論法」と訳している。『宗教哲学骸骨』では「三段軌範」という訳語が用いられている――を、「原理開発の法規」としてヘーゲル哲学のもっとも肝要の点としている。ただその理解は、三宅がそうであったように、きわめて図式的である。「正反ある処には、必ず惣合あるなり」（清沢五・三一五）と記して、次のような図を書いている。

この図式的な弁証法の理解は三宅や清沢にとどまらない。それに類したものが、井上円了の『哲学要領 前篇』のなかにも、また桑木厳翼の『哲学概論』（一九〇〇年）や田辺元の『哲学通論』（一九三三年）などのなかにも見いだされる。たとえば桑木厳翼（一八七四―一九四六）は『哲学概論』のなかでヘーゲルの弁証法を説明するために、次の図を掲げ、「正あれば自ら其中より反は分解せられざるを得ず、正反対立すれば自ら相総合せられざるを得ず、換言すれば分析と総合との二作用は相連続して行なはるるなり」[8]と説明している。きわめて機械的な事物の展開として弁証法が理解されていたことがわかる。

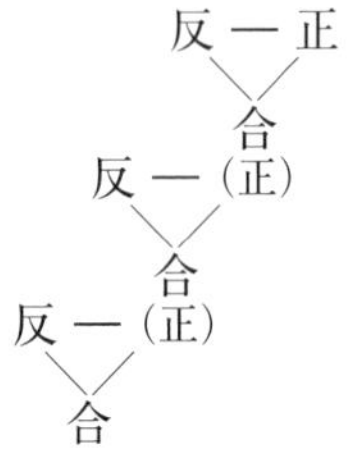

以上のような、甲と非甲の対立が乙によって、あるいは正と反との対立が合によって総合されるという図式的な理解はヘーゲル自身の中には存在しない。それにもかかわらず、なぜ明治期の哲学者によってそのような理解がなされ、それが連綿として受け継がれてきたのか、きわめて興味深いが、その起源は、酒井修が指摘しているように、フェノロサに探ることができるであろう[9]。

フェノロサの東京大学での哲学史講義に関してはいくつかの筆記ノートが残されている。そのうちの一つは、阪谷芳郎による明治一四年度の哲学史講義の記録である。それによればフェノロサは、フィヒテが実践的な領域において三分法（trichotomy）を発見したこと、そしてこの三分法が、後にヘーゲルの、またいくぶんかは、スペンサーの基礎になったことを述べ、その三分法を説明するために次のような図を書いている[10]。

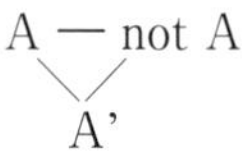

清沢満之が残した筆記ノートによれば、ヘーゲルの弁証法について論じたところでフェノロサは次の図を書い

ている。(11)

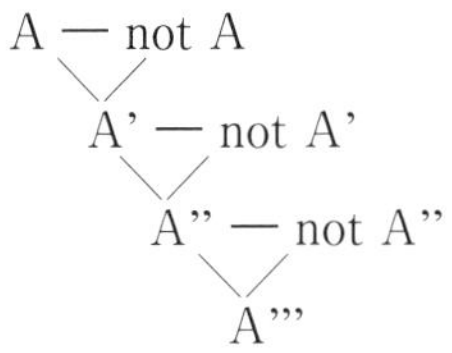

たとえばシュヴェーグラーが『哲学史概説』のなかで「フィヒテの方法（テーゼ・アンティテーゼ・ジンテーゼ）は――のちのヘーゲルの方法と同様に――分析的方法と総合的方法との結合である。それによってフィヒテははじめて哲学のすべての根本概念をまず一つの点から導きだし、それらを相互に連関づけることに貢献したのである(12)」と述べている箇所などが手がかりにされたのではないかと推測される。フェノロサはまずフィヒテのテーゼ・アンティテーゼ・ジンテーゼという三分法を説明するために先の図を用い、さらにヘーゲルの弁証法を説明するためにこの図を用いたと考えられる。

フェノロサのこの図と清沢満之が『西洋哲学史講義』において用いた図とのあいだには明らかに共通性が存在する。先にフェノロサの講義こそわが国における西洋哲学史受容の基点となったということを述べたが、このような図式的な理解もまた、まずフェノロサの東京大学での講義のなかで説かれ、それが聴講者たちに受け継がれていったと考えられる。弁証法の図式的理解はわが国に限らないが、それがわが国で根強く存在した淵源はおそらくフェノロサに求められる。

（3）清沢満之の宗教哲学

清沢満之が果たした大きな役割の一つは、わが国において宗教哲学研究の礎を置いたことである。清沢が宗教の問題に深い関心を寄せたのは、東本願寺の留学生として東京大学で学んだことや、卒業後、東本願寺がその経営に深く関与した京都府尋常中学校の校長の職に就いたことなどからも、ごく自然なことであった。そして彼が生前に刊行した唯一の著作は『宗教哲学骸骨』（一八九二年）と題したものであった。しかし彼は宗教ないし仏教の問題を、いわゆる宗学の枠内においてではなく、西洋の学問体系を踏まえた上で新たな観点から論じ、それを一つの学問として築きあげようとした。別の言い方をすれば、哲学の立場に立って、あるいは学問の立場から「宗教とは何か」、「なぜ宗教が存在するのか」ということを問おうとした。

それは、『宗教哲学骸骨』の第一章「宗教と学問」が示すように、清沢にとって宗教と学問、信仰と理性との関係を問うことを意味した。そのような観点から清沢は、一方で「直指横超《じきしおうちょう》、無限の実存を認めて之を信仰し得る人に於ては豈に哲学の論議を要せんや」（清沢一・六）というように、ただちに無限の実在を認め、それを信仰することのできる人には、哲学上の議論は不必要であると主張している。しかし他方、信仰にとって理性は欠くことができないものであるとも述べている。宗教の教義のなかには、文字通りにとると、矛盾することが数多く存在する。それに直面したとき、この矛盾をどう理解すべきか、疑念が生じる。そのように疑いが生じたときには理性の力を借りるべきだと清沢は考えたのである。「若し道理と信仰と違背することあらば、寧ろ信仰を棄て、道理を取るべきなり。何となれば、真の道理と真の信仰とは到底一致に帰すべきものなれども、道理は之を正すに方あり、信仰は之を改むるに軌なければなり」（清沢一・七）と記されている。道理と信仰とのあいだに対立が生じたときには、それ自身を正す力をもつ理性の立場に立ってその解決を図るべきであるというのが清沢の考えであった。宗教と宗教とのあいだに争いが生じたときには、理性によってその調停が行われるべきであると考えたのである。

清沢が哲学の立場に立って宗教の問題を論じようとしたことは、宗教の核心にある問題を、有限と無限との関係として捉えた点にもよく現れている。清沢によれば、すべての存在、「万物万化」は、相互に対立し、そのあいだには区別がある。そしてそれらは独立して存在するのではなく、他に依存して存在し、不完全で有限である。それに対して万物万化を包括する全体は、それを外から限界づけるものがなく、他に相対すべきものをもたない絶対である。他に依存しない独立者であり、限界をもたないもの、つまり無限である。

清沢は無限と有限との関係を「二項同体」という独自の言葉で言い表している。つまり有限と無限とは別のものではなく、まさに同体であるというのが清沢の基本的な理解であった。それを次のように言い表している。「無限有限の二者同体なるや異体なるや。曰く、若し二者異体なりとせば無限の体の外に有限の体あらざるべからず。是れ無限の義に背反するものなり。故に無限の体の外に有限の体あるべからず。即ち無限有限は同一体たらざるべからざるなり」(清沢一・九)。もし無限と有限とが異なったものであるとすれば、無限の外に有限がなければならない。しかしそれでは無限は限界をもつことになる。無限は有限に対立するもの、したがってそれ自身、一つの有限者になってしまう。それでは無限の意義に反することになる。したがって無限の外に有限が存在することはできない、つまり無限と有限とは同一体でなければならない。これが清沢の言う「二項同体」論である。清沢の有限・無限論は、仏教的な世界観を哲学の立場から捉え直したものであったが、その背景にはヘーゲルの「無限」論、つまり「悪無限」から区別された「真無限」についての議論があった。『宗教哲学骸骨』は、このように哲学的な思索と仏教の伝統思想とが交差するところに成立したものであったと言うことができる。

注

（1）西田幾多郎も雑誌『現代』の対談のなかで、この『哲学涓滴』などの影響で当時ヘーゲル哲学が流行したこと、また西田自身、この本から刺激を受けたことを語っている（「世界的哲学者西田幾多郎博士に物を訊く」、西田二四・八〇）。

（2）三宅雪嶺の著作については『明治文学全集』三三『三宅雪嶺集』（筑摩書房、一九六七年）から引用した。引用文のあとに、「三宅」と記し、そのあとに頁数を記した。

（3）「弁証」という表現自体は、西周が一八七四年に刊行した論理学書『致知啓蒙』のなかですでに discursive の訳語として用いている。茅野良男『弁証法入門――正しい認識を求めて』（講談社現代新書、一九六九年）二四七頁参照。最初にヘーゲルの Dialektik を「弁証法」と訳したのは中島力造である。一八九〇年に『哲学会雑誌』第四八号に発表した論文「「ヘーゲル氏」弁証法」のなかでこの言葉を用いている。また一八九八年に刊行した『列伝体西洋哲学小史』のなかでは、カントの Dialektik を「弁証論」と、ヘーゲルの Dialektik を「弁証法」と訳し分けている。Dialektik の訳語の歴史については、船山信一『明治論理学史研究』（理想社、一九六六年）一六七―一六八頁を参照。

（4）弁証法のこのような図式的、形式的な理解の淵源を探る試みを、酒井修が「ヘーゲル哲学の本邦渡来」（『哲学研究』第五五五号）のなかで行っている。

（5）藤岡作太郎『国文学史講話』東京開成館・大阪開成館、一九〇八年、三五五頁。

（6）近藤純悟「巨鐘の声」、『清沢先生二十五年忌記念出版 清沢満之』（観照社、一九二八年）二一七―二一八頁。

（7）『清沢満之全集』第五巻『西洋哲学史講義』、岩波書店、二〇〇三年。清沢の著作については『清沢満之全集』全九巻（岩波書店、二〇〇二―二〇〇三年）から引用した。引用文のあとに、「清沢」と記し、巻数と頁数とを記した。

（8）桑木厳翼『哲学概論』訂正四版、早稲田大学出版部、一九〇三年、一二六―一二七頁。

（9）酒井修「ヘーゲル哲学の本邦渡来」、『哲学研究』第五五五号、三三頁以下参照。

（10）山下重一が「フェノロサの東京大学教授時代」において、この阪谷の筆記ノートを紹介している。『国学院法学』第一二巻第四号、一四八頁参照。

（11）法蔵館版の『清沢満之全集』（全八巻、一九五三―一九五七年）にこの清沢の筆記ノートの一部が引用されている。同第一巻六一六頁参照。清沢のノートのヘーゲルに関する部分は、『ヘーゲル哲学研究』(第一七、一九、二一号)において翻訳され、紹介されている。

(12) Albert Schwegler, Handbook of History of Philosophy, translated by J. H. Stirling, 6th ed., 1877, p.262.

4　批判的・合理的な知の形成——大西祝と狩野亨吉

（1）明治期における論理学の研究

大西祝（一八六四—一九〇〇）は、序章で触れたように、きわめてすぐれた哲学史家であったが、彼の業績はそれだけにとどまらない。東京大学を出たあと、一八九一年に東京専門学校講師となり、哲学や心理学、論理学、美学、西洋哲学史などの講義を担当した。そしてその成果を東京専門学校講義録として発表した。『西洋哲学史』もその一つであるが、『論理学』もわが国の論理学研究史上、大きな役割を果たした。

論理学は哲学の諸分野のなかでは、もっとも早く受容された分野の一つである。思考の形式に関わるものであり、受け入れやすかったと考えられる。西周も非常に早い時期から論理学に関心を寄せていた。それは一八六九（明治二）年に「学原稿本」と題された西洋論理学を解説した草稿を執筆していることからも知られる。『百学連環』においては「今致知学［logic］と称するものは此の此観［subjective］に就ていふところにして、未た物に就かさる以前にその道理を思考するにあり」（西四・一四八）と、簡単に論理学の紹介を行っている。前章第二節でも述べたように、西は「実知」に基づいて帰納的に導きだされる「実理［positive knowledge］」こそ真理の名に値するという考えをもっていたが、ここでも演繹法と帰納法とを対比して次のように述べている。「古来の致知学たる総て Deduction（鈎引法）なりしか、ミル氏の発明せるシストム ヲフ ロジック［System of Logic］に至ては Induction（帰納法）に依て此学を極るとなし、大に其学の階梯を得たり。学者苟も帰納の法に依らさるへからす」（西四・一四九）。一八七四年には「学原稿本」をもとにした『致知啓蒙』を出版している。その大部分は演繹法に基づく「旧キ致知学」の解説に当てられているが、最後に、帰納法に基づく「新シキ致知学」によってそれが補われるべき必要が語られている。

西は最初 logic の訳語として「学原」ないし「致知学」を用いていたが、「内地旅行」と題した、外国人の内地旅行を許可すべきかどうかを論じた演説（一八七四年、『明六雑誌』第二三号）のなかではじめて「論理学」という訳語を使っている。しかし、すぐにそれが流布したわけではなく、その後も多くの訳語が用いられた。明治二〇年頃には「論理学」という訳語が定着したように見える。

明治一〇年代から二〇年代にかけて、多くの西洋の論理学書が翻訳され、出版された。代表的なものとしてチャンバー『論理学』（Chambers 百科事典の「論理学」の翻訳、塚本周造訳、一八七八年）や、ジェヴォンズ（Stanley Jevons）の『惹穏氏論理学』（戸田欽堂訳、一八七九年）を挙げることができる。また日本人の手になるものとしても、一八八二年に政治家尾崎行雄の『演繹推理学』が、翌年に清野勉『格致哲学（緒論）』、坪井九馬三《くめぞう》『論理学講義』などが出ている。少し後になるが、三宅雪嶺、高山樗牛にも『論理学』の著作がある。

他方、西洋論理学の活発な受容から刺激を受けて、仏教の伝統的な論理学である因明の研究を積極的に推進しようとする人々も出てきた。その代表が因明学協会を設立した真宗大谷派の僧、雲英晃耀《きらこうよう》（一八三一―一九一〇）である。『因明大意』（一八八一年）、『因明活眼』（一八八四年）、『因明入正理論科本』（一八八四年）など、数多くの研究を発表している。少し遅れて同じく真宗大谷派の僧であり、一九一七年に東京大学の初代のインド哲学講座教授に就いた村上専精《せんしょう》（一八五一―一九二九）も『活用講述因明学全書』（一八九一年）、『因明学大意』（一八九七年）などを発表している。

船山信一は『明治哲学史研究』のなかで、明治時代の論理学の歴史をひとまとめにして「西が明治論理学の創始者であるとすれば、清野は確立者であり、大西は大成者である」[1]と述べている。清野勉（一八五三―一九〇四）

は先に挙げた『格致哲学（緒論）』のほか、『帰納法論理学――真理研究之哲理』上下（一八八九年）、『帰納論理経世危言』（一八九〇年）などを著しているが、そこで清野は、それまで十分に紹介されることのなかった帰納法論理について詳しい解説を行っている。学問研究にとっての帰納法の重要性を強調した点において、清野の果たした役割は大きい。

一方、大西祝は東京専門学校で行った「論理学」の講義を、まず『早稲田文学』、『哲学雑誌』に連載するとともに、東京専門学校講義録としても刊行した。大西の没後、一九〇三年にそれをもとに『大西祝全集』第一巻『論理学』が出版された。それは第一篇「形式論理」、第二篇「因明大意」、第三篇「帰納法大意」の三つの部分からなる。この構成からも見てとれるように、大西は論理学をその全体にわたって体系的に叙述しようという意図をもっていた。演繹法（形式論理）、帰納法のそれぞれの意義と問題点とを指摘するとともに、因明をも取りあげ、詳しい検討を行っている。雲英や村上が仏教者であったのに対し、大西はキリスト教の信仰をもった人であり、信仰とは関わりなく因明の論理学的な意味に注目したと言える。当時の西洋哲学に関心を抱く多くの研究者がまったく因明に関心を示さなかったのに対し、大西はその意義を認め、西洋の形式論理と帰納法とをあわせて完全な論理学を構築しようと試みたと言えるであろう。

「因明」とは、古代インドの学問分類である「五明」の一つであるが、簡単に言えば、主張とその理由との関係を考察する学である。五世紀終わりから六世紀中頃に活躍したディグナーガ（Dignaga、陳那）以前と以後で、「古因明」と「新因明」に分けられる。新因明では次のような推論がなされる。

宗（主張）　すべてのSはPである。

因（理由）　Mであるが故に。

喩（実例）　もろもろのＭはＰである。たとえばｅのように。

大西によれば、新因明は、一部帰納法的性格をもち、その点で西洋の形式論理（三段論法）とは異なるが、基本的には演繹的推理である。ただ、論争的な性格をもつ点で形式論理とは大きく異なる。その点を大西は次のように言い表している。「因明は一種の論理学なるが其の主眼とする所は吾人各自が真理を探究せむための方法を講ずるにあらず、すなはち研究法としての論理にあらず、専ら他人をして我が論旨を悟らしめむがための論法を究明する者なり」（大西一・一九四―一九五）。自分自身で真理を探究する方法、つまり「自悟」の論理ではなく、対立する説をもつ他者を説得する技法、つまり「悟他」の論理である。そのために因明はまず、他者のまだ認めていない自らの主張を「宗」として掲げ、そのあと、他者も認める「因」と「喩」とを掲げて、他者を自己の主張に引き入れる構成をとる（大西一・二七二）。悟他の面を有することは因明の大きな特徴であるが、しかし他方、自悟の面が弱く、その点を大西は因明の一大弱点として捉えている。また、先に述べたように、因明は一部帰納法としての側面をもち、その点で形式論理と異なるが、しかしその帰納法は「甚しく粗なる所」にとどまっており、その点で大きな欠点を有する（大西一・三一―四）。その欠を大西は第三篇で論じた帰納法論理によって補おうとしたと言ってよいであろう。

(2) 大西祝の批評主義

大西の思想の特徴は、西村茂樹や井上哲次郎が次第に封建的伝統の再評価に向かったのに対し（井上は一八九一年に発表した『勅語衍義《えんぎ》』において倫理の基礎を忠孝におく立場から「教育ニ関スル勅語」の解説を行っている）、あくまでそうした伝統や国家から自由に、むしろ個の立場で思索した点にある。

その背景に大西のカント哲学に対する強い共感があったと考えられる。大西が明治期の哲学の歴史のなかで占める位置について、高坂正顕はその著『明治思想史』において次のように述べている。「大西祝に至って恐らくわが国に初めてカント的な批判主義の精神が移植されつつあるということが許されるのではなかろうか」。高坂が「カント的な批判主義」という言葉のもとに何を考えていたかは、次の文章から知ることができる。「［井上］円了や［三宅］雪嶺の無造作な折衷主義、類推を武器とした空想的な形而上学に対しては、単なる折衷を排し、認識批判を媒介した厳密な学としての哲学を要求する。また加藤弘之の如き実証主義・進化論に対しては自然法と規範法が区別さるべきこと、つまる「ある」から「べし」は引き出し得ないことを力説するのである[2]」。高坂はこのように述べて、認識批判に立脚した厳密な学の建設、存在と当為との峻別というカント哲学の根幹をなすものが、大西祝においてはじめて十全な仕方で理解され、受容されたということを主張している。

実際、このような意味での「批判主義」が大西の思想の基底をなしていたと言ってよいであろう。ただ大西自身は自らの立場を、この「批判主義」という言葉によってではなく、「批評主義」という言葉で言い表している。具体的には、たとえば「方今思想界の要務」と題された論文において次のように述べている。「西洋主義と云ひ日本主義と云ひ、急進と云ひ保守と云ひ、皆只だ事の一方を見たるものにして、思想界に於ては都《す》べて此等の上に立ち此等を統合する所の主義なくんばあらず。予は批評主義を以て此の位地にあるものと思惟す。思ふに我思想界の当初の要務は東西万般の思想を比較判別批評してその傾向及び其の価値を認むるにあり」（大西六・一八）。このように大西は「批評主義」という言葉を、必ずしもカントの批判哲学の枠内においてではなく、より広く、「東西古今千種万態の思想を蒐集し此を吾人の理性に照らして其価値を発見する」ことを目ざす立場として理解している。しかし大西がそのために「吾人の道理心［理性］」による「公明且正大なる試験［検討・判断］」が何より必要であることを強調するとき、この「批評主義」の根底に、先に述べたような意味での「批判主義」があったことはまちがいがない。

この「公明且正大なる試験」という言葉はカントの『純粋理性批判』の「序文」（第一版）の言葉である。「方今思想界の要務」で大西は、「宗教は其神聖なるの故を以て、法度［原語は Gesetzgebung、「立法」］は其荘厳なるの故を以て、動もすれば批評の外に立たんと欲すれども若し果して其外に立ちたらんには……吾人の道理心は其如き宗教法度には真実の尊敬を与ふることをせざるべし」（大西六・一六）というカントの言葉を引用するとともに、「我国思想界の最初の要務となすべきは百般の事物をして「公明且正大なる試験」を経せしむるにあり」というように述べている。

その試験はもちろん当時の政治や思想の流れにも向けられた。自由民権運動の高まりに対して儒教的伝統に依拠して教育を統制し、徳育強化を図ろうとする動きや、日清戦争前後の国家主義の高揚に対しても大西は批判の目を向けている。留学する直前に発表した「啓蒙時代の精神を論ず」のなかで大西は、「一時勃然として起こりし啓蒙的思潮が未だ其の成し遂ぐべき事の半ばをも成し遂げざるに、既に早く歴史的回顧を事とし、歴史の連鎖を破ることを以て何ものよりも恐るべき事となし、歴史に拘泥するを以て国家に忠なるものと誤想し、而して此の誤想が近時如何に我が教育界を固陋頑迷偏狭の弊に陥らしめたるぞ」（大西六・六三六）と記して、そうした動きを強く批判した。

先ほど述べたように、大西の思想の根底にはカントの批判主義があったが、しかし必ずしもカントの批判哲学の枠内で思索した人ではなかった。高坂正顕も先に引用した『明治思想史』のなかで、大西は、理性と衝動とを峻別するカントにあきたらず、「グリーン的な理想主義的形而上学」を樹立しようとしたと述べている。[3] 彼の大きな仕事の一つである「良心」論も、このような「理想主義的形而上学」に関わっていると考えられる。『良心起源論』[4] のなかで大西は、われわれが生活のなかで意識する「理想」はすべて、われわれが「本来の目的」をもち、そこに到達せんと努力することから生じること、またこの理想に対して覚える「特別の衝動」、つまり「義務の衝動、可しと云ひ、可らずと云ひ、ねばならぬと云ふの心識」こそが良心であると語っている。彼の言う良心とは、「理想に向ひゆき其理想に引き寄せらる、一種の衝動傾向」（大西五・一四五）にほかならない。カントでは良心は、自らが正しいと信じた行為を実際に行ったかどうかを判断する「道徳的判断力」を意味したが、大西はそれをむしろ理想へと向かう、あるいは向かわざるをえない「衝動」としてとらえたと言うことができる。

（3）狩野亨吉の倫理学・歴史哲学

大西祝は一八九八年にヨーロッパに留学し、オイケン（Rudolf Eucken, 1846-1926）やヴィルヘルム・ヴントのもとで学んだが、同時に新しく作られることになった京都大学の文科大学長に内定し、留学中にそれに必要な調査を行った。しかし翌年、病を得て帰国し、予定されていた文科大学長の職に就くことなく一九〇〇年に世を去った。代わりに初代の文科大学長に就任したのが狩野亨吉（一八六五―一九四二）である。狩野はまず東京大学の理科大学で数学を学んだが、そのあと文科大学に入り直し、哲学を学んだ。卒業後、第五高等学校の教授などの職を経て、一八九八年から八年間、第一高等学校の校長を務めた。田辺元や安倍能成らがその謦咳に触れた。(5)

そのときに「徳育に就きて」（第一高等学校『校友会雑誌』八五号、八九号、一八九九年）という論文を発表している。そこで狩野は、当時の政治や社会の状況について「徒に効果を収むるに急促なるを務め、中正必しも守らず、権詭《けんき》必しも避けず、是を以て一時の成績より観れば、功果往々人心を喜ばしむるに足る者ありと雖《いえど》も、治本を忘るるの道、弊害続出し、其積聚する所、終に世運の衰頽《すいたい》を醸成す」と表現するとともに、もし「国家の遠計を建て、社会の改善を遂げん」とするならば、教育にこそ依拠しなければならないこと、また教育の主眼とすべきところは徳育にあることを主張した。(6)おそらくこの論文が評価されてのことであると考えられるが、狩野は一九〇六年に京都大学の倫理学担当の教授となり、同時に文科大学長の職に就いた。文科大学長として狩野はとくに人事において識見と手腕を発揮したと言われている。民間にいた幸田露伴や、内藤湖南などを京大に招き、またこれは実現しなかったが、後輩であった夏目漱石を英文学講座の教授に招こうとした。こうした人事は後年高く評価されたが、ただ内藤湖南の場合など、学歴がないということで内閣法制局と激しく衝突した。そういうことが原因であったと推測されるが[7]、狩野は二年で文科大学長の職を辞し、以後、官職にいっさい就かなかった。後半生は、古書の売買や骨董鑑定に携わりながら、江戸期の思想家・科学者などの研究を行った。

なかでも、江戸中期の医師でもあり、すぐれた思想家でもあった安藤昌益の発見は狩野の大きな業績に数えられる。一八九九年頃にたまたま手に入れた稿本（筆写本）の『真営道《しんえいどう》』のなかで語られている思想――たとえば封建体制や身分制度を批判し、すべての人間が直接鍬をもって田畑を耕して生きるべきだという「万人直耕」の思想をそこで論じている――の価値に気づき、一九二八年に論文「安藤昌益」を発表したのであるが、それがなければ、安藤昌益の存在は永久に埋もれたままであったかもしれない。

この「安藤昌益」では「物理学と云へばこれ以上正確な知識は望まれないもので、精神科学も将来その前に屈服する時期が来る[8]」と言われ、また渡辺大濤が記録した「人類の三大妄想」では「真善美などいふ価値観の如きものも素より絶対的のものではない。……価値観を基とした制度のようなものは二次的三次的なもので自然力から派生したもの[9]」にすぎないと言われていることからも見てとれるように、狩野の思想の根底には、科学的な合理主義、そして唯物論的な世界観があった。

そのような立場に立って、狩野はどのような倫理学を構想したのであろうか。一九〇六年九月から翌年六月にかけて京都大学で行った倫理学講義の手稿が残されているが、そこで「茲ニ自由意志ナルモノ忽然トシテ生レ来ル、実ニ疑フヘシ[10]」と言われている。また「人類の三大妄想」には、カントが実践理性の要請（Postulat）として掲げた自由意志と神の存在、霊魂の不滅について、「実に人類を迷はせる三大妄想とも称すべきもので、古来世人を誤らせたこと尠少《せんしょう》にあらず(11)」という記述がある。「自由意志」は協同生活を維持するために必要な「責任」の概念と結びつけて考えだされたものにすぎず、より確実な根拠の上に倫理学は打ち立てられなければならないというのが、狩野の考えであった。それを狩野は「良心」に求めようとしているが、それがどのようにして倫理学の根拠たりうるかについては、残念ながら十分な説明はなされないままに終わっている。

狩野はまた一九四〇年に発表した「歴史の概念」という論文（河合栄治郎編『学生と歴史』所収）のなかで一つの歴史哲学を構想している。そこで狩野はまず、われわれの世界ないし宇宙を構成しているものを「事実」として捉えるとともに、それが相互に連絡し、相互に制約しあったものである点を考慮して、「事実網」という言葉で表現している。古来よりこの「事実網」の認識、ないし解釈に努めてきたものに、宗教、哲学、科学、歴史の四つがある。宗教が信仰に依拠するのに対し、哲学は合理的な説明を行おうとするが、しかし「理想を現実と取る錯覚」の上に立つために十分ではない。それに対し科学は、ある特定の対象に限定して、そこに類似の構造を発見し、法則を見いだそうとする。その解釈は主観性を免れているが、視点は「微視的」なものにとどまる。それに対して「歴史」は「巨視的」に、事実網の一つ一つの事実が「大となく小となく密接に相関連して脈動し、二六時中静止することなく、刻々に変化を生起し、……新なる状態に移行する(12)」、その全体を如実に把握しようと試みる。その意味で「歴史」は「一切知識を綜合した宇宙学」という性格をもつにいたることを狩野はここで主張している。

注

(1) 船山信一『明治哲学史研究』一八頁。
(2) 高坂正顕『明治思想史』、『高坂正顕著作集』第七巻(理想社、一九六九年)二三四頁。
(3) 同書二四一頁参照。
(4) 『大西博士全集』第五巻としてまとめられている『良心起源論』のもとになったものは、大学院の修了論文として草された論考であるが(実際には提出されなかった)、大西はその後、それをくり返し推敲し、またそれを補う論文を何度か『六合雑誌』などに発表した。それらをまとめたものがこの『良心起源論』である。
(5) 狩野が生徒らに大きな影響を与えたことは、たとえば田辺元の「自分の学問の師は西田博士であるが、人生の師は狩野博士である」という言葉からも知られる。久野収『三〇年代の思想家たち』(岩波書店、一九七五年)一三頁参照。
(6) 狩野の「徳育に就きて」は鈴木正『狩野亨吉の研究』(ミネルヴァ書房、二〇一三年)の第二部「狩野亨吉遺文抄」に収められている。同書三二七―三二八頁参照。
(7) 安倍能成『戦中戦後』(白日書院、一九四六年)二一二頁以下、久野収『三〇年代の思想家たち』一四頁参照。
(8) 『狩野亨吉遺文集』(安倍能成編、岩波書店、一九五八年)二六頁。
(9) この「人類の三大妄想」は狩野亨吉述・渡辺大濤記として一九三一年一月に『中央公論』に発表された。鈴木正『狩野亨吉の研究』第三部「狩野亨吉関係資料」に収録されている。同書五八一―五八二頁。
(10) この「倫理学講義手稿」も鈴木正『狩野亨吉の研究』に収められている。同書三六六頁。
(11) 鈴木正『狩野亨吉の研究』五七七―五七八頁。
(12) 『狩野亨吉遺文集』一一三頁。

5　フェノロサと岡倉天心の美学・美術史についての理解

（1）フェノロサの『美術真説』

日本で最初に美学という学問をまとまった形で紹介したのは、西周の「美妙学説」（執筆年は定かでないが、一八七七年頃と推定される）である。そこで西は「哲学ノ一種ニ美妙学《エッセチクク》ト云アリ、是所謂美術《ハインアート》ト相通シテ其元理ヲ窮ムル者ナリ」と記している[1]（西一・四七七）。そしてその「元理」、つまり美を成り立たしめる基本的な要素に、物自身が具えている美（美麗）と、その感受を助ける人間の想像力とがあることを述べている。西の理解の特徴は、人間の美醜を感得する力を、善悪を判断する道徳的な能力、正邪を判断する法的な能力と深く関わりあったものとして捉えている点、そしてその連携によって「人間の世間［界］ヲ高上ナル域ニ進メル」（西一・四九二）ことが可能になると考えている点にある。

ただこの「美妙学説」は草稿の形で残されていたものであり、麻生義輝が編んだ『西周哲学著作集』（岩波書店、一九三三年）ではじめて公表された。美学という学問の礎を置くという点で大きな役割を果したのは、フェノロサが一八八二（明治一五）年に発表した『美術真説』であった。フェノロサは東京大学で政治学・理財学・哲学史を担当するために来日したのであるが、すぐに日本の美術、とりわけ狩野派の絵などに強い関心を寄せ、それらを買い集めたりした。ハーヴァードの大学院在学中に聴講したノートン（Charles E. Norton, 1827-1908）の「美術史」の講義から大きな影響を受け、美術教育家、あるいは美術評論家として身を立てることを考えていた[2]ことがその背景にあったと考えられる。

このように早い時期から日本の美術に強い関心を示したためであろう、フェノロサはしばしば日本美術に関する講演などを依頼された。その一つが、佐野常民や九鬼隆一らによって作られた日本美術の育成をめざした団体・龍池会において一八八二（明治一五）年に行った講演「美術真説」であった。それを龍池会の会員である大森惟中《いちゅう》が筆記して出版したのが『美術真説』である。

このなかでフェノロサはまず、美術がいかなるものであるか、その本質や役割についてはじめて本格的に論じ、それとの関わりで、当時ほとんど顧みられることがなくなっていた伝統的な日本美術の価値を高く評価した。さらにそれに加えて、日本の美術行政のあるべきあり方についても具体的な提言を行った。それらの点で大きな意義を持つ講演であった。

『美術真説』においてフェノロサはまず、「書画ハ……善美ニシテ人ノ気格ヲ高尚スルガ故ニ須用ナリ」というように、美術作品の意義を、「善美」であり、そのことによって人の気品や品格を高尚にするところに見ている。そしてその「善美」は他のものとの関係のなかにではなく、美術作品そのもののなかにあること、しかもその要素が「互ニ相保依連接シテ一体ヲナシ、須臾モ離ルベカラザル」ところにあることを述べている。それが「完全唯一ノ感覚」を生むのであるが、その感覚を生むものを「妙想《アイジャ》」という言葉で表現している。たとえば画家が絵を描くにあたって自己のなかに抱いている美的な理念を指すと考えてよいであろう。それについてフェノロサは、「美術の善美ト称スベキ資格ヲ構成スルノ性質ハ、其術ノ妙想是ナリ[3]」と、それなくしては美術作品が美術作品でありえないことを主張している。

このような理解に立ったとき、日本画の置かれた現状、つまり「油絵ノ一タビ日本ニ伝ハリシ以来、貴紳適々《たまたま》其新奇ナルヲ激賞シ、反テ固有ノ画ヲ蔑視シ、而シテ旧来ノ画家ヲ擯斥《ひんせき》セシ[4]」という状況は果たして是認されるべきものであるか、というのが、フェノロサがここで問おうとした事柄であった。そのような観点からフェノロサは西洋の絵画と日本の絵画のそれぞれの特徴を挙げ、論評している。具体的に言うと、実物の模写か否か、陰翳があるかないか、鈎勒《こうろく》［輪郭線］があるかないか、色彩が豊富かどうか、複雑な構成か簡潔か、この五つの点にわたって比較をした上で、西洋絵画に対して日本画の方が妙想の表現に適していることを述べ、「嗚呼今日東洋ノ画ヲ斥シテ鹵莽《ろもう》トナシ、又之ヲ目シテ児戯トナスモノハ、蓋シ妄中ノ妄ト謂フベキノミ(5)」という結論を導きだしている。

このようにフェノロサは『美術真説』のなかで、西洋絵画を否定的に評価し、日本の伝統的な絵画の優秀性を強調するのであるが、しかし、はたしてそれがフェノロサの真意であり、実際にこのように講演のなかで語ったのかという点に関しては疑問が残る。

たとえば神林恒道も『美学事始――芸術学の日本近代』のなかで、フェノロサの意図が聴衆にそのまま受け取られなかった可能性について言及している。『美術真説』のなかでフェノロサは「真誠ノ画術」についてくり返し語っており、「この講演を聞いた聴衆の多くは、「真誠ノ画術」とは、すなわち狩野派に代表される日本の伝統的絵画そのものだと受け取ったに違いない。しかしフェノロサがこの講演の全体を通じて説こうとしたのは、『美術真説』と訳された演題が示すように、洋の東西の別を越えた「真誠ノ画術」、すなわち理想の絵画とはいかなるものであるかということだった(6)」。確かに日本の美術界が置かれていた状況に対する深い憂慮をフェノロサのなかに認めることができる。しかし西洋画そのものを否定するのがその意図ではなかったと言ってよいであろう。

山口静一は『フェノロサ――日本文化の宣揚に捧げた一生』のなかで、それにとどまらず、龍池会会員の大森惟中によって筆記され、龍池会蔵版として刊行された『美術真説』自体が、フェノロサが一八八二年に龍池会で行った講演の内容を正確に反映しているかどうかを問題にしている。ハーヴァード大学のフォッグ美術館に残されている資料のなかでフェノロサが、一方的に西洋絵画が日本絵画に劣ることを述べるのではなく、むしろ日本画の弱点も指摘していることなどを根拠にして山口静一は次のような見解を示している。「日本画の衰微を哀惜し日本画家を激励することがフェノロサ美術論の本旨であった。龍池会はその発会の趣旨に沿ってこれを極端な洋画排斥論に潤色し、西洋人の美術「真説」として宣伝した(7)」。

フェノロサが日本の美術を決して日本にしかない独自なものと考えていたわけではないことは、たとえば一八八八年の関西の古社寺宝物調査の際に立ち寄った奈良で行った講演「奈良ノ諸君ニ告グ」からも知られる。そこでフェノロサは、アレクサンダー大王の東征による文明東漸《とうぜん》の影響が日本の古代の仏教美術のなかにも見いだされることを指摘し、次のように述べている。「古代日本人ノ美術思想ノ純粋ハ全ク希臘美術ノ純粋ト同一轍ナリシコトハ、之ヲ今日ニ存在セル銅像彫刻ノ精妙ニ徴シテ照々見ルベシ。其彫刻ハ即チ其人ノ性質思想ヲ表示シテ、当時ノ美術毫モ欧州ニ劣ラザルヲ見ルニ足レリ(8)」。このように日本の美を古代ギリシアの美に結びつけ、その観点から日本の美術がヨーロッパのそれに匹敵するものであることを主張している。

また、晩年、その完成に力を注ぎながら未定稿のまま残され、没後に出版された Epochs of Chinese and Japanese Art（1912）のなかでもフェノロサは、「およそ人間の世界における美術の営みは帰するところ一つであり、単一な精神的社会的努力の窮りない変奏曲とみなすべき時代に、われわれは近づきつつある」と、あるいは「アジア人や未開人の美術のあらゆる形式や、幼児の努力を、いとも容易に包摂する一つの普遍的図式が、すなわち美術の論理が展開する(9)」と記している。これらの言葉は、あらゆる美術を貫く普遍的なものへのまなざしがフェノロサのなかに確固として存在していたことを示している。さまざまな美術のなかに普遍的図式の具体的な展開を見いだし、それぞれのなかに固有の価値を見いだすことがフェノロサの意図であったと言えるであろうか。

（2）岡倉天心の芸術観

フェノロサの美学の紹介や日本美術の評価、さらには、いたずらに西洋絵画のみに目を向け、東洋の伝統的な絵画を排斥するのは「妄中ノ妄」ではないのかという問題提起は、当時、多方面に大きな影響を与えた。それはたとえば坪内逍遙の『小説神髄』のなかにこの講演への言及があることからも知られる。またフェノロサの講演は明治政府の政策にも大きな影響を与えた。それ以前から文部少輔として文部行政の中心にいた九鬼隆一が伝統文化重視の方向を示していたが、これ以後、文部省や宮内省も、日本の伝統的な美術の振興にいっそう力を入れるようになった。フェノロサは明治一三年以降、くり返して京都、奈良を訪れ、仏教美術の調査を行っていたが、明治一七年には文部省の図画調査会委員になり、文部省の古社寺調査に積極的に参加、あるいはそれを指導した。

しかし『美術真説』は他方で、洋画家たちの強い反発を引き起こした。彼らはフェノロサの『美術真説』を油絵排斥論として受け取ったのである。たとえば洋画家であり、東京師範学校の図画科教師であった小山正太郎は、フェノロサやその背後で日本画の再興を積極的に推し進めようしていた九鬼隆一らに対して厳しい批判を浴びせた。「洋技排斥例証及美術保護論草案」のなかで小山は、美術の保護者たるべき人が洋風の技術を一方的に排斥しようとしていると主張し、「宜シク一視同仁ノ意ヲ以テ事ニ臨ムベク、自己ノ愛憎ヲ挿テ甲ニ厚ク乙ニ薄キガ如キコトヲ為ス可カラズ。保護ナルモノハ自己ノ意思ヲ貫キ自身ノ歓楽ヲ買フノ謂ヒニ非ラズ。美術家ヲシテ自由ニ妙想ヲ発揮セシメテ国家ノ文華ヲ輝カスノ謂ヒナルヲ忘ル可カラズ」[10]と当時の美術行政の偏りを厳しく批判している。

岡倉角蔵（覚三、天心、一八六三―一九一三）は東京大学でフェノロサのもとで学び、フェノロサの美術品収集や関西の古社寺調査の手助けをするとともに、卒業後、文部省に勤務してからは九鬼に協力して伝統的な絵画や彫刻の再興に力を尽くした。岡倉と小山のあいだで戦わされた論争も、この洋画推進派と日本画推進派の主導権争いの一幕であったと言えるであろう。小山が一八八二年に『東洋学芸雑誌』に「書ハ美術ナラス」という論考を発表すると、天心はそのあとすぐにこの雑誌に「書ハ美術ナラスノ論ヲ読ム」を発表してそれに反論を加えた。天心が書を高く評価したのは、のちに東京美術学校で行った講義「日本美術史」（もとの講義題目は「美術及美術史」）でも言われているように、彼の考えでは、書こそ「東洋絵画の基本」であり、東洋画は書とともに歩んできたからである。小山が書は高価に輸出できないとか、それは他の事業の振起につながらないという理由で無用のものとしたのに対し、天心はこの「書ハ美術ナラスノ論ヲ読ム」のなかで、小山が開化を、そして芸術を「利慾」の問題と結びつけて理解している点を批判し、「利慾ノ開化ハ道徳ノ心ヲ損シ、風雅ノ情ヲ破リ人身ヲシテ啻一箇ノ射利機械タラシム」（岡倉三・一二）[11]と主張した。芸術は功利的な目的から離れ、道徳を基礎とし、風雅を表現するところにあるというのが、天心の理解であった。

この文章は小山との論争という文脈にとどまらず、天心が芸術をどのようなものとして理解していたかという観点からも興味深い。少し時代が下がるが、一九〇三（明治三六）年に洋画家の集まりであった二十日会で行った講演「美術家の覚悟」も、天心の芸術観を知る上で重要な文献である。そこで天心は、近年美術界が、表面的には活況を呈しているにもかかわらず、その内実は、衰退、あるいは絶滅の状態にさえあるということを述べている。洋画家が数多く世に出、かつては存在しなかった展覧会なども盛んに行われるようになったが、しかし、画家たちは展覧会の入選、売れ行きのよしあしだけを考えて絵を描くようになり、精神的にまったく堕落してしまった、ということを天心はこの講演のなかで主張している。そのような状況を天心は次のように言い表している。「古来東西の美術家は、彼の宗教家の如く、又た文学者の如くに、自ら文明の先駆となりて一世を導くが故に尊重せられたり。然るに当世の絵画家に至りては、此覚悟なく、又た此修養なし。其世人に軽蔑せらるゝも亦た当然ならずや」（岡倉三・二七九）。

つまり、時代の先駆となるという点にこそ芸術の意義があるというのが天心の理解であった。そのことを次のようにも言い表している。「凡そ美術家として尊重すべき所以は、世の先覚となりて美の門鎖を開き、人生を慰藉して之れを高尚に導くの天分あるが故のみ。其凡庸の職工人たるに至りては、何等の点にか特殊の尊敬を払ふべき」（岡倉三・二七九）。ここでは、人々を高尚に導くという点に芸術の意義があること、芸術家はすべからく「世の先覚」でなければならないということ、その点においてこそ芸術家は、職人や工人から区別されることが言われている。これらの言葉から、天心が芸術をどのように理解していたかをよく見てとることができる。

もちろんそれは天心独自のものではなく、ある意味で明治の思想家に広く見られるものであったとも言えるであろう。たとえば先ほど引用した西周の「人間の世間〔界〕ヲ高上ナル域ニ進メル」ところにこそ芸術の意義があるという言葉もそれを示している。さらにフェノロサの芸術理解の影響も見逃すことができない。先に見たように、「書画ハ……善美ニシテ人ノ気格ヲ高尚スルガ故ニ須用ナリ」というのが、フェノロサの基本的な考えであった。古画の鑑定や日本画家の育成、美術理論の攻究などを目的として組織されていた鑑画会で行った講演「日本美術工芸ハ果シテ欧米ノ需用ニ適スルヤ否」のなかでは次のように言われている。「美術ナルモノハ美観ヲ目撃セシメ、人間ノ精神ヲ優美ノ境ニ進ムルノ具ニシテ、決シテ富翁消閑ノ玩具タルニ止マルモノニアラズ。欧米ニ於テハ之ヲ以テ経世ノ一大要具トナシ、宗教道徳学術ト日ヲ同フシテ之ヲ論ス」[12]。芸術は人間精神を「優美ノ境」に進ましめるためにあるというフェノロサの考えが明瞭に述べられている。

先の引用で天心が「世の先覚」となる芸術家と「凡庸の職工人」とを明確に区別し、職工人に対して「何等の点にか特殊の尊敬を払ふべき」と述べている点が注意を引くが、これも『美術真説』における「美術家ヲ以テ通常職工ト同視シ、或ハ人ニ役セラル、賤劣ノ工人トナスハ、甚ダ失当トナス」[13]というフェノロサの発想を踏まえたものと考えられる。

天心は日本の古美術の調査にも強い関心を示し、また日本画がもつ意義を強調して小山正太郎と衝突したが、しかし、過去の美術にのみ目を向けていたわけではないし、西洋画を一方的に排除しようとしたわけでもない。確かに、フェノロサと天心が力を尽くして設立された東京美術学校も日本固有の美術の振興にその主たる目的を置き、一八八九年の開校時に設けられたのは、日本画・木彫・彫金の三科のみであった。しかし天心は、一八九〇年から東京美術学校で三年間にわたって講義した「日本美術史」の「序論」においても、「美術史を研究するの要、豈啻に過去を記するに止まらんや。又須く未来の美術を作するの地をなさざるべからず」（岡倉四・五）と記し、また、「之れを歴史に徴するに、徒に古人に模倣すれば必ず亡ぶ。系統を守りて進み、従来のものを研究して、一歩を進めんことを勉むべし。西洋画、宜しく参考すべし。然れども、自ら主となり進歩せんことを」（岡倉四・一六七）というように、西洋画をも参考にし、新しい美術を創造していく必要性を強調している。それに先立って一八八五年に『大日本美術新報』に発表した論考「日本美術ノ滅亡坐シテ俟ツヘケンヤ」においても、「現今……美術ヲ振興セントスルニハ、泰西美学ノ真理ヲ適用シ真正着実ニ勧奨スルノ外ナシ」（岡倉三・二二）と述べており、天心が西洋の美学を基礎にして美術の振興を図ろうとしていたことが知られる。

さらにもう一点興味深いのは、文明の伝播についての天心の理解である。先に、フェノロサがギリシア文明の東漸について論じ、その証跡が奈良の古代彫刻にも見いだされると考えていたことを紹介した。「どの民族の美術にしろ、またどの人種の美術にしろ、まったく孤立した現象というものはない」[14]というのが彼の確信であった。おそらくそうしたフェノロサの理解に影響されてのことであったと考えられるが、天心も「日本美術史」講義において、ギリシア文化の印度や中国への影響について論じ、「彼の推古時代の美術と印度希臘風と混和して、以て天平美術をなせるが如し」と述べている（岡倉四・四九）。

後年、東京大学で行った講義「泰東巧芸史」（一九一〇年）においても、天心はそのような大きな視野のなかで中国や日本の芸術について論じている。この講義を聴講した和辻哲郎はその印象を次のように記している。「自分の学生時代に最も深い感銘を受けた者は、この講義［天心の「泰東巧芸史」］と大塚［保治］先生の「最近［欧州］文芸史」とである。……岡倉先生の講義は、同じく熱烈ではあるがしかし好学心ではなくして芸術への愛を我々に吹き込む……一言に云えば、先生は我々の内なる芸術への愛を煽り立てたのである。……先生は実に非凡な才能を持っていた」（和辻一七・三五二）。和辻の『古寺巡礼』におけるギリシアへのまなざしはこの講義を通して育まれたものと考えてよいであろう。

注

（1）西はここで aesthetics を美妙学と訳しているが、それ以前には、善美学、あるいは佳趣論という訳を用いている。最初に「美学」という表現を用いたのは中江兆民である。ヴェロンの L'esthétique を『維氏美学』（一八八三、四年）の表題で出版している。

（2）山口静一『フェノロサ――日本文化の宣揚に捧げた一生』（上下、三省堂、一九八二年）上、三〇頁。

（3）山口静一編『フェノロサ美術論集』（中央公論美術出版、一九八八年）九頁、一四―一五頁。

（4）『フェノロサ美術論集』二四頁。

（5）『フェノロサ美術論集』二六頁。

（6）神林恒道『美学事始――芸術学の日本近代』勁草書房、二〇〇二年、三〇頁。

（7）山口静一『フェノロサ――日本文化の宣揚に捧げた一生』一八三頁。ハーヴァード大学にはフェノロサの膨大な資料が残されており、村形明子『アーネスト・F・フェノロサ文書集成――翻刻・翻訳と研究』上下（京都大学学術出版会、二〇〇〇―二〇〇一年）などを通して解明が進められている。これらの解明を通してフェノロサの全貌が明らかになることが望まれる。

（8）山口静一編『フェノロサ美術論集』一五六頁。

（9）アーネスト・F・フェノロサ『東洋美術史綱』上下、森東吾訳、東京美術、一九七八―一九八一年、上二八―二九頁。

（10）不同舎旧友会編『小山正太郎先生』（目黒書店、一九三四年）二三三頁。この「洋技排斥例証及美術保護論草案」の執筆者は「技術者同盟」となっているが、実際には小山によって書かれた。なお筆者の判断で適宜句読点を付した。

（11）岡倉天心の著作については『岡倉天心全集』全八巻・別巻（平凡社、一九七九―一九八一年）から引用した。引用文のあとに、「岡倉」と記し、巻数と頁数とを記した。

（12）山口静一編『フェノロサ美術論集』七二頁。

（13）山口静一編『フェノロサ美術論集』一七頁。

（14）フェノロサ『東洋美術史綱』上三九頁。

6　ブッセ・ケーベルの日本における哲学研究への寄与

（1）ドイツ哲学の受容

第一章第二節で触れたように、井上哲次郎は「明治哲学界の回顧」のなかで、一八九〇年から一九〇五年までの第二期において、ドイツ哲学が紹介され、とくに大学教育のなかでドイツ哲学研究が大きな位置を占めるようになったことを指摘している。井上自身も一八九〇年にドイツから帰国したが、それに先立って一八八七年には、フェノロサに代わってドイツからブッセ（Ludwig Busse, 1862-1907）が、そして一八九三年からはそれに代わりケーベル（Raphael Koeber, 1848-1923）が来日し、東京大学で哲学を教えた。

このように外国人教師がドイツから招聘されるようになった背景には、当時の政治状況の大きな変化があった。自由民権運動の高まりのなかで憲法制定をめぐる議論がさかんになされるようになっていたが、いわゆる明治一四年の政変をきっかけに、イギリス型の議院内閣制を骨格にする憲法を考えていた大隈重信が下野し、ビスマルク憲法を模範とした憲法制定の方向に政府の議論が大きく動いた。この政治の面でのドイツ（プロイセン）への傾斜が、学問の領域にも影響を及ぼしたと考えられる。そのことをよく示すのは、この政変のあと新たに作られた参事院の議官となった井上毅が太政大臣、左右大臣にあてた「進大臣」という進言書である。そのなかで井上は、自由民権運動に対処する政策の一つとして「独乙学の奨励」を挙げている。英仏の学問の隆盛によって「革命ノ精神」が生まれたことを反省し、漢学を再興するとともに、独乙学を起こすべきことを進言している。

「孛国《ぼっこく》「プロイセン」ニ於テハ政府ハ即チ王室ノ政府トス……今天下人心ヲシテ、稍ヤ保守ノ気風ヲ存セシメントセハ、専ラ孛国ノ学ヲ奨励シ、数年ノ後、勝ヲ文壇ニ制スルニ至ラシメ、以テ英学ノ直往無前ノ勢ヲ暗消セシムベシ[1]」。

このような流れのなかでブッセが招聘されたと考えられる。ブッセは、ゲッティンゲン大学やベルリン大学で教鞭を執ったロッツェ（Hermann Lotze, 1817-1881）の弟子である。ロッツェは一九世紀中葉、新カント学派が活動を始める以前のドイツにおいて大きな位置を占めた哲学者である。医学と哲学を学んだ人であったが、思想的にも自然科学と形而上学、機械論と目的論の統合をめざした。ブッセもそのような思想を受けつぐ人であったと考えられる。西田幾多郎もその講義を聴いた一人であるが、「明治二四、五年頃の東京文科大学選科」というエッセーのなかで、ブッセについて「全くロッチェ学派であつた。哲学概論と云つても、ロッチェ哲学の梗概に過ぎなかつた」（西田一〇・四一〇）と記している。

ブッセは東京大学において論理学や審美学（彫刻や建築を中心にした、特色ある講義であったと推測される）のほか、詳細な哲学史に関する講義を行い、演習には主にカントの『純粋理性批判』を用いた。厳密なテクスト解釈に依拠した哲学研究が行われるようになったのは、ブッセ以降であると言ってもよい。その点について桑木厳翼が『明治の哲学界』（一九四三年）のなかで次のように記している。「此のブッセは……哲学史の研究を盛んにしました。即ち此のブッセに依つてはじめて哲学が本当の歴史的に、学問的に研究されるやうになつたと言つて宜いだらうと思ひます。哲学の研究に学問的の方法形式を具へしめたと云ふこと、又哲学を歴史的に研究しなければならぬと云ふことを説いたのは、此の時分のドイツの新しい学風を採入れたブッセに始つたと言つて宜いと思ひます[2]」。その影響をもっとも強く受け、厳密な哲学史研究に基づいた哲学研究の基礎を築いたのが、第四節で取りあげた大西祝であった。

ブッセは六年間東京大学で勤務し、一八九二年に帰国したが、その二年後に『形而上学と認識批判』

(Metaphysik und Erkenntniskritik) という著作を出版している。その序文で、此の書が日本での講義や演習と深く関わっていることを記すとともに、「日本の学生たちが講義に興味をもってくれたことが私には刺激になった。彼らはそのことによって、私の研究がうまく進捗するのに少なからず貢献した(3)」と記している。

(2) 教育者としてのケーベル

ケーベルは一八九三（明治二六）年にブッセと入れ替わる形で来日し、東京大学で哲学を担当した。この招聘には井上哲次郎が関わった。井上はベルリン大学に留学中、在野の研究者ではあったが、『無意識の哲学』(Philosophie des Unbewußten, 1869) を発表して、当時ドイツで広く知られていたエドゥアルト・フォン・ハルトマン (Eduard von Hartmann, 1842-1906) と親交をもった。その縁で、ブッセの後任の推薦をハルトマンに依頼したところ、ケーベルが推薦されたのである(4)。

ケーベルは来日以前に『ショーペンハウアーの解脱論』(Schopenhauer's Erlösungslehre, 1881) や『エドゥアルト・フォン・ハルトマンの哲学体系』(Das philosophische System Eduard von Hartmann's, 1884) などを刊行しているが、来日後の業績は必ずしも多くない。彼は研究者としてよりも、むしろ教育の領域でその力を発揮したと言うことができる。哲学だけでなく、ギリシア語、ラテン語、キリスト教史、ドイツ文学などを教えたが、とりわけギリシア古典、それを受け継いだ西洋の精神的伝統、つまり文学や芸術を尊重し、哲学を単にその成果の形においてではなく、むしろその源泉から、また広い文化的な伝統のなかに位置づけて理解することを学生たちに求めた。そのために現代語だけでなく、ギリシア語やラテン語などを学ぶことを学生たちに求めた。

西田幾多郎もまた一年間ケーベルの謦咳に触れたが、ケーベルがなくなったときに記した「ケーベル先生の追懐」という追憶の文章のなかで次のように記している。「ケーベル先生といふ様な人は、逝かれてから、その学問上の功績について称へるよりも、寧ろ水の竹辺より流れ出るものは冷に、風の花裡を過ぎ来るものは香しと云つた様に、その教養深き高雅なる人格が自ら周囲を薫した所に、先生の匹《たぐい》なき尊さを思ひ出すべきであらう」(西田一三・一七六)。この言葉からも見てとれるように、ケーベルはその業績よりも、むしろ弟子たちへの学問的、人格的影響によって、大きな足跡を残したと言うことができる。

ケーベルは一九一四(大正三)年に東京大学との契約が切れるまで二一年にわたって教鞭を執ったが、その間に波多野精一や田辺元、安倍能成、九鬼周造、和辻哲郎、阿部次郎、深田康算など、多くの俊秀を世に送り出した。西田幾多郎はケーベルの人格に対しては深い敬意を抱いていたが、教養を重視する教育方針に対しては距離を置いていた。それに対してケーベルのもとで長く学んだ次の世代の人たちは、ケーベルの哲学に対する態度から強い影響を受けた。和辻哲郎もその一人である。和辻は一九四六年に――大正末頃に作成された講義草稿に基づいて――『ホメーロス批判』という本を出版している。ホメーロスの『イリアス』と『オデュッセイア』の原典批判の歴史について、またその現状について論じたものである。その「序言」に次のような記述がある。「故ケーベル先生は大正十二年の初夏に没せられたのであるが、その最後に近いころ次のような意味のことを言われた。Philosophie(哲学)は非常に多くのことを約束しているが、自分は結局そこからあまり得るところはなかった。Philologie(文学)は何も約束してはいないが、今となってみれば自分は実に多くのものをそこから学ぶことができた、と」。

ここからケーベルがPhilologie, つまり文献の学の豊饒さに強い信頼を寄せていたことがよくわかる。その信頼は和辻のものでもあった。それが彼をホメーロス研究へと、さらには『日本精神史研究』における『枕草子』の研究や『原始仏教の実践哲学』におけるブッダ伝の分析などに向かわせたと言うことができる。それはまた波多野精一や九鬼周造のなかにも見いだされるし、阿部次郎のなかに典型的に見られるいわゆる大正教養主義も、そこから流れ出てきたと言えるであろう。このような点からも、ケーベルが日本の哲学の歴史のなかで果たした役割の大きさを見てとることができる。(5)

注

（1）この井上の上書案は、『井上毅伝』史料篇第一（國學院大学図書館刊、一九六六年）に「人心教導意見案」として収録されている。同書二五一頁参照。

（2）桑木厳翼『明治の哲学界』（中央公論社、一九四三年）四四―四五頁。

（3）Ludwig Busse. Philosophie und Erkenntnistheorie. Erste Abteilung. Erster Teil. Metaphysik und Erkenntniskritik. Leibzip 1894. S. VI.

（4）『井上哲次郎自伝』（冨山房、一九七三年）二五頁参照。

（5）他方、桑木厳翼は『書物と世間』（春秋社松柏館、一九四三年）に収録された「青春なき青春」というエッセーのなかで次のように記している。「ケーベル先生に推服しては居ながら、其の神秘学風には反抗を感じてもつと純粋な理性的な哲学を要求するの念に堪へなかつた」（同書三一一―二頁）。

第三章　明治中期・後期における国家社会への関心と個人の自覚

1　近代化の歩みへの反省

（1）明治中期から後期にかけての思想状況

本章では大学のなかの哲学という枠を超えて、明治中期から後期にかけての時期に、社会のなかでどのような思想が生まれ、人々に影響を与えたのかを見てみたい。

明治の思想を全体として見たとき、二〇年前後を境にして一つの大きな変化があったと言うことができる。明治維新以後、西洋文明を受容し、文明化をはかることが第一の課題とされてきた。二〇年を経てそれが――一八八九（明治二二）年の大日本帝国憲法発布に象徴されるように――ある程度形を取りはじめた。そのようにして積み重ねられてきた近代化（文明開化）の歩みを見つめ直し、その歴史を評価するということがこの時点でなされるようになった。近代化の歴史は欧化の歴史でもあったが、とくに明治一〇年代の後半、政府は条約改正のために欧化政策をいっそう押し進めようとした。明治二〇年頃からそれに対する批判の声が強く出されるようになったのである。

そのような流れのなかでオピニオン・リーダーとして登場したのが徳富猪一郎（蘇峰、一八六三―一九五七）であった。蘇峰は一八八六（明治一九）年に田口卯吉が設立した経済雑誌社から『将来之日本』を刊行し、一部の特権をもった指導者が支配する社会ではなく、すべての人間が平等にその形成に参画する社会の実現、つまり「平民主義」の実現を主張して世の注目を集めた。一八八七年には民友社を設立し、「人民全体ノ幸福ト利益」の実現をその目的として掲げ、雑誌『国民之友』を創刊した。中江兆民や内村鑑三、森鴎外らも原稿を寄せ、『国民之友』は当時の言論界に大きな影響を与えた。また一八九〇年には国民新聞社を興し、『国民新聞』を刊行した。これらのメディアを通じて蘇峰は、政府による「貴族的欧化主義」、つまり上からの開化ではなく、下からの近代化を実現するための足場を構築しようとした。

一方、政府の欧化政策に対して、日本の伝統的な精神や文化など、その秀粋の保存を強く主張したのが、志賀重昂《しげたか》（一八六三―一九二七）や三宅雪嶺、陸羯南《くがかつなん》（一八五七―一九〇七）などであった。志賀や三宅、さらに井上円了らは、一八八八年に政教社を興し、雑誌『日本人』を刊行した。彼らは政府の無批判な欧化路線に反対し、「日本固有の秀質を振興」することを目ざす自らの立場を「国粋主義」という言葉で表現した。陸羯南はもとは明治政府の官吏であったが、一八八八年に政府の政策に反対して職を辞し、新聞『東京電報』を創刊、翌年それを引き継ぐ形で新聞『日本』を発刊し、明治の言論界をリードした。羯南もまた、西洋の文物を模範とし、それに倣おうとする「泰西主義」に対して、日本固有の文化を保存し、その本領を発揮すべきことを主張した。そのような立場を羯南は「国民主義」という言葉で呼んだ。

このように明治二〇年代には、欧化主義と国粋主義・国民主義が鋭く対立し、政治や国家のあり方をめぐって激しい議論が交わされた。それに対して三〇年代以降は、政治や国家の問題への熱狂が薄れ、人々の目は個人の内面の方に向けられるようになった。

高坂正顕も『明治思想史』のなかで、一九〇〇年から一九一〇年にかけての顕著な思想的傾向として、一方では国家離れ、国家の問題を回避し、個人の内面に閉じ込もる個人主義的傾向が強く現れてきたこと、そして他方で、社会の問題（社会の矛盾や平和の問題）に関心を寄せる人々が出てきたことを挙げている。[1]

時期区分において少し高坂のそれとはずれるが、井上哲次郎は第一章第二節で触れたように、「明治哲学界の回顧」のなかで明治の哲学の流れを三つに区分している。その第三期は一九〇五（明治三八）年、つまり日露戦争の終わりから明治の末までである（おそらくそこに大正の初年、第一次世界大戦の始まる一九一四年までを含めてもよいであろう）。第二期を区切る日露戦争の開戦を契機にナショナリズムがいっそうの高揚を示し、国家至上主義的な考えが支配的になったが、第三期はそれ以後の時期ということになる。その思想状況について井上は次のように記している。「日露戦争後は個人の自覚が顕著となり、狭隘なる愛国心より忽ち目醒めて、世界的の広大なる精神が俄然発達し、或者は特に社会問題に深大なる注意を払ふやうになつて来たのである」[2]。個人の自覚、世界的な視野、社会問題、がこの時期の思想を特徴づけるキー・ワードであると言ってよいであろう。

（2）徳富蘇峰の平民主義

徳富蘇峰は、明治二〇年前後、時代の移り変わりのなかにあって、その変化に対する感覚を強くもった人であった。一八八五（明治一八）年に私刊した『第十九世紀日本ノ青年及其教育』を通して蘇峰は広く言論界においてその名を知られるようになったが、それを一八八七年に改めて『新日本之青年』と題して刊行した際に付した一章において、当時の社会の指導者たちを「天保の老人」と呼び（たとえば福沢諭吉は天保五年生まれである）、それに対して自らの世代を「明治の青年」と呼んで、次のように記している。「若シ社会ノ年齢ハ、其ノ文明ノ辺ニ向テ回転スル毎ニ増加スルモノトセハ、我カ明治ノ青年ハ、却テ天保ノ老翁ヨリモ先進ト云ハサル可ラス。

故ニ明治ノ青年ハ天保ノ老人ヨリ導カルヽモノニアラスシテ、天保ノ老人ヲ導クモノナリ」(3)。維新後の日本の政治や社会、学問を導いた指導者たちに代わって新しいリーダーが登場しようとしていることを自ら宣言したものであった。

『国民之友』第五号表紙裏面に印刷された趣意書では同趣旨のことが述べられたあと、「破壊的ノ時代漸ク去リテ建設的ノ時代将ニ来ラントス」と記されている。この「建設」の時代を担うのは誰か、そしてその課題はいかにして果たされるか、蘇峰はこの問いに正面から答えようとした人物であったと言えるであろう。その際、彼が手がかりとしたのは、『時務一家言』（一九一三年）や『蘇峰自伝』（一九三五年）などで言われているように、スペンサーの思想、とくに『社会学原理』で展開された軍事型社会から産業型社会への発展という社会進化論的な考え、そしてコブデン（Richard Cobden, 1804-1865）、ブライト（John Bright, 1811-1889）などのイギリス・マンチェスター学派の経済的自由主義であった。自由経済、自由貿易によってこそ、公正な社会、平和な社会が実現するという彼らの主張を踏まえて蘇峰は論陣を張った。

たとえば『将来之日本』（一八八六年）では次のように言われている。「武備機関ノ発達シタルノ邦国ニ於テハ政権ハ唯少数人ノ手ニ専有シ、生産機関ノ発達シタルノ邦国ニ於テハ多数人民ノ手ニ分配シ、一方ニ於テハ人民ハ国家ノ為ニ生シタルモノトナシ、一方ニ於テハ国家ハ国人民ノ為ニ生シタル者トナシ……武備機関ノ発達シタル社会ハ唯不平等主義ノ支配スル所ナリ。生産機関ノ発達シタル社会ハ唯平等主義ノ支配スル所ナリ。故ニ武備社会ノ現象ハ悉ク貴族的ノ現象ナリ。生産社会ノ現象ハ悉ク平民的ノ現象ナリ」(4)。

「武備機関」「生産機関」という表現はスペンサーの軍事型社会、産業型社会という概念を踏まえてものと考えられる。軍事を中心に組み立てられた社会においては、少数の特権をもった者のみに権力が集中し、国民は国家のために使役されるが、産業を中心に組み立てられた社会においては、生産に携わるすべての人間が平等に社会の建設に参加する。平民が実権を握る社会がそこに実現される。また「ソレ貿易ノ主義ハ平和ノ主義ナリ。然ラハ即チ富ノ益々進歩スルニ従ヒ平和主義ノ愈々進歩スルハ豈又宜ナラスヤ[5]」と言われているように、経済の発展、商業の発展によってこそ、平和な国家間の関係が形成される。この移りゆきを蘇峰は「歴史上ノ一大事実」と宣言したのである。

新しい時代の建設は、明治維新以後、力と特権を手にした少数者によってではなく、生産活動に携わる大多数の「平民」によってこそ担われなければならないというこの主張は、明治政府の上からの開化に批判的であった人びとのあいだに大きな共感を生み出した。

ただ蘇峰の主張は、政治や経済、外交などに関する十分な知識に基づいたものではなく、単純に貴族社会と平民社会とを対置し、経済・商業の発展によって、前者から後者への移行が成立すると主張するものであった。そこには事柄の単純化と強いオプティミズムが支配していた。蘇峰自身、やがて自らの政治や経済に関する理解の不十分さとそのオプティミズムに気づかざるをえなかった。それが以下で見る日清戦争を機にした彼の立場の大きな転換(「変節」)にもつながっていったと言うことができるであろう。

(3) 志賀重昂・三宅雪嶺の国粋主義

志賀重昂や三宅雪嶺など、政教社に拠った人々は欧化主義の流れに対して「国粋主義」を唱えた。志賀は『日本人』第二号に掲載された「「日本人」が懐抱する処の旨義を告白す」のなかで、西洋の文化文物を十分に咀嚼することなく受け入れ、それで自らの外面を飾ろうとする「塗抹主義」、そして伝統的な精神や文化をすべて否定し、西洋のそれによって置き換えようとする「日本分子打破旨義」を徹底して批判し、すぐれた伝統や文化を保存することこそが必要であると主張した。しかし彼の言う「国粋主義」ないし「日本旨義」は、西洋の文化それ自体を攻撃し、排斥しようとするものではなかった。「予輩は徹頭徹尾日本固有の旧分子を保存し旧原素を維持せんと欲する者に非ず、只泰西の開化を輸入し来るも、日本国粋なる胃官を以て之を咀嚼し之を消化し、日本なる身体に同化せしめんとする者也(6)」という言葉が示すように、西洋文化のすぐれた成果を積極的に受け入れようとするものであった。ただ、日本の伝統を踏まえ、それによって咀嚼し、自己の「身体」の一部とすることを目ざしたのである。

三宅雪嶺もまた『日本人』に発表した論考などを通して国粋主義を鼓吹した一人であるが、彼もまた単なる拝外主義者ではなかった。そもそも志賀や三宅が用いた「国粋」という言葉は、英語の nationality の訳語であり、自文化の優秀性を一方的に主張しようとする意図のもとで用いられたものではなかった。三宅も、『日本人』第二五号（一八八九年）に発表した「余輩国粋主義を唱道する豈偶然ならんや」という論説のなかで、「国粋主義」が「開明社会の智識思想より出生したる」ものであって、決して「旧物保存主義」ではないことを強調している。

むしろ、「たとえ泰西産出の事物といえども、用いてもって利あるときは、これを用うべし、倣《なら》いてもって便なるものあるにおいては、欧の風俗も、米の習慣も、これを採用し、これを輸入するの点において何かあらん」と述べ、有用なものの積極的な受容を肯定している。ただ、「いたずらに他国の秀美を見て自家の国を忘れ、自家の身をも忘るる、いわゆる欧州主義」を批判したのである。「泰西の利機はこれを採用するも、泰西の智識はこれを利用するも、各自「日本人」たるの精神はこれを喪亡せざるべし(7)」とも言われているが、固有の精神的価値の保持という点に「国粋主義」の本来の主旨を見ていたと言ってよいであろう。

また『真善美日本人』（一八九一年）と題された雪嶺の主著と言ってもよい著作があるが、その凡例で雪嶺は次のように述べている。「世の所謂国家主義なる者にして、果して国家全体の勢力を振作せんと欲するならんには、余固より之を取らん。然れども若し一部の独逸学者に付和して、現存の政府を全能の要素とするの意味ならんには、余決して之を取る能はず」（三宅二〇一）。「独逸学者」とは加藤弘之らを指すと考えられるが、雪嶺は決して国家至上主義者でも、政府至上主義者でもなかった。さらに同じ凡例において次のように言われている。「自国の為に力を尽すは、世界の為に力を尽すなり、民種の特色を発揚するは人類の化育を裨補《ひほ》するなり、護国と博愛と奚《なん》ぞ撞着すること有らん」（三宅二〇〇―二〇一）。

それぞれの民族がその特色を発揮することが人類の発展に深くむすびついているというのである。それぞれの国が主体性を保持し、その固有の文化（それぞれの真と善と美）を発展させることと、他国の文化を尊重し、他国と協調を図ることとは矛盾しないというのが雪嶺の国粋主義の立場であった。ここからも雪嶺が単なる西洋模倣とは違った近代化の道を探ろうとしていたことが読みとれる。

（4）陸羯南の国民主義

陸羯南は自らの立場を「国民主義」と言い表したが――これも nationality を翻訳したものであった――、彼がその言葉を通して何を語ろうとしたかは、新聞『東京電報』や『日本』に発表した論説から知ることができる。たとえば、明治二二年二月一一日に刊行された『日本』第一号に載った創刊の辞では次のように言われている。「近世の日本は其本領を失ひ自ら固有の事物を棄るの極、殆ど全国民を挙げて泰西に帰化せんとし、日本と名づくる此島地は漸く将に輿地図の上にたゞ空名を懸くるのみならんとす……日本国民は方《まさ》に渦水の上に漂ひて其根拠を失ふもの丶如し」（陸二・三）(8)。ここでは「全国民を挙げて泰西に帰化せんとし」と言われているが、そのような風潮を、羯南は、『東京電報』に発表された「政海一片の黒雲」と題した論説（明治二一年五月一六日）では、「百事外国風を尊崇し外国風を模擬し」ようとする「泰西主義」という言葉で言い表している。この泰西主義と国民主義の「一大衝突の時代」として羯南はこの時代を特徴づけたのである（『陸一・三五七』）。

その上で、羯南は新聞『日本』の創刊の目的を、その創刊の辞で「「日本」は自［ら］揣《はか》らず此漂揺せる日本を救ひて安固なる日本と為さんことを期し、先づ日本の一旦亡失せる「国民精神」を回復し且つ之を発揚せんことを以て自ら任ず」（陸二・三）と言い表している。羯南が「国民精神」という言葉で言い表そうとしたのは、先の引用文中の言葉を用いて言えば、「近世の日本は其本領を失ひ自ら固有の事物を棄る」と言うときの「本領」のことであると言うことができる。少し後に書かれた「世界的理想と国民的観念」（『日本』二七〇号）という論説では、「吾輩は日本国民政治上生活が他の国民に統一さる、を願はざるが如く、文化上の生活に於ても亦他国民に同化さる、を願はず。吾輩は政治上の独立を希望すると同時に亦文化上の特立を希望す。此故に吾輩は国語の特立を欲し、文学の特立を欲し、工芸の特立を欲し、政体の特立を欲し、儀式の特立を欲し、風俗慣習の特立を欲し、宗教の特立を欲す」（陸二・三七五）と記している。先の「百事外国風を尊崇し外国風を模擬」せんとする「泰西主義」に対して、このような独自の文化、それを支えている精神を回復し、それを外に向かって発揚しようというのが、「国民主義」であると言うことができるであろう。

しかし注意する必要があるのは、羯南の言う国民主義が、どこまでも伝統的な価値に固執する排外的な保守主義ではなかったという点である。雪嶺も、先に見たように、国家主義と博愛とが決して矛盾するものではないという立場を取るが、それと同様に、陸羯南も新聞『日本』の創刊の辞で次のように述べている。「「日本」は国民精神の回復発揚を自任すと雖も、泰西文明の善美は之を知らざるにあらず。其の権利自由及平等の説は之を重んじ、其哲学道義の理は之を敬し、其風俗慣習も或る点は之れを愛し、特に理学、経済、実業の事は最［も］之を欣慕す」（陸二・三）。「世界的理想と国民的観念」でも、国民精神の回復発揚を図ることが、世界的理想――具体的に言えば権利や自由、平等、博愛――と決して矛盾せず、むしろ共存しうるものであることを主張している。

鹿野政直が「臣民・市民・国民」と題した論考のなかで指摘しているが[9]、羯南が「国民」（nation）という概念に注目し、自らの立場を「国民主義」（nationality）と呼んだとき、そこには当時の政治の流れに対する明確な抵抗の意図が込められていた。一八八一年の国会開設の勅諭以後、とりわけ大日本帝国憲法において国民は君主に従属する「臣民」として位置づけられるようになった。その大きな流れを意識しながら羯南は「国民」概念の定着を図ろうとしたのである。たとえば『日本』の第二号に発表した「国民的の観念」のなかで羯南は次のように記している。「近世国家の基礎は単に貴族の上にも在らず、又単に各人の上にも在らず、又単に君権の上にも置かず、而して自ら君民の合同を意味する「国民」の上に座することとなり。蓋し国民なる観念の上に安置されたる国家は、能く民権を重んじて之を君権と衝突せしめず、能く貴族を容れて平民を凌がしめず、他なし、国民の観念中には貴族なく平民なく君権なければなり」（陸二・七）。

国粋主義や国民主義は、一面において、政府の欧化政策に対して日本の伝統的な精神や文化などの保持と発揚を強く主張したが、それとともに、政府による「臣民」像の形成に抵抗し、君主・平民の区別のない「国民」概念に依拠した政治を目ざす主張でもあった。

政教社の雑誌『日本人』がその主張を共有していたことは、その第二二号の冒頭に掲載された論説「日本国民ハ明治二十二年二月十一日を以て生れたり」の次の言葉からも知ることができる。「君主独裁制の国家に生息する人民は、之を臣民と称するこそ適当なるべしと雖ども、立憲君主制の国家の住民をば之を国民と呼ばざるべからず」。

羯南はその代表的著作である『近時政論考』（一八九一年）のなかで自らの立場を「国民論派」と呼び、それが決して単なる国粋保存主義でも攘夷論でもなく、また反動論でもないことを述べ、「国民論派は排外的論派にあらずして反りて博愛的論派なり。保守的論派にあらずして寧ろ進歩的論派なり」（陸一・六六）と主張しているが、ここに「国民主義」が目ざしたものが簡潔に表現されていると言うことができる。

(5) ナショナリズムからインペリアリズムへ

以上で見たように、明治二〇年代に入り、「国民」意識が著しく高まり、ナショナリズムの波が思想界を覆うようになったが、その動向が日清戦争の前後から大きく変質をしていった。それを簡単に言い表せば、ナショナリズムからインペリアリズムへということになるであろう。政治的な意味あいを強く内包する「アジア」という空間表象が生まれ、「アジア主義」という思潮ないし政治的主張が形成されていったのである。

この変質をもっともよく示したのが徳富蘇峰の思想であった。すでに見たように蘇峰はいわゆる平民主義を唱道した人であったが、日清戦争を機にその政治的な姿勢を大きく変えていった。その変化がもっともよく見てとれるのは、一八九四(明治二七)年——日清戦争が始まった年である——に刊行された『大日本膨脹論』である。これは、『国民之友』、『国民新聞』に発表した論説を集めたものであるが、そこで蘇峰は、明治維新の変革を大成するためには、「日本帝国統一自衛の道を尽くし、外に向て大日本を膨脹せしむる」ことが必要であり、朝鮮や中国への膨張は「文明の恩光を、野蛮の社会に注射せしめんが為め[10]」のものであるという論理で、帝国主義的な侵出を正当化する論陣を堂々と張ったのである。

「アジア主義」と呼ばれる思潮は、さまざまな形をとったが、基本的には、アジアへの侵出・侵略をいかに正当化するかという役割を担ったものであったと言える。その先駆的な形は、福沢諭吉のなかにも見いだされる。福沢は一八八一年に刊行した『時事小言』のなかで、西洋諸国の侵略に備えるためには、停滞するアジアを「文明に入らしめ」ることが何より必要であり、そのためには「力を以て其進歩を強迫するも可なり」(福沢五・一八七)というように、武力を用いても、歩みの遅いアジア諸国に文明化を迫り、国力を向上させて、西洋諸国の脅威に対抗する必要があるという主張を行っている。
その主張は一八八三年に発表された論説「外交論」のなかでは、より過激な形で表現されている。「世界各国の相対峙するは禽獣相食《は》まんとするの勢にして、食むものは文明の国人にして食まるゝものは不文の国とあれば、我日本国は其の食む者の列に加はりて文明国人と共に良餌を求めん歟、数千年来遂に振はざる亜細亜の古国と伍を成し共に古風を守て文明国人に食はれん歟、猟者となりて兎鹿を狩る歟、兎鹿と為りて猟者に狩らるゝ歟、二者其一に決せざる可らず」（福沢九・一九五―一九六）。

蘇峰の『大日本膨脹論』はさらにいっそう清との対立が激化するなかで書かれたのであるが、その同じ年に、竹越与三郎――『独逸哲学英華』や『近代哲学宗統史』などを著し、日本における西洋哲学受容の歴史において大きな役割を果たした人でもある――もまた、『支那論』（一八九四年）を著し、そのなかで、「兵火にあらずんば文明を清国に伝ふる能はず」という章を設けて、次のように主張している。すなわち、近年では清もまた、西洋から輸入された兵器を準備しているが、「文明の利器、蛮人の手に入れば却つて文明を妨ぐるの利器となる。吾国民は最早や躊躇すべからず。大日本の建設のため、……正義の名により、人道の名により、文明の名により、……堂々乎として剣を取つて、清国に撃つの権利を用ひ、兵火によりて其の惰眠を覚さんとするも真に已むべからざる也[11]」。ここでも「正義」と「文明」という看板のもとに、帝国主義的な侵略が正当化されている。

しかしすべての人が武力による朝鮮や清への進出を支持したわけではない。興味深いことに、国民主義を標榜した陸羯南の方がむしろ見識ある見解を表明している。日清戦争のあと、中国の弱体ぶりを目の当たりにした西欧列強による中国分割が始まったときに、新聞『日本』の社説（明治三一年一月五日）に次のような文章を発表している。「今日、欧洲列国が其の以外の地に向ひて侵略的獣心を用ひんと欲せば、支那朝鮮及び日本之が犠牲たらん。……今や三国〔露独仏〕の一なる独逸は、敢て明かに東洋侵略を声言しつゝあり。而かも東洋国人は之を怪まず、反つて彼等が獣力の進歩を称嘆して其の後塵を逐はんとするに似たり。……東洋の文明国を以て自任する日本人亦た獣力時代の来るを歓迎する乎、文明といふは、獣力の外に道理の争を認めざる乎、吾輩は東洋文明国の為め之を恥ず」（陸六・一九―二〇）。この陸の主張の方が、はるかに論理としての一貫性をもっていたと言えるであろう。

（6）岡倉天心の「東洋」

明治の後半から大正にかけての時期の「東洋（アジア）」をめぐる一つの代表的な言説に岡倉天心のそれがある。一九〇三年にロンドンで出版された『東洋の理想』（The Ideal of the East）は「アジアは一つである」（Asia is one.）という言葉で書き始められているし、またその前年にインドで書かれた英文の草稿『東洋の覚醒』（Awaking of the East）では「汎アジア同盟」という言葉が使われている。

『東洋の覚醒』はイギリスの植民地支配に苦しむインドの人々に向かって語られた文章であると言われているが、そこにはインドの「苦悩」に対する天心の深い共感と連帯の思いがあふれている。天心の関心を占めていたのは、ヨーロッパ（西洋）がもたらす「白禍」に対して、アジア（東洋）はいかに対峙しうるかという問いであった。それは軍事的な、あるいは産業上の支配にとどまらない。天心がとくに問題にしたのは「道徳的な征服」であった。そこで天心は次のように記している。「われわれの先祖の理想、われわれの家族制度、われわれの倫理、われわれの宗教は、日ましに衰頽していく。後継の各世代は西洋人との接触によって道義的耐久力を失っていく。身だしなみが純粋さにとってかわり、賢さが男らしさにとってかわる」（岡倉一・一四二）。

天心にとって課題であったのは、このインドが、そしてアジア全体が経験していた苦難をいかに乗り越えるか、言いかえれば、ヨーロッパ（西洋）の精神的・道徳的支配に対抗しうる拠点をいかに構築しうるかということであった。そのような関心から「東洋の理想」が語られたと考えられる。そのもとに天心が考えていたのは、たとえば「多様さの中に統一を不断に求める」哲学であり、「慈愛と同胞愛と忠誠と礼節」を核とする倫理、あらゆる現世的な欲望からの解放を可能にする宗教、普遍的なもの・精神的なものを特殊なもののなかに表現する芸術などであった。それらはまさに東洋がかつて共有した「理想」、つまり、「祖先の理想」ではあるが、しかし「ヨーロッパの模倣と崇拝」のなかで失われたもの、あるいは失われつつあるものであった。『東洋の理想』では天心は「古いアジア的統一の眠れる生命を感じとり、これに活力を蘇らせることが、今や我々の使命となった」（岡倉一・一二二—一二三）と記している。いかにこの「眠れる生命」を自覚することができるか、またそれをいかに回復することができるか、そしてヨーロッパ（西洋）の精神的・道徳的支配にいかに対峙することができるか、それが天心の立てた問いであった。

「汎アジア同盟」を標榜する天心の思想は、「アジア主義」のある一つの形態を示していると言ってもよい。しかしそのアジア主義は、朝鮮や中国への侵出をいかに正当化するかを問題にしたアジア主義ではない。天心はつねにヨーロッパ対アジア、西洋対東洋という対立図式のなかでアジアを意識していたと言うことができる。

しかし、西洋の支配に対峙する拠点をいかにして築くことができるかという課題を前にして天心の思索は大きな弧を描いていく。その課題を果たす上での、日本の特権性にその思索が収斂していく。『東洋の理想』のなかで天心は、東洋の思想や宗教、芸術の多様な展開について述べたあと、「こうした複雑性の中の統一ともいうべきアジア的特性を一きわ明瞭に実現する作業こそ、日本の大いなる特権であった」（岡倉一・一五）と記している。アジアのすべての思想や文化がアジアの東端に位置する日本に伝えられ、しかもそこではそれぞれの特徴が失われることなく、蓄積されてきた。つまり日本は東洋思想の波がくり返し打ち寄せ、その痕を残していった浜辺であり、日本のみが東洋の「眠れる生命」を自覚し、ヨーロッパ（西洋）に対峙しうる精神的な拠点を作りだしうるということがそこで主張されている。先にも見たように、天心はまちがいなく「アジア人」という側面をもつ人であったが、『東洋の理想』ではそれに加えて強烈なエスノセントリズムが顔をのぞかせている。

注

(1) 高坂正顕『明治思想史』、『高坂正顕著作集』第七巻（理想社、一九六九年）二八〇頁。
(2) 岩波講座『哲学』、「明治哲学界の回顧」（岩波書店、一九三二年）九頁。
(3) 徳富蘇峰『新日本之青年』、『明治文学全集』三四、一一八頁。
(4) 徳富蘇峰『将来之日本』、『明治文学全集』三四、五六頁。
(5) 同書七八頁。
(6) 志賀重昂「「日本人」が懐抱する処の旨義を告白す」、『明治文学全集』三七、一〇一頁。
(7) 以上の引用については、『日本の名著』三七、『陸羯南・三宅雪嶺』四四六―四四八頁参照。
(8) 陸羯南の著作については『陸羯南全集』全一〇巻（みすず書房、一九六八―一九八五年）から引用した。引用文のあとに、「陸」と記し、巻数と頁数とを記した。
(9) 鹿野政直「臣民・市民・国民」、『近代日本思想史大系』（宮沢俊義・大河内一男監修）三、橋川文三・松本三之介編『近代日本政治思想史Ⅰ』（有斐閣、一九七一年）、二四五―二四六頁。
(10) 徳富蘇峰『大日本膨脹論』、『明治文学全集』三四、二五五、二六一頁。
(11) 竹越与三郎『支那論』（民友社、一八九四年）九七頁。

2 個人の自覚

（1）北村透谷の「内部生命論」

前節でも触れたが、明治三〇年以降の思想状況の一つの大きな特徴として、人々の関心が、政治や国家よりもむしろ個人の内面に向けられるようになったことを指摘することができる。国家の問題を回避し、個人の内面に閉じこもろうとする傾向は、もちろんそれ以前にも、たとえば北村透谷（一八六八―一八九四）のなかにも見られる。透谷は一八八三年に東京専門学校に入学した頃から自由民権運動に強い関心を示した。自由民権運動は、個人の自由を保証する国家という理想を掲げる運動、言いかえれば、個人と国家との調和的な結合をめざす運動であったと言えるであろうが、しかし現実に実現されつつあった国家は、国家の安定と繁栄を最優先にするものであった。このような状況のなかで、最初掲げられた理想はやがて内面化されていかざるをえなかった。透谷はそのような時代の傾向を体現するような仕方で生きた人であった、と言うことができる。現実の政治運動に挫折し、キリスト教の洗礼を受けるとともに、理想の実現の場を彼の言う「想世界」のなかに求めた。

死の前年、つまり一八九三年に発表した「内部生命論」は、透谷の代表的なエッセーであるが、そこで透谷は、人間の生涯、つまり単にこの現実の社会で生を送るということにではなく、その「根本の生命」である「内部の生命（インナー・ライフ）」にこそ目を向ける必要があることを強調した。そしてこの「内部の生命」が「人間の自造的のもの」ではないことを主張している。それはむしろ「宇宙の精神」の顕現として理解されている。人間だけでなく、造化（自然）もまた、「宇宙の精神の一発表」であり、「神の形の象顕」である。その故に人間は造化に対して畏敬の念を抱くが、人間はまた「内部生命」において、何者かに「冥契する」。この「冥契」について透谷は「内部生命論」において次のように述べている。「瞬間の冥契とは何ぞ、インスピレーション是なり、この瞬間の冥契ある者をインスパイアドされたる詩人とは云ふなり、……インスピレーションとは何ぞ、必らずしも宗教上の意味にて之を言ふにあらざるなり、一の宗教（組織として）あらざるもインスピレーションは之あるなり。一の哲学なきもインスピレーションは之あるなり、畢竟するにインスピレーションとは宇宙の精神即ち神なるものよりして、人間の精神即ち内部の生命なるものに対する一種の感応に過ぎざるなり(1)」。

すぐにシュライエルマッハーの「直観」の概念が思い起こされるし、また、想像力によって自己の内面に、自己充足しうる空間を紡ぎだそうとしたロマン主義に通じるものを感じとることができる。ある意味で透谷は、ヨーロッパで言えば、フランス革命からロマン主義にいたる時代全体を、短い二五年あまりの生涯を通して生きたと言うことができるかもしれない。

（2）修養主義

ロマン主義に通じる透谷の個人主義は、一方で、ニーチェの自己肯定の思想を踏まえた高山樗牛の「美的生活」論の方向に受けつがれていったが、他方、透谷による自己の内面での理想の追求は、形を変えて、倫理的な理想主義、道徳的な修養主義の立場に受けつがれていった。

一九〇〇（明治三三）年に大西祝や姉崎正治（嘲風《ちょうふう》）らが中心となり、また当時の多くの哲学者や思想家を集めて「丁酉《ていゆう》倫理会」が結成された（その前身は一八九七年（丁酉の年《ひのととり》）に結成された「丁酉懇話会」である）。「丁酉倫理会」の「趣意書」では次のように「人格の修養」の重要性が強調されている。「道徳の大本は人格の修養にあり。忠君愛国は国民道徳の要素なりと雖も、而かも人性の本然に稽《かんが》へて其自覚心を覚醒し、其衷心に訴ふるに非ざれば恐らくは生命ある活動を庶幾すべからざらむ」。「忠君愛国」という表現も見えるが、国家主義には一定の距離を置いていた。あくまで「倫理的に精神の自由を貴び、人間の価値を発揮したい」というのがその趣旨であったことは、第一回の「丁酉倫理会学術演説会」での姉崎正治の「開会の趣旨」からも知ることができる。そこで姉崎は、「極端なる国家至上主義の倫理、即愛国一点張の教育は、私共の考から見ますれば、唯だ声ばかりの教権主義で、人間の至情に訴へ、又其倫理的性格を開発するには寧ろ害のある者と思ひます[2]」と述べている。

宮川透が『日本精神史の課題』のなかで指摘しているように、修養主義は基本的に、国家の強制力に対して、個々人の内面世界を自律的に確保しようとする性格をもつものであったが、しかしそれは同時に、内面に閉じこもることによって、国家に対する批判機能を失うことにもつながった。そのために「客観的には忠良なる臣民の形成という役割」を演じざるをえなかったことを宮川は指摘している[3]。

「人格」と「修養」がこの時代のキーワードになったことは、それをめぐって雑誌の特集が組まれたり、紀平正美『人格の力——修養の方法』（同文館、一九〇六年）や中島力造『教育者の人格修養』（目黒書店、一九一一年）などの著作が相次いで発表されたことからも見てとれる。

透谷のロマン主義的な個人主義は、このようなアカデミカーを中心とする人格修養主義的な方向だけでなく、さらに清沢満之の精神主義や綱島梁川《つなじまりょうせん》の独自の神体験に基づく宗教理解に、また文学上の自然主義の方向に分かれて受けつがれていった。

(3) 精神主義

清沢満之は、第二章で見たように、東京大学でフェノロサのもとで哲学を学んだ人であり、西洋哲学史に関するすぐれた講義をした人でもあった。しかし彼の真骨頂は、形骸化した仏教を改革し、再生しようとした宗教人としての生き方のなかにある。そのような仏教改革の運動が「精神主義」の運動であった。

一九〇〇年に創刊した雑誌『精神界』の創刊号に発表した論文「精神主義」の冒頭で、清沢は、人間が生きるには「一の完全なる立脚地」が必要であること、そしてそれは「絶対無限者」によってのみ獲得可能であることを述べ、そのような立脚地のうえに立って「自家の精神内に充足を求むる」ことが精神主義の趣旨であることを述べている。また、それは唯心論のような一つの世界観ではなく、自己が実際に自分の人生を歩んでいく際の心のよりどころになるものだということを主張している。

なぜこの時期に清沢が「精神主義」という立場を唱えたのか、そのことを考える上で重要な手がかりになると考えられるのは、清沢の弟子の一人であった安藤州一が伝えている次の言葉である。「先生曰く、東京市中に行はれ居る積極主義は、金銭のために進むものなり名誉のために奮闘するものなり、衣食のために妄動するものなり、是を名づけて積極主義といふ。……此の弊を救ふの方法は、唯だ一つ消極主義あるのみ」(4)。

この言葉から明らかなように、精神主義の唱道は、金銭を追い求め、名誉を追い求めようとする当時の人々の態度、あるいは文明化や進歩、富国強兵を叫んで止まない当時の風潮と強く関わっていたと考えられる。そうした態度や風潮を清沢は総じて「積極主義」という言葉で呼んでいるのであるが、そのように自己の外に満足と安心とを求めようとしても、結局それを得ることはできない。欲望は欲望を生み、新たな満足を求めてやむことがないからである。

それに対し清沢の言う「消極主義」は、自己を「内観」し、自己のうちに精神の「充足」を求めようとするものであった。同じく『精神界』に発表された「精神主義と三世《さんぜ》」と題した文章のなかで清沢は次のように述べている。「精神主義は、自己の精神を第一義とし、其《その》精神が現在の境遇に満足して、自由自在に活動する処に、吾人は安住の地位を得べきことを唱導するなり」(清沢六・九二)。

当時、仏教者のなかには、境野黄洋《さかいのこうよう》や田中治六《じろく》ら、仏教に依拠しながら積極的に社会の改革に取り組もうとした人々もいた。彼らは清沢の「精神主義」を「外観客観の存在を独《ひと》り主観精神の中にのみ没入し去らんとする」(5)立場として批判した。そのような批判がありうることを清沢は十分に自覚していたと言える。「精神主義」は決して社会の福祉に反対するものではなく、むしろそれを奨励しようとする立場に立つが、「自家の立脚をだも確《たしか》めずして、先づ他人の立脚を確《たしか》めんとするの不当なるを信じ……」というように、内観主義の立場を弁護している。

(4) 綱島梁川

綱島梁川(一八七三—一九〇七)は東京専門学校で大西祝のもとで学んだ人である。シジウィック(H. Sidgwick)やマッケンジー(J. S. Mackenzie)らイギリスの倫理学者の書物の翻訳、そして自ら著した『欧州倫理思想史』(一九〇九年)、比較倫理思想史的な立場からの研究である『春秋倫理思想史』(一九〇七年)など、倫理学の領域で重要な仕事をした。しかし当時の人々に大きな影響を与えたのはその宗教理解であった。梁川は若いときに(一四、五歳のときに)キリスト教の洗礼を受けたが、一時信仰から離れたあと、一八九六年頃から再び深い信仰を抱くようになった。そして一九〇四年に「見神」を体験するにいたった。

その過程で経験した「悲哀」について梁川は『病間録』(一九〇五年)に収めた「悲哀の高調」と題した文章のなかで次のように語っている。「吾人の有限、欠陥、小弱、あさましさ、Wretchedness を意識して、そことも知らず、一種、我以上のもの、有限以上のものを向慕渇仰する、これやがて吾人の悲哀の湧きいづる主源頭にはあらざるか」。しかしやがてこの悲哀こそが悲哀を越える鍵であることを自覚するに至る。「吾れは血潮流るゝ心情を抱きて、唯だ戦ひぬ、進みぬ、熱き涙を以て、祈りぬ、求めぬ。而して我れは一種の貴き感応を得たり」

（「悲哀の秘儀」）。この感応こそ、梁川を「見神」に導いたものであった。その体験について梁川は『病間録』中の「予が見神の実験」のなかで次のように記す。「予は如是《にょぜ》に神を見たり、如是に神に会へり。否見たりといひ、会へりといふの言葉は、なほ皮相的、外面的にして、迚《とて》もこの利那の意識を描尽するに足らず。其は神我の融会也、合一也、其の利那に於いて、予みづからは幾《ほと》んど神の実在に融け合ひたるなり、我即神となりたる也[6]」。

この独自の宗教体験、および神への「熱烈なる思慕」を説く深い信仰心によって梁川は当時多くの人々に影響を与えた。たとえば文芸評論家・演出家として知られた島村抱月（一八七一－一九一八）は、「梁川、樗牛、時勢、新自我」と題したエッセーのなかで、「梁川熱」とでも言うべきものが時代を席巻したことを述べている[7]。その熱は西田幾多郎にも及んでいる。『病間録』出版の翌年、西田はそのとき第四高等学校で教鞭を執っていたが、友人の堀維孝に宛てて、「梁川氏の病間録は小生等には其境涯を伺ふことはできぬか思想に於ては小生其一字一句を賛成致し全く余の言はん［と］欲す［る］所を云ひたる如き心地致し候」（西田一九・八三－八四）と記している。『善の研究』第四編「宗教」で西田は「宗教の真意はこの神人合一の意義を獲得するにあるのである」と述べているが、そのとき、梁川の「見神」の体験がその念頭にあったかもしれない。

阿倍能成は、梁川をはじめ、本節で取り上げた、個人の内面に深く沈潜しようとした思想家たちが、第一高等学校の学生たちにも強い影響を与えたことを記している。「明治三十五年以来、高山樗牛の影響、更に遡れば内村鑑三、北村透谷等、更に下つては清沢満之、近角常観、綱島梁川等の影響もあつて一高文芸部を中心として自己に沈潜しようとする個人主義的傾向が台頭し……[8]」。

（5）内村鑑三の個人主義

キリスト教は明治の前半、西洋の文物の積極的な受容の流れのなかで順調にその教えを広めてきたが、明治二〇年代中頃からは、国民主義や国家主義の台頭により大きな「試練」を経験しなければならなかった。キリスト教に対する激しい攻撃の典型的な例として井上哲次郎の『教育と宗教との衝突』(一八九三年)を挙げることができる。そこで井上はキリスト教が教育勅語の国家主義と相容れないことを指摘し、それが根本において反国家主義、ないし無国家主義に立つことを厳しく批判した。こうした攻撃のなかで、海老名弾正(一八五六―一九三七)のように、国家主義と妥協し、キリスト教の日本化を図ろうとするものも出てきた。生き残るための苦渋の選択であったとも言える。

他方で、そのような妥協を受け入れなかった人びともいた。隅谷三喜男は『近代日本の形成とキリスト教』(一九五〇年)のなかで、そのような道を歩んだ人びとに三つの方向が存在したことを述べている。一つは、植村正久(一八五八―一九二五)のように「教会の中に閉じこもることによって、信仰の純粋性を教会を中心として保持しようとした人々」であり、次に安部磯雄(一八六五―一九四九)などのように「キリスト教の新しい展開を社会運動との結合の中に見出そうとした人々」であり、さらに内村鑑三(一八六一―一九三〇)のように「信仰を真に人格的なものとして個々人の中に確立しようとした方向」である(9)。家永三郎も近代思想家としての内村鑑三の歴史的意義を論じた『近代精神とその限界』のなかで、内村のなかに「孤高の個人主義(10)」を見ているが、内村の信仰の一つの特徴として、この個人主義を挙げることができるであろう。

それはとくに内村の「無教会」の思想によく現れている。内村はもともと社会の問題に深い関心を抱いた人であった。一八九七年に『万朝報《よろずちょうほう》』を起こした黒岩涙香《るいこう》(一八六二―一九二〇)に招かれて、その英文欄主筆となり、社会評論に筆を振るった。そこで幸徳秋水(一八七一―一九一一)や堺利彦(一八七〇―一九三三)らと交わり、日露戦争に反対する論陣を張った。また彼らとともに「理想団」という団体を作り、社会改良のために力を尽くした。足尾鉱毒事件ではその反対運動に深く関わった。

しかしやがて、社会の諸問題の根本的な解決は、個々の具体的な改良運動によってではなく、一人ひとりの神への信仰によって可能になると考えるようになっていった。一九〇〇年の『聖書之研究』発刊、翌年の『無教会』創刊の頃から、聖書そのものに、そしてその「研究」に関心を向けていった。一九〇三年に『聖書之研究』に発表された所感「我の改革法」などを見ると、それ以後も内村が決して社会の改良に対する関心を失ったわけではないことがわかる。しかし、真に社会を改良するためには、まず一人ひとりがその信仰を確立しなければならないという確信が内村のなかに生まれていったのであろう。

ただ、内村は教会の制度や聖書の言葉を固定的なものとして捉え、それを墨守する必要があると考えたのではない。内村の聖書に対する向きあい方をよく示すのは、『聖書之研究』の所感「真理の説言」（一九〇九年）の「余輩は必しも基督教を説かず、余輩が真理と信ずる事を説く、余輩は聖書が示す故に真理なりと言はず、真理なるが故に真理なりと言ふ、余輩は聖書を研究す、聖書に盲従せず」（内村一七・七）[11]という言葉である。内村が課題としたのは、あくまで真理の探究であり、そのために彼は聖書を「研究」しようとしたのである。

内村はその根本において自由の人であった。一九〇九年に『聖書之研究』に発表された「自由の衰退」という所感などに見られるように、多くの人が国権主義に傾いていくなかでも「自由」の意義を強調してやまなかった。聖書に向きあうときも、それをドグマとしてではなく、生きた信仰の証として捉えようとした。また霊の救済は、制度のなかで、そして定められた礼典に与ることによってではなく、唯一、信仰によってのみ可能になるというのが彼の考えであった。一九〇一年に『聖書之研究』に発表した「洗礼晩餐廃止論」のなかで内村は、「我儕《われら》は信仰に由て救はる、行為《をこない》（儀式的）に由て救はる丶にあらず……要は十字架に釘《つ》けられし神の子の罪贖を信ずるにあり、其他の事は細事のみ」（内村九・五三）と記している。教会も礼典も彼には必須のものではなかった。彼の無教会主義は、この、人は教会の一員であることによってではなく、その信仰によって、一人の人間として直接神と結びつきうるという考えから生まれたと言うことができる。

注

(1)『透谷全集』(改版)、岩波書店、一九七三―一九七五年、第二巻二四八頁。
(2)『丁酉倫理会講演集』第一(大日本図書、一九〇〇年)二―三頁。
(3)宮川透『日本精神史の課題』(紀伊國屋書店、一九八〇年)一二七頁以下。
(4)『清沢満之全集』法藏館、一九五三―一九五七年、第八巻二九六頁。
(5)加藤玄智「常識主義と精神主義」、『新仏教』第二巻第三号、一九〇一年、一一五頁。
(6)綱島梁川「予が見神の実験」、『明治文学全集』四六『新島襄・植村正久・清沢満之・綱島梁川』三五四頁。
(7)島村瀧太郎『近代文芸之研究』早稲田大学出版部、一九〇九年、四五六頁。
(8)安倍能成『岩波茂雄伝』(岩波書店、一九五七年)四四頁。
(9)隅谷三喜男『近代日本の形成とキリスト教』、『隅谷三喜男著作集』全九巻(岩波書店、二〇〇三年)第八巻一〇七頁。
(10)家永三郎『近代精神とその限界』、『家永三郎集』全一六巻、岩波書店、一九九七―一九九九年、第四巻一四五頁。
(11)内村鑑三の著作については『内村鑑三全集』全四〇巻(岩波書店、一九八〇―一九八四年)から引用した。引用文のあとに、「内村」と記し、巻数と頁数とを記した。

3　社会の矛盾や平和へのまなざし

（1）キリスト教と結びついた初期の社会主義運動

明治時代後半の思想状況の一つの特徴として、前節で見た個人の内面への沈潜とともに、社会問題に強い関心が向けられたことを指摘することができる。

一八九五（明治二八）年に日清戦争が終結して以後の産業構造の変化やそれに伴う賃金労働者の増加、政府の軍備拡張路線といったことが原因になったと考えられるが、労働問題や社会問題（足尾鉱毒事件などもその一つ）、あるいは平和の問題（たとえば日露戦争時の「非戦論」）などが大きくクローズ・アップされ、人々の目が社会主義に向けられるようになった。

社会主義の思想は、明治三〇年代以前にも知られていた。徳富蘇峰が発刊した『国民之友』がすでに「労役者の組合」や「労働者の声」（一八九〇年）などの論説を通して、諸外国の労働運動や、社会主義の思想を紹介していた。しかしそこではなお理念上の問題として議論されていたのに対し、日清戦争後には現実の問題として議論されるようになったと言ってよいであろう。そのことを高坂正顕は『明治思想史』のなかで、「日清戦争まではいわば観念上、思想上の問題に止まっていたものが、今は現実の問題となるのである」[1]と記している。

初期の社会主義運動の一つの特徴は、多くのキリスト者がそれに参加していた点である。日本の社会主義運動の一つの起点になったのは、一八九八（明治三一）年に作られた社会主義研究会であるが、それは村井知至《ともよし》（一八六一—一九四四）や安部磯雄（一八六五—一九四九）、片山潜（一八五九—一九三三）らキリスト者が幸徳秋水

（一八七一―一九一一）らとともに作ったものであった。さらに一九〇一年に結成された社会民主党（即日、解散を命じられた）には、安部、片山、木下尚江（一八六九―一九三七）、西川光二郎（一八七六―一九四〇）といった人たちが発起人に名を連ねていた。その宣言書には、財富の公平な分配や、平等な教育機会の保証、平和の実現などが謳われていた。初期の社会主義運動においては、社会主義とキリスト教的な人道主義が社会正義の実現、反戦という点で結びついていたと言える。

たとえば村井知至は一八九九年に発表した『社会主義』のなかで、「予一個の経験に徴するも、曾て初代の基督教を研究せしより延ゐて社会主義の真理を認むるに至り、社会主義を信ぜしより、基督教の新意義を悟るに至りしなり[2]」と記している。また、安部磯雄は一九三二年に刊行した『社会主義者となるまで――安部磯雄自叙伝』のなかで、岡山教会の牧師時代をふり返って、被差別部落出身の信者が日曜学校で士族出身の者も交じった他の信者たちの前で聖書の講義をする姿を見て感激したことを述べたあと、彼がキリスト教に引きつけられたのは、その精神が博愛主義であり、平等主義であり、平民主義であったことを記している[3]。安部は、そして社会主義に共感を抱いた多くのキリスト者たちは、それを基督教のなかにも、また社会主義のなかにも見ていたと言うことができるであろう。

（2）幸徳秋水の社会主義

前章で述べたように、内村鑑三は『万朝報』において幸徳秋水や堺利彦らと交わり、日露戦争に反対する論陣を張った。しかし世論が開戦の方向に傾きはじめると『万朝報』の社論も社主の黒岩涙香も主戦論に転じた。そのため、一九〇三年一〇月に内村、幸徳、堺の三人は退社した。その翌月、幸徳と堺とは平民社を起こし、週刊の『平民新聞』を創刊した。その第一号の「宣言」で彼らは、自由をまったきものにするために平民主義に、平等を実現するために社会主義に、博愛の道を尽くすために平和主義に立つことを宣言した。

幸徳はその年に、社会主義の理念について論じた『社会主義神髄』を出版したが、そこでアメリカの経済学者リチャード・イリー（Richard T. Ely, 1854-1943）の『社会主義』（一八九四年）に拠りながら、その要件として以下の四点を挙げている。まず第一に「土地資本の公有」、第二に「生産の公共的経営」、第三に「社会的収入の分配」、第四に「社会の収入の大半を以て個人の私有に帰す」(4)という点である。財産の私有制に反対するのではなく、むしろそれを自由の基礎として考えていた点に特徴がある。

日露戦争が終結したあと、平民社は政府の弾圧を受け、解散を強いられたが、大衆運動はその後もさまざまな形で展開を遂げた。一九〇六年には、普通選挙権の獲得を目ざした西川光二郎らのグループと堺利彦らのグループが大同団結して、日本社会党が結成された。普通選挙運動や労働争議、足尾鉱毒争議などにおいて積極的な役割を果たしたが、やがてそのなかに亀裂が生まれていった。一方では、それまで社会正義の実現や反戦を目ざして結びついていた社会主義者と、キリスト者たちとのあいだに溝が生まれるようになった。木下尚江などは、キリスト教と社会主義とが相容れないことを表明し、転向をした。

他方、社会主義者の内部でも、亀裂が生まれていった。幸徳は一九〇五年、『平民新聞』の筆禍事件で禁錮五カ月の刑に処せられたが、出獄後、アメリカに渡った。翌年に帰国してからは、議会主義を捨てて、直接行動主義へと傾いていった。一九〇七年に日刊『平民新聞』に発表した「余が思想の変化（普通選挙に就て）」のなかで幸徳は、「社会主義の目的を達するには、一に団結せる労働者の直接行動（ヂレクト、アクション）に依るの外はない」(5)と宣言し、ゼネストによる直接行動論を展開した。

そうした状況のなかで、社会主義者のなかの一部にテロリズムに走ろうとするものが出て、それを理由に、幸徳にもその首謀者であるという嫌疑がかけられ、多くの社会主義者とともに処刑される事件が起きた（大逆事件）。

それ以後、社会主義運動は退潮を余儀なくされることになった。(6)

(3) 平和への関心

堺利彦と幸徳秋水は一九〇三年一〇月一二日、『万朝報』を去るにあたって連名で「退社の辞」を発表し、主戦論に転じた『万朝報』と袂を分かったが、同じ日に内村鑑三も同紙に「退社に際し涙香兄に贈りし覚書」を発表した。そこで内村は、「小生は日露開戦に同意することを以て日本国の滅亡に同意すること、確信致し候」と記し、日本が戦争への道を歩むことに強く反対した。

内村は最初から反戦論者であったわけではない。日清戦争の戦端が開かれたときには、『国民之友』に「日清戦争の義」と題する文章を発表し、この戦争を文明による野蛮の克服をめざす「義戦」として後押しした。しかし講和条約調印の翌年には、同じ『国民之友』に「時勢の観察」を発表、「戦局を結んで戦捷国の位置に立つや、其主眼とせし隣邦の独立は措《お》いて問はざるが如く、新領土の開鑿《かいさく》、新市場の拡張は全国民の注意を奪ひ、偏《ひとえ》に戦捷の利益を十二分に収めんとして汲々たり」(内村三・二三三)と記し、朝鮮の独立をめざすという理念が、領土の獲得や市場の拡張のための隠れ蓑でしかなかったことに気づき、自らの「愚と不信」(内村一一・四〇六)を告白している。

その思いが内村を反戦へと導いたと言ってよいであろう。日露戦争開戦の前年には『万朝報』に「戦争廃止論」を発表、「余は日露非開戦論である許《ばか》りではない。戦争絶対反対論者である。戦争は人を殺すことである。爾《そ》うして人を殺すことは大罪悪である」、「若し世に大愚の極と称すべきものがあれば、それは剣を以て国運の進歩を計らんとすることである」(内村一一・二九六)と訴えた。また同じ年、『聖書之研究』に「平和の福音(絶対的非戦主義)」を発表、「絶対の平和」こそが聖書の訓誡であり、自らはいかなる場合にも剣をもって戦わない「絶対的非戦論者」の立場に立つことを宣言した（内村一一・四〇五）。その確信を内村はこの論説のなかで、「悪しき手段を以て善き目的に達することは出来ません、殺人術を施して東洋永久の平和を計らんなど云ふことは以ての外の事であります、平和は決して否な決して戦争を透うして来りません」（内村一一・四〇九）と記している。

幸徳秋水も日露戦争開戦の直前に発表した「戦争と道徳」の冒頭で、内村と同じく「戦争は罪悪也」と宣言している。内村が信仰に訴えてそれを罪悪としたのに対し、幸徳は道徳に訴えている。戦争禁絶は理想ではあるが、現実の国際道徳を考えたとき、戦いはやむなしという声に対し、幸徳は次のように主張している。「夫れ戦争の起る、縦令《たとえ》已むを得ずとするも、既に其罪悪たるを知らば、吾人は飽くまで之に反対し、之が防止に尽力すべきに非ずや、思へ国際の道徳の低きは、猶ほ個人の道徳の低きが如し(7)」。

注

（1）高坂正顕『明治思想史』三〇五頁。

（2）村井知至『社会主義』（労働新聞社、一八九九年）、『近代日本キリスト教名著選集』第三〇巻『社会主義／基督教と社会主義』日本図書センター、二〇〇四年、一二九—一三〇頁。

（3）『安部磯雄著作集』全六巻（学術出版会、二〇〇八年）第六巻『社会主義者となるまで』一四四頁参照。

（4）『近代日本思想大系』第一三巻『幸徳秋水集』（筑摩書房、一九七五年）一五四頁以下。

（5）『幸徳秋水集』二九一頁。

（6）幸徳秋水が一九一〇年六月に逮捕された二カ月後に、石川啄木が「時代閉塞の現状」と題した文章を執筆したことが知られている。この「時代閉塞」という言葉が時代の状況をよく表現している。

（7）『幸徳秋水集』一八五頁。

第二部

形成期——大正・昭和前期の哲学

第一章　大正・昭和前期の思想状況

1　大正という時代

（1）文化と教養

大正時代の思想を全体として把握しようとするときに、大きな手がかりを与えてくれるのは三木清（一八九七―一九四五）の『読書と人生』（一九四二年）に収録された「読書遍歴」のなかの次の言葉である。「あの第一次世界戦争といふ大事件に会ひながら、私たちは政治に対しても全く無関心であつた。或ひは無関心であることができた。やがて私どもを支配したのは却つてあの「教養」といふ思想である。そしてそれは政治といふものを軽蔑して文化を重んじるといふ、反政治的乃至非政治的傾向をもつてゐた、それは文化主義的な考へ方のものであつた。あの「教養」といふ思想は文学的・哲学的であつた。それは文学や哲学を特別に重んじ、科学とか技術とかいふものは「文化」に属しないで「文明」に属するものと見られて軽んじられた。云ひ換えると、大正時代における教養思想は明治時代における啓蒙思想……に対する反動として起つたものである」（三木一・三八九―三九〇）[1]。

この時代においては、政治にもまた科学や技術による利便性の追求にも背を向け、文学や哲学を通して教養を育み、自分自身を高めることに人々の目が向けられたことが、またそれを可能にする「文化」が何より重視されたことが、この言葉から知られる。大正という時代を特徴づけるのは――もちろんそのすべてにわたってではないが――この「文化」と「教養」であったと言える。

そうした大正時代全体を貫く内面志向は哲学にも反映している。船山信一（一九〇七―一九九四）は『大正哲学史研究』（一九六五年）のなかで、「内面的個体性」こそが大正哲学の原理であったと述べている。明治の哲学の基盤にはつねに現実主義、実証主義があり、国家との関わりがつねに問題となった。それに対して大正の哲学の基盤はむしろ理想主義、観念論にあり、政治から距離を置いたところにその特徴がある。そこに大正哲学の近代性を見てとることも可能である。しかし船山はそこに二重の意味を見てとっている。哲学の政治からの独立は一面において積極的に評価されるが、しかし他面それは、「政治からの哲学の超越性という名の下に、政治に対する無関心、さらには政治的無批判、したがって間接に国権主義を肯定し弁護し、さらには美化するという消極的意味をもって」いた[2]と述べている。

(2) T・H・グリーンの人格実現説

もちろん、文化や教養を重んじる傾向は大正時代に突然生まれたものではなく、明治時代にすでに始まっていた。それを示すのは、明治後半期におけるT・H・グリーン（Thomas Hill Green, 1836-1882）の思想の流行である。グリーンはイギリス理想主義を代表する哲学者であるが、人間の認識を感覚に還元し、それによってすべての経験を説明しようとするヒュームらの経験論に対し、精神の活動の能動性や自我の統一性を主張したところにその特徴がある。そのグリーンの思想を日本において最初に紹介したのは、同志社英学校を経て、アメリカのエール大学で学び、帰国後、東京大学で倫理学を教えるようになった中島力造（一八五八―一九一八）であった。

中島は「英国新カント学派に就いて」（一八九二年）などの論文や東京大学での講義を通してグリーンの「自我実現（self-realization）」説を紹介した。それは当時、その教えを直接受けた藤井健治郎（一八七二―一九三一）や西晋一郎（一八七三―一九四三）らだけでなく、大西祝や綱島梁川らにも影響を与え、大きな広がりを見せた。

西田幾多郎も東京大学で中島の講義を聴く機会をもった。おそらくその影響のもとで、東京大学を卒業した頃にグリーンの倫理学説の研究に取り組み、一八九五年にグリーンの主著『倫理学序説』（Prolegomena to Ethics, 1883）の内容をまとめた「グリーン氏倫理学の大意」を発表している。そこでたとえば「人類の進歩発達とは要するに個人的性質の進歩発達に外ならず、即ち吾人がその覚識の諸能性（Capacities）を完全に現実となし、以てその人格（Personality）を発達するにありと云ふべし」（西田一一・二〇）と記している。『善の研究』（一九一一年）ではそれを踏まえ、「善とは自己の発展完成 self-realization である」とも、「人格の実現といふのが我々に取りて絶対的善である」とも述べている。

これらの例が示すように、明治の三〇年代以後、グリーンの自我実現説は「人格の発達」ないし「人格の実現」を説いたものとして受けとめられ、やがて「人格実現説」という表現が広く用いられるようになっていった。そもそも「人格」という言葉自体、新しい表現であり、明治の二〇年代になって用いられるようになった。personality の訳語として井上哲次郎が中島力造に勧め、中島が論文や講演などで使ってから広まった。それは、第一部第三章で見た道徳的な修養主義とも結びついて、広く人口に膾炙した。

そのような状況のなかで中島らの努力によりグリーンの学説が「人格実現」説として受け入れられていったのである。一九一二年に刊行した『教育的倫理学講義』のなかでも中島は、究極の善とは何かを説明した倫理学説として快楽説と合理説とを挙げたあと、最後に人格実現説を取りあげ、人格を個人的側面と社会的側面の両面において完全なものにするのが人生の目的であるとしている。(3)

グリーンの学説が「人格実現説」として受けとめられた背景には、明治後半期における「人格」概念の流行だけでなく、もう一つ別の理由があった。井上哲次郎も倫理ないし道徳の問題について論じるにあたってグリーンの自我実現説を手がかりとしたことは、たとえば彼が執筆した『中学修身教科書』全五巻から知ることができる。その第五巻第三章「理想論」において、何を行為の理想とし、人生の目的とすべきかを論じたところで、快楽説、克己説の一面性を指摘したあと、井上は人生究極の目的が「人格を実現し、人格を発展する」点にあることを述べ、その立場を「実現説」と呼んでいる(4)。井上がそれを「自我実現説」と呼ばなかったのは、その表現が個人主義として受け取られる可能性をもっていたからである。井上は個人よりもむしろ国家を重視する立場から、その表現を避けたのである。後年、井上は、「中島力造博士を追憶す」と題した文章のなかで、「自我実現」を「人格実現」と表現することで、その恐れを回避しようとしたことを述べている(5)。

(3) 阿部次郎の人格主義

それぞれの人間が自己の能力を最大限に発揮し、その人格を発展完成することこそが究極の善であるとする、明治時代のこのような考え方を大正時代にもっともよく受け継いだのは、ケーベルの弟子であり、東北大学の美学講座の初代教授を務めた阿部次郎(一八八三—一九五九)であった。阿部は一九二二年に『人格主義』と題した著作を発表し、そこで人格主義とは「人格の成長と発展とを以て至上の価値となし、この第一義の価値との連関に於いて、他のあらゆる価値の意義と討究とを定めて行かうとするものである(6)」と定義している。

まず人格とは何かに関して阿部は、思考し、感じ、意欲する主体であるとしている。しかも個々の感情や意志、思考の総和ではなく、そのような内面的活動を支える主体であり、その統一の原理であるとしている。人格主義は、不断の努力によってその人格の発展完成に努めることに最大の価値を置くものであるが、その発展完成が向かうべき方向を示すために阿部は「理想」について論じる。『人格主義』の第一編が「序論――理想主義」と題されていることからもわかるように、人格主義は理想主義と深く結びついたものであった。

その理想主義について阿部は、「理想を指導原理としてあらゆる思想と生活とを律して行かうとする」[7]立場と規定している。つまり、一度確立された理想に、「現実を命令し支配する権威」を与え、それを思考と生活の原理とする立場である。何が理想かという点に関しては、阿部は、具体的な例として「愛や正義や人格価値の充実」を挙げている。しかし、それは固定したものではない。現実の生活のなかで「構成しなほし、創造しなほし、学びなほ」されていくものである。

理想を指導原理として生活を律することのできる人間を阿部は「君主人」という言葉で呼んでいる。「君主人」とは、自己の人格の威厳を信じ、自律の意志に従って行動することのできる「最も深い意味に於いて自由な人」である。「君主人」は、自己の人格を完全に育てあげていくことを最大の義務と感じるだけでなく、周囲の人を感化し、社会を自由な人格の結合体へと変革することをもめざす。「自由な人」が作りだす社会においては、すべての人が「自由な人格を持つ者として平等に取扱」われ、「自己の人格を育てたり伸ばしたりする機会を、それぞれの才能に応じて与へられる」[8]。それぞれの人格の充実、そしてそれを通して生みだされる自由な人格が自由な人格として相互に結びつく社会の形成が、人格主義のめざすものであったと言えるであろう。そこに阿部次郎の「人格主義」の一つの大きな特徴がある。

（4）教養主義

阿部において、「人格の成長と発展」を可能にするものは「教養」であった。『三太郎の日記』のなかで言われているように、人類が残した豊かな文化を通して普遍的なものに触れ、「個体的存在の極限を脱し」、「意志の内面的自由、意志の自律」を獲得することこそ、「教養」の意味するところであった。それは「人格の修養」をめざした明治期の「修養主義」に通じるところもあるが、しかし、固定した枠や型、また、それに基づいた修練ではなく、幅ひろい読書や見聞を通してどこまでも普遍的なものを追求し、何ものにもしばられない内面の自由を確保しようとした点に特徴をもつ。のちに教養主義と呼ばれるようになったこのような理想主義的・人格主義的な考え方は、とくに大学や旧制高等学校で学ぶ若い知識層に新しい思潮として受け入れられていった。たとえば、先ほど引用した「読書遍歴」のなかで三木清は、「教養の観念は主として漱石門下の人々でケーベル博士の影響を受けた人々によって形成されていった。阿部次郎氏の『三太郎の日記』はその代表的な先駆で私も寄宿寮の消灯後蝋燭の光で読み耽ったことがある」と記している。

ここでも言われているように、「教養」という観念が成立し、それが受け入れられていった背景にケーベルの存在があった。波多野精一（一八七七―一九五〇）もまた、ケーベルの学問、人格から大きな影響を受けた学生の一人であったが、ケーベルが亡くなったときに執筆した「追懐」と題した文章のなかで、ケーベルが学生を指導するにあたってつねに「教養」に重きを置いたこと、また自ら深く豊かな教養をそなえた人であったことを強調している。

ケーベルは来日してから多くの著作を残すことはなかったが、いくつかのエッセーなどが『ケーベル博士随筆集』にまとめられている。その中に「文科大学長に答ふる書」という文章が収められている。おそらく東京大学文科大学長から大学の改革についての意見を求められて、自らの考えを開陳したものと考えられる。そのなかでケーベルは、「人文主義的教養」（humanistische Bildung）こそが、学生を、自由で、独立した学術活動へと至らせるための唯一の手段であるし、日本がヨーロッパと肩を並べるようになるための唯一の手段であるという趣旨のことを述べている。(9) 哲学を教えるにあたっても、それをただ単にできあがった成果の形においてではなく、むしろその源泉から、あるいは広い文化的な伝統のなかに位置づけて理解することを、ケーベルは学生に求めた。そのような姿勢がケーベルのもとで学んだ学生たちに引き継がれていったのである。

この大正時代の教養主義は、昭和時代にも受けつがれていった。それをよく示すのは、河合栄治郎（一八九一―一九四四）により編集され、一九三六年から一九四一年まで計一二巻が刊行された『学生叢書』である。執筆者には、美濃部達吉（一八七三―一九四八）や阿部次郎、天野貞祐（一八八四―一九八〇）、谷川徹三（一八九五―一九八九）、羽仁五郎（一九〇一―一九八三）らが名を連ねている。その第一巻『学生と教養』の序文のなかで河合は、「主観彼れ自身はいかにあるべきか、此の問題が漸く青年の関心になりかけて来た。久しく忘れてゐた此の課題こそ、吾々人間の最も根本的な課題であり、そして客観の分析に当つても、客観の変革に際しても、必須の前提とならねばならない[10]」と記している。

教養主義に対しては、大正時代にもすでにさまざまな批判が加えられた。その非政治的な姿勢や、自己の内面の豊かさを誇る高踏性に対して批判の目が向けられた。戦後になってからであるが、一九四九年に発表した『現代史への試み』のなかで唐木順三は大正教養主義に対して次のような批判を加えている。「我々は果して古人の書物を繙くといふ方法によつて真の内面生活を確立しうるであらうか。換言すれば教養を豊富にすることによつて、或は教養につとめることによつて自己の中心を確立しうるであらうか。読書は享受と鑑賞であらう。書斎に於ける享受、文字を通しての静的な享受によつて果して我々の中心を確立しうるであらうか[11]」。

(5) 文化主義

教養を培い、自己を高めることを可能にするのは「文化」であり、また逆に、育まれた教養、成長した人格が生みだすものは「文化」である。したがって大正期に、一方で人格主義や教養主義が叫ばれ、他方で文化主義が語られたのは、決して不思議ではない。その思潮をリードしたものの一つは黎明会という組織であった。黎明会は、吉野作造（一八七八―一九三三）が一九一八年に経済学者の福田徳三（一八七四―一九三〇）や三宅雪嶺、左右田喜一郎（一八八一―一九二七）、朝永三十郎（一八七一―一九五一）、桑木厳翼らとともに結成した啓蒙団体である。「世界人文の発達に於ける日本独特の使命を発揮すること」や「世界の大勢に逆行する危険な頑迷思想を撲滅すること」などを理念として掲げた。参加者の多くが吉野の主張する民本主義を支持する学者たちであった。黎明会が一九一九年一月に開催した第一回講演会では、左右田喜一郎が「文化主義の論理」という題で、また同じ年に桑木厳翼が「文化主義」という題で講演を行った。「文化」が一つのキーワードであった。

左右田喜一郎は「文化主義の論理」のなかで、「人文史上の諸価値を純化し」ようとするとき、その極限に立ち、この努力の目標になりうるものこそ「文化価値」であるとしているが、そのもとに理解されていたのは、新カント学派で問題にされた真善美の理念であったと言えるであろう。左右田は、そのような「文化価値」の実現を企図する努力を「文化主義」と呼ぶとしている[12]。

一方桑木は、「文化」はドイツ語の Kultur にあたるものであり、物質的な面での進歩を意味する「文明」（civilization）と異なって、「精神的理想的の方面」での進歩を意味するとしている。そしてそれがめざすものを「人格」の概念をもちだして説明している。人の本性である人格をもっとも豊かに発達させること、つまり、学問や道徳の領域にかぎらず、「人格ある人としての総ての能力を自由に発展せしめること」が文化である。また「此文化を以て生活の中心とする思想が文化主義である[13]」としている。左右田もまた、文化本来の意義を「自由なる人格の自己発展、創造」に見ており、両者において、文化主義は同時に「人格主義」でもあったと言うことができる。

明治の中頃、井上哲次郎がヨーロッパで学んだとき、留学するものはごく少数に限られていたが、それから二〇年ほどのち、日露戦争から第一次世界大戦までの時期にはヨーロッパに留学する研究者の数はかなりにのぼった。哲学では波多野精一や左右田喜一郎、桑木厳翼、朝永三十郎らがドイツに、主にハイデルベルクに留学した。ハイデルベルクは、当時ドイツにおいてもっとも力をもっていた新カント学派、そのうちの西南学派の拠点であった。左右田や朝永はそこで学び、ヴィンデルバント（Wilhelm Windelband, 1848-1915）やリッケルト（Heinrich John Rickert, 1863-1936）などの哲学から大きな影響を受けた。

新カント学派のうち、ヘルマン・コーヘン（Hermann Cohen, 1842-1918）らのマールブルク学派がカントの批判主義を論理主義の方向に展開したのに対し、西南学派は価値哲学に基づく人文科学・社会科学の基礎づけという方向に向かった。その背景には、自然科学の著しい発展に伴って、科学的唯物論や実証主義が台頭し、哲学がその向かうべき方向を見失っていたということがある。そのような状況のなかで新カント学派は、実証的な科学の意義を認めるとともに、それを基礎づけること、つまりそれがいかにして可能であるかを明らかにすることを試みた。西南学派の特徴は、その認識批判の対象を自然科学に限定せず、人文科学・社会科学にまで広げていった点にある。

リッケルトは、ヴィンデルバントの自然科学と歴史科学との区別を踏まえながら、一方で自然科学の特徴を、価値から自由な対象の存在と生起に関わる普遍的な概念関係（法則）の発見という点に見いだすとともに、他方、文化科学の特徴を、意味ないし価値の担い手としての客体の特殊性と個性との記述という点に見いだしている。当時、ドイツにおいて文化哲学が大きな影響力をもったことは、一九一〇年にヴィンデルバント、リッケルト、オイケン（Rudolf Eucken, 1846-1926）、ジンメル（Georg Simmel, 1858-1918）らによって『ロゴス――文化哲学国際雑誌』（LOGOS. Internationale Zeitschrift für Philosophie der Kultur）が刊行されたり、一九一一年にジンメルの『文化の哲学』（Philosophische Kultur）が出版されたりしたことからも知られる。

左右田や桑木、朝永らがドイツに留学したのは、まさにこのような時期においてであった。ドイツの文化哲学の流れから大きな刺激を受けたことが、先に見た講演につながったと考えられる。彼らの活動により、文化哲学は一時期、わが国においても一つの大きな流れとなった。桑木の『文化主義と社会問題』（至善堂書店、一九二〇年）をはじめ、土田杏村《きょうそん》（一八九一―一九三四）の『文化主義原論』（内外出版、一九二一年）、野村隈畔《わいはん》（一八八四―一九二一）の『文化主義の研究』（大同館書店、一九二一年）などが、さらに一九二一年からは改造社の『文化哲学叢書』などが刊行された。西田幾多郎も一九一三年にヴィンデルバントやリッケルトの歴史科学（文化科学）について論じた「自然科学と歴史学」という論文を発表しているし、田辺元（一八八五―一九六二）もまた一九二二年に「文化の概念」という論文を発表している。

（6）カントおよび新カント学派の研究

この文化主義の流行は、カント哲学研究の発展とも深く結びついていた。船山信一も『大正哲学史研究』のなかで、「大正教養主義哲学の特色はまず批判主義の展開である」(14)としている。このカント研究の発展においても大きな役割を果たしたのは桑木厳翼や左右田喜一郎、朝永三十郎らであった。彼らが留学中にドイツにおけるカント研究の飛躍的な進展に触れ、また新カント学派の哲学者たちから大きな影響を受けたことがその背景にある。彼らが留学したのは、ちょうど一九〇四（明治三七）年にカント没後一〇〇年を迎え、また一九二〇（大正九）年にカント生誕二〇〇年を迎えて、ドイツでもカント研究が大きな盛り上がりを迎えていた時期であった。日本でも一九一八年から『カント著作集』の刊行が開始され、研究書の出版も相次いだ。たとえば桑木厳翼『カントと現代の哲学』（一九一七年）や朝永三十郎『カントの平和論』（一九二二年）、安倍能成『カントの実践哲学』（一九二四年）、田辺元『カントの目的論』（一九二四年）などにより、わが国のカント哲学研究は飛躍的な発展を遂げた。

ここでは、大正という時代の思想潮流との関わりで大きな意味をもったと考えられる朝永三十郎の『カントの平和論』に触れておきたい。この著作がもつ意義は、まず、カントが「共和政体」を国家の理念にもっともよく適合したものと考えたことを紹介し、平和の確保のためにはそれが前提であること、つまり、「永遠的平和を招来せんが為めには関係国家が共和政体であるといふことが重要な要件となる」[15]ということを強調した点にある。もう一つ重要な点は、カントが、永遠の平和を実現するための具体的な方策をそれぞれの国家の主権と自由を保証した平和連合（国際連合）に求めた点に、朝永が疑義を呈している点である。カントは一方で、すべての国がその主権と自由を放棄し、一つの国際国家（civitas gentium）を作り、それをたえず拡張して最終的に「世界共和国」（Weltrepublik）を形成する可能性に触れている。しかしカントは国際国家という概念が、そもそも国家という概念と矛盾することを指摘し、消極的代用物としての国際連合によって戦争を可能なかぎり防止すべきことを主張した。それに対して朝永は、国際国家ないし世界共和国を実現することこそが、「実行上の難易は別として理に於ては毫も不可はないのみならず永遠的平和を誘致する道としては最徹底した者である」[16]ということを主張したのである。

大正時代のこのカント哲学への注目は、新カント学派への関心と重なりあっていた。桑木のカント理解のなかには、留学先のベルリン大学で学んだリール（Alois Riehl, 1844-1924）の実在論的なカント理解や、ヴィンデルバントの文化哲学の影響が強く流れ込んでいる。また左右田喜一郎は一〇年にわたってドイツに留学したのち、『経済哲学の諸問題』（一九一七年）や『文化価値と極限概念』（一九二二年）などを著し、「経済哲学」の構築に力を注いだが、そこにはリッケルトの強い影響を見てとることができる。

それとともに注目されるのは、田辺元がきわめて早い時期から新カント学派の研究に取り組んでいる点である。そしてこの田辺の新カント学派についての研究――「認識論に於ける論理主義の限界――マールブルヒ派とフライブルヒ派の批評」（一九一四年）など――は西田幾多郎の思索にも大きな影響を与えた。この時期、西田と田辺は新カント学派の評価という問題をめぐって、相互に密接な関係のなかで、その思想形成を行っていった。(17)

（7）生の哲学・プラグマティズム

先に触れた田辺元の「文化の概念」のなかでも、文化あるいは文化主義の流行のなかに「生命の創造活動を重んずる傾向」が存在することが指摘されているが、大正時代は「生命」の語が氾濫した時代であった。たとえば明治の末から大正のはじめにかけて活躍した評論家でもあり、新劇運動の指導者でもあった島村抱月（一八七一―一九一八）は、イプセン（Henrik Ibsen, 1828-1906）の『人形の家』を翻訳しているが、その「解説」（一九一三年）で「芸術の奥から放射してゐるものは生命の光りであり、生命の熱である。芸術は生命の沸騰そのものである」と記している。社会運動家として知られる大杉栄（一八八五―一九二三）には「生の拡充」や「生の創造」などの論考があるが、前者には「生の拡充の中に生の至上の美を見る」という表現が見える。あるいは、先に名前を挙げた阿部次郎の『三太郎の日記』には、「生命を、創造を、統一を、強調するのは歓迎すべき思潮である」との記述がある（「一六、個性、芸術、自然」、大正二年）。このような状況に注目して、鈴木貞実は、「生命」が「この時代の思想・文化状況を観察する装置」になりうると考え、そのような観点から「大正生命主義」という言葉を用いている。(18)

哲学の領域で「生命」がもつ意味に注目した人として、まず挙げられるのは西田幾多郎である。次章で詳しく検討する『善の研究』（一九一一年）の第二編「実在」第八章「自然」で西田は、自然はただ単に外から観察される客観的な対象ではなく、主観と客観とが合一した意識の具体的事実であること、そしてそのような具体的な存在としての自然は統一力を具えており、この統一力が自然を「生命」たらしめていることを述べている。「生命」ということをめぐってさかんに議論された時期は、ベルクソンの哲学が紹介され、それが日本の思想界に大きな影響を与えた時期と重なる。その流行のきっかけを作ったのは、西田幾多郎であった。西田は『善の研究』を出版する前年、一九一〇年に京都大学に赴任したが（そのときすでに『善の研究』は書きあげられていた）、そこでベルクソンの哲学に触れ、すぐに「ベルグソンの哲学的方法論」（一九一〇年）と「ベルグソンの純粋持続」（一九一一年）という二つの論文を発表した。西田がなぜベルクソンの哲学に関心を寄せたのかは、「ベルグソンの哲学的方法論」の次の言葉から知ることができる。「氏〔ベルクソン〕の思想の傾向をいへば、これまで自然科学的研究法が全盛を極め、何でもすべての現象を因果律の鉄柵の中に押し込めなければ実在の説明ができないかの様に考へて来たのに反対し、我々の精神生活の奥底には自然法以上の創造的作用がある、我々に直接な実在界は却つて此意志活動の世界であつて知識的対象の世界ではない、自然科学の説明は実在の表面的説明にすぎないといふのである」（西田一・二五四）。

これは大正期になぜ人々の関心が「生命」に向けられたのかを考える上でも参考になる文章である。自然を単なる機械論の立場で説明するのではなく、その底に「自然法以上の創造的作用」を見いだそうとする意図がそこにあったと考えられる。同時にまた、「直接な実在界」は単なる知識の対象の世界ではなく、創造的な意志活動の世界であるという説明は、西田の「純粋経験」の理解にも当てはまるのであり、西田が自らの思想に共通するものをベルクソンのなかに見ていたことが、ここから明瞭に見てとれる。

西田のこの二つの論文による紹介を承けて、明治の末から大正の初めにかけてベルクソン哲学が大きな流行を見せた。野村隈畔の『ベルグソンと現代思潮』（一九一四年）や中沢臨川の『ベルグソン』（一九一四年）など、そして訳書としては、「形而上学入門」を訳した『ベルグソンの哲学』（錦田義富訳、一九一三年）、『創造的進化』

（金子馬治・桂井当之助訳、一九一三年）、『物質と記憶』（高橋里美訳、一九一四年）などが相次いで出版された。文字どおり、ベルクソン哲学が「我国の思想界を風靡した」（西田幾多郎の表現）のである。九鬼周造（一八八八―一九四一）は一九二一年から一九二九年まで八年にわたってヨーロッパに留学したが、パリ滞在中に『ヌーヴェル・リテレール（Les Nouvelles Littéraires）』のベルクソン特集号に Bergson au Japon（日本におけるベルクソン）という文章を発表している。そこで「我々のもとで彼［ベルクソン］の果した役割は、主として形而上学への意欲を駆り立てたことであった。ドイツ新カント派の批判的形式主義によってあまりにも干からびさせられた我々の精神は、ベルクソンの形而上学的直観という「天恵の慈雨」を迎え入れたのであった」（九鬼一・四三七）[19]と記している。当時、新カント学派の哲学が圧倒的な影響力をもっていたのに対し、それに対抗して形而上学を志向する人々もまた存在したことをこのベルクソン哲学の流行は示している。

ベルクソンをはじめ、西田がその思想的意義を認め、日本に紹介した思想家は数多いが、ディルタイもまたその一人である。西田がはじめてディルタイの思想に言及したのは、一九一三（大正二）年に『哲学雑誌』に発表した論文「自然科学と歴史学」においてであるが、それ以前には、ディルタイの哲学に立ち入って論じたものはほとんどなかったと言ってよい。この論文において、西田は、基本的にリッケルトの所説に則りながら、そして「一般化的見方」、「個性化的見方」というリッケルトの用語を用いて、自然科学および歴史学の方法を区別している。西田もやはり、歴史的な事象の「個性」を顕にすることが歴史学の課題であるという考えをそこで述べている。そして人間の精神活動を学問的対象とするときに、心理学のようにそれを「一般化的見方」によって捉えようとする立場と、人間の精神活動を「生きた個性の発展」として捉える立場とが区別されることを述べ、ディルタイの「体験」（Erlebnis）という概念が、まさに人間の精神活動をそのような「個性の発展」として捉えようとするものであることを主張している。そしてディルタイがわれわれの精神活動のなかに見いだされる「衝動的な力」に注目し、われわれの「体験」を生成し、発展し、消滅する「生きた出来事」として捉えようとしている点に、その独自性を認めている。

ニーチェの思想は明治の中頃、一八九〇年代にはすでに紹介され、高山樗牛の「美的生活を論ず」（一九〇一年）をきっかけに起こったいわゆる美的生活論争の中でも触れられたが、本格的な研究は和辻哲郎の『ニイチェ研究』（一九一三年）を嚆矢とする。ここで和辻は、日本における初期のニーチェ受容の特徴について、「彼［ニーチェ］は浮薄な主我主義者、野卑な本能論者として、あらゆる嘲罵を浴びせられた」と記しているが、それに対して和辻は、ニーチェによる意志の肯定は単なる主我主義を主張したものではなく、そこには意志否定が含まれていること、「ニイチェの権力意志の如き超個人的肯定は実は一層高い人生を可能ならしめる意志否定」（和辻一・八）であることを強調している。このような観点から『力への意志』を中心にして、ニーチェを「峻烈な自律道徳」を説いた思想家として描き出すことを和辻はここで試みている。

プラグマティズムも明治の末には広く知られるようになっていた。デューイ（John Dewey, 1859-1952）やジェームズ（William James, 1842-1910）の心理学は明治の中頃にすでに、アメリカ留学から帰国し、東京大学で心理学を講義した元良勇次郎（一八五八―一九一二）によって紹介されていた。プラグマティズムを紹介したものとしては、紀平正美の「アレキサンダー氏の真理及其特徴」、「学問の分業と哲学の任務」（ともに一九〇五年）がもっとも早い時期に属する[20]。

その翌年に発表された桑木厳翼の「プラグマティズムに就て」（一九〇六年）によってプラグマティズムの本格的な紹介が始まった。ここで桑木はパース（Charles Sanders Peirce, 1839-1914）やシラー（F. C. S. Schiller, 1864-1937）の学説を詳しく紹介したあと、プラグマティズムの核心は、真理の基準を「有用」ないし「効果」という点に置き、それを社会的に説明した点にあるとしている。しかし他方、行こそが知の基礎であり、根本であるというプラグマティズムの主張に対して、桑木は、そこでは行の根拠となる知に関する考察が軽視されており、したがって「純粋の哲学説」としては不完全であるという批判を行っている[21]。

そのようなプラグマティズムに対する評価は明治の終わりから大正にかけて広く見られたが、それに対してそれをより積極的に評価したのは、シカゴ大学でデューイのもとで学んだ田中喜一（王堂）（一八六八―一九三二）であった。王堂はプラグマティズムを紹介するだけでなく、それを踏まえて、『書斎から街頭に』（一九一一年）や『徹底個人主義』（一九一八年）、『創造と享楽』（一九二一年）などにおいて独自の思想を展開した。

一九一九（大正八）年にデューイが来日したこともプラグマティズムの普及に与った。東京大学で行われた講演「現在の哲学の位置――哲学改造の諸問題」は、のちに『哲学の改造』（一九二一年）として岩波書店より刊行された。

（8）大正デモクラシー

先に大正期を象徴するものとして三木清の「反政治的乃至非政治的傾向」という言葉を紹介したが、当時の人びとに、政治への関心がなかったわけではない。むしろ大正期は、新聞や雑誌などメディアの発達を通して一般大衆が多くの情報を手にするようになり、政治や社会の情勢により大きな関心を示すようになった時期でもある。また第一次世界大戦の末期頃から生じた世界的な民主主義運動の高まりを背景として、デモクラシーの波が時代全体をおおった。

船山信一は『大正哲学史研究』のなかで、「政治的な大正デモクラシーと文化的な大正ヒューマニズム・教養主義は並行現象ではあったが、しかし両者の間には交渉はなかったのではなかろうか[22]」としているが、はたしてそう結論づけることができるかどうかは、詳しい検討が必要であろう。先に述べたように、文化主義の思潮の高まりをリードしたものの一つは、吉野作造や左右田喜一郎らによって結成された黎明会であった。それに典型的に見られるように、大正期の文化主義・ヒューマニズムは大正デモクラシーとその根底において結びついていたと言うこともできる(23)。

大正デモクラシーが何であるかを定義することは容易ではないが、たとえば、「帝国主義段階における明治憲法体制に対する、人民の民主化運動(24)」といった定義を考えることができる。明治憲法体制に対して、民主主義（デモクラシー）の実現を迫った運動ということになるが、そのように捉えたとき、すぐに浮かびあがってくるのは、その「民主」をどう理解するか、言いかえれば、国家の主権は誰にあるのか、という問題である。その問題に対して一つの明確な答えを示したのが吉野作造の「民本主義」であった。

吉野の「民本主義」についての理解は、一九一六年に『中央公論』に発表した「憲政の本義を説いて其有終の美を済《な》すの道を論ず」によく示されている。そこで吉野は、民主主義は、その言葉からすれば、本来「国家の主権は人民にあり」という理論上の主張を意味するが、しかしその理解は、天皇を国権の総攬者とする日本の憲法にはなじまない。したがって、それは「国家の主権の活動の基本的目標は政治上人民に在るべし(25)」という意味で理解されなければならないが、その意味でのデモクラシーを吉野は「民本主義」と呼んだのである。主権が誰にあるかという問題を回避して、「国家の主権の活動の基本的目標は政治上人民にあるべし」ということを明確にするために吉野はこの「民本主義」を主張したのである。政治の目的はどこまでも「一般民衆の利福」にあるというのが吉野の考えであった。あわせて吉野は、政権運用の方針の決定、即ち政策の決定は「一般民衆の意向による」ということを主張している(26)。

それを実現するために、吉野は具体的には普通選挙の実現と政党内閣制の採用を要求した。また対外的には、ほとんどの人が沈黙するなか、敢然と日本の朝鮮や中国への侵略政策を批判した。「憲政の本義を説いて其有終の美を済すの道を論ず」を発表したあと、吉野はすぐに『中央公論』に「対支外交根本策の決定に関する日本政客の昏迷」と「満韓を視察して」を発表し、日本の同化政策に疑問を呈し、圧迫される朝鮮・中国の民衆のナショナリズムに理解を示した。松尾尊兊《たかよし》は「吉野の民本主義論はこの三つの論文によって確立されたといってよい」としている。(27)

(9) マルクス主義

一九一〇年の大逆事件以降、社会主義思想はいったん勢いを失ったが、一九一七年のロシア革命、そして一九二二年のソヴィエト連邦の成立などを背景に、また河上肇が一九一六年に『貧乏物語』を当初『大阪朝日新聞』に連載、翌年、単行本として出版し、それがベスト・セラーになったことや、その後河上がマルクス主義に接近して個人雑誌『社会問題研究』(弘文堂書房、一九一九―一九三〇年)を刊行し、その研究と普及に努めたことなどもあり、社会主義の思想はふたたび多くの人の関心を集めた。(28) 長谷川如是閑や大山郁夫らの『我等』、堺利彦、山川均らの『社会主義研究』なども、この河上の雑誌と同じ時期に創刊された。

河上は経済思想史やマルクス主義に関する研究の成果を『近世経済思想史論』(一九二〇年)や『唯物史観研究』(一九二三年)、『資本主義経済学の史的発展』(一九二三年)などを通して矢継ぎばやに発表していったが、それは同時に多くの批判を受けた。代表的なものとして、河上のもとで学んだ櫛田民蔵(一八八五―一九三四)の批判がある。櫛田は「マルクス学に於ける唯物史観の地位」や「社会主義は闇に面するか光に面するか――河上博士著『資本主義経済学の史的発展』に関する一感想」(『櫛田民蔵全集』第一巻所収)などの論考のなかで、河上において確かに唯物史観が問題にされているが、基本的に人道主義の立場に立って理解されており、その基礎に弁証法的唯物論があることが理解されていないという批判を行った。

また、共産主義運動の理論家として一世を風靡した福本和夫（一八九四―一九八三）も河上に対して厳しい批判を浴びせた。『経済学批判の方法論』（一九二六年）や『唯物史観と中間派史観』（一九二六年）のなかで福本は、唯物史観についての河上の理解が浅薄な公式主義的な理解にとどまっている点や、河上においては唯物史観から弁証法的唯物論が排除され、ただ経済史観としてのみ把握されている点などを批判した。[29]

河上はこれらの批判を受けて、マルクス主義の哲学的な基礎に関する理解がまったく不十分であったことを意識するようになり、[30]改めてマルクスの『資本論』に取り組むとともに、弁証法的唯物論を理解するために京都学派の哲学者との関わりを深めていった。まず、西田に依頼して、西田の弟子の木村素衞《もともり》（一八九五―一九四六）をチューターに、法学部・経済学部の教員らとヘーゲルの『論理学』を読むことを始めた。またそれとは別に、マルクスの哲学を根本的に研究する会をも主催し、これに三木清を誘っている。主要なメンバーの一人であった石川興二（一八九二―一九七六）は、福本の批判を受け、「マルクスの唯物史観を……根本的に研究する」ために、マルクスの Zur Kritik der politischen Ökonomie（経済学批判）が読まれたこと、また、それにちなんでこの会を「経済学批判会」とすることを三木が提案し、そのように決まったことを報告している。[31]

(10) 日本の哲学（思想）の中国への影響

日本でふたたび社会主義が人々の注目を集めるようになったとき、そのなかには、日本に留学していた中国の知識人たちもいた。

日本の哲学や思想が中国の思想家に与えた影響については、中国社会科学院の教授であった卞崇道《べんすうどう》（一九四二―二〇一二）の「中国の哲学と日本の哲学との対話」や「東アジアにおける近代日本哲学の意義――明治哲学を中心として」などの研究がある。そこで福沢諭吉や幸徳秋水、河上肇らの思想が中国の近代化の過程できわめて大きな役割を果たしたことが論じられている。卞によれば、明治・大正期の日本の哲学がもった意義の一つは、中国や朝鮮などの東アジア諸国が日本の哲学を通じて西洋の文化や哲学を学んだという点、そしてそれが東アジア諸国にとってきわめて大きな意味をもったという点にある。

一九世紀中葉以降、東アジア諸国は、西洋列強の脅威に直面し、その危機を乗りこえるために西洋の学術を学ぶ必要性を意識するようになったが、それを実現する一つの手段が、先んじて近代化の道を歩み始めていた日本を通して西洋を学ぶということであった。清の時代にも一八九六年以降、そして中華民国が樹立されて以後も、一九三〇年代後半にいたるまで日本に留学生がくり返し送られた。それらの留学生によって多くの本が中国語に翻訳されている。卞の調べによると、一八九六年から一九一一年までのあいだに九五八点の日本語の著作が翻訳されたとのことである。そのなかには、モンテスキューの『法の精神』やルソーの『民約論』、スペンサーの『代議政体論』、スマイルズの『自助論』など、明治の思想界にきわめて大きな役割を果たした西洋の文献がある。

しかしそれは、単に西洋の思想が――手軽であったために――日本を経由して導入されたということだけではなかった。それは同時に、日本が西洋の文化や思想をどのようにして消化し、応用していったかということ、つまり日本の西洋受容の経験を学ぶという意味をももっていた。そういう観点で注目されるのは、福沢諭吉の本が数多く翻訳されている点である。清末期一八九八年に――それはちょうど欧米列強が中国の租借をさかんに要求していた時期に当たる――知識人が中心になって、日本の明治維新をまねて、政変（戊戌《ぼじゅつ》の政変）を起こすが、その思想的な支えとなったのが、福沢の啓蒙思想であった。この政変自体は失敗に終わったが、その後も梁啓超（一八七三―一九二九）らが福沢の思想を中国に紹介した。それとともに福沢の教育思想、そして慶應義塾における実践が中国に与えた影響も大きかったと言われている。

また卞によれば、福沢とともに――あるいは福沢以上に――、中国に大きな影響を与えたのは、河上肇であった。日本に留学した中国知識人の多くは、河上肇の著作を通して革命への道を歩み、そして彼らが訳した河上肇の著作を通して多くの中国人が社会主義思想に触れることになった。たとえば早稲田大学で学び、のちに中国共産党の創始者の一人となった李大釗《りたいしょう》（一八八九―一九二七）は河上の著作のなかで紹介されていたマルクスの『経済学批判』の序やマルクス・エンゲルスの『共産党宣言』を中国語に翻訳し、マルクス主義の紹介に大きな役割を果たした。周恩来（一八九八―一九七六）は河上の『社会問題研究』から大きな影響を受け、河上のもとで学ぼうとしたが、一九一九年に起こった五四運動に参加するため、果たせずに帰国した。郭沫若《かくまつじゃく》（一八九二―一九七八）は、日本の初期のマルクス経済学説の頂点と評価した河上の浩瀚な『社会組織と社会革命』を中国語に翻訳した。(32) これらの文献がその後の中国の政治の行方に大きな影響を与えたのである。

また、同じく中国社会科学院の魯旭東《ろきょくとう》（一九五八―）は「翻訳から見た二十世紀中日文化交流」と題した論文のなかで、翻訳という観点から日中の文化交流に光を当てている。そのなかで魯は、日本の学術書の翻訳が、その内容においてだけでなく、中国語の表現や思惟のあり方にも大きな影響を与えたことを論じており、(33) たいへん興味深い指摘となっている。

注

（1）三木清の著作に関しては、『三木清全集』全二〇巻（岩波書店、一九六六―一九八六年）から引用した。引用文のあとに「三木」と記し、巻数と頁数とを記した。

（2）船山信一『大正哲学史研究』（法律文化社、一九六五年）四〇頁。

（3）中島力造『教育的倫理学講義』（弘道館、一九一二年）一四二頁。

（4）井上哲次郎『中学修身教科書』全五巻（金港堂書籍、一九〇二年）第五巻五六―五八頁。
（5）井上哲次郎「中島力造博士を追憶す」（『丁酉倫理会講演集』第四三六号（大日本図書、一九〇三年）、八一頁。
（6）阿部次郎『人格主義』（岩波書店、一九二二年）五六頁。
（7）同書、九頁。
（8）同書、一五七頁。
（9）久保勉訳編『ケーベル博士随筆集』（第二六刷、岩波書店、一九六三年）一九四頁参照。
（10）河合栄治郎編『学生と教養』（日本評論社、一九三六年）二頁。
（11）唐木順三『現代史への試み』（新版、筑摩書房、一九六三年）四六―四七頁。
（12）左右田喜一郎「文化主義の論理」、『左右田喜一郎全集』第四巻（岩波書店、一九三〇年）九頁。
（13）桑木厳翼『文化主義と社会問題』（至善堂書店、一九二〇年）一七八―一七九頁。
（14）船山信一『大正哲学史研究』、四頁。
（15）朝永三十郎『カントの平和論』（改造社、一九二二年）五九頁。
（16）同書六九頁。
（17）この点に関して、詳しくは拙稿「西田哲学と田辺哲学――創造的対話の一つの形」（『思想』一〇九九号、二〇一五年）九頁以下を参照されたい。
（18）鈴木貞美「「大正生命主義」とは何か」、鈴木貞美編『大正生命主義と現代』（河出書房新社、一九九五年）三頁。
（19）九鬼周造の著作に関しては、『九鬼周造全集』全一一巻および別巻（岩波書店 、一九八〇―一九八二年）から引用した。引用文のあとに「九鬼」と記し、巻数と頁数とを記した。Bergson au Japon からの引用については、坂本賢三の訳による。
（20）浮田雄一「近代日本哲学とプラグマティズム」、『日本デューイ学会紀要』第二五号（一九八四年）九七頁を参照。
（21）桑木厳翼『性格と哲学』（日高有倫堂、一九〇六年）一五六頁。
（22）船山信一『大正哲学史研究』三九頁。
（23）小山仁示も「大正デモクラシーの統合と分極」のなかで、大正時代の教養主義を「大正リベラリズムの表現形態の一つ」とみなし、大正デモクラシーに共通するものを見ている。古田光・作田啓一・生松敬三編『近代日本社会思想史』Ⅱ（有斐閣、一九七一年）一三頁以下。
(24) 松尾尊兊『大正デモクラシーの群像』（岩波書店、一九九〇年）二頁。
(25)『近代日本思想大系』第一七巻『吉野作造集』（筑摩書房、一九七六年）六九頁。
(26) 同書七七頁参照。
(27) 同書の松尾尊兊による「解説」四六八頁を参照。
(28) 岩波文庫版の『貧乏物語』（一九四七年）に付された「解題」のなかで、大内兵衛は、この書が、吉野作造の「憲政の本義を説いて其有終の美を済すの道を論ず」とともに、「日本における世界史的な問題の提起」であったこと、そのことを通して「社会思想七花八裂の盛観が日本に出現した」ことを記している（同書一七七頁）。
(29) 福本和夫『唯物史観と中間派史観』（希望閣、一九二六年）一七七頁参照。
(30) 河上はのちに著した『自叙伝』のなかで、この櫛田・福本の批判を受けて「奮発し」、「経済学から哲学への新たなる旅」に出たことを記している。河上肇『自叙伝』（全三巻）上（岩波書店、一九八九年）二一四頁以下。
(31) 石川興二「西田哲学と経済学」、『西田幾多郎全集』（一九六五―一九六六年）「月報」、下村寅太郎編『西田幾多郎――同時代の記録』（岩波書店、一九七一年）一三二頁。
(32) 卞崇道「中国の哲学と日本の哲学との対話」、藤田正勝編『シリーズ・近代日本の知』第1巻『知の座標軸』（晃洋書房、二〇〇〇年）二五五頁以下参照。卞崇道の「東アジアにおける近代日本哲学の意義――明治哲学を中心として」は、藤田正勝・卞崇道・高坂史朗編『東アジアと哲学』（ナカニシヤ書店、二〇〇三年）に収められている。
(33) 魯旭東「翻訳から見た二十世紀中日文化交流」（秋岡英行訳）、藤田・卞・高坂編『東アジアと哲学』三七九―三八〇頁。

2　昭和前期の思想状況

（1）一九二〇年代のヨーロッパ

昭和前期の日本の哲学は、前章でも触れた西田幾多郎や田辺元の哲学だけでなく、彼らの同僚や弟子たちなどにより、きわめて多様な展開を見せ、そこから豊かな成果が生みだされていった。それには、もちろん西田・田辺から受けた刺激も大きく与っているが（そのことがいわゆる京都学派の形成につながった）、彼らが一九二〇年代にヨーロッパに留学し、そこで多くのことを学んだことも、その大きな原因となった。

先に明治の末に波多野や桑木、左右田らがドイツに留学したことを記したが、大正の後半から昭和の初めにかけて、多くの研究者がドイツ、フランスに留学する機会をもった。山内得立《とくりゅう》や九鬼周造、田辺元、阿部次郎、三木清、天野貞祐《ていゆう》、阿倍能成《よししげ》、高橋里美、務台《むたい》理作、和辻哲郎など、枚挙に暇がない。彼らは帰国後、ヨーロッパで吸収したものの上に独自の思想を作りあげていった。昭和前期の日本の哲学は、彼らの活動によって支えられたと言っても過言ではない。

彼らが留学した一九二〇年代は、ヨーロッパの哲学がもっとも輝かしい光を放った時期であった。そのときヨーロッパ、とくにドイツは第一次世界大戦後の大きな混乱のなかにあった。いわゆる「戦後不安」という言葉でその特徴を言い表すことができるが、しかし同時に、文化のさまざまな領域において、伝統的なものを打ち破る新しい実験が大胆に試みられた時代でもあった。表現主義やダダイズム、新即物主義など、多様な試みが、絵画や文学、演劇、音楽、映画、デザイン、写真などさまざまな分野で行われた。のちに「黄金の二〇年代」と呼ばれることになった文化が花ひらいた時期であったのである。

文化全体に見いだされるこのような活力は、この時代の思想のなかにも息づいている。二〇世紀の哲学の大きな潮流はほとんどこの時期に成立したか、あるいは大きな発展を遂げたと言ってよい。田辺元はこの変化を「学の哲学」から「生の哲学」へ、と表現したが、それまでにない新たな視点から、実在とは何か、人間とは何かということが問い直されていった。つまり、存在や人間を意識・知・理性・論理（同一性）の側からのみ捉えるのではなく、むしろそこからあふれでるもの、それらによって覆い隠されるもの、背後にありながら、逆に表面に出ているものを支えているもの、そういったものにまなざしが向けられたのである。無意識、環境・場所、感情・欲望・身体、シンボル（差異をもった現実）といったものが視野のなかに取り込まれていった。

先に名前を挙げた人々は、このきわめて実り豊かな時期に留学する機会を得たのである。彼らの帰国後の活動は、この一九二〇年代のきわめて創造的な哲学の営みに直接触れたことから得た刺激によって支えられた。それなしには、おそらく彼らの独自な思想もまた生み出されなかったと考えられる。

(2) 新カント学派

新カント学派がもっとも力をもったのは、一九〇〇年をはさんで、その前後、それぞれ一〇年あまりの時期であった。一九二〇年代に入ると急速にその力を失っていったが、しかしなおその最後の光芒が輝きを見せた。日本からの留学生の多くがその留学先に選んだのも、リッケルトがいたハイデルベルク大学であった。リッケルトは一九一五年にフライブルク大学からハイデルベルク大学に移り、一九三二年まで哲学講座の教授を務めたが、その間に、九鬼周造や三木清、高橋里美（一八八六―一九六四）、務台理作（一八九〇―一九七四）などがそのもとで学んだ(1)。

九鬼周造は一九二一年から一九二九年までヨーロッパに滞在しているが、彼がまず向かったのもハイデルベルクであった。リッケルトの弟子の一人であるグロックナー（Hermann Glockner, 1896-1979）は、のちに、彼のハイデルベルク時代を回想した『ハイデルベルク・ビルダーブッフ（絵本）』という著作のなかで、九鬼がリッケルトのもとを訪れ、『純粋理性批判』の個人教授を依頼したこと、そしてリッケルトがそれを喜んで引き受けたことを記している。[2]

三木清は一九二二年からハイデルベルク大学に留学したが、「読書遍歴」のなかでその折りの思い出を書きとめている。リッケルトについては、「私は教授の著書は既に全部読んでゐたので、その講義からはあまり新しいものは得られなかつたが、この老教授の風貌に接することは哲学といふものの伝統に接することのやうに思はれて楽しかつた」（三木一・四一四）と記している。

いまも述べたように、田辺元はドイツ留学中に、哲学の流れが「学の哲学」から「生の哲学」へと移りつつあったことを目の当たりにし、そこから大きな影響を受けた。帰国後、最初に出版した『カントの目的論』（一九二四年）も、当時のドイツにみなぎっていた「世界観的哲学」の要求に沿う形で、カントの目的論を、カントの立場にとどまらず、ドイツ観念論に通じる方向へと解釈しようと試みたものであったが、しかし、「従来私の専ら拠り所として来たコーヘンの論理をもつて、カントの目的論を論理化しようとする」（田辺三・九[3]）にとどまったことを、田辺は一九四八年の「再刊序文」で述べている。帰国後もマールブルク派のカント解釈が田辺のよりどころでありつづけていたことがここからも知られる。

同じ頃、田辺は「ラスクの論理」（一九二五年）を発表し、リッケルトの弟子で将来が嘱望されながら早世したラスク（Emil Lask, 1875-1915）の『哲学の論理学並びに範疇論』（Die Logik der Philosophie und die Kategorienlehre, 1911）と『判断論』（Lehre vom Urteil, 1912）とを取りあげ、論理的客観主義の立場から判断対象の超対立性を主張したラスクの正当性を認めるとともに、その客観主義への偏りを批判し、あくまで認識批判の立場に立って主観の優先を主張したリッケルトの立場との総合の必要性を論じている。それを承けるような形で西田幾多郎も論文「場所」においてラスクの「対立なき対象」（判断の形式によって変形ないし破壊される以前の対象そのもの）の概念に言及するとともに、それに対して「かゝる対象も何かに於てあらねばならぬ」というように、自らの「場所」の立場からそれを位置づけ直すことを試みている。

『判断論』は一九二九年に、また『哲学の論理学並びに範疇論』は一九三〇年に久保（土井）虎賀寿《とらかず》の訳により出版されている。ラスクが日本で広く知られたのは、その弟子のヘリゲルが一九二四年から一九二九年まで日本に滞在し、東北大学で教鞭を執ったことも与っている。

（3）現象学

先に述べたように、一九二〇年代にヨーロッパに留学した人たちの多くが、リッケルトがいたハイデルベルクをめざしたが、しかし彼らもまたすぐに、新カント学派がもはや時代の潮流をリードする力をもたないことを感じ取ったように思われる。九鬼はパリのベルクソンのもとに（そのあとフライブルクに）、高橋里美や務台理作はフライブルクのフッサールのもとに（田辺もベルリンからフライブルクに）、三木はマールブルクのハイデガーのもとに移っている。多くの留学生を惹きつけたのは、大きな潮流となりつつあった現象学であった。

フッサールの現象学は、一九〇一年から一九一六年までのゲッティンゲン大学時代にすでに確立され、『哲学および現象学研究年報』第一巻に発表された『純粋現象学と現象学的哲学のための諸構想』Ｉ（一九一三年）などを通して広く知られるに至っていたが、一九一六年から一九二八年までのフライブルク大学時代に、フッサールは現象学の精緻化を図るとともに、フライブルク現象学会を発足させるなど、現象学運動のいっそうの発展に力を尽くした。退職後もまた精力的に活動を続け、『デカルト的省察』（一九三一年）や『ヨーロッパ諸学の危機と超越論的現象学』（一九三七年）などを世に問うている。ちょうど第一次世界大戦と第二次世界大戦のあいだの時期に、現象学は哲学の歴史のなかで確実な位置を占めるようになった。

日本において最初にフッサールの哲学に注目したのは、おそらく京都大学に赴任した直後の西田幾多郎であった。『善の研究』出版の年（一九一一年）に発表された「認識論に於ける純論理派の主張に就て」のなかですでに西田は、新カント学派、とりわけリッケルトなど西南学派に属する人々とフッサールとを「純論理派」として一括し、彼らによる「心理主義」に対する批判について論じている。この批判は、『善の研究』執筆直後の西田に、他人事としてではなく、『善の研究』の心理主義的な性格への反省を迫るものとして重く受けとめられた。この批判に触れたことが、『善の研究』以後の西田の思索の発展につながったと言っても過言ではない。

一九一七（大正六）年に刊行した『現代に於ける理想主義の哲学』においても西田は、のちに自らの「場所」の論理を説明するためにしばしば用いることになるノエマ・ノエシスの概念に言及しながら、フッサールが『純粋現象学と現象学的哲学のための諸構想』のなかで説いた現象学の本質について解説を加えている。この『現代に於ける理想主義の哲学』の編集には、西田の初期の弟子であった山内（中川）得立（一八九〇―一九八二）が深く関わっていたが、おそらくその過程で山内はフッサールの現象学への関心をかき立てられたのであろう。一九二〇年から二三年にかけてのヨーロッパ留学に際して、主にフライブルクのフッサールのもとで学んでいる。山内と慶應義塾予科教授であった伊藤吉之助（一八八五―一九六一）とが、おそらくフッサールのもとで学んだ最初の日本人であった(4)。それに続いてフッサールのもとを訪れたのが、前章で触れた田辺元である。その後、一九二六年には田辺の紹介により、高橋里美、務台理作がフライブルクを訪れ、フッサールの講義を聴くとともに、自宅で直接フッサールから現象学について教えを受けている(5)。高橋は帰国後すぐに「フッセルの現象学――特にその現象学的還元」（一九二九年）を発表し、一九三一年には『フッセルの現象学』を出版している。一九二九年には山内得立『現象学叙説』、佐藤慶二（一九〇四―一九九八）の『現象学概論』も刊行されており、二〇年代末から三〇年代初めにかけての時期に、わが国における現象学研究の礎が置かれたと言ってもよい。

フッサールの現象学を紹介するだけでなく、その方法を独自の仕方で生かしたものとして注目されるのは九鬼周造の『「いき」の構造』である。九鬼は一度、ハイデルベルクからベルクソンを慕ってパリに移ったが、一九二七（昭和二）年の夏学期にふたたびドイツに戻って、フッサール、オスカー・ベッカーから現象学を学んだ。『「いき」の構造』にはハイデガー哲学の影響も強く見られ、その方法論に揺れが見いだされる。しかしパリで書き始められた草稿が「「いき」の本質」と題されていたことからも知られるように、フッサールの現象学から得た影響も大きかった。(6)

(4) ハイデガーの哲学

田辺元は一九二二―二三年の夏学期にハイデガーの講義「存在論（事実性の解釈学）」〔Ontologie (Hermeneutik der Faktizität)〕を聴講した。帰国後、この講義を踏まえて田辺がまとめた論考「現象学に於ける新しき転向――ハイデッガーの生の現象学」は、わが国においてはじめて――生成の途上にあった――ハイデガーの哲学を学術的に紹介した論文であった。そこで田辺はハイデガーの解釈学的現象学を、「生の哲学」が要求する十全な具体性を獲得するにいたっていなかったフッサールの現象学を乗り越えようとする試みとして位置づけている。つまり、ハイデガーの解釈学的現象学は、「生ける具体的なる意識、換言すれば現実存在 Dasein そのもの」の「自己理解、自己解釈」として特徴づけることができるというのが、田辺の理解であった。

その後田辺は、弁証法の研究や「種の論理」の構築に関心を移していくが、その過程でもくり返しハイデガーの哲学に言及し、それとの批判的な対決を行っている。たとえば「種の論理の意味を明にす」でも田辺は、ハイデガーの哲学を「真の存在に達せざる可能存在の解釈」にとどまるものとして退け、その「自覚存在論」に、主体と基体（種）との否定的相互媒介の論理である「社会存在論」を対置している。さらに、これは最晩年のことになるが、田辺は「生の存在学か死の弁証法か」（一九五八年擱筆）などの論文を通して「死の哲学」を構想し、そこでハイデガーの「有」の存在論、ないし「生」の存在論との根本的な対決を行っている。田辺にとってハイデガーは、その生涯を通して、西田幾多郎とともに、思想上のライバルであったと言ってもよい。

田辺とともに、三木清もハイデガーの哲学に早い時期から注目し、それに強い影響を受けた哲学者の一人である。一九二三年の冬学期にハイデガーはフライブルクからマールブルクに助教授として赴任したが、それにあわせて三木はハイデルベルクからマールブルクに移り、ハイデガーの講義を聴く機会をもった。帰国後、一九二七年の一月に三木は「解釈学的現象学の基礎概念」を発表し、翌月公刊されることになる『存在と時間』におけるハイデガーの基本的立場を紹介している。先の田辺の論文と三木のこの論文とによってハイデガーの新しい試みが日本に『存在と時間』出版以前に紹介されたのである。

三木が帰国後、最初に出版したのは『パスカルに於ける人間の研究』（一九二六年）であったが、その成立にもハイデガーから得たものが大きな役割を果したことを、三木は「読書遍歴」のなかで、「『パンセ』について考へてゐるうちに、ハイデッゲル教授から習つた学問が活きてくるやうに感じた」（三木一・四二九）というように書き記している。たとえばそこで三木は、中間者である人間がその中間的存在という性格に即して感じる恐怖や戦慄、感歎を単なる心理学的な感情としてではなく、人間の存在論的な原本的規定として、あるいは人間存在の「状態性」として捉えているが、ハイデガーの現存在分析を踏まえてパスカルが解釈されていることがそこからもはっきりと見てとることができる。

ハイデガーと日本の哲学者との関わりを考える上で、一つの重要な問題と考えられるのは、ナチスに接近したハイデガーを彼らがどのように評価したのかという問題である。ヒトラーが政権の座に着いた一九三三年にハイデガーはフライブルク大学の総長に就任し、「ドイツの大学の自己主張」というテーマで就任演説を行ったが、それに対して田辺元や三木清がすぐに論評を加えている。ただ、その論調は必ずしも同じではなく、田辺の「危機の哲学か哲学の危機か」は、一方で国家への奉仕ということを語りながら、他方で――国家の問題に積極的な関心をもたない――アリストテレスの学問観に立ち返ることを主張するハイデガーの矛盾を指摘するものであった。それに対して三木は、その年の一一月に「ハイデッガーと哲学の運命」と題した論文を発表し、民族の「地と血」ということを語るハイデガーの思想を、ニーチェの「運命の愛」(amor fati)の思想に、言いかえれば、「パトス的なものの、従ってまたディオニソス的なものの情熱的な肯定」に通じるものとして捉え、そのように「パトス的なもの」に没したハイデガーに対して、「ロゴスの力を、理性の権利を回復せよ」というように要求している（三木一〇・三二〇）。

九鬼周造は一九二七年の夏学期にパリからドイツに戻り、フライブルクのフッサールのもとで学んだが、その冬学期にはマールブルクに移って、ハイデガーの講義を聞いている。このことは、九鬼が一歳年下のこの若い哲学者に大きな魅力を感じていたことをよく示している。先に指摘したように、『「いき」の構造』のパリ時代に書かれた草稿にはフッサールの強い影響が見てとれるが、帰国後に出版された『「いき」の構造』においては九鬼は、「いき」の essentia ではなく、その existentia を問うべき必要性を強調し、方法論的にフッサールの現象学ではなく、ハイデガーの立場に立つことを明瞭に表明している。九鬼は帰国した年に「時間の問題――ベルグソンとハイデッガー」と題した論文を発表し、また一九三一、三二年の京都大学の特殊講義では「ハイデッガーの哲学」、「実存の哲学」「現象学的存在論」というテーマを取り上げている。さらに一九三三年には「ハイデッガーの哲学」、「実存の哲学」などの論文を発表している。この『岩波講座哲学』に発表された「ハイデッガーの哲学」は、ハイデガーの『存在と時間』を本格的に紹介したものとして、また「投企」や「被投性」、「現存在」など多くの訳語を確定した点でも、日本におけるハイデガー研究に大きな影響を与えた。

日本の哲学者とヨーロッパの哲学者との相互交流という観点から興味深いのは、ハイデガーも九鬼との対話に深い興味を示した点である。のちにハイデガーは、『言葉への途上』(Unterwegs zur Sprache, 1959) のなかの「言葉についての対話から」と題された文章のなかで、九鬼と「いき」をめぐってしばしば議論したことに触れている。ただそこでハイデガーは、ヨーロッパとはまったく異なった伝統のなかに住む東アジアの人にとってヨーロッパ的概念体系の後を追うことは、必要なのか、またそれが正しいやり方なのかという問いを提起している。この問いかけは現在でも重要な意味をもつと言ってよいであろう。

和辻哲郎は田辺や九鬼、あるいは三木よりも少し遅れて一九二七年にベルリン大学に留学した。ちょうど留学した年に出版されたハイデガーの『存在と時間』を熱心に読み、そこから大きな影響を受けている。この留学の副産物とも言うべき『風土』(一九三五年)、そして彼の倫理学そのものの背後に、このハイデガーの著作との対決ということがあったことはまちがいがない。たとえば『風土』の「序言」のなかで和辻は次のように記している。「[ハイデガーの]人の存在の構造を時間性として把握する試みは、自分にとって非常に興味深いものであった。しかし時間性がかく主体的存在構造として活かされたときに、なぜ同時に空間性が、同じく根源的な存在構造として、活かされて来ないのか、それが自分には問題であった。……空間性に即せざる時間性はいまだ真に時間性ではない」(和辻八・一―二)。この空間性という視点から捉えられた人間の存在構造がまさに「風土」であった。

（5）哲学的人間学

一九三〇年代の日本の哲学界において一つの中心的なテーマとなったものに「哲学的人間学」がある。「哲学的人間学」をめぐる議論の先鞭をつけたのは晩年のシェーラー（Max Scheler, 1874-1928）であるが、彼が一九二八年に出版した『宇宙における人間の地位』のなかで、哲学的人間学の諸問題こそが哲学の中心的な課題であることを主張して以後、ドイツでさまざまな議論がなされた。同じ年に、プレスナー（Helmuth Plessner, 1892-1985）の主著『有機的なものの諸段階と人間』も出版されている。

このような議論を承けて、日本では西田幾多郎が一九三一年に「人間学」と題した論文を発表している。「近来一派の哲学者達によつて人間学といふものが唱へられる」という冒頭の言葉が示すように、一九二〇年代のドイツにおける哲学的人間学をめぐる議論が意識されていたことはまちがいないが、この論文で西田が主として取り扱ったのは、フランス・スピリチュアリスムの祖とされるメーヌ・ド・ビランの人間学であった。その根底には、哲学は「無にして自己自身を限定する自覚」から出発しなければならないという西田の哲学についての独自の理解があった。そのような立場から西田は、「人間学」に先立って書かれた論文「場所の自己限定としての意識作用」において、次のように記している。「私は哲学は一種の否、真の人間学の意味を有つて居ると云つてよいと思ふ。併しそれは自覚的人間の人間学でなければならない、外的人間 homo exterior の学ではなくして内的人間 homo interior の学でなければならない」（西田五・八九）。このような意味での内的な人間学を西田はメーヌ・ド・ビランのなかに見いだしたのである。もっとも西田は論文「人間学」においては、自覚の面だけでなく、人間が身体的な存在であること、そして社会的・歴史的存在であることにも注意を向けている。この面が、西田の思索の発展のなかでいっそう重要な意味をもつようになったことを、『哲学の根本問題』（一九三三年）以後の著作が示している。

西田の「人間学」が発表された翌年、田辺元もまた「人間学の立場」という論文を『理想』に発表している。この論文が発表されたのは、ちょうど西田哲学に対する批判を田辺が開始した時期と重なっており、西田が「人間学」を発表したことを強く意識してのことであったと考えられる。田辺の人間学の理解に特徴的なのは、なにより人間存在の身体性に注目する点であった。そのような観点から田辺は、生の哲学やシェーラーの哲学的人間学、さらにはハイデガーの哲学の不十分性を指摘している。

このように西田や田辺によって先鞭がつけられた哲学的人間学の研究に本格的に取り組んだのが三木清であった。一九三三年に三木は『哲学的人間学』を岩波全書の一冊として出版することを企てている。しかし、この『哲学的人間学』は一九三三年から一九三七年にかけて、何度となく書き直され、校正刷まで出ながら、実際の出版には至らなかった。『構想力の論理』の第一章「神話」の最初の部分が雑誌『思想』に発表されたのが、一九三七年の五月であり、三木は『哲学的人間学』の出版を断念することと引きかえに、『構想力の論理』の執筆を始めたとも考えられる。

三木の『哲学的人間学』は未刊のままに終わったが、それに代わってまとまった形で哲学的人間学を世に問うたのが高山岩男（一九〇五―一九九三）である。一九三八年に公刊された高山の『哲学的人間学』は、生命という根底的な事実から出発し、労働や文化を経て理性へと進み、さらにその限界において超越的なものに直面する人間の自覚的発展の跡を辿ろうとするものであり、シェーラーやプレスナーの哲学的人間学とは異なった独自な内容を有する人間学の試みであった。

一九三八年から翌年にかけてはさらに理想社から『人間学講座』全五巻が出版され、その第一巻『人間の哲学的考察』には九鬼周造の「人間学とは何か」などが収められている。この時期にわが国における哲学的人間学をめぐる議論は一つの頂点に達したと言ってよいであろう。和辻哲郎が『風土』（一九三五年）において、人間は

――アントロポロギーのように――ただ単に「人」としてではなく、「人」と「社会」という二重性格において捉えられなければならないと主張したことも、哲学的人間学をめぐる議論に一石を投ずるものであった。

（6）マルクス主義の影響

一九一七年のロシア革命、そして一九二二年のソ連邦の成立が世界の歴史のなかでもった意味はきわめて大きなものがあったが、それと並行してマルクス主義の哲学もまた、多くの人々の注目を集め、さまざまな仕方で論じられた。一方では、革命的実践を支える理論として単純化され、教条化されていくとともに、他方では、教条的なイデオロギーの枠を超えて、その意味が問われていった。たとえば一九二三年にルカーチの『歴史と階級意識』が出版されているが、その「疎外」論や「物象化」論は、客観主義的なマルクス主義の枠に収まらない新鮮な問題提起をはらむものであった。

一八八三年のマルクスの死以後、マルクス主義の哲学が語られるときに、その典拠とされてきたのは、多くの場合『反デューリング論』（一八七八年）や『フォイエルバッハ論』（一八八八年）などエンゲルス（Friedrich Engels, 1820-1895）の著作であった。マルクス自身の哲学的な著作が遺稿のなかから公にされたのは、ちょうど一九二〇年代から三〇年代にかけての時期であった。エンゲルスとの共著『ドイツ・イデオロギー』の第一巻第一章「フォイエルバッハ」が刊行されたのは一九二六年であり、『経済学・哲学草稿』がはじめて公にされたのは一九三二年のことであった。マルクス自身の思想を示すものとして、その公開は大きな注目を集めた。そして多くの点でルカーチの問題意識と重なるものであったという点でも注意を引いた。

日本においてマルクス主義の哲学への関心が高まりを見せたのも、ちょうどこの時期においてであった。そしてその中心にいたのが、三木清であった。三木がマルクス主義の哲学に関心を示したのは、一九二二（大正一一）

年から一九二五年にかけてのヨーロッパ留学の時期においてではなく、帰国後のことであった。帰国の翌年、三木は三高で講師として哲学を教える傍ら、西田幾多郎の推薦により経済学部教授であった河上肇にヘーゲルのテクストの講読をしたり、河上を中心として開かれていた研究会（「経済学批判会」）に参加したりしている。この頃からフォイエルバッハの思想や唯物史観の研究に着手したと考えられる。その成果が一九二七年以降矢継ぎ早に発表された「人間学のマルクス的形態」や「マルクス主義と唯物論」、「プラグマチズムとマルキシズムの哲学」などの論文である。

「人間学のマルクス的形態」のなかで三木が考察の中心に置いたのは「基礎経験」の概念である。この概念は、三木が素朴な実在論や反映論から自由にマルクス主義哲学を問題にしようとしていたことをよく示している。三木によれば「基礎経験」とは、言葉によって「光」が与えられる以前の、つまり言語化を通して具体的な形態を与えられる以前の、「闇」とも表現すべき経験である。別の言い方をすれば、ロゴスが関与し、それによって固定化を被る以前の動的な経験である。われわれはそれをロゴス化することによって、つまり自らのうちでそれに対して自己解釈を加えることによって、さらには、自己の枠を超えてそれに普遍性（公共性）を与えることによって、理論（イデオロギー）にまで彫琢していくのであるが、そのような理論は、いま言った「基礎経験」に支えられているというのが三木の根本の理解であった。

三木は上述の論文を収めた『唯物史観と現代の意識』（一九二八年）の「序」において、この著作を通して企図したものが「理論の系譜学」（Genealogie der Theorien）であったとしている。「如何にして一定のイデオロギーは出生し、成長し、崩壊し、そして新しいものによつて代わられるか」（三木三・三）を明らかにすることがその目的であった。そのような関心の上に、三木はマルクス主義の成立を「無産者的基礎経験」から説明することを試みている。「無産者的基礎経験」とは、単なる意識としてではなく、感性的な存在として、世界に対してたえず実践的に働きかける者の基礎経験であり、そのような存在の自己解釈が客観的公共性のなかへ持ちだされることによって形成された理論こそ唯物史観であることを、三木はこの『唯物史観と現代の意識』に収めた諸論文で論じている。

このように三木が素朴な実在論や反映論から自由にマルクス主義の哲学を問題にしえたことには、革命的実践を支えるイデオロギーとしてエンゲルスやレーニンの著作をもとに単純化され、教条化されていったマルクス主義哲学を介してではなく、二〇年代に発表されはじめたマルクス自身の文章に直接触れえたことが大きく与っていたと考えられる。[7] 三木のマルクス主義理解は、そのような意味で、一九二〇年代という時代の状況と深く関わっていたのである。

三木のこのようなマルクス主義の哲学的な基礎づけの試みは、彼の周りにいた人々にも強い影響を及ぼしていった。戸坂潤は、三木の帰国後、谷川徹三（一八九五―一九八九）や梯《かけはし》明秀（一九〇二―一九九六）ら一高出身の京大の卒業生や学生たちとともに「哲学一高会」を組織し、三木から、彼がヨーロッパで触れた諸思想を学んだ。同時にまた、一九二七年に法政大学教授として東京に移り、マルクス主義者として論壇に登場した三木自身の活躍からも大きな刺激を受けた。戸坂は一九二九年頃には甘粕石介《せきすけ》（一九〇六―一九七五）や梯明秀、真下真一（一九〇六―一九八五）らとマルクスの著作の読書会をもち、本格的に唯物論研究を開始している。三木清が日本共産党への資金援助容疑で検挙され、法政大学教授の職を辞した翌年の一九三一年に戸坂は法政大学の講師となり、活動の場を東京に移した。そこで岡邦雄（一八九〇―一九七一）、三枝博音《ひろと》（一八九二―一九六三）らと唯物論研究会を組織し、『唯物論研究』を発刊して、わが国における唯物論研究を中心的に担い、同時に多彩な評論活動を展開していった。

一九三二年にマルクスの『経済学・哲学草稿』が公にされて以来、日本でもマルクス自身の哲学に多くの人々が関心を向けるようになったが、梯明秀もその一人であった。梯は京大では社会学を専攻し、タルド（Jean Gabriel Tarde）を研究対象としたが、三木や戸坂から影響を受けてマルクス主義の研究に力点を移し、とくにその「物質」概念の検討を通して、『物質の哲学的概念』（一九三四年）などの成果を生みだしていった。

西田幾多郎の弟子たちのマルクス主義への注目は、西田にも大きな影響を及ぼさずにはいなかった。弟子たちや河上肇らとの議論から刺激を受け、また自らマルクスの著作に触れて、西田は『一般者の自覚的体系』（一九三〇年）以降、マルクス主義の思想について積極的に自らの見解を発表しはじめている。それを承けてマルクス主義の側からも西田哲学に対する批判が行われた。たとえば戸坂潤は一九三二年に発表した「京都学派の哲学」のなかで、西田哲学を「解釈主義的・超歴史主義的・形式主義的・浪漫主義的……現象学的哲学」と性格づけ、根本において「ブルジョア観念哲学」であることを批判している(8)。そして翌年『唯物論研究』に発表した『「無の論理」は論理であるか」においては西田の哲学を、存在そのものではなく、存在の「論理的意義」しか考ええない哲学として批判している。

このような戸坂の批判に西田は著作のなかで反論することはなかったが、戸坂宛の書簡では「京都学派の哲学」の批判を肯定的に評価し、次のように書き送っている。「理解のある大変よい批評だと思ふ。教へられる所多いことを感謝する。私のこれまで書いたものが解釈学的だと考へられるのは無理もなからう。私はまだプラクシスを中心とした私の考を書いて居らぬ。……マルキストは einseitig で徹底しない所があると思ふ。併しマルキストといふものは十分に理解しその取るべき所は何処までも取りたいとおもふ」（西田二一・一二二）。その一面性を西田はたとえばマルクス主義の自然理解のなかに見いだしていたことが、『哲学の根本問題』（一九三三年）などの叙述から知られる。そこで西田は、マルクス主義者たちが自然をどこまでも主観に対立する客観として主知主義的な立場から理解している点を批判している。それは戸坂に対する間接的な反論であったと言うことができる。

田辺元は一九二四年に『カントの目的論』を出版したが、戦後それが再刊されたときの「序文」のなかで、当時をふり返り、次のように記している。「ソヴィエット革命の後を承けたプロレタリヤ世界革命運動の澎湃たる波涛が我国を襲ひ、マルクシストの理論闘争が学界を動揺せしめ、およそ思想学問にたづさはるもの、何人といへども多かれ少なかれ、その刺激を受けざるはなかつたといふ事情がはたらいた」（田辺三・九）。この言葉が、一九二〇年代から三〇年代にかけて、マルクス主義の哲学が、わが国の哲学的な議論の中心軸の一つになったことをよく示している。

（7）一九三〇年代

一九三一（昭和六）年に勃発した満州事変は日本の政治の大きな転換点となった。国内政治の面ではファシズム体制の確立へと大きく動きはじめ、また国際的にもその対外膨張政策により、世界のなかで政治的に孤立を深めていったが（一九三三年には国際連盟から脱退）、それにあわせて日本の思想状況にも大きな変化が生じた。大正の末から昭和の初めにかけて憲政擁護運動が活発になり、普通選挙法が成立して、無産階級が大きな政治勢力となり、社会運動が活発化していった。それとともに社会主義の思想が人々をひきつけ、プロレタリア文学運動なども大きな高まりを見せていたが、満州事変前後から、そうした運動が弾圧を受けるようになっていった。その圧力は自由主義的な学問にも及び、一九三三年には京都大学の滝川幸辰《ゆきとき》（一八九一―一九六二）が職を追われ、一九三五年には美濃部達吉の天皇機関説が攻撃された。一九三七年にはいわゆる盧溝橋事件を機に日中の全面的な戦争へと突入し、日本軍が華北から華中・華南へと戦線を拡大していった。国内では、東京大学の矢内原忠雄がこの中国侵略に批判的であったために、その職を追われ、大内兵衛（一八八八―一九八〇）や有沢広巳（一八九六一九八八）らの労農派系の大学教授や荒畑寒村（一八八七―一九八一）らの社会運動家が、人民戦線の結成を企てたとして一斉に検挙されたりした（人民戦線事件）。

このように学問の自由や個人の権利が国家の力によって押しつぶされていくのを目の当たりにして、西田幾多郎は書簡のなかで何度か、書を壁にすべき時代が再来したことを嘆く言葉を記している（一九三七年の堀維孝宛書簡など）。西田は日本の政治の動きに深い関心を寄せていたが、その見解を公の場で表明することに対しては、きわめて慎重であった。おそらく、自らの見解を表明しても、実際に時代を変革する可能性への期待をもつことができないと考えていたのであろう。たとえば一九三五年一〇月、弟子の一人である日高第四郎に宛てて、次のように書き送っている。「現今はファッショ時代だ。真に自己を離れて深く遠く我国の将来を思ふものは徒らに性急に潔癖的にして始から之と戦ふよりも何とかして今の所を忍んで漸次中正に復する様努力せねばならぬと思ふ」。ファッショと正面から戦って、押しつぶされるよりも、むしろそれに堪え、やがて「中正に復す」機会を待つというのが、西田の基本的な姿勢であったように思われる。

しかし、時代の方が西田に対してファッショの荒波を静かに耐え忍ぶことを許さなかった。その転機となったのは、西田が一九三五年一一月に文部大臣の諮問機関として設置された「教学刷新評議会」の委員をやむなく引き受けたことであった。それに続いて一九三七年には日本諸学振興委員会主催の講演「学問的方法」を行い、翌年には近衛文磨の政策ブレーンの一人であった後藤隆之助《りゅうのすけ》によって設立された昭和研究会で「西洋哲学から見た東洋哲学の特徴――国家哲学は考えられるか」というテーマで、また京都大学で「日本文化の問題」という講演を行った。

それは、日本が中国で戦火を拡大し、いよいよ引き返すことのできない方向へと進み始めたときに重なるが、国家や政治のあるべき姿をめぐって真剣に思索し、いささかでも、現実の政治の向かう方向を改めたいという考えが西田のなかに生まれてきたのではないだろうか。かつて京都大学で同僚であり、東京大学に移っていた和辻哲郎に宛てた一九三七年一一月の書簡はそのことをよく示している。「何だか大きな Undercurrent がぐんぐん流れて居る様です。いづれ押し流されることでせう。始めからそれを知つて出ないのは賢明だがとにかく戦場へ出て破れて後已むも義務かとも思ふのです」。二年前のように、ただ堪え忍ぶのではなく、勝ち目のない戦さであるにも拘わらず、時局の流れに抗して戦うことが義務であるという意識が西田のなかに芽生えていたことが、ここから読みとることができる。

一九三〇年代を象徴するものの一つに、いま名前を挙げた滝川幸辰が職を追われた事件、いわゆる「滝川事件（京大事件）」がある。京都大学法学部の教授であった滝川の『刑法講義』や『刑法読本』が、そのなかの内乱罪や姦通罪に関する見解を口実に発禁となり、時の文部大臣鳩山一郎が小西重直京大総長に滝川の罷免を要求した事件である。この事件の際、よく知られているように、法学部の教授が全員辞表を出して抵抗したが、それだけでなく、学生たちも教授たちの抗議活動を支持した。その中心にいたのが、文学部の中井正一（一九〇〇―一九五二）や久野収（一九一〇―一九九九）であった。その運動は実らなかったが、この滝川事件のあと中井や久野らは、ヨーロッパの反ファシズム運動の動向を紹介する雑誌『世界文化』（一九三五／二―一九三七／一〇）を刊行したり、もう少し広い読者を想定した文化誌『土曜日』（一九三六／七―一九三七／一一）――このタイトルはフランスの人民戦線が刊行した雑誌『金曜日』にちなんでつけられたもので、隔週の刊行――などを創刊したりした。

これらは表だってはヒトラーのファシズムに対する反対運動という形を取っていたが、間接的には天皇制ファシズムに対する反対という意味をもっていた。そのことがあったからこそ、その刊行に関わった中井や久野は、――一九三七年のことであるが――治安維持法違反の疑いで検挙され、これらの雑誌は廃刊に追い込まれた。その年から翌年にかけて、大内兵衛や荒畑寒村らが検挙された人民戦線事件と連動するものであったと考えられる。中井や久野は厳しい取り調べを受け、久野は二年後に、中井も三年後にやっと釈放されている。

中井の戦前の重要な仕事の一つは「委員会の論理」（一九三六年、『世界文化』に発表）である。ここで委員会と言われているのは、生産の現場であれ、学問の世界においてであれ、新しいものを生みだしていくための合議体のことであるが、そこにはつねに「無批判性」と「無協同性」という二つの桎梏が生まれてくる。それをいかに乗りこえることができるか、ということを中井はここで問題にした。無批判性に対しては組織的な「審議性」が確保されなければならないし、「無協同性」に対しては組織的な「代表性」が確保されなければならない。そこに見いだされる「実践の論理」を中井は「委員会の論理」と呼んだのである。それを通して言論や思想に対する圧迫に抵抗するための拠点を構築したいという意図がその背後にあったと考えられる。

注

（1）法学者の滝川幸辰は一九二二年から二年間ドイツに留学したが、フランクフルトに滞在した折、ハイデルベルクの友人をしばしば訪ねている。その思い出を綴った文章のなかで「或時リッケートの顔を見るために哲学だつたか哲学史だつたかの講義に出た時のことであるが、前列の二列くらいは頭の黒い日本人がずらりと並んで居た」と記している。『随想と回想』（有斐閣、一九四九年）一四二頁。

（2）Hermann Glockner: Heidelberger Bilderbuch. Bonn 1969. S. 232. 三木清は「読書遍歴」と題した文章のなかで、当時ドイツでは、敗戦後の記録的なインフレのために、日本人の留学生は思いもかけず「千万長者の経験」をすることができたこと、逆にドイツ人には「地獄の時代」であったことを書きとめている。そのような状況のため、リッケルトは個人教授を喜んで引き受けたのである。このインフレの状況のなかでリッケルト家の家計が維持されたのは、九鬼がイギリス・ポンドで支払った謝礼のおかげだと言われている。三木もハイデルベルク時代、ヘリゲル（Eugen Herrigel, 1884-1955）やグロックナー、さらにマンハイム（Karl Mannheim, 1893-1947）などから、マールブルク大学に移ってからはレーヴィット（Karl Löwith, 1897-1973）やガダマー（Hans-Georg Gadamer, 1900-2002）から個人教授を受けている。

（3）　田辺元の著作に関しては、『田辺元全集』全一五巻（筑摩書房、一九六三―一九六四年）から引用した。引用文のあとに「田辺」と記し、巻数と頁数とを記した。

（4）　伊藤吉之助は一九一五年にフッサールの『厳密な学としての哲学』（一九一一年）を翻訳し、『学としての哲学』として『哲学雑誌』に発表している。

（5）　務台理作はフッサールが逝去したときに雑誌『思想』に追悼の意味を込めて「エドムンド・フッセル」という文章を発表している。そこで務台は、フッサールが高橋と務台とを自宅に呼び、熱心に現象学について話したことを記している。フッサールの講義については、単調で聴衆を惹きつけるものではなかったこと、「最初は階段の殆ど大部分を埋めてゐた聴衆も、学期の半ばには三分の一位に減じてしまつて、唯減じないのはいつも前面に陣どつてゐた日本の留学生の頭だけであつた」とも記している。務台理作『表現と論理』（弘文堂書房、一九四〇年）三二四頁。

（6）　藤田正勝『九鬼周造――理知と情熱のはざまに立つ〈ことば〉の哲学』（講談社、二〇一六年）八五頁以下を参照。

（7）　この点については、平子友長「昭和思想史におけるマルクス問題――『ドイツ・イデオロギー』と三木清」、『日本の哲学』第一一号（二〇一〇年）九二頁以下を参照。

（8）　『戸坂潤全集』（勁草書房、一九六六―一九六七年）第三巻一七二―三頁。

第二章　西田哲学と田辺哲学

1　西田幾多郎の前期の思索

前章で見たように、大正時代、さまざまな思想が展開を見せ、日本の哲学は新たな段階へと入っていったが、その中心にいたのは、西田幾多郎であり、その影響を受けつつ、独自の思想を生み出しつつあった田辺元であった。前章ですでに何度かこの二人の哲学に触れたが、本章では、明治の末から大正、昭和前期にかけて展開された二人の思想を時間軸に沿ってたどり、彼らが何を思索したのか、その特徴がどこにあるのかを明らかにしたい。

（1）西田哲学の思想基盤

西田は一九一一（明治四四）年にその最初の著作『善の研究』を発表し、その思索の歩みを始めたが、この書は、明治のはじめに哲学という学問が日本に紹介され、そして四十年余りにわたる受容の期間を経て、ようやく日本の哲学が自らの足で歩くことを始めたことを示す記念碑的な著作である。それは西洋の哲学の単なる紹介や概説を目ざしたものではなく、真の実在とは何か、何をなすべきか、どこに宗教的な意味での安心を見いだすべきか、そうした問題を自ら考え抜き、一つの答を提示しようとした書物である。そしてそれはそれ以後の思想家がめざすべき目標とも、また彼らが自らの思想を形成するための道しるべともなった。そのような意味で、この書は、そして西田の思索は、日本の哲学の歴史のなかで大きな位置を占める。

しかし、西田の思索もまた、突然出現したものではなく、明治時代の思想を受けつぎ、それを生かし、発展させることによって生みだされてきたものであった。たとえば福沢諭吉や北村透谷、清沢満之、綱島梁川らの思想が西田の思索のなかに流れ込んでいる。(1) また井上哲次郎らの「現象即実在論」も西田に重要な示唆を与えたと考えられる。(2)

他方、西田の思想の背景には、長年にわたって取り組んだ禅の影響がある。しかし、興味深いことに西田は『善の研究』でほとんど禅に言及していない。西田が『善の研究』のなかで取り扱った実在や善、宗教などの問題を説き進める際に、長年にわたる参禅を通して得られた禅についての理解が踏まえられていたであろうことは想像に難くない。しかし西田は——しばしばそのように主張されることがあるが——禅思想を西洋哲学の用語で置き換えることを目ざしたのではない。哲学の問題をあくまで哲学の問題として論じることが彼の意図したことであった。そのために西田はこの書において禅への言及を慎重に避けたのである。しかし、ごくわずかに禅の世界が姿を見せてもいる。その関わりを問うことも興味深い問題である。

しかし本章では、西田の思索の基盤となったそれ以前の思想との関わりに目を向けるのではなく、西田がどのような哲学を打ち立てようとしたのか、という点に焦点を合わせることにしたい。

(2)「純粋経験」の哲学

西田幾多郎はその生涯にわたる思索のなかで何を問題にしようとしたのか、何が彼の根本の問いであったのか。この問いに正面から向きあおうとするとき、われわれは一つの問題に直面する。というのも、西田の思索のなかに二つの面が存在するからである。一方で、西田の思想は時代とともに大きな変化を遂げた。そのことを彼自身、『善の研究』が一九三六年に再刊されたときに、次のように語っている。「純粋経験の立場は「自覚における直観と反省」に至つて、フィヒテの事行の立場を介して絶対意志の立場に進み、更に「働くものから見るものへ」の後半に於て、ギリシャ哲学を介し、一転して「場所」の考に至つた。そこに私は私の考えを論理化する端緒を得たと思ふ。「場所」の考は「弁証法的一般者」として具体化せられ、「弁証法的一般者」の立場は「行為的直観」の立場として直接化せられた。此書に於て直接経験の世界とか純粋経験の世界とか云つたものは、今は歴史的実在の世界と考へる様になつた。行為的直観の世界、ポイエシスの世界こそ真に純粋経験の世界であるのである」(西田一・三)。

このように西田は、一方で自らの思想の変遷を認めている。しかし他方、そこに一貫したものがあったことも主張している。一九三五年に弟子の高山岩男が『西田哲学』と題した書物を出版した際にも、西田はその「序」を執筆し、次のように記している。「「善の研究」以来私の考は主観から出立するのでもなく、客観から出立するのでもなく、主客の未分以前から出立するにあつた。今日といへども、それに変りはない。唯、哲学としてか、る直接の具体的立場を如何に摑み、如何にそれから種々の問題を考えるかは、苦心に苦心を重ねる中に色々に考も変つた」(西田一一・二八一)。

ここからもはっきりと見てとれるように、「主客の未分以前」という言葉で言い表されるもっとも直接的で具体的なものに立ち戻り、そこから事柄全体を把握しようとする西田の態度は、初期から晩年に至るまで変わることがなかった。一貫して彼は、このもっとも直接で具体的なものとは何かという問いを追究したのであり、その問いに対して出した答えが「主客の未分以前から」というものであった。その「主客の未分以前」の実在を西田は「純粋経験」と名づけたのである。

この「純粋経験」について、西田は『善の研究』においてさまざまに説明を加えている。たとえば第一編第一章の冒頭の段落では「純粋経験は直接経験と同一である。自己の意識状態を直下に経験した時、未だ主もなく客もない、知識と其対象とが全く合一して居る」（西田一・九）と述べている。あるいは「我々は少しの思想も交へず、主客未分の状態に注意を転じて行くことができるのである」（西田一・一一）と言われ、最後に付された「知と愛」の章においては「例へば我々が自己の好む所に熱中する時は殆ど無意識である。自己を忘れ、唯自己以上の不可思議力が独り堂々として働いて居る。此時が主もなく客もなく、真の主客合一である」（西田一・一五七）と言われている。

「未だ主もなく客もない」、あるいは「主客未分」、「主客合一」といった言葉のなかに、主観と客観とを対置する二元論に対する西田の批判が込められていることはあきらかである。主客の対置について西田は次のように記している。「実在を直視すると云ふも、凡て直接経験の状態に於ては主客の区別はない、実在と面々相対するのである、……主客の別は経験の統一を失つた場合に起る相対的形式である、之を互に独立せる実在と見做すのは独断に過ぎないのである」（西田一・三四）。

一方に〈心〉、より厳密に言えば〈内なる心〉、外部世界を表象する〈意識〉を考え、他方に、その意識によって表象される〈外部世界〉を考え、それぞれを実体化して捉えることを西田は「独断」として退けている。主客の対置は、むしろ後から反省という作業を通して導入されるものであり、もともとの経験の場においては、そのような区別も対置もない、という考えがそこに表明されている。くり返し「主客未分」の経験ということが言われるのは、そのような主客対置に対する批判が『善の研究』の中心主題であったことを示している。〈意識〉と〈外部世界〉との対置から自然な仕方で生じる一つの帰結は、意識するということはあくまで意識内の出来事であり、意識される内容は、意識の外にある対象の心像ないし表象にすぎないというものである。もう一つの帰結は、一方で色や味といった感覚が意識に帰され、対象それ自体の方は感覚以前の、色も味も香りもない世界として描かれるという事態である。このような帰結はさらに、意識内容は、何らかの意味で対象に変容を加えた結果生じたものであり、対象そのものではないという考え方に結びついていく。そこでは当然、その変容のプロセスが問題になる。哲学の歴史は、多くの哲学者がそのような前提から出発して心身問題という隘路に入り込んで身動きできなくなったことを教えている。

一方に感覚の世界を、他方に感覚以前の対象それ自体を配置し、両者をあたかも空間的に隔たったものであるかのように考え、そこにたとえば写し・写されるような関係を考えるというのが二元論の基本的な構えであるとすれば、西田の主客対置に対する批判は、そのような構図と、われわれの経験の実相とのあいだに大きな齟齬がある点を衝いたものと言える。

一方に感覚の世界を、他方に感覚以前の対象を配置する実在の把握の抽象性を西田は『善の研究』の序文(「版を新にするに当って」)のなかで、グスタフ・フェヒナー(Gustav Fechner, 1801-1887)の言葉を引く形で「色もなく音もなき自然科学的な夜の見方」という言葉で言い表し、それに対して、「ありの儘が真である昼の見方」(西田一・四)を対置している。(3) 草花や木を前にしたとき、われわれは「生々たる色と形をそなえた草木」に面々相対しているのであり、「純物体的」な草や木に相対しているのではない。またわれわれは単に知覚の、あるいは知識の対象としてのみ草木に相対しているのではない。草花や木は知識の対象であるとともに、われわれに潤いややすらぎを与えるもの、つまり「情意より成り立つた者」(西田一・五〇)でもある。われわれが草木のなかに

「生々たる色や形」を見ること、あるいは潤いややすらぎを覚えることは、西田によれば単なる意識内の出来事ではない。精神現象を内に、物体現象を外に配置することを西田はやはり「独断」として退けている。

もちろん『善の研究』において西田は「意識現象」こそが実在であることを主張している。「意識現象が唯一の実在である」というのは『善の研究』の主要なテーゼの一つである。しかし、それは経験の意識内在性を主張するものではない。そのような理解を西田ははっきりと誤解として否定している。「意識現象」とは、物体現象から区別された精神現象ではない。外物の存在、あるいは主観の存在に思いを致す以前の、事実をただ事実として知ることを指している。「rot［赤］なら rot だけである」（西田一五・九九）、それが「意識現象」である。それは対象の直接的な立ち現れでもある。赤い花を目にしたとき、そこには赤い花それ自身が立ち現れているのである。実在はそこから離れて別の場所にあるのではない。「真実在は主観客観の分離しないものである、実際の自然は単に客観的一方といふ如き抽象的概念ではなく、主客を具したる意識の具体的事実である」（西田一・七一）。

先にも触れたように、われわれはものを単に知覚の対象として見ているだけではない。それを美しいと感じたり、あるいはやすらぎや恐怖を与えるものとして見ている。そこでものは直接的に現出しているのであり、われわれはわれわれの感情の動きのなかでも意識の内側に閉じこもっているのではない。対象そのものがわれわれの感情の生起に関与している。もの悲しい音楽にわれわれの心が揺さぶられるとき、われわれはその音響が引き起こす連想や類推によって心を動かされるのではない。絃の響きそのものがわれわれの感動を引き起こすのである。

西田はこの「情意」を伴った具体的な経験こそが真の実在であると考えた。あらゆる感覚以前の「純物質」というものは、その具体的な事実を無視点的な三次元空間のなかに置きなおすことによって考えられたものであり、その意味で「最抽象的なる者即ち最も実在の真景を遠ざかつた者」（西田一・六七）と言わざるをえない。

三次元の空間に置きなおされたものについては、われわれは公共の尺度で測り、公共の言葉で語ることができる。しかし、知情意の分かたれないわれわれの直接経験の事実そのものについては公共の尺度で測ることもできないし、公共の言葉で語ることもできない。その点を西田は『善の研究』第二編「実在」の第四章において、「実在の真景は唯我々が之を自得すべき者であつて、之を反省し分析し言語に表はしうべき者ではなからう」（西田一・五二）という言葉で言い表している。西田の主客対置に対する批判は、公共の尺度で測り、公共の言葉で語ることがすなわち真理を把握することであるという見方に対する批判でもあった。

たとえば腕を回すような運動、あるいは足を前後に振り上げるような運動を取りあげるならば、腕や足の位置と通過した時間とを測定して、その運動がどのような運動であったのかを物理学的に記述・説明することができるであろう。しかしそれによっては、私がまさに意識しているその運動の連続性、あるいは一体性は説明されない。それにも拘わらず、われわれは変化して止まないものを限りなく分割し、その分割され・固定化された無数の部分から全体を再構成することで変化するものを理解しようとする。あるいは変化して止まないものを一箇所で切断し、その一切断面で全体を代表させようとする。しかしわれわれが実際に経験するものは分割され・固定化された諸部分の集合ではなく、むしろ分割を拒否する一連の動きとしての性格をもつ。そういうものに対しては、西田の言葉で言えば、「自得」するよりほかない。ベルクソンの用語で言えば、「直観」するよりほかない。「生命へ深く探り入り、一種の精神的聴診によって魂の脈動を触知しようとする」[4]よりほかない。

前章で触れたように、西田は『善の研究』出版の前年、京都大学に赴任した年に「ベルグソンの哲学的方法論」という論文を発表しているが、そのなかで、ベルクソンの言う「直観」を、「物を内から見る」、あるいは「物自身になつて見る」方法として捉え、「物其者の真状態を知る」（西田一・二五五）ための唯一の方法であるとしている。物はその「真状態」においては、動いて瞬時も止むことがないが、もしそれを分割・分析の対象とすれば、それは「乾燥し固定して、生気を失ひ、一種の符号的知識となつてしまう」（西田一・二六一）。そのような「符号的知識」に定位し、そこから事柄全体を見ていこうとする態度、言いかえれば、分析から直観へ行こうとする方法を、西田はこの論文において、はっきりと誤りとして退けている。それとは逆に、変化し、流動するものを「内から直接に経験する」ことから出発すること、つまり直観から分析へと行くことを、真の哲学の方法として主張している。そのような立場から西田はベルクソンの「直観」の理解に大きな共感を示したのである。

（3）場　所

西田幾多郎の思想展開を前期・中期・後期と三つに分けた場合、中期は「場所」の思想によって代表される。それがまとまった形をとったのは、一九二六年に発表された論文「場所」においてであった。この論文が発表された直後、左右田喜一郎は「西田哲学の方法に就いて――西田博士の教を乞ふ」という論文を発表し、この論文に対して、「学問上容れらるべきに非ざることの疑問を深くせざるを得ぬ」[5]というように、新カント学派の立場から仮借のない批判を行った。しかし西田の哲学を単に批判したのではなく、むしろこの論文、およびそれに先だって書かれた「働くもの」と題された論文によって西田が「一個の体系を備へたといひ得べき境地に踏み込まれた」ことを認めた上での批判であった。この論文の表題に見られるように左右田が西田の学説をその名を冠して「西田哲学」と呼んだのも、それらの論文のなかに西田の思想の成熟を見て取ったからである。この左右田の論文以後、西田の学説は広く「西田哲学」の名で呼ばれるようになった。

左右田の「西田哲学の方法に就いて」が発表されると、西田はすぐに「左右田博士に答ふ」（一九二七年）という論文を発表し、左右田の批評に答えた。その冒頭で西田は、「「場所」の終に於て、私は多少従来と異なつた考に到達し得たかと思ふ」（西田三・四七九）と記している。ここではやや控えめな仕方で「場所」の立場への移行が表現されている。しかし先に引用した『善の研究』の「版を新にするに当つて」のなかでは、「『働くものから見るものへ』の後半に於て、ギリシャ哲学を介し、一転して「場所」の考に至つた。そこに私は私の考を論理化する端緒を得たと思ふ」と、この時期に自らの思想が大きな展開を遂げたことを認めている。

「一転して」という言葉がその転換の大きさを示している。そしてこの序から知られるように、その転換は、西田の思想の「論理化」ということと強く結びついていた。それに対して、それ以前の自らの思想がはらむ不十分性を西田は「心理主義」ないし「意識の立場」、あるいは「主観主義」という言葉で言い表している。そのような「反省」を西田に強いたのは、新カント学派およびフッサールのいわゆる「心理主義」に対する批判であったと考えられる。西田は『思索と体験』に収められている「認識論に於ける純論理派の主張に就て」(一九一一年)の論文において新カント学派、とりわけ西南学派に属する人々とフッサールとを「純論理派」として一括し、彼らによる「心理主義」に対する批判について論じている。認識の問題を経験的・時間的なものに解消しようとする立場に対する彼らの厳しい批判は、西田にも重いものとして受けとめられた。一九三九年に出版された『哲学論文集第三』の「序」においても西田は、『善の研究』以来の自らの思索の歩みを振りかえって、「純粋経験」論が「心理的色彩」をもっていたことを認め、「西南学派の如きものと接触するに及んで、か丶る立場は何処までも批判せられなければならない。勢、フィヒテの自覚に類する立場を取るに至つた」(西田八・二五五)と記している。

しかし、『善の研究』に続く『自覚に於ける直観と反省』(一九一七年)において西田が立つにいたった「自覚」の立場もまた、「心理的色彩」を完全に払拭するものではなかった。言いかえれば、哲学体系の構築に必要な論理性を十分に備えたものではなかった。まさにそこに「場所」の立場への転換の必然性があったと言うことができる。そのことを西田は高山岩男の『西田哲学』に付した「序」のなかで次のように言い表している。「純粋経験といひ事行といふも、その根抵に於て主観主義を脱することはできない。私の考はアリストテレスのヒポケーメノンを媒介として遂に論理的なるものに出立点を求めるに至つた」（西田一一・二八一）。

このように西田自身が認めるように、「場所」の立場に立つことによって西田の哲学は大きな転換を遂げたのである。しかしそこに西田の思想の変化だけを見るとすれば、それは西田の思想の一面的な理解に終わるであろう。むしろわれわれはそれ以前の思想とのつながりを十分に考慮する必要がある。西田の思想の「論理化」は、たまたま知るに至った別の論理の単なる適用というような事態では決してないからである。むしろそれは西田の思想それ自体が要求した事態であった。そしてこの「論理化」の手引きとなったのは、高山岩男の『西田哲学』の「序」で言われているように、アリストテレスのヒュポケイメノン（ὑποκείμενον）の概念であった。それによって西田は自らの思想の論理化の「端緒」を得たのである。

この問題に西田が最初に取り組んだのが『働くものから見るものへ』の第四論文「内部知覚について」であった。その第三節冒頭において西田は、ボーサンケト（Bernard Bosanquet, 1848-1923）の“The Essentials of Logic”に言及しながら、「知覚的判断の主語となるものは、本来所謂論理的主語ではなくして、実在であると云はねばならぬ」（西田三・三二五）ということを述べたあと、アリストテレスの「基体」概念について論じている。ここでの主張は、「場所」の論文のすぐあとに書かれた「取残されたる意識の問題」における次の箇所と対応している。「ボザンケの云ふ如く、此机が樫から造られてあるといふ時、真の主語なるものは此机ではなく、実在 the Reality でなければならぬ。総合的全体といふ如きものが真にアリストテレスの基体 ὑποκείμενον となるのである」（西田七・二二一）。

このような「実在」ないし「基体」の概念を導入することによって、西田は直接的な経験と概念的な知識とを関連づけようとしたのである。「基体」とは「何処までも主語となつて述語とはならないもの」であるというアリストテレスの概念規定をそのまま使いながら、西田は両者の関わりについて次のように記している。「何処までも主語となつて述語とはならない基体といふのは、限なき述語の統一でなければならぬ、即ち無限なる判断を統一するものでなければならぬ。判断と判断とを統一するものは、判断以上のものでなければならぬ、我々の判断作用が無限に之を志向するが、之に達することのできない対象でなければならぬ。私はかゝるものを直覚的と考へるのである」（西田三・三二七）。

ここでも言われているように、基体を直覚的なものとして捉える点に西田の「基体」理解の特徴があると言える。それはアリストテレスの言うように、単に「一あつて二なき個物」であるのではない。その根底にはつねに「非合理的なるものの直覚」があるというのが、西田の考えであった。「個体」はむしろそのような直覚の「概念化」されたものであるという考えを西田はもっていた。

経験と判断との関係を西田は、『働くものから見るものへ』の第六論文「働くもの」においては次のように説明している。「物の世界は我々が経験内容を合理化することによつて成り立つ。経験を合理化するとは、経験自身が主語となることである、即ち主語となつて述語とならない基体となることである。而して斯く経験自身が主語となるといふのは経験が自己同一なる具体的一般者として、自己自身を限定することによつて、自己の中に判断を成立せしめることでなければならぬ」（西田三・三九七）。

経験の合理化とは、それ自体としては思惟ないし判断を超えた経験が、自己自身に同一な――したがってそれについては自同的判断のみが可能な――一般者として捉え返されることを意味する。アリストテレスの言い方で言えば、「主語となつて述語とならない基体」として捉え直されることを意味する。その「主語となつて述語とならない基体」が、つまり「具体的一般者」が「自己自身の内に省みる」ことによって、言いかえれば、自己自身に同一なるものが「分化」し、「自己自身を叙述する」ことによって、一般者のなかに「判断」が成立すると考えられるのである。

この経験の合理化のプロセスを西田はまた「自覚」という事態として捉えている。「内部知覚について」の論文において、「判断といふのは、……述語となることなき基体の自覚でなければならなぬ」（西田三・三五一）と言われている。ここでは基体は、単なる一般者ではなく、むしろいっさいの働き、あらゆる判断を超えた「働くことなき」もの、働きの根底にあって働きを可能にしている「我」ないし「自己」として理解されている。それは「働きの中に入り来らざる基体」であると同時に、「自己を知る」もの、あるいは「自己を見る」ものでもある。つまり、「自己の中に自己を映す」ことによって自己を具体化し、かつ自己を維持するものである。判断はそのような基体の「自己表現」という意味を担う。

このように西田は、「自己の中に自己を映す」という「自覚」の働きに注目するとともに、その「自覚」の働きが成立する場所に目を向けている。たとえば次のように述べている。「自覚の意識の成立するには「自分に於て」といふことが付加せられねばならぬ。知る我と、知られる我と、我が我を知る場所とが一つであることが自覚である」（西田三・三五〇）。西田がはじめて独自の意味を込めて「場所」という言葉を用いたのは、この箇所においてである。このように「場所」の思想の成立は、「自覚」の場所的な性格が問題にされたことと密接に結びついている。そしてその前提として、「基体」概念の受容およびそれの独自な理解があったと考えられる。「働きに中に入り来らざる基体」としての「我」が、自己を自己の中に映すことによって自己を具体化し、自己を見るという自覚の本質を、西田は、「我を超越したもの、我を包むものが我自身である」（西田三・三五〇―三五一）という言葉で言い表している。「我を超越したもの」と「我」との関係がこのように「包む」こととして捉えられたとき、「自分に於て」という自覚の場所性に注意が向けられることは必然的であったように思われる。

先に「場所」の思想の成立にアリストテレスの「基体」概念の受容が大きな役割を果たしたことを述べた。しかしすでに論じたように、西田はアリストテレスの概念をそのまま受容したわけではない。西田が自らの思想を「場所」という言葉で言い表そうとしたのも、そのことと関わる。アリストテレスの「基体」概念に対する西田の批判はたとえば先に引用した「取残されたる意識の問題」の論文においては次のように言い表されている。「アリストテレスは嘗て実体 οὐσία を定義して判断の主語となつて述語とならないものと云つた。私は実体の定義として未だこれ以上のものを見出すことはできない。……若し斯く云ひ得るならば、之を逆にして述語となつて主語とならないものに於て、尚一層深い意義に於て有るものを考へ得るではなからうか。アリストテレスは唯主語の方向にのみ、判断の基礎となる超越的なるものを求めたのであるが、真に判断の基礎となる超越的なるものは主語の方向にあるのではなく、寧ろ述語の方向にあるのである」（西田七・二二一）。

すでに見たように西田は「基体」を、自己のなかに自己を映すことによって自己を見、自己を知るものとして、その意味で、我を超越し、我を包むものとして理解している。それは、包摂判断における主語と述語との関係で言えば、どこまでも述語の方向に求められる。アリストテレスの「基体」概念は、そのような真に判断の基礎にあるものをとらえるものではないというのが、西田のアリストテレスに対する批判であったと言うことができる。

西田によれば「基体」は自己を対象化するものではあっても、それ自身は対象化されないものであった。概念化されないもの、主語として規定されないものであった。「此者〔真の我〕は同といふこともできない、異といふこともできない、有とも無とも云へない、所謂論理的形式によつて限定することのできない、却つて論理的形式をも成立せしめる場所である」（西田三・四一九）という言葉で西田はそのことを言い表している。それは知識の内容ではなく、知識成立の場所であり、主語と述語との包摂関係に着目して言えば、その関係をどこまでも押し進めていったときに最後に行きつく超越的な「述語面」、「何処までも述語となつて主語とならないもの」であった。それは、それ自体としては決して主語に、言いかえれば知識の内容となりえないものであり、ただ「場所」としてのみ把握されうるものであった。

以上で見たように「基体」という概念は西田の「場所」論の展開の過程においてきわめて重要な役割を演じている。しかし西田は自らの思想を言い表すために最終的には「基体」ではなく、「場所」という概念を用いた。それは「基体」という言葉がもともとアリストテレスにおいて勝義におけるウーシア（実体）を意味したことと も関わるであろう。それに対して西田は場所が有ではなく「無」であることを主張する。しかしもちろん有から区別された無、有に対立する無ではない。あらゆる有を否定する無であっても、対立するものをもつかぎり、一種の有と見なしうるからである。西田が場所を「無の場所」と表現するとき、意味されているのは、「有無を包んだもの」、「有無の対立をも超越して之を内に成立せしめるもの」（西田三・四二四）と言うことができる。それを西田は「単なる場所」（西田三・四三六）という言葉で言い表す。決して知識の内容となりえず、いかなる意味でも有と規定されえないものであるからである。しかしまさにそれが自己を自己のなかに映すことによって、有無がそこに成立するのである。この二重の性格を西田は「場所」ないし「無の場所」という概念に込めたと考えられる。

西田の思索の根底には、事柄を対象化し、その限りでそれを明らかにしようとするのではなく、事柄全体から、換言すればリアリティそのものから見ようとする態度があった。つまり、近代の認識論のように主観・客観の対置から出発するのではなく、そのような構図が描かれる以前のリアリティそのものから事柄を把握しようとした。あるいは事柄を、実体を前提したうえで、それと属性との関係として把握するのではなく、具体的一般者として把握しようとした。そうすることで「存在」へのとらわれから解放することを西田は試みたと言うこともできる。むしろ西田は、対象としてとらえられないもの、「無」と呼ばれるべきものを基礎において、そこから事柄を把握しようとした。論理的に言えば、主語を中心に組み立てられた論理ではなく、述語を中心とする論理を考えようとしたと言ってもよい。「自己」ということに注目して言えば、それを実体としてではなく、場所として理解することが西田の意図したところであった。このように西田はわれわれの思索の前提、あるいはわれわれの思索の枠組みそのものを問いなおすことを試みた。その意味で西田の思索は真にラディカルな性格をもつものであったと言うことができる。

注

（1）たとえば山田宗睦は西田の『善の研究』を「透谷の「内部生命論」の哲学化」であるとしている（『西田幾多郎の哲学』三一書房、一九七八年、六八頁）。古田光は西田哲学を「日本における「近代的個人」の精神的支柱を索めて出発した哲学」として捉え、福沢諭吉―綱島梁川―西田という系譜に注目している（「日本的観念論哲学の成立」、遠山茂樹ほか編『近代日本思想史』青木書店、一九五六年、第二巻、四一八頁、「西田幾多郎」、務台理作ほか編『近代社会思想史論』青木書店、一九五九年、三五三、三五五、三六三頁）。上山春平は西田と中江兆民、狩野亨吉との関わりについて論じている（『日本の思想――土着と欧化の系譜』サイマル出版会、一九七一年、第一～四章参照）。橋本峰雄も「近代的世界観の哲学的形成」のなかで、西田の『善の研究』を、井上円了、井上哲次郎、三宅雪嶺らの「有機体の哲学」の流れのなかに位置づけている（古田光・作田啓一・生松敬三編『近代日本社会思想史I』有斐閣、一九六八年、二九七頁）。

（2）船山信一は第一部第二章で見たように、西田の「純粋経験」論を井上の「現象即実在論」を「発展させ大成させた」ものとして捉えている（『明治哲学史研究』七九頁）。一方、渡部清は「「西田哲学」の真景」（『日本の哲学』第八号、二〇〇七年所収）のなかで、西田の思想と井上哲次郎の「現象即実在論」、そして井上が踏まえる『大乗起信論』の思想とのつながりを強調し、西田のなかには「思想内容の独自性はまったくといってよいほどない」としている（同誌七一頁）。

（3）フェヒナーの次の著作を参照。Gustav Theodor Fechner: Die Tagesansicht gegenüber der Nachtansicht. Leipzig 1879. S. 1.

（4）H. Bergson: Introduction à la métaphysique. Œuvres. Textes annotés par André Robinet. Paris 1959. p. 1408.

(5) 左右田喜一郎「西田哲学の方法に就いて——西田博士の教を乞ふ」(『哲学研究』第一二七号)三頁、藤田正勝編『西田哲学選集』別巻二(燈影舎、一九九八年)、四五頁。

2　田辺元の思想形成と西田哲学批判

(1) 数理哲学・科学哲学の研究からカント・ヘーゲルの研究へ

田辺元はその思索の出発点において西田幾多郎から大きな影響を受けた。それは最初の論文「措定判断に就て」(一九一〇年)のなかの、「物我の差別」のない「純粋一如の経験」こそがすべての認識の基礎であるという記述からも知られる。しかし、その影響関係は一方的であったのではなく、前章でも触れたように、両者は相互に影響を与えあいながら思想を形成していった。その過程で田辺は、「数理哲学研究」(一九一八年、出版は一九二五年)により京都大学で学位を取得し、また『科学概論』(一九一八年)などを出版した。この田辺の研究を誰よりも評価していたのが西田幾多郎であった。それが田辺の京都大学への招聘につながった。一九一九年に京都大学に転じてからは田辺は主としてカントやヘーゲルの研究に取り組んだ。一九二四(大正一三)年には『カントの目的論』を、一九三二(昭和七)年には『ヘーゲル哲学と弁証法』を出版している。

このように田辺はその研究対象を大きく移していったが、その転換に深く関わっていたと考えられるのは、一九二二年に、最初まずベルリン大学のアロイス・リールのもとに、そしてその年の夏学期から一年間フライブルク大学のフッサールのもとに留学したことであった。そのことを田辺は、戦後、『カントの目的論』が再刊された際の「序文」のなかで次のように記している。「私が哲学に志して以来、それまで専ら力を集中した認識論的方法論のいはゆる科学批判の仕事から、思弁の方向に転じて世界観の追究に向ふやうになつた転機も、まさにこのカントの目的論の研究にあったのである。その主たる動機は、当時フッセァルの許に留学して科学的哲学の限界をさとらされたことと、この消極的側面に対する積極的側面として、当時第一次世界大戦後の独逸哲学界に漲つて居た世界観的哲学の要求に、みづから共感したことにあつたと思ふ」(田辺三・八)。

ここで言われているように、ドイツ滞在中に田辺はドイツにおける哲学の潮流の大きな変化に直接触れる機会をもった。第一次世界大戦のあとの混乱と不安のなかで、新カント学派の哲学がほとんど「閑事業」に近いものとみなされ、その影響力を失うとともに、そこではまったく無視されていた人間の「生」に目を向け、その「生」の領域全体を直接的な体験を通して把握し、理解しようとする新しい潮流、そしてその上に形而上学的な統一原理に基づいた世界観を構築しようとする潮流が力をもちつつあったことを目の当たりにした。そのような新しい哲学の潮流への共感が、田辺の関心を「批判から世界観へ、数理物理的自然から人間社会の歴史へ」と向けさせたと言うことができる。

ただ興味深いのは、田辺が単純に「生の哲学」や「世界観の哲学」を称揚したのではなく、その限界にも目を向けていた点である。帰国の翌年、一九二五年に発表した「認識論と現象学」のなかで田辺は、「生の哲学」もまた、単なる機智の産物にとどまらないためには、哲学として厳密な原理の上に立たなければならないことを強調している。新カント学派の「学の哲学」(Philosophie der Wissenschaft) と「生の哲学」(Philosophie des Lebens) のうち、一方を排除してしまうのではなく、むしろ両者を統合することが現代の哲学の課題であるという認識を田辺はもっていた。そしてまさにそれを実践しようとする試みをフッサールの現象学のなかに見いだしたのである。

しかし同時に田辺は、フッサールの現象学もまた、その哲学の要求を完全に充たすものではないという見解をここで表明している。もちろん一方では、田辺は「抽象を忌み具体的事象性 (Sachlichkeit) を重んずる」ところに現象学の「本来の精神」があるということを述べ、そのような現象学の考え方に対する強い共感を示している。しかし他方、フッサールの現象学においては、未だ「生の哲学」が要求した「完全な具体性」を獲得するまでにいたっていないというようにも判断している（田辺四・二二）。

田辺がこのようにフッサールの現象学に対しても批判的な目をもちえたのは、おそらく彼がフライブルクで、フッサールのもとで助手を務めていたハイデガーの講義を聴くことができたからである。田辺はフッサールの現象学よりも、むしろハイデガーの解釈学的現象学のなかに大きな可能性を見いだしている。田辺が帰国してすぐに発表した「現象学に於ける新しき転向——ハイデッガーの生の現象学」（一九二四年）は、前章で触れたように、『存在と時間』出版以前の、まだ生成途上にあったハイデガーの哲学をわが国において初めて紹介した学術的な論文であった。一九二三年の時点ですでに田辺はハイデガー思想の斬新性、そしてその意義に注目していたのである。

この「現象学に於ける新しき転向」のなかで田辺はまず、フッサールの現象学が、新カント学派の形式主義に対して、「直観の明証性」をよりどころとしている点にその特徴があること、そして、そのことによって、「生」の領域全体の解明へのより広い展望を開きうるものであることを述べている。しかし他方で、フッサールの哲学はその「本来の要求である具体性 Sachlichkeit を充分に発揮するものであらうか」（田辺四・二二）という疑問を投げかけている。田辺はむしろ、この Sachlichkeit の要求に応えるものが、ハイデガーのなかにあると見てとったのである。それはこの論文の次の言葉のなかにも見てとることができる。「現象学は現実意識の自己理解、自己解釈に外ならない。ハイデッガーは斯かる意識の自己解釈 Selbstauslegung としての現象学をフッサールの構成的現象学と区別する為め解釈的現象学 hermeneutische Phänomenologie と称した」（田辺四・二九）。本質直観の立場に立った意識構造の分析記述ではなく、「生ける具体的なる意識」そのものの自己理解、ないし自己解釈がめざされているハイデガーの解釈学的現象学のなかに、田辺は現象学の新しい方向と可能性を見いだしたのである。論文の表題で言われている「新しき転向」とはそのことを指している。

(2) ヘーゲル哲学研究と西田哲学に対する批判

しかし田辺はその後、ハイデガーの思索の跡を追うのではなく、一九二七年から「弁証法の論理」と題した長文の論文を発表し始めた。そしてその後、連続してヘーゲル哲学と弁証法をめぐる論考を発表し、一九三二年にそれらをまとめ『ヘーゲル哲学と弁証法』というタイトルのもとに出版した。この時期の思索も、田辺にとって大きな転機となった。「生の哲学」でも、解釈学的現象学でもなく、弁証法へと舵を大きく切ったのである。

この転換に大きく関わったのは、当時の社会の、そして思想をめぐる状況であった。前章で引用した『カントの目的論』「再刊序文」の「マルクシストの理論闘争が学界を動揺せしめ、およそ思想学問にたづさはるもの、何人といへども多かれ少なかれ、その刺激を受けざるはなかつた」(田辺三・九)という言葉が、当時の思想状況の変化をよく示している。その影響をまっさきに受けたのが三木清や戸坂潤、梯明秀ら、若い学徒であった。田辺は『ヘーゲル哲学と弁証法』のなかで、学生たちが唯物弁証法を「万能の論理」の如くに信じはじめたことに対して、「論理に携はる教師」として座視できなかったという事情が弁証法の研究に向かわせたと記している。そしてどのような観点から、あるいはどのような立場からこの弁証法の問題に取りくんだかを次のように言い表している。「弁証法の論理として有する特色を取出して之を分析批判し、それが純粋論理の立場を如何に超脱し、其成立地盤として如何なる超論理的非合理的なるものを必要とするかを明にするという方法を採つた」(田辺三・七七―七八)。田辺は当初、新カント学派の純粋論理の立場から、ヘーゲルやマルクスの言う弁証法が論理を超えたもの、非合理的なものを含み、それを前提としていること、言いかえれば哲学として守るべき限界を超えでていることを明らかにしようとしたのである。

しかしやがて田辺は、——一九三一年に勃発した満州事変の前後を境にして、日本の政治や学問・言論を取りまく状勢が大きく変化したことが関係していると考えられるが——現実の社会や歴史、さらに行為の問題を論じる重要性を意識するようになり、またそうした問題を論じる上で、弁証法が力をもつことを認識するようになっていった。非常に短い期間に田辺のなかにその変化が生じたことは、「弁証法の論理」の直後に発表された「行為と歴史、及び弁証法のこれに対する関係」（一九二九年）においてすでに、マルクス主義に対する積極的な評価がなされていることからも知られる。

このような田辺の転換に直接的な機縁を与えたのは、三木清や本多謙三、戸坂潤らの田辺の弁証法研究——論文「弁証法の論理」における研究——に向けられた批判であった。そのことを田辺は『ヘーゲル哲学と弁証法』の「序」のなかで次のように記している。「私は是［三木らとの議論］に由つて、弁証法を最初から論理といふ観点に於て観ることの非を教へられ、運動、行為、実践、存在、の分析といふ立場から之を考へなければならぬことを悟らしめられた」（田辺三・七八）。

実際、たとえば一九三一年に発表された「ヘーゲル哲学と絶対弁証法」のなかで田辺は、哲学とは「弁証法の自覚」であり、そのようなものとして哲学は「実践を離れ現実生活から遊離した観想」ではありえず、「実践に即し生活に根ざす反省」（田辺三・一六六）でなければならないことを強調している。そして「弁証法」は田辺自身の哲学的な立場を表現する言葉にもなった——ヘーゲルやマルクスに対する批判の意味を込めて、しばしば「絶対弁証法」と表現された——。それ以後も田辺は、たとえば「種の論理」の時期の「哲学が知でなく愛知である限り、弁証法はそれの必然の途でなければならぬ」（「種の論理の意味を明にす」、田辺六・四六五）という言葉のなかに端的に表現されているように、弁証法こそ自らの哲学の方法であり原理であるという立場を維持しつづけた。

まさにこの時期に、つまり、自らの立場を弁証法という言葉で表現するようになった時期に、田辺は西田幾多郎の哲学に対する批判を公にした。西田が京都大学を定年で退職した二年後の一九三〇（昭和五）年に――「行為と歴史、及び弁証法のこれに対する関係」を発表したすぐあとに――田辺は「西田先生の教を仰ぐ」と題した論文を公にし、そこで西田哲学に対する厳しい批判を展開した。

田辺はヘーゲルやマルクスの弁証法から多くのものを学んでいったが、それをそのまま受け入れたわけではなく、それに対する批判を同時に語っている。ヘーゲル哲学に関して言えば、田辺がまず批判したのはその「発出論的」な性格である。「弁証法の論理」のなかですでに田辺は、ヘーゲル哲学がすべてのものを「必然の理」によって理解しようとする「汎論理主義」の性格をもつこと、そしてそれとともに一切の現実を「論理の普遍から発出せし」めんとする（田辺三・三三八―三三九）哲学であることを批判している。

発出論的な「汎論理主義」の立場に立つかぎり、現実そのもの、あるいは歴史は理解されえない。現実を単なる論理ではなく文字どおり現実たらしめているのは、「自由乃至偶然性を含む所の非合理性、概念との非公約性、論理に対する剰余性」（田辺三・三六一）であるからである。またそのような「汎論理主義」は、歴史に対する「非実践的観想性」（田辺三・三五五）、ないし「寂静主義」（田辺三・三六九）を帰結する。歴史は既成のものから生みだされる必然の過程ではない。歴史は「常に動く所の現在に於て成立し、各現在に於て予料せられる主観の自由可能としての未来との関連に於て、これと共に常にその意味を変ずる」（田辺三・三六六―三六七）のである。行為するものの「自由自発性」なしには歴史は成立しない。「行為と歴史、及び弁証法のこれに対する関係」での表現を使えば、歴史は、ヘーゲルの言う「理性の狡智」に操られた傀儡の運動ではなく、「歴史を作為変革する行為の自由創造」（田辺三・二三〇）によって、つまり、過去の負課を荷うだけでなく、未来の自由可能を予料する自由な自発性に基づく行為によって生みだされる。

このヘーゲル哲学に対する批判と、「西田先生の教を仰ぐ」における西田哲学に対する批判とは、深い繋がりをもっている。以上のような仕方でヘーゲル批判を展開するなかで、田辺は、西田哲学もまた同じ点で問題をはらむことに気づいたと考えられる。

「西田先生の教を仰ぐ」のなかで田辺がまず取りあげたのは、西田が「絶対無の自覚」という「宗教的体験」から出発してそれを哲学の原理として立て、その自己限定としてすべてのものを説明しようとした点である。「絶対的全体者」を、相対的なものの統一化のプロセスの彼方に要請される理念としてではなく、むしろ「与へられたもの」として前提し、それを体系の principium として立て、そこからすべての相対的なるものを秩序付けようとすることを、田辺はプロチノスの流出説と軌を一にするものとして退けたのである。このような「発出論的構成」（田辺四・三〇九）を取れば、哲学の自己廃棄につながるのではないかというのが、田辺が西田に突きつけた根本の問いであった。

そのような立場に立てば、「凡ては影の存在に変じ」てしまう（田辺四・三一二）。非合理的なものとしてわれわれの前に立ち、われわれの行為に制限を加える現実が、単なる「影の存在」として性格づけられる。「現実の非合理性乃至反価値性」は、西田の立場では、自覚の不十分性に帰され、それ自身が積極的な意味をもつことはない。非合理的なものを合理化する行為が求められるのではなく、反価値的なものが存在しない「宗教的自覚」に立つことが求められるである。そこでは一切のものが「静視諦観の光に包まれ」、「生のまゝなる現実とか行為とかいふものが、全く其本来の意味を失ふ」（田辺四・三一二）。

そのような現実やその非合理性、あるいは行為や歴史についての西田の理解を、田辺ははっきりとヘーゲルのそれと重ね合わせて理解していた。西田に対する批判の後に記された次の言葉は、そのことを明瞭に示している。「これはヘーゲル哲学の寂静主義として攻撃せられる所以のものを復興することではないか。私は此点から

［西田］先生の歴史に対する見解と反価値の解釈とに、特に疑問を懐かざるを得ないのである」（田辺四・三一五）。

3　後期西田哲学

（1）西田と田辺の現実世界および歴史への関心

西田は以上のような田辺の批判を承けて、その思索を現実の世界や歴史の問題に移していった。一九三二年に発表された『無の自覚的限定』はそのことを端的に示している。この書において西田がいかに田辺の批判を意識していたかは、その「序」の冒頭の次の言葉からもはっきりと見てとることができる。「実在と考へられるものは、その根柢に何処までも非合理的と考へられるものがなければならない。単に合理的なるものは実在ではない。併し非合理的なるものが縦《たとえ》、非合理的としても、考へられると云ふ以上、如何にして考へられるかが明にせられなければならぬ。非合理的なるものが考へられると云ふには、我々の論理的思惟の構造そのものに、その可能なる所以のものがなければならぬ」（西田五・三）。現実の非合理性に注目しようとする田辺の議論の正当性を認めるとともに、しかし同時に、非合理的なものがいかにして思惟されるのか、その根拠を示す必要性を強調している。

さらにそこで西田は「私の一般者の自己限定といふものには、その根柢に於て社会的・歴史的限定の意味がなければならない」（西田五・九）とも述べている。「一般者の自己限定」とは、西田が『一般者の自覚的体系』（一九三〇年）に収められた「一般者の自己限定」（一九二九年九―一〇月）や「総説」（一九二九年一〇月―一九三〇年一月）において問題にしたものであるが、そこで西田はまず、意識の根本構造が自覚にあることを述べるとともに、自己のなかに自己を見る自覚の極限において、もはや見るものがなくなるところに至ること、別の言い方をすれば、「絶対の無を見る」(西田四・三〇一)ところに至ることを述べている。この「絶対の無」は、西田によれば、知識の限界を超えたものであるが、しかし単に何もないということではない。その根底には「無限なる生命の流」(西田四・三五七)がある。その「深い内的生命」が自己自身を限定し、自己を表現する。それが「一般者の自己限定」である。それがただ単に内的生命の発露であるだけでなく、「社会的・歴史的限定」の意味をもつこと、言いかえれば、そこに限定されるものが「社会的・歴史的世界」(西田五・七)であることを西田はここで強調している。このように言うとき、西田はまちがいなく先に見た田辺の批判を意識していたと考えられる。

しかしもちろん、西田は『無の自覚的限定』においてはじめて歴史や世界の問題について論じたのではない。「一般者の自己限定」の論文においてもすでに、「内的生命」の限定として客観的に見られるものが広義における「歴史」であることを語っている。また、この「内的生命」を擬ディオニュシオスの「輝く暗黒」(dazzling obscurity)に喩えながら、それが「深い非合理的なもの」(西田四・三二六)をはらむこと、そして歴史がそれを映すことによって、そのうちに「非合理性」をはらむことを述べている。

これと重なるように、田辺もまた一九二九年九月に発表した「弁証法の論理(承前)」のなかで、歴史のなかに見いだされる「自由乃至偶然性を含む所の非合理性」(田辺三・三六一)に注目している。それを踏まえて、「行為と歴史、及び弁証法のこれに対する関係」(一九二九年一一月)で歴史について次のように語っている。「歴史は決して既成なる神の世界計画の実現ではない。それは飽くまで非合理的にして偶然的なることを免れない」(田辺三・二二七)。この偶然で非合理な歴史を目的に向かって必然化し、合理化するものこそ行為にほかならない。行為は歴史のための単なる手段なのではなく、むしろそれこそが「歴史の転回する枢軸」(田辺三・二二三)なのである。歴史は、人間の創造的な行為によって、つねにその意味を新たにし、不断に展開する。それを把握する論理として田辺は弁証法を重視した。しかし弁証法は彼によれば、客観的存在としての歴史の必然的な発展を規定する法則ではない。歴史はまさに「行為の自由創造」によって作為変革されるのであり、その相関関係によって歴史が新たな意味を獲得しつづけることを弁証法は示す。

（2）ヘーゲル弁証法の受容

西田が「社会的・歴史的世界」について詳しく論じたものとして注目されるのは、『無の自覚的限定』に収められた論文「私と汝」（一九三二年）である。そこにおいて西田は、歴史的世界を、個物（個人的自己）と環境（社会）とが相互に限定しあう世界として描いている。個人は一方において社会のなかで生まれ、その影響下に生きるとともに、他方その限定から独立に自己自身を限定し、かつ逆に社会を「改造する」。個物は「社会的・歴史的限定の極限」であると同時に、社会を変じ、歴史を動かす。この個人と社会、個物と環境との相互限定のプロセスを西田は「弁証法的過程」という言葉で呼んでいる。行為および歴史への注目は同時に、マルクスの、そしてその前提としてのヘーゲルの弁証法に対する積極的な評価、そしてその受容をも意味した。

ヘーゲルの弁証法の積極的な受容を示すのは、西田が、個物と環境との相互限定の根底に「自己に於て他を見るといふ直観の原理」を置いている点である。『精神現象学』においてヘーゲルは、真理がそこにおいて展開されるエレメント（境地）、つまり学の成立する地盤を、「絶対に他であることのうちに純粋に自己を認識すること(1)」という言葉で規定している。学以前の知あるいは意識は、ただ「自己意識」としてのみこの「真理の故郷」に立つ。「自己意識」とは、自己を自己それ自身から区別するとともに、この区別されたものが真実には区別されたものでないことをただちに意識する意識であるからである。ヘーゲルは、自己意識が別の自己意識に相対するときにはじめて、このような意味で真に自己意識であることを主張する。相手が自分と同様に自由で自立的な存在であることを承認するとき、しかも一方的にではなく、相互にこの承認が（しかもそのことが意識されつつ）

なされるとき、つまり「我々である我、我である我々」が成立するとき、自己意識ははじめて真に自己意識としてある。

このような議論をふまえて西田は、歴史的世界を、個人的な自己と個人的な自己、私と汝とが相対し、相触れる世界として描く。一方に於て私と汝とは「絶対に他なるもの」である。しかし他方、私は「自己の中に絶対の他を見る」とともに、「絶対の他の中に自己を見る」（西田五・二九五）。私は汝を一個の人格として認め、汝は私を同様に一個の人格として承認する。このような「人格的行為の反響」を介して私は私自身を知り、汝は汝自身を自覚する。私を私たらしめるのは汝であり、汝を汝たらしめるのは私である。自覚は本来、「社会的」（西田五・三〇六）な性格を持つ。

このようにヘーゲルの思想を積極的に受容する一方で、西田は自己の立場をヘーゲルの立場からはっきりと区別する。そしてそれを「場所的弁証法」と特徴づける。西田によれば、弁証法的運動は単に連続的なプロセスではない。そこに絶対の否定が考えられなければならない。西田の好んで用いる表現を使って言えば、弁証法的運動は「絶対の死」に基礎づけられている。しかしまた、その否定が同時に歴史的世界を生むゆえんでもある。つまり「死即生」と言い表される「絶対無の場所」の自己限定から歴史的世界が成立するのである。そしてそこで私は汝と相対する。すなわち自己の底に絶対の他を見、かつそのことを通して自己自身を知る。この「絶対無の場所」を西田は「周辺なくして到る所が中心となる円」（西田五・二八〇）にたとえている。この周辺なき円のなかに、無数の円が限定される。そしてその円の自己限定によって歴史は動き行くのである。

西田は以上のような立場からヘーゲルの弁証法の「過程的な」性格を批判する。つまり、一つの連続的な発展として弁証法的運動がとらえられている点を批判する。もちろん、ヘーゲルにおいても弁証法的運動は具体的普遍者の自己実現のプロセスと考えられている。しかし西田によれば、その過程はどこまでも合目的的な発展にとどまる。そこでは、合目的性の枠を越えた、生きて働く個物は考えられない。無に基礎づけられ、創造的に環境を限定してゆく「個物的生命」は考えられない。

以上のように、『無の自覚的限定』以降、西田の思想は大きな展開を遂げていくのであるが、その機縁を作ったのは、まちがいなく田辺の批判であり、弟子たちとの議論であったと言えるであろう。

(3) 弁証法的一般者

このように西田の関心は、「意識」ないし「自己」という問題から、「世界」へと移っていった。「私と汝」の論文は、その転換点に位置する。しかし『哲学の根本問題 続編』(一九三四年)の序においては西田は、「私と汝」がなお主として個人的自己の側から世界を見たものとして一面性を免れえない点を自ら指摘している。「世界」ということが西田のなかでほんとうに問題にされるようになったのは、『哲学の根本問題』(一九三三年)に収められた諸論文以後であった。

そのような変化がはっきり見てとれるものとして、たとえば「形而上学序論」(一九三三年)の次の言葉に注目することができる。「最も具体的なる真実在といふべきものは、個物と個物とが相限定する現実の世界と考へられるものであり、それが絶対に相反するものの自己同一として、弁証法的に自己自身を限定すると云ふことができる。即ちそれが弁証法的実在と考へることができる。我々の人格的行動の世界と考へられるものが、最も具体的なる真の実在界といふことができるのである」(西田六・五〇)。

ここではもはや「意識現象」ではなく、「現実の世界」、つまり、「我々の人格的行動を包み、我々がそれに於て人格的に行動する世界」こそが真の実在であることが言われている。そして『哲学の根本問題 続編』の最初の論文の「現実の世界の論理的構造」という表題が示すように、この世界の「論理的構造」をめぐって後期西田の思索は展開されていった。

注意しなければならないのは、後期西田による「世界」への注目が、決して、そこにおいて働く、あるいは行為する個物を無視するものではなかったという点である。この引用文のなかの「人格的行動の世界」という言葉が示すように、むしろそのなかで働き行為する人間にこそ西田の目は向けられていた。そのことは論文「現実の世界の論理的構造」の冒頭に掲げられた次の文章からも読みとることができる。「現実の世界とは如何なるものであるか。現実の世界とは単に我々に対して立つのみならず、我々が之に於て生れ之に於て死にゆく世界でなければならない。従来、主知主義の立場を脱することのできなかつた哲学は所謂対象界といふ如きものを実在界と考えた。それは我々の外に見る世界に過ぎなかつた。之に対しては我々は単に見るものに過ぎなかつた。併し真の現実の世界は我々を包む世界でなければならない、我々が之に於て働く世界でなければならない、行動の世界でなければならない。かかる世界の論理的構造は如何なるものであらうか」(西田六・一七一)。この引用からも明瞭に見てとれるように、「真の現実の世界」への注目は、単に「見るもの」、つまり認識の主体としての自己ではなく、現実の世界のなかで働き、行為する自己への注目と一つになっていた。われわれは世界の外に立って世界を眺める「単に見る眼」ではない。物との必然的な関わりのなかに立つ存在である。身体をもち、行為する。後期西田の「世界」をめぐる思索は、このような身体をもち行為する人間をめぐる思索でもあった。

いまも述べたように『哲学の根本問題』から『哲学の根本問題 続編』に至る過程で西田は現実の世界の「論理的構造」に目を向けていった。そしてそのなかで浮かび上がってきたのが「弁証法的一般者」の概念であった。これまで『無の自覚的限定』において「絶対無の自己限定」ないし「無の一般者の自己限定」と呼ばれたものは、『哲学の根本問題』の「私と世界」の論文以降、主に「弁証法的一般者の自己限定」という言葉で表現されるようになる。それは、現実の世界が、個物による個物自身の内からの限定(個物的限定)と、一般者(環境)

による一般者（環境）自身の限定（一般的限定）、この絶対に対立するもの、絶対に相反するものの自己同一として現実の世界が捉えられるに至ったことに関わっている。

一方において、個物はどこまでも時間の流れのなかで（「直線的に」）内的統一を保ちつつ自己を限定するとともに、他方、一般者によって包まれ、空間・場所のなかで（「円環的に」）外から限定される。この二つの限定はどこまでも相反する方向をもつ。個物的限定が、そのまま一般的限定になることはない。しかし、個物が個物に（私が汝に）相対し、相互に関わりあうとき、つまり個物の限定が具体的になればなるほど、その限定は空間的（円環的）な性格を帯びてくる。逆に、一般者による個物の限定が具体的なものになればなるほど、それは個物による自己自身の限定に関わってくる。つまり、時間的（直線的）な性格を帯びてくる。このように絶対に対立するもの（個物的限定と一般的限定）が、対立するものでありながら、同時に一つでもあるという構造に注目して、「弁証法的一般者」という表現がなされるようになったのである。

（4）絶対矛盾的自己同一

いま述べたような構造をもつものとして、現実の世界は「絶対に相反するものの自己同一」という言葉で言い表される。そのように言われるのは、現実の世界が同時に、一面において無限な弁証法的過程であるとともに、他方、その内容がつねに一つの全体として与えられるものでもあるからである。たとえば論文「形而上学序論」において次のように言われている。「我々の具体的世界と考へるものは、一面に無限なる時の流に於てあると考へられると共に、無限なる世界の重畳《ちょうじょう》と考へることができる、即ち一面に於て直線的に自己自身を限定すると共に、一面に於て円環的に自己自身を限定すると云ふことができる」（西田六・四六）。

西田によれば、現実の世界がそこにおいて成立している「現在」は、過去や未来から切り離された単なる現在、弁証法的な歴史の一地点ではなく、そのなかには無限の過去と未来が、つまりそれぞれの時代がもつ意味が同時存在的に含まれている。それらが現在の具体的な中身となり、現在を形作っているのである。引用文中の「無限なる世界の重畳」という表現はそのことを言い表している。過去や未来が、あるいはそのなかにあるさまざまな意味や課題・傾向が同時存在的であるということは、同時に現在がそれ自身のうちに矛盾を内包しているということでもある。時代はつねにそれ自身のうちに「自己矛盾」を含み、その故に「自己自身の中から自己自身を越えて行く」のである。

一方で無限な弁証法的過程であるとともに、他方、世界の無限な「重畳」をなすものとしても、歴史的実在の世界は、絶対に矛盾するものの同一という性格をもつ。この「絶対に相反するものの同一」という関係は、『哲学論文集　第三』以降、「矛盾的自己同一」ないし「絶対矛盾的自己同一」という言葉で言い表され、西田の思想の核心を言い表す術語として用いられていくことになる。われわれはそれを、「場所」の思想に対して加えられた批判を正面から受けとめ、展開された後期西田の思索の一つの結実とみなすことができる。

（5）行為的直観

さきほど、西田における「真の現実の世界」への注目は、単に「見るもの」としての自己ではなく、現実の世界のなかで働き、行為する自己への注目と一つとなっていると述べた。われわれは世界の外に立って世界を眺めているのではなく、物との必然的な関わりのなかに立っている。身体をもち、行為する。そのような人間のありようを西田は後期の思索のなかで、「行為的直観」という言葉を用いて表現しようと試みている。この「行為的直観」を西田がどのように定義しているかをまず見てみたい。文字どおりこの概念について論じた論文「行為的直観の立場」（一九三五年）のなかで西田は次のように述べている。「我々は行為によつて物を見、物が我を限定すると共に我が物を限定する。それが行為的直観である」(西田七・一〇一)。

この「行為によつて物を見る」という言葉で西田が何を言おうとしたのかを見てみたいが、その根底にあるのは、現実の世界を単なる対象界として捉える立場への批判である。すなわち、「行為的直観」の概念の根底には、人間を単なる認識主観として捉え、世界をそれに対立して立つ対象界として捉えてきた「主知主義」に対する批判がある。「行為的直観」をめぐる思索は、そのような批判を動機として展開されたと言うことができる。

ここで西田は、人間が単なる認識主観ではなく、身体をもつ存在であることを強調する。人間は何よりまず、身体的な存在であり、意識はその活動の一つの側面、あるいはその現れであるというのが西田の考えであった。「意識あつて身体あるのでなく、身体あつて意識があるのである」。しかし、人間が身体をもった存在であるということは、われわれが単に生物学的な意味での身体をもつということではない。西田が人間の身体をどのような観点から捉えているかをよく示しているのは、論文「行為的直観の立場」の次の言葉である。「私が此《ここ》に身体というのは単に生物的身体をいふのでなく、表現作用的身体をいふのである、歴史的身体を意味するのである」(西田七・一四三)。まず身体が「表現」に関わっていることが言われている。われわれが単なる「意識」ではなく、身体的な存在であるということは、われわれが欲求をもつ存在であるということでもある。そのような存在に対して物は単なる物としてではなく、「表現」として立ち現れてくる。言いかえれば、「表情」をもってわれわれに迫ってくる。「行為的直観」の定義として言われた「行為によつて物を見る」ということは、まず第一に、物がこのようにわれわれに対して表現的に立ち現れてくるということを意味している。

さらに、物はさまざまな表情で満たされているだけではない。同時に、欲求の主体であるわれわれを突き動かす。冷たい水の入ったコップを出されたとき、われわれはそれを飲み干さずにはいられない。そのような仕方で表現的に立ち現れる物は、われわれの行為を呼び起こす。「行為によつて物を見る」ということの第二の意味は、この行為の惹起という点にある。

西田はまた、この「行為」が単なる身体的な動作ではなく、物を作ること、つまり「ポイエシス（制作）」という性格をもつことを強調する。「行為によつて物を見る」ということの第三の意味は、この「物を作る」ということ、つまり「制作」にある。日々のなりわいとして農産物や工芸品を作ることも、また絵を描き、詩を作るといった芸術の営みもその例になるであろう。ここでわれわれは身体をとおして自己を表現するのである。そして作られたものは、ふたたび表現的なものとしてわれわれの前に立ち現れる。そこに「見る」ということが成立する。制作は直観に結びついていく。たとえば描かれた風景画は、なお不十分なものとしてさらに手を加える必要性をわれわれに意識させる。このように自ら作ったものを見るという点に、「行為によつて物を見る」ということの第四の意味がある。そしてその直観がわれわれをふたたび行為へと動かす。「我々は行為によつて物を見、物が我を限定すると共に我が物を限定する」という言葉は、この連関全体を指したものと言うことができる。そしてその連関を支える身体が「表現作用的身体」であると言ってよいであろう。

われわれは身体的な存在として、表現的なものに動かされ、表現的なものを作りだす。しかし「制作」は単なる刺激に対する反応ではない。「歴史」をその背景にもつ。「人間は何処までも無限に深い歴史的バラスト［ballast］を脱することは出来ない」という言葉で西田はそのことを言い表している。われわれは自らの歩みのなかで生まれた重荷を背負いながら、そして社会全体が歴史のなかでもつに至った課題の一端を担いながら行為する。つまり、物を作り、行為するにしても、ただ単に物を作り、行為するのではなく、どう行為すべきか、何を制作すべきかという課題を歴史から与えられながら行為し、制作するのである。先ほどの引用中の「歴史的身体」とは、そのような歴史のバラストを背負ったわれわれの身体を意味している。

われわれが歴史の重荷を背負って行為するということは、逆に言えば、われわれの行為を通して歴史が、あるいは世界がそれ自身を形成するということでもある。個人の行為を通して歴史は形作られていくのである。その関わりを西田は次のように言い表している。「我々の身体的自己は歴史的世界に於ての創造的要素として、歴史的生命は我々の身体を通じて自己自身を実現するのである。歴史的世界は我々の身体によつて自己自身を形成するのである」（西田八・四七）。歴史の課題を意識しながらなされる物を作るという行為が、単なる私の、内に閉じた行為ではなく、歴史的世界がそれ自身を形作っていく手段であること、そのような意味でわれわれが歴史的世界の「創造的要素」であることがここで言われている。

（6）最晩年の宗教論

西田は初期から晩年に至るまで、宗教の問題に深い関心を寄せつづけた。『善の研究』では、宗教こそ「哲学の終結」であることを述べ、その考察の最後に宗教についての章を置いている。また晩年しばしば自分の体系をしめくくるものとして宗教論を書きたいと語っていたことが伝えられている。それを実現したのが最後の論文「場所的論理と宗教的世界観」（一九四五年四月脱稿）であった。宗教の問題は、西田の思想全体を貫く一つの軸であったと言うことができる。

この最後の論文において西田は、「宗教的意識と云ふのは、我々の生命の根本的事実として、学問、道徳の基でもなければならない。宗教心と云ふのは、特殊の人の専有ではなくして、すべての人の心の底に潜むものでなければならない。此に気附かざるものは、哲学者ともなり得ない」（西田一〇・三三一）というように、宗教的意識が、すべての人の心の底に潜む「我々の生命の根本的事実」であることを何より強調している。この点に西田の宗教理解の核心が、そして同時にその特徴があると言うことができる。

ここでも、われわれの「生命」に背を向けた哲学（学問）は哲学ではありえないという西田の確信が語られている。「生命の根本的事実」に立脚するものとして、哲学と宗教とは共通の地盤の上に立つ。もちろん西田は両者を単純に一つのものと考えているのではない。その違いを西田は論文「経験科学」（一九三九年）において次のように言い表している。「歴史的世界の問題は我々の自己の生命の問題である。そこに哲学の問題、宗教の問題があるのであらう。我々の自己のアルファでありオメガである点が、宗教や哲学の問題となるのである。具体的なポイエシス的自己の自覚の立場、即ち全自己の立場から世界を考へ行くのが、哲学の立場でなければならない。……矛盾的自己同一の底に徹して自覚的に之を把握するのが宗教である」（西田八・四八五―六）。ここで言われているように、哲学も宗教も「全自己の立場」に立つことが求められる。世界を外から眺めるのではなく、世界のなかで生き、行為する（制作する）自己であることが求められる。生命の根本的事実にまなざしを向ける自己でなければならない。ただ、哲学がそこから世界を問題にするのに対し、宗教はどこまでも自己に徹することを追求する。宗教はわれわれの自己の根源を把握しようと努めるのである。

先の引用で「すべての人の心の底に潜むもの」と言われていたが、通常のわれわれの意識には、この根底の事実は必ずしも顕わになっていない。それはわれわれの自己そのものであるが、われわれはむしろそれから目をそらして生きている。もしそうであるとすれば、いかなるときにその蔽われた自己がわれわれに意識されるのであろうか。この問いに対して西田は「場所的論理と宗教的世界観」において、「我々が、我々の自己の根柢に、深き自己矛盾を意識した時」というように答えている。それでは、いかなる事柄がわれわれの「深き自己矛盾」なのであろうか。これに対しては、「死の自覚」がそれであると言われている。この死は、単なる肉体の死、つまり生物的な意味での死ではない。われわれの自己の根底にある自己矛盾とは、「永遠の死」の自覚であると言われている。

では「永遠の死」とは何か、その点に関して西田は次のように述べている。「自己の永遠の死を自覚すると云ふのは、我々の自己が絶対無限なるもの、即ち絶対者に対する時であらう。絶対否定に面することによつて、我々は自己の永遠の死を知るのである」（西田一〇・三一四）。絶対無限なるものに相対することによって、「永遠の死」を、そしてさらに「永遠の無」を自覚するということが言われている。自己が永遠に無であるというのは、具体的にどのような事態を指すのであろうか。「場所的論理と宗教的世界観」のなかで西田がしばしば取り上げる親鸞の信仰を手がかりに考えてみたい。

　親鸞がしばしば用いる表現に「煩悩具足《ぼんのうぐそく》の凡夫《ぼんぷ》」というものがある。人間はかぎりない煩悩を身に具えた愚かな存在であるという透徹した眼が親鸞にはあった。愚かな存在であるのは、親鸞も変わりがない。『教行信証《きょうぎょうしんしょう》』の「信巻」に「悲しきかな愚禿鸞《ぐとくらん》、愛欲の広海に沈没《ちんもつ》し、名利の太山《たいせん》に迷惑して」[3]という親鸞自身の心情を吐露した文章がある。親鸞のなかには徹底した悪の自覚があった。そしてこの自覚は絶望につながっている。弟子の唯円が親鸞の言葉を記した『歎異抄』の第三では「煩悩具足のわれらは、いづれの行にても生死をはなるることあるべからざる」と言われている。このような絶望への転換を、「永遠の死を知る」という言葉は意味している。

　われわれが「深き自己矛盾」を意識するということは、しかし、自己自身の「無」を意識することには尽きない。先の引用した文章に続いて、西田は次のように述べている。「併し単にそれだけなら、私は未だそれが絶対矛盾の事実とは云わない。然るに、斯く自己の永遠の死を知ることが、自己存在の根本的理由であるのである」（西田一〇・三一四）。自己の「無」、自己の「永遠の死」を自覚することが、同時に「自己存在の根本的理由」でもあるが故に、「深き自己矛盾」ということが言われるのである。それでは、死の自覚が「自己存在の根本的理由」でもあるというのはどういう意味であろうか。

　それはつまり、死に直面することによって、逆に、自己を成り立たしめているものに、言いかえれば、自己の存在を支えているものに出会うということであろう。たとえば次のように言われている。「絶対者は何処までも我々の自己を包むものであるのである、何処までも背く我々の自己を、逃げる我々の自己を、何処までも追ひ、之を包むものであるのである、即ち無限の慈悲であるのである」（西田一〇・三四四）。「愛欲の広海」に沈み、「名利の太山」に惑う私、そして絶望する私を包むものに出会うのである。親鸞に即して言えば、「いづれの行にても生死をはなるることあるべからざるを、あはれみたまひて願をおこしたまふ」阿弥陀仏に出会うのである。いかに修行しても悟りを得ることのできない「悪人」をこそ救おうとするものの呼び声を聞くのである。

宗教とはわれわれの自己の「根源」を把握することであるというのが西田の確信であったが、そのように言われるとき、意味されているのは、この矛盾の自覚、つまり、自己の「死」、自己の「無」を意識したときにこそ、自己を支えるものに出会うという矛盾の自覚にほかならない。自己と自己を超えたものとのこのような関係を西田は「逆対応」という独自の概念で言い表す。「逆対応」と言われるのは、まず第一に、自己と自己を超えたものとが相矛盾するもの、直接にはどこまでも結びつかないものであるからである。有限なものと絶対無限なるもののあいだには決定的な断絶が存在する。それを直接追い求めても、われわれはそれへと至ることはできない。「人間より神へ行く途はない」という言葉で西田はくり返しそのことを述べている。しかし、われわれはわれわれの自己が徹底して無であること、つまり自己の死を自覚するとき、自己を生かしているものに、あるいはわれわれの存在を支えているものに出会う。まさにそのことを通して自己の無を超える。このパラドキシカルな事態を西田は「逆対応」と呼ぶのである。それを西田は「億劫《おくごう》相別れて、須臾《しゅゆ》も離れず。尽日《じんじつ》相対して、刹那も対せず」という鎌倉末期の臨済宗の僧大燈国師と花園帝の問答記に見える言葉でしばしば表現する。自己の力を恃《たの》んで、絶対無限なるものに直接向きあおうとするときにではなく、自己がそれからもっとも遠く離れたもの（無）であるときに、われわれは絶対無限なるものに出会うのである。

注

（1）Hegel: Werke in zwanzig Bänden. Bd. 3. Phänomenologie des Geistes. Frankfurt am Main 1970. S. 29.
（2）Ibid., 145.
（3）『浄土真宗聖典』（註釈版）、真宗聖典編纂委員会編（本願寺出版社、一九八八年）二六六頁。

4 田辺元の「種の論理」

(1)「種の論理」の形成へ

以上で見たように、西田は田辺の批判を承けて、その思索を現実の世界や歴史の問題に移していったが、ちょうどその頃、田辺は独自の哲学的な立場を作りあげつつあった。「種の論理」と呼ばれるものがそれである。それは一九三四年(昭和九年)以降、順次発表された「社会存在の論理——哲学的社会学試論」や「種の論理と世界図式——絶対媒介の哲学への途」、「種の論理の意味を明にす」など一連の論文のなかで展開された思想を指す。

田辺はなぜ「種」というものを考えるようになったのか、どのような動機から「種の論理」を構想したのか、あるいはそこにどのような意図を込めたのか、その点に関して田辺は、何度か、自ら「種の論理」を提起した動機として二つのものがあったことを述べている。「実践的」な動機と「論理的」な動機である。それについて詳しく見る前に、「種の論理」を提起するまでの田辺の思索の歩みについて簡単に触れておきたい(1)。

『ヘーゲル哲学と弁証法』に収録される論文を執筆していた時期、田辺は、ヘーゲルやマルクスの弁証法、さらには西田哲学への批判的論究を行うだけでなく、同時にハイデガーの哲学にも関心を寄せ、それに対する批判的な検討を行った。一九三一年に「綜合と超越」と「人間学の立場」という論文、そして一九三二年に「図式『時間』から図式『世界』へ」を発表したが、これらの論文はいずれもハイデガーの哲学、とくに一九二九年に出版されたハイデガーの『カントと形而上学の問題』に深く関わるものであった。

田辺はこれらの論考においていくつかの観点からハイデガーを批判しているが、一つは、ハイデガーのカント解釈においてどこまでも時間の優位性が主張されている点である。「図式「時間」から図式「世界」へ」のなかで田辺は、「如何にして単に根源的「時間」たるものから、本質上時間に還元せられざるものとしての空間を誘導することが出来るか」(田辺六・九)という問いを投げかけている。時間と空間の根源にあるものは、それ自体、「時間空間の対立的統一」という性格をもつというのが田辺の考えであった。この統一を田辺は「世界」(Welt)という言葉で表現しようとしているが、それは、アインシュタインの特殊相対性理論を数学的な観点から基礎づけたミンコフスキー(Hermann Minkowski, 1864-1909)の「世界」理解、いわゆるミンコフスキー空間(時空)から示唆を受けてのことであった。そのような観点から田辺は「綜合と超越」のなかで、「ハイデガーがカントの思想の中心を成すものとして理性批判の枢軸と考へた時間図式論は、世界図式論にまで拡張されなければならぬ」(四・三四九)と主張している。

このように「時間図式論」を「世界図式論」へと拡張することによって田辺はハイデガーの一面性を乗り越えようとしたのであるが、それによって、自然認識に局限せられていたカントの認識論が、「具体的なる歴史的社会的現実の認識にまで拡張せられる」のではないか(田辺四・三四九)とも記している。「種の論理」はいくつかの動機が結びついて構想されたと考えられるが、この着想もまた、それを準備するものであったと言うことができる。

(2)「種の論理」を提起した実践的動機

先に、田辺が「種の論理」を提起した動機として「実践的」な動機と「論理的」な動機とを挙げていると述べたが、前者に関して田辺はたとえば「種の論理に対する批評に答ふ」(一九三七年)のなかで次のように述べている。「その最初の動機は、国家の個人に対する強制力の由来を尋ね、その強制の合理的根拠を探るといふことであつた」（田辺六・三九九）。また「種の論理の意味を明にす」（同年）においては、その目的が、「国内に於ける強力なる、国家統制に直面して、それに処する合理的原理を求めるにあつた」（田辺六・四五四）ことを主張している。

これらの言葉は、「種の論理」が時代の状況と深く関わったものであったことを示している。先にも述べたように、日本の思想状況は一九三一年に勃発した満州事変の前後を境にして大きく変化した。日本が対外膨張政策をとって、世界のなかで政治的な孤立を深めるとともに、人々の目が内に向けられ、そうした政策の後ろ盾となる思想の確立が求められた。一九三〇年前後には、紀平正美《ただよし》（一八七四―一九四九）の『日本精神』（一九三〇年）や鹿子木員信《かずのぶ》（一八八四―一九四九）の『日本精神の哲学』（一九三一年）などが出版され、多くの雑誌が「日本精神」や「日本主義」に関する特集を組んだ。そしてこの民族主義、国家主義の高まりとともに、言論や思想の自由が大きな制約を受けていった。

そのような時代状況が田辺の関心を現実の社会へと向かわせたと考えられるが、そういう問題によりいっそう強い関心を抱かせたのは、田辺が身近で経験した滝川事件であった(2)。「種の論理に対する批評に答ふ」において田辺が「国家の個人に対する強制力」という言葉を用いたとき、その念頭にあったのは（少なくともその一つは）、滝川事件であったであろう。そのような時代の流れのなかで、国家による個人の統制に理性的な根拠があるのかどうか、あるとすればどのような根拠であるかという問題が田辺のなかで大きな位置を占めるようになったと考えられる。それが田辺を「社会存在」の問題へと、そして「種の論理」へと導いたと言ってよいであろう。

（3）「種の論理」を提起した論理的動機

さて、「種の論理」を提起したもう一つの動機として挙げられているのは「論理的」な動機である。それは、国家による個人の統制とそのあるべきあり方という問題から離れて、もっと一般的な観点から、「哲学そのものの方法」を確立したいという動機であった。

それは結局、「絶対媒介の論理」という田辺独自の論理を考えることを意味したと言ってよいであろう。田辺の理解では、論理の本質は推論にあり、類と種と個との媒介関係から切り離してそれを理解することはできない。しかし、類と種と個とを連続的な、ただ量において相対的に異なるものとしてではなく、他に還元されない独自の意義をもつものとして捉える点に田辺の理解の特徴がある。個は種との対立において成立するものであり、類も種の否定を通してはじめて成立するものである。しかし同時に、どれもまた、否定を介して相互に関係しあうものでもある。この「一を立するに他を媒介とせざることなき」関係を田辺は「絶対媒介」と呼ぶ。

「種の論理」の時期の田辺の思索をそれ独自のものとしている固有の原理は何か、という問いを立てるならば、おそらく「絶対媒介の弁証法」こそそれであると答えることができる。つまり、絶対的なものを前提し、そこからすべてのものを根拠づけていくのではなく、すべてのもの――言い換えれば類と種と個と――は相互に「媒介」されているという立場に立つ弁証法を田辺は考えたのである。しかし、田辺はこの時期に初めて自らの立場を「弁証法」という言葉を使って言い表したのではない。それに先立つ著作、『ヘーゲル哲学と弁証法』や『哲学通論』（一九三三年）のなかでも、ヘーゲルやマルクス、さらには西田の立場を批判しながら、自らの立場を「弁証法」――具体的には「絶対弁証法」――と言い表している。しかし、そこではまだ、ヘーゲルとマルクスの弁証法を否定し、それを逆転する形で「絶対弁証法」が語られていた。「田辺哲学」と呼ばれるだけの独自の意味内容がまだ十分に形成されるには至っていなかった。

「絶対弁証法」が「絶対媒介の弁証法」へと発展するためには、そこに「種」というものが媒介の中心として位置づけられなければならなかったし、それが単なる論理的な概念としてではなく、具体的な意味をもつものとして理解される必要があった。別の観点から言うと、『哲学通論』などの段階で考えられていた「絶対弁証法」においては、全体と個体、あるいは絶対と個の自由で自発的な行為という二つのものを軸に考察がなされていた。それに対して、「種の論理」の時期になると、個と全体の中間に位置する「種」というものが問題にされるようになったのである。そこにまさに「種の論理」以前と「種の論理」以後とを分けるものがあると言える。

それではなぜ田辺は全体と個だけでなく、その中間に「種」というものを考えるようになったのか。その点について考える上で重要なのは、「種の論理」の「実践的」な動機と「論理的」な動機、この二つの動機が相互に切り離されたものではなかったという点である。田辺自身も、この二つの動機が「必然的なる内面的関係を有する」と語っている。

なぜこの二つの動機が必然的な関わりを有しているのであろうか。現実の社会のなかにはさまざまな非合理なものが存在するが、哲学はこの現実の非合理性に無関心でいることはできず、むしろそれに積極的に関わっていくべきものとして田辺は理解していた。というのも、そのような非合理性の存在は「哲学の限界 Schranke」を意味するが、そうした限界を認めることは「哲学の否定」にほかならないからである。したがって田辺によれば、哲学は非合理的なものに関わらざるをえないのである。そのことを田辺は次のように言い表している。「論理は、論理を否定する非合理的直接態を媒介とすることに由つて、始めて絶対媒介たることが出来る。非合理的なる直接態こそ絶対媒介としての論理にとつて欠くことを得ざる否定契機でなければならぬ」（田辺六・一七六—一七七）。「絶対媒介の論理」は、現実の非合理性に関わり、それを合理が（否定の否定として）肯定されるための媒介項として全体のなかに位置づけないではおかないのである。

(4)「種の論理」とは

田辺によれば、国家が有する個人に対する強制力は、「個人が其内から生れ、其中に包容せられるところの、種族的なるもの」(田辺六・四四九)、つまり「種的基体」に由来する。そこで考えられているのは「血と土とに結付く直接的種的統一」としての氏族や民族、さらには民族国家である。その純粋な形を田辺は、レヴィ・ブリュール(Lucien Lévy-Bruhl, 1857-1939)が分析したトーテム社会のなかに見いだした。それを支配するのは「分有法則」(loi de participation)である。つまり、そこでは個を全体へと一体化する力が働く。しかし、その成員である個人は、この一体化の力に対抗し、独立自主性を主張する。「分有」ではなく、「分立」がその本質をなす。分立し、全体に対抗しようとする個の自由意志を田辺はニーチェの言葉を借りて「権力意志」と言い表している。それに対して種的な社会は、このような全体から離れ、その統合力を簒奪しようとする個に対して、それを抑圧し、否定しようとする。まさにこの二つの力の対立抗争が先鋭化した時代に生きているという意識が田辺のなかにあったと言ってよいであろう。

その対立抗争を克服し、種の盲目的で閉鎖的な統合を「無限全体的なる人類社会の絶対的開放性」(田辺六・六九)へともたらすことが課題として意識されていた。それは田辺によれば、権力意志である個の否定を通してはじめて実現される。しかしそれは単なる否定ではなく、同時に肯定でもある。権力意志としての自己の否定は、個が「人類の成員」として――「真の個人」として――生まれることでもある。この否定即肯定という絶対否定的転回によって、人類の成員としての個人が形成する国家、つまり「人類的国家」が成立する。

この転回は、直接的な統一体としての種――民族国家――が「人類的普遍性」を獲得することでもある。類的社会は、種と無関係に成立するのではなく、その直接的な統一を媒介として、つまりそれが基体となって成立する。この基体としての種が、個の否定を通して、類へと変化を遂げるのである。「類化せられた種」が成立すると言われている。それは種という基体の上にはじめて成立するものであるが、しかし他方、それは種の直接性の否定を通して実現されるのであり、両者が明確に区別されなければならないことを田辺は注意している。このことを田辺は次のように言い表している。「民族国家も亦人類的国家に止揚せられても、その種たる性格を失ふのでなく、たゞ種の直接統一が類の絶対否定的統一に止揚せられて、否定即肯定的に段階を異にし現れるのである」（田辺六・一三三）。したがって、「人類的国家」においても社会全体による個人の統制は残る。ただ、その統制は単なる強制ではなく、「理性に由つて自律に転ぜられる」。この直ちに自律でもある強制のなかに、田辺は、国家の個人に対する強制力がもちうる「合理的原理」を求めようとしたと言ってよいであろう。

（5）「種の論理」と西田哲学に対する批判

「絶対媒介の論理」においては、すべてのもの——類と種と個と——は相互に「媒介」されている。言いかえれば、何ものも直接には与えられ、前提とされない。とくに類の位置を占める絶対的なものについて田辺は次のように述べている。「所謂絶対といへども、之を否定する相対を媒介とすることなくして直接に立せられることは許されない」（田辺六・五九）。このように言われるとき、田辺の念頭にあったのはまちがいなく西田幾多郎の言う「無の場所」ないし「絶対無」についての理解であった。「種の論理と世界図式」においても田辺はくり返し「絶対無」が、直接に定立されるものであるかぎり、「絶対媒介の論理」の立場からは承認できないものであることを語っている。「種の論理」が提起された「論理的」な動機は、西田哲学に対する批判と深く関わっていたと言うことができる。

さらに、田辺が類種個の絶対媒介を主張した背景には、論理はその外に直接的で非合理的なものを残したものであることはできないという田辺の理解があった。その非合理的なものを否定して、それを合理的なものへと媒介し、肯定することによって論理ははじめて論理たりうると考えたのである。このことは逆に、直接的で非合理的な「種」が、論理が論理であるために欠くことのできない否定契機であることを意味する。この主張は、「場所」とそこに「於てあるもの」という二つの契機で構成される西田の「場所の論理」にはこのような媒介が成立しない、つまり、そこには「種」を容れる余地がないという批判と結びついていた。

それと関わって田辺はまた、西田の哲学が歴史の論理たりえないことを主張する。もちろん、すでに見たように、西田は「私と汝」の論文においても歴史を問題にしている。また、この論文に先立って西田は『岩波講座 哲学』のために文字どおり「歴史」(一九三一年)と題した論文を発表している。そしてそこで歴史について次のように述べている。「所謂時に於て変じ行くものが歴史を構成するのではなく、却つて時を包むものが歴史を構成するのである」(西田七・二四八)。歴史家はこの「時を包むもの」、つまり「永遠なるもの」の内容を見るのであり、歴史はこの「永遠なるもの」を映すもの、つまりその「影」であるというのが西田の基本的な考えであった。しかし、そのような理解は田辺からすれば、「無の限定の立場から歴史を眺める宗教的観想」(田辺六・二〇二)にすぎなかった。

もちろん西田も「時を包むもの」との関係においてのみ歴史を理解していたわけではない。「私と汝」においてもすでに——先に触れたように——個人による「社会の改造」の意義について語っている。田辺の「社会存在の論理」が発表された直後に執筆された「世界の自己同一と連続」(一九三五年)のなかでは、田辺の「種の論理」の影響を受けて、西田は歴史において国家や民族が果たす役割に言及している。たとえば次のように述べている。「種々なる国家とか民族とかいふものは、歴史に於けるそれぞれの傾向を担ふものである、それぞれの役目を演ずべく、それぞれの運命を有つて、歴史の舞台に生れ来り生れ去るものである」(西田七・七二しかし田辺の立場からは、国家や民族はただ単に、永遠なるもの、イデアの「影」を映し、そこから与えられるそれぞれの課題を担って歴史の舞台に登場し、その舞台から去っていくものではなかった。国家や民族は、何よりまず、歴史において個人の行為を制限し抑圧するものであった。「個人を直接強制する種的統一」（田辺六・一九五）であった。それに対して個は、種をその存在の母胎としながら、しかしその制限し抑圧する力を奪って自らの根源から「分立」しようとする。しかしその「分立」する個が、その自我性を否定して「理性的個体」となり、その理性に基づく行為によって種の直接的な非合理性を普遍性へと否定的に媒介することによって、はじめて両者の具体的な統一が実現される。この絶対否定的な転回のプロセスこそが歴史にほかならない。

しかし、個がこのように「種」の非合理性を絶対否定的に転換する主体になりうるのは、個の母胎であり、基体である「種」を媒介にしてのことである。そのような意味で田辺は「種」こそが「歴史の主体」であることを主張する。「歴史の基体として個人に対立するものは正に種としての民族である。種こそ歴史の基体であるといつてよい。単なる個人は歴史の主体として基体の媒介を欠く」（田辺六・二〇二）。このような意味での「種」の位置づけを欠く西田の歴史理解のなかに田辺はその抽象性を見るのである。そのことを次のように表現している。「基体たる種と主体たる個と共に埋没せられる無の場所が、如何にして歴史を成立せしめ得よう。無の場所の論理は論理にして論理でない」（田辺六・二〇二―二〇三）。

（６）西田哲学における「種」の位置づけ

以上のような田辺による「種の論理」の展開と、その立場からの西田哲学に対する批判は、以後の西田の思想展開に大きな影響を与えた。そのことをよく示すのが、一九三七年に刊行された『哲学論文集第二』である。そのなかに収められた論文「種の生成発展の問題」（一九三七年）のなかで西田は、歴史的現実が個性的なものとして自己を形成するためには、「自立的に自己自身を限定する幾多の種」が必要であることを述べている。種は「形」であり、「パラデーグマ」であるが、しかし決して固定したものではない。自己自身を形成する「歴史的現在」において、「自己自身を否定して個性的なるものを形成」し、「与えられた世界を変じ行く形成作用」(西田八・一八三)であることによって、別の言い方をすれば、「歴史的現実の自己限定の方向、即ち時代的方向」を担うことによって、生命をもったものに、つまり「生きた種」になる。この「生きた種」によってこそ、歴史的世界は矛盾を内包しつつ、自己否定的に自己を形成していくという考えを西田はここで示している。

しかし他方、種こそが「歴史の基体」であるという田辺の主張に対しては次のように反論を加えている。「論理と生命」(一九三六年)のなかで、「歴史的世界に於て国家とか社会とか考へられるものは、特殊ではあるが、それが歴史の基体といふべきものではなからう。或国家とか社会とかいふものは歴史的世界に於て媒介せられたものでなければならない」(西田八・九一)と述べている。特殊がつねに一般の特殊であるように、具体的な国家や社会もまた、「歴史的世界」において、その特殊としてはじめて成立するのであり、国家や社会そのものを「歴史の基体」とみなすことはできない。特殊を媒介として自己自身を形成していく一般こそが基体であり、国家や社会はその「世界の特殊」としてはじめて特殊でありうるというのが西田の考えであった。

このように田辺の「種の論理」の立場からの批判を受けとめることによって、『無の自覚的限定』の段階で重要な位置づけが与えられるようになった「社会的・歴史的世界」という西田の概念は、その具体的な内実を獲得していった。西田と田辺とがそれぞれ相手の思想の発展や批判を正面から受けとめ、それをバネにして自らの思想を発展させていったことがここからも見てとることができる。

（7）国家の問題

「種の論理」は、一九三七年に発表された「種の論理の意味を明にす」において一応完成した形を取るにいたったが、その後、時代の流れのなかで田辺は「国家」との関わりを論ずることを余儀なくされていった。とくに一九三九年に発表した「国家的存在の論理」のなかで田辺はその問題をめぐって考察を加えている。

もちろんこの論文においてはじめて「国家」の問題が論じられたわけではなく、「社会存在の論理」や「種の論理の意味を明にす」においても国家の問題は論じられている。簡単に言えば、「種の論理」は、個の自己否定を通して種が類化されることを、言いかえれば、人類的普遍性を獲得した国家が形成されることをめざすものであった、と言うことができる。そこでは、直接的な統一体としての「民族国家」と、種の類化を通して形成される「人類的国家」とは、段階を異にしたものとして明確に区別されていた。

「国家的存在の論理」においても、この区別は維持されている。田辺はここで直接的な種的基体——民族国家——の絶対化に強く反対している。そのような立場は、「世界歴史の下す世界審判により破滅を宣せられる」（田辺七・三六）とまで述べている。さらに、「全体主義の実力的侵略戦争謳歌がそのまゝ承認せられ難い」（田辺七・九二）ものであることも明瞭に指摘している。当時としてはほとんど考えられないほど踏み込んだ発言であった。

しかし他方でこの論文においては、先に述べた直接態としての国家と類化された種としての国家との区別があいまいになっている点も指摘しなければならない。たとえば国家は、「社会の存在と歴史の生成とが人間の行為に媒介」されることによって成立する「最も具体的なる存在」であると言われている。さらにこの論文において「応現《おうげん》」の概念が導入されたことが、先の区別をいっそう見えにくくしている。「応現」とは、仏教で仏ないし菩薩が衆生の素質に応じて身を現すことを意味する言葉であるが、それを用いて、国家が「絶対の応現的現成《げんじょう》」であることが言われている。この概念の導入は、現実の国家が絶対的なものを実現したものとして解釈される可能性を明らかにはらむものであった。もちろんそれを直接意図したものでなかったことは、先の種的基体の絶対化を否定する文章から見てとることができるが、しかし現実の国家をそのまま肯定する可能性を開くものであったことも確かである。(3)

田辺はこの「国家的存在の論理」を発表したあと、一九四一年になお「国家の道義性」、「思想報国の道」、「実存概念の発展」などの論文を発表しているが、太平洋戦争開戦ののちは敗戦まで、何回かの講演を除いていっさい論文を発表せず、沈黙を貫いた。当時田辺が置かれていた状況をわれわれは一九四六年に刊行された『懺悔道としての哲学』の「序」から知ることができる。そこで田辺は、一方で「国家の思想学問に関する政策に対しては直言以て政府を反省せしむべきではないか」という思いをもちつつ、他方、「戦時敵前に国内思想の分裂を暴露する恐ある以上は、許さるべきでないという自制」とのあいだで、「何れにも決することが出来ない苦しみ」を味わったことを述べている。このジレンマが沈黙を強いたと言ってよいであろう。

しかしたとえば一九四三年五月に「死生」と題して行われた京都大学での講演では、学生を前に、「我々は国と隔りをおくことは許されない。直ちに国に身を捧げるのである」(田辺八・二六〇)と語っている。実際、その年の末には、文科系学生の徴兵延期の措置が停止され、学生を戦場に送りだすことになったのであるが、それを先取りするような言葉であった。田辺は一九四四年の京都大学での特殊講義で「懺悔道」について語り、敗戦後、『懺悔道としての哲学』を出版することになるが、それは、このような自らの戦争に向きあう態度に対する反省を踏まえたものであったと言うことができる。

注

（1）詳細については、拙稿「「種の論理」はどのようにして成立したのか――田辺哲学の成立への道」（『思想』一〇九三号、二〇一五年）を参照されたい。

（2）滝川事件が田辺にとって大きな意味をもったことを、家永三郎は、学生の立場でこの事件に関わった久野収から直接聞いた話をもとに、「十五年戦争開始以後の急速に進行するファッシズムの動向に、田辺がはじめて直面せざるを得なかったのは、一九三三（昭和八）年の滝川事件ではなかったかと思われる」と記している。家永三郎『田辺元の思想史的研究』（法政大学出版局、一九七四年）四七頁。

（3）困難な状況のなかで国家のあるべき方向を指し示そうとした田辺の真剣な思索は、哲学者だけでなく政治学者の関心をも引いた。南原繁も一九四二年に刊行した『国家と宗教――ヨーロッパ精神史の研究』のなかで、田辺の「種の論理」に立ち入って論じている。しかし南原もまた、「種の論理」が現実の国家の「神性」を根拠づけるものとして働く可能性をそこで指摘している。

第三章　西田・田辺と同時代の哲学のさまざまな展開

1　高橋里美

（1）最初の西田哲学批判

本章では、昭和前期、西田・田辺と時を同じくしてさまざまな活動を行った人々の思索の跡を追ってみたい。まず最初に取りあげるのは、東北大学で長く教鞭を執った高橋里美である。高橋は、一九一二年、『善の研究』出版の翌年、「意識現象の事実と其意味――西田氏著『善の研究』を読む」を発表し、この西田の著作に対してはじめて学術的な批評を加えた人であった。そこで高橋は一方では、「明治以後に邦人のものした最初の、また唯一の哲学書」に接したという喜びが、この書を批評する決断をさせたと記すとともに、他方、とくに「純粋経験」の概念をめぐって、そのあいまいさを衝くいくつかの疑問や批判を記している。

高橋がとくに問題にしたのは以下の三つの点である。まず第一に高橋が問題にしたのは、西田が一方で「純粋経験」をいささかも思慮分別を加えない「経験其儘の状態」として、あるいは未だ主客の対立なく知情意の分離なき独立自全の純粋な意識活動として定義しながら、しかし他方、判断や思惟をも「純粋経験」としてとらえ、厳密な統一状態にある「純粋経験」と、やはりある意味で一つの統一的な働きである判断や思惟との違いを、統一の「程度の差」として説明しようとした点であった。次で、「純粋経験」が一方でいささかも思慮分別を加えない「経験其儘の状態」として説明されるとともに、他方、自ら分化発展し、この発展の過程を通して自己を完成・実現する一般者として捉えられている点に注目し、両者がいかに調和するのかを問題にしている。第三には、西田が一方で、厳密な統一の状態にある意識としての「純粋経験」を単なる事実であるとし、この統一が破れたときに、たとえば過去の感覚と結びつけられたときに、意味や判断が生じるとした点を問題にしている。高橋によれば、意味は決して他との関係や西田の言う「大なる統一」といったものに基づくのではなく、一つの意識現象それ自体のうちで事実と意味とが区別される。この点から出発しないかぎり、意識をめぐる諸問題は解明されないのではないかというのが、高橋が提出した問題であった。

西田はこの高橋の疑問ないし批判に対してすぐに「高橋（里美）文学士の拙著『善の研究』に対する批評に答ふ」と題した文章を発表し、純粋経験と非純粋経験とは互いに独立対峙する二つの種類の意識状態ではなく、一つの意識の「両面」であること、また「純粋経験」は自発自展する「具体的全体」であること、さらにそれは「意味即事実」であることを述べて、高橋の批判に答えている。しかし西田はこの反論で高橋の批評に十分に答えたと考えたわけではなく、その後も、その問題の重要性と解決の困難さを意識し、それを自らの思想を発展させる原動力としていった。その意味で、この高橋の批判は大きな意味をもったと言うことができる。

(2)「包越的全体性」の哲学

高橋は新潟高校教授などを経て、一九二一年東北大学理学部助教授となり、一九二五年から二年間ヨーロッパに留学した。一九二六年の冬学期から二学期間はフライブルク大学のフッサールのもとで学んだ。このフライブルク滞在が以後の高橋の思索に大きな影響を与えた。帰国後、「フッセルの現象学、特にその現象学的還元」、

「フッセルにおける時間と意識流」などの論文を相次いで発表し、一九三一年にはそれらをまとめて『フッセルの現象学』を発表した。この高橋の、そして山内得立の研究によってフッサール現象学が日本において広く知られるようになったのである。

高橋がフライブルクに滞在したとき、フッサールの思索はちょうど過渡期にあった。後期のいわゆる「発生的現象学」が準備されていた時期にあたる。おそらく講義や演習のなかでフッサールはその内容について語ったのであろう。高橋の諸論文は、フッサールがその著作を通して発表する以前に、その内容を伝えている。たとえば当時フッサールが「他我の認識」の問題と取り組んでいたことがそこからわかる。高橋はそれが哲学上、きわめて困難な問題であることを述べたあと、フッサールが「感情移入」という概念を導入して、その解決の道を探っていたこと（その問題をめぐって苦闘していたこと）を記している。さらにこの他我認識の問題との関連で、「身体性」や「運動感覚（キネステーゼ）」の問題もこの段階ですでに俎上に上っていたことがわかる（高橋四・三二以下）(1)。

以上のようにフッサールの生成途上の後期の思索を紹介することによって、高橋は日本における現象学研究の道を開拓していったのであるが、その後、『全体の立場』（一九三二年）や『体験と存在』（一九三六年）、『歴史と弁証法』（一九三九年九）、『包弁証法』（一九四二年）などを次々と発表し、自らの思想を構築していった。たとえば『全体の立場』のなかで、現象学に対して抱いた疑問を率直に吐露している。現象学は現象学的還元によって一切の立脚点から離れるべきことを主張するが、はたしてそれは実際にすべての立場から自由になりうるのかどうか、というのが高橋が抱いた疑問であった。しかし、もちろん現象学を否定することが高橋の意図したことではなかった。というのも哲学的な探求は一定の立場に立つことによってのみ可能になるからである。哲学とは、結局、「その時々に我々の達しうる体験全体の知的体系」（高橋一・八六）にほかならないというのが高橋の考えであった。それは不断に発展し、膨張しつづけるものであるが、しかしその全体はつねに相対的なものにとどまる。

しかしそこで高橋は足を止めるのではなく、歩をさらに一歩前に進めようとする。われわれが無限の発展の可能性を問うとき、そこには「発展の全体としての静止」が予想されていると高橋は考える。不断に発展しつづける知の体系は、「無限発展的体験の絶対的完結体としての高きポテンツの静止と矛盾するものではない」（高橋一・八七）と高橋は述べている。[2] この一切の存在、およびその活動を「包越」する高次の静止としての全体――「包越的全体性」――こそが、一切の存在とその活動との根源であると高橋は考えるのである。

（3）再度の西田哲学批判

そこから高橋はふたたび西田の哲学に目を向けていく。たとえば『全体の立場』に収められた「現象学的還元の可能性――付、中和変様の導来」において、彼が「活動全体としての静止」のさらに背後に「絶対無」が考えられると言うとき（高橋四・七八）、そこでは明らかに西田の哲学が意識されている。「絶対無」とは、高橋によれば、あらゆる存在、その全体を包んで、それを可能ならしめるものであるが、それはもはや存在領域に求められるものではないがゆえに、それを西田とともに「絶対無」と呼ぶのである。しかし、それは西田の「絶対無」とは同じではない。高橋は一九三六年に改めて西田の思想に目を向けた論文「西田哲学について」（『歴史と弁証法』所収）を執筆しているが、そのなかで次のように記している。「それは先生の絶対無の如く単なる場所ではなくして場所をも包越するものであり、先生のそれの如くに自己限定的な創造的な無ではなくして、かかる無をも包越したものと考える」（高橋四・二一四）。

高橋が西田の「絶対無」の概念を不十分と考えたのは、それがなお、物を包む場所として個物との相関関係において見られていると考えられたからである。そのように個物との関係において見られた「絶対無」は、真の意味で「絶対無」であるとは言えない。「絶対無」は自己限定的な無としての場所をも超越し、それを包む（包越する）無でなければならないというのが高橋の理解であった。このような観点から高橋はさらに、『哲学の根本問題』以降の西田による「無の場所」の弁証法的世界としての展開の試みを、絶対者の相対化ないし永遠者の時間化として批判している。

この批判からもはっきりと見てとれるように、「包越的全体性」こそが一切の存在の根源であるとする自らの哲学の形成において高橋はつねに西田の思想の展開を意識していた。西田哲学との対決を通していわゆる高橋哲学は形成されていったと言うことができる。

注

（1）高橋里美の著作に関しては、『高橋里美全集』全七巻（福村出版、一九七三年）から引用した。引用文のあとに「高橋」と記し、巻数と頁数とを記した。

（2）野家啓一は、高橋里美『全体性の現象学』（『京都哲学撰書』第一七巻、燈影舎、二〇〇一年）に付した「解説」のなかで、この「発展の全体としての静止」こそ、「高橋哲学を貫く一本の赤い糸」であるとしている。ただそこで言われる「発展」や「全体」、「静止」などの概念が抽象的で形式的な規定にとどまっているという点も指摘している（同書四〇四頁）。

2 九鬼周造

(1) 思索の歩み

九鬼周造(一八八八―一九四一)は一九〇九年に東京大学に入学、とくに外国人教師として哲学を担当していたケーベルから強い影響を受けた。九鬼の古今東西にわたるさまざまな思想や芸術、さらに日本の文化への関心は、ケーベルのもとで学んだ東京大学時代に培われたと考えられる。東京大学を卒業したあと、一九二一年から一九二九年までヨーロッパに留学、当時としては非常に長い滞欧生活を送った。一九二〇年代をはじめから終わりまでずっとドイツおよびフランスで過ごしたのであるが、当時のヨーロッパは、先に述べたように、思想的にはきわめて多くの実りを産んだ時期であり、その時期に留学できたことは、九鬼にとって大きな好運であった。

一九二〇年代は新カント学派の最後の光芒が見られた時期であるが、九鬼もまた、最初留学先に選んだのは、リッケルトのいたハイデルベルク大学であった。しかし新カント学派の哲学に満足することができず、フランスのベルクソンを慕って一九二四年にパリに移っている。九鬼をパリに惹きつけたものが何であったのかを、われわれは九鬼がフランス滞在中にフランス語で発表した「日本におけるベルクソン」(Bergson au Japon)という文章から知ることができる。第一章第一節でも触れたが、改めて引用すると、「我々のもとで彼[ベルクソン]の果した役割は、主として形而上学への意欲を駆り立てたことであった。ドイツ新カント派の批判的形式主義によってあまりにも干からびさせられた我々の精神は、ベルクソンの形而上学的直観という「天恵の慈雨」を迎え入れたのであった。ベルクソン氏は、カントが認識の質料と形相の間に打ち立てた厳格過ぎる区別立ての中にカント主義の基本的誤謬を見てとった。……哲学することは、直観の努力によつて具体的実在の内部に身を置くことにある。……ベルクソン氏は我々に「絶対を蘇生」させてくれた」（九鬼一・四三七）。

ベルクソンは「形而上学入門」において、実在はそれを固定化し分割すること、つまり「分析」という方法によってではなく、実在そのもののなかに深く探り入り、「一種の精神的聴診によってその魂の脈動を触知する」[1]ことによって、つまり「直観」によってはじめて把握しうることを主張し、そのような仕方で実在の把握をめざす立場こそが「真の経験主義」であり、「真の形而上学」であることを記しているが、そのようなベルクソンの立場への強い共感がこの文章のなかに見てとることができる。

九鬼はベルクソンに会ったときの思い出を「回想のアンリ・ベルグソン」（一九四一年）というエッセーのなかで記しているが、そこで九鬼は、ベルクソンが「二十世紀の前半が生んだ世界最大の哲学者だということは恐らく誰れも異論はなかろうと思う」（九鬼五・一四一）と高く評価している。このフランス滞在が、帰国後の九鬼に、日本におけるフランス哲学の本格的な研究の礎を築かせることになった。そしてそこから澤瀉久敬などの多くのすぐれたフランス哲学研究者が出た。その点も、以下で述べるハイデガーの哲学の紹介とともに、日本の哲学の歴史のなかで九鬼が果たした重要な役割の一つである。

一九二七（昭和二）年の夏学期、九鬼は再び、パリからドイツに戻り、まずフライブルクでフッサール、オスカー・ベッカーから現象学を学んでいる。またその年の冬学期にはマールブルク大学に移り、ハイデガーの講義を聞く機会をもった（ハイデガーは、一九二三年にフライブルクからマールブルクに赴任しており、一九二八年冬学期にはフッサールの後任としてフライブルクに戻った）。九鬼がフランスからドイツへ再び戻った理由も、おそらく彼がフランスに行った理由と同じものであったと推測される。つまりハイデガー、この一歳年下の気鋭の哲学者のなかに「絶対を蘇生させるもの」、あるいは「形而上学的なもの」を見いだしたからであると考えられえる。結局、八年にわたる留学生活のなかで九鬼がとくに影響を受けたのは、フランスのベルクソンと、ドイツのハイデガーであった。

（2）「時間」論

九鬼の研究の対象は多岐にわたるが、まず最初に具体的な形を取るにいたったのはその時間論であった。九鬼は八年にわたるヨーロッパ留学の最後の年、一九二八年の六月から一二月までふたたびパリに滞在したが、その際にパリ近郊のポンティニーで La notion du temps et la reprise sur le temps en Orient（時間の観念と東洋における時間の反復）と、L'expression de l'infini dans l'art japonais（日本芸術における無限の表現）という二つの講演を行った。この二つの講演はその年のうちにパリのフィリップ・ルヌアール社から Propos sur le temps（時間論）という題で出版された。これが九鬼の最初の著書となった。

「時間の観念と東洋における時間の反復」で九鬼が問題にしたのは——聴衆を意識してのことであったと思われるが——「東洋的時間」であった。もう一つ九鬼の時間論として重要な意味をもつのは『人間と実存』（一九三九年）に収められている「形而上学的時間」である。ここではその題のとおり、「形而上学的時間」という観点から時間が問題にされている。それに対して『時間論』において九鬼が立てた問いは、東洋における時間の特質は何か、ということであった。その問いに九鬼は「回帰的時間」という言葉で答えている。つまり、東洋では時間は直線的に進行するものではなく、「反復」するものと考えられているというのである。

たとえば「輪廻」という観念のなかにそれを見ることができる。そのなかで九鬼が注目するのは同一性である。輪廻はもちろん転生であり、本来、そこに同一性はない。しかし九鬼は、新たな生の原因はすでに前の生にあったのであり、両者のあいだに「実際に於ては何らの変化もない」と考える。そのような理解に立てば、輪廻とは、同じものが永久に同じものでありつづけることを意味する。同じものの無際限の再生である。そこにあるのは永遠にくり返す時間、つまり回帰的時間である。九鬼はさらにこの「魂の輪廻」としての回帰的時間を「大宇宙の輪廻」にまで拡大し、宇宙の回帰的時間（劫波《こうは》説）についても論じている。

「形而上学的時間」も同じくこの「回帰的時間」を問題にした論考であるが、その出発点において九鬼が立てた問いは、時間の絶対的な根拠は何かという問いであった。この問いは時間が有限か無限かという問いに関わる。それを有限と考えれば、時間が非存在から存在へとどのように移行するのかという困難な問題に逢着する。

それを無限と考える立場は二つに分かれる。一つはそれを直線と考える立場であるが、その場合、無限な時間は、ついに全体には達しえないという断片性をもたざるをえない。そのような無限を九鬼は「潜勢的無限」と呼んでいる。もう一つの立場は時間を終わりも始めもない円環として、つまり回帰する時間として捉える立場である。そこに考えられる時間、つまり無限性だけでなく同時に完結性をそなえた無限を九鬼は「現勢的無限」と呼んでいる。そして「輪廻」をこの「現勢的無限」の典型的な例として解釈している。「輪廻」はウパニシャッドなどに見られるように「車輪」に喩えられるが、その車輪は絶対に同一のものでありつつ、無限回、回りつづける。そこでは「絶対的同一性」と「量的多様性」とが矛盾することなく両立している。

（3）「いき」の構造

九鬼の思想の中核をなすものとして、「いき」をめぐる思索と「偶然性」をめぐる考察とを挙げることができる。両者の着想を九鬼はすでにヨーロッパ滞在中に得ていた。帰国した一九二九年の十月には「偶然性」という題で講演を行っているし、その翌年、雑誌『思想』の一、二月号に「「いき」の構造」という論文を発表している。それを推敲してまとめたものが、その年の十一月に刊行された『「いき」の構造』である。

九鬼がこの著作に込めた意図は、扉裏に記されたメーヌ・ド・ビランの“La pensée doit remplir toute l'existence.”（思考は存在全体を満たさなければならない）という言葉から知ることができる。この言葉に対応するように、九鬼は『「いき」の構造』の「序」のなかで次のように記している。「生きた哲学は現実を理解し得るものでなくてはならぬ。……現実を有りの儘に把握することが、また、味得さるべき体験を論理的に言表することが、この書の追う課題である」（九鬼一・三）。哲学は論理の世界に閉じこもるのではなく、現実に関わり、現実をありのままに捉えるものでなければならない、そのような意味で哲学は「生きた哲学」でなければならない、というのが九鬼の確信であった。『「いき」の構造』は、そういう九鬼の考えをそのまま具体化した著作であったと言える。

しかし「現実をありのままに把握する」ことが、どうして「いき」を問題にすることにつながるのかという問いは残る。その問いは、九鬼が言語をどのようなものとして捉えていたかということと深く関わっている。その点に関して九鬼は次のように述べている。「一の意味または言語は、一民族の過去および現在の存在様態の自己表明、歴史を有する特殊の文化の自己開示に外ならない」（九鬼一・八）。九鬼は言語のなかに、それを使う民族のあり方や、歴史、文化がそのまま現れていると考えたのである。つまり、言語は長い年月にわたって蓄積されてきた民族の文化的・精神的な営みを凝縮したものと考えられる。どの言葉も単に偶然できあがってきたのではなく、一つ一つの言葉のなかに、その民族のものの見方や考え方が、色濃く反映している。

たしかにそうであるとしても、しかしそのことはまだ、なぜ「いき」が問題になるのかという問いの答にはならない。九鬼が言うように、言葉の一つ一つが、それを使用する民族のものの見方や文化を反映して、その民族特有の色合いを帯びているとすれば、どの言葉がとりあげられてもよいはずだからである。それに対して、九鬼はおそらくこのように答えるのではないだろうか。一つ一つの言葉が民族の歴史や文化を反映する度合いは必ずしも同じではない。たとえば「左」や「右」のように、普遍性の強い言葉、つまりそれに対応する言葉を他の言語のなかに容易に見いだすことのできる言葉が存在する一方で、逆に特殊性の強い、つまり他の言語に対応するものを簡単には見いだせない言葉、しかも当の民族の文化や伝統の特徴をよく示すような言葉も存在する。

そのような例として九鬼は、フランス語の esprit（エスプリ）や、ドイツ語の Sehnsucht（憧憬）を挙げている。それと同じように、日本語のなかに日本の文化や伝統の特徴を端的に示す言葉を探すとすれば、「いき」こそその代表的な例であるというのが九鬼の考えであった。「いき」に近い言葉は他の言語にも存在するが、しかし「いき」には他の言語のどの言葉にも還元されない独自の意味内容がある。この「いき」の独自性を手がかりにして、日本人の美意識や価値意識、大きく言えば、日本の文化の特質を鮮明に浮かび上がらせることができるのではないかという考えが、九鬼の「いき」論の根底にあったと言うことができるであろう。

しかし、「いき」の具体的な意味内容を抽象し、その本質を取りだそうとするならば、われわれは「いき」の把握に失敗する。それを捉えるためには、「いき」を意識現象としてその直接性において把握しなければならない。どこまでもその具体性を尊重し、それを「生ける形態」において把握する必要がある。つまり、essentia（本質）ではなく、existentia、事実存在ないし現実存在を問題にしなければならない。九鬼の言い方で言えば、存在を「会得」しなければならない。

このような「解釈的」な方法に基づいて、九鬼は「いき」という意識現象から「媚態」と「意気地《いきじ》」と「諦め」という三つの徴表、つまりそれを構成する三つの主要な要素を取りだし、「いき」という意識現象を鮮やかに構造化して示した。媚態が全体の基盤となり、そこに意気地の理想主義が加わることによって媚態の直接性が「霊化」され、諦めが加わることによって、媚態の根底にある現実への執着が昇華され、瀟洒なものになる。そこに成立する「無目的なまた無関心な自律的遊戯」、つまり囚われを脱した自由な遊びを九鬼は「いき」と呼んだのである。

このような分析を通して九鬼は、論理のなかに、あるいは歴史のなかに閉じこもりがちになる哲学を生きた具体的な経験へと引き戻し、日本の哲学に、それがこれまでもつことのなかった豊かな内容と可能性とを付与した。もちろん「いき」は日本の文化の歴史のなかで培われてきた価値意識の一部でしかない。その意味で九鬼の「いき」をめぐる議論がもたらした成果はたしかに限定されたものであった。しかし九鬼はその分析を通して、哲学がいかに現実に肉薄し、いかに自らを豊かにしうるかを典型的な仕方で示したと言うことができる。九鬼が切り拓いた地平の上に立って、日本の哲学にいっそう豊かな内容を付与することは、残された課題であると言ってよいであろう。

(4)「偶然性」の哲学

九鬼周造の主著を挙げるとすれば、やはり一九三五年に刊行された『偶然性の問題』になるであろう。この単行本だけでなく、講演でもくり返し「偶然性」の問題を取りあげているし、京都大学に提出した学位論文も「偶然性」と題したものであった。そのほかにも「偶然の諸相」や「驚きの情と偶然性」など、「偶然性」をめぐっていくつかの論文を執筆している。

「偶然」とは何かということを九鬼は『偶然性の問題』の冒頭で、「否定を含んだ存在、無いことの出来る存在である」(九鬼二・九)と言い表している。あるいは「無が有を侵している形象」であるとも述べている。そのように述べるとともに、唯一、勝義における哲学である形而上学のみが存在ないし有を断片としてではなく、無との関わりにおいて、つまりその全体において問題にしうると主張している。そのように九鬼は、偶然性は哲学に固有の問題であると言うのであるが、しかし哲学の伝統のなかで偶然性が主題として問われてきたかというと、決してそうではない。それはむしろ、つねに哲学の本流から外へと追いやられてきた。無から切りはなされた有が、その主題の位置を占めてきた。そして有と無との境界面に成立する偶然性は「知性の闇」のなかに追いやられてきた。それに対して九鬼は、まさにその「知性の闇」に追いやられてきたものを正面から問おうとしたと言ってよいであろう。有が有であるのは、それを取り囲み、それを浸食してやまない無があってのことだからである。そのような意味で、偶然性をめぐる思索のなかで九鬼が行った試みは、西洋哲学への挑戦という意味をもっていたと言うことができる。

さて、九鬼は偶然を三つに分類する。最初九鬼はそれを論理的偶然、経験的偶然、形而上的偶然の三つに分類したが、単行本の『偶然性の問題』では、それを定言的偶然、仮説的偶然、離接的偶然の三つに分類している。一般に形式論理学では、主語と述語との結びつき方によって、判断を定言判断と仮言（仮説）判断、選言（離接）判断の三つに分類する。九鬼はこの三つの判断と様相の問題、つまり必然性と偶然性の問題を結びつけ、定言的必然・定言的偶然と、仮説的必然・仮説的偶然、そして離接的必然・離接的偶然を考えるのである。

順に説明すれば、まず定言的必然は「甲は甲である」という命題で言い表される。それは甲の甲自身に対する関係、あるいは甲という概念とその本質的徴表との関係である。たとえばクローバーの葉で言えば、それはほとんどたいていの場合は三つ葉であり、それをクローバーの本質的徴表とみなすことができる。しかしまれには四つ葉の場合がある。その場合は、ある概念の非本質的徴表が現実化したわけであるが、そのような場合、つまり「甲が乙である」という判断が成り立つ場合を、九鬼は、定言的偶然と呼んでいる。この定言的偶然は、個々の事物（とくに本質的徴表ではなく非本質的徴表をもつもの）がたまたま存在するという出来事に、つまり「存在の偶然性」に注目するものと言える。

仮説的必然は「ガラスのコップを落とせば割れる」という場合のように、理由と帰結とのあいだに必然的な連関、換言すれば、理由と帰結とのあいだに同一性が見られる場合を指す。そのような必然を九鬼は「甲ならば甲である」という命題で言い表している。「仮説的偶然」とは、理由と帰結とのあいだにそのような同一性が見られない場合を指す。たとえば、毎日散歩をする道沿いにある家の塀が強風に煽られて倒れ、けがをしたというような場合のことである。そこでは二つの無関係な因果系列がたまたま出会う（交差する）ことによってこの偶然の出来事が生じたと言える。その意味でこの偶然は「邂逅の偶然性」という性格をもつ。

離接的必然は「甲は甲′であるか、甲″である」という命題で言い表される。甲が離接肢（選言肢）のどれかであるということは必然的であるが、しかしそれが甲′であるということ、あるいは甲″であるということは必然的ではない。むしろ偶然である。つまり一つの離接肢（部分）が、全体に対してもつ関係が離接的偶然である。

このように九鬼は『偶然性の問題』では「離接的必然」を、そしてその否定として「離接的偶然」を考えるのであるが、しかし先に述べたように、最初は――たとえば一九三〇年に京大で行った特殊講義「偶然性」では――それを「形而上的偶然」と名づけていた。そのとき考えられていたのは、単なる「離接的偶然」ではなかった。単行本の『偶然性の問題』のなかでも「離接的偶然は形而上的の絶対者に対して特に浮き出てくる」と言われているが、「絶対者」、「絶対的な存在」との関わりで、この偶然性は考えられていた。つまり、絶対的な存在によるこの世界の創造ということと結びつけて考えられていた。そういう観点から言うと、われわれは今たまたまここにいるが、しかし無いことも十分に可能であった存在である。それがたまたまいることが「形而上的偶然」である。そのような意味でそれは「存在と無」に関わる偶然性であると言うことができる。

以上が九鬼の偶然論の概要であるが、このような偶然論を通して九鬼は結局何を語ろうとしたのであろうか。彼が語ろうとしたのは、結局われわれの存在が決して必然性をもったものではないということ、その足下にはいわば無の深淵が広がっており、われわれの存在は無の上に浮遊するものであるということであったと考えられる。逆の観点から言うと、われわれの存在の不思議さ、言い換えれば「有り難さ」(文字通りの意味で)が彼の言おうとしたものだと言えるであろう。

それと符合するように、『偶然性の問題』の結論の末尾で九鬼は世親(ヴァスバンドゥ)の書いた『浄土論』のなかに出てくる「仏の本願力を観ずるに、遇ふて空しく過ぐる者なし」という言葉を引用している。厳密に言えば、それを「遇ふて空しく過ぐる勿れ」(九鬼二・二一七)という否定命令の形に言い直している。私が、存在しないことも十分ありえたのに、ここにこのように存在していることの「有り難さ」、あなたとは出会わない可能性は十分にありえたのに、このように出会っていることの「有り難さ」、九鬼はそれを直視しようとしたのではないだろうか。

(5) 詩・押韻をめぐって

九鬼周造の思索がいわゆる哲学という枠に収まらないものであったことは、留学中、「巴里心景」と題した短歌や「巴里の窓」という詩を日本に書き送り雑誌『明星』に発表していたことや、一九三三年に京都大学文学部に新しく作られた講義「文学概論」を担当したことなどからも知られる。また晩年、九鬼が力を入れて取り組んだのは『文芸論』の執筆であった(この書は一九四一年、九鬼が亡くなってから出版された)。

この『文芸論』のなかで九鬼は文学、とりわけ詩の本質を時間性のなかに見ている(その意味で留学中以来の時間をめぐる考察にもつながっている)。『文芸論』によれば、詩のなかの時間は量として計測できる時間ではなく、質的な時間である。そこには「純粋な持続または流動」が流れていると言われている。そこで踏まえられていたのはベルクソンの「純粋持続」についての理解である。それを踏まえて九鬼は、詩においては「多様性の一が他の中に入り込んで相互に侵し合」う(九鬼四・一八)と述べている。

そして九鬼はまた、そこに押韻の根拠を見いだしている。万葉集に「竜田道の岡辺の道に丹躑躅のにほはむ時の桜花咲きなむ時に……」という高橋虫麻呂の歌（巻六、九七一）があるが、ニツツジノのニとニホハムトキノのニが、あるいはサクラバナのサとサキナムトキニのサが互いに他のなかに入り込んで浸透しあうときに、韻が成立するのである。そこでは時間は単に流れ去っていくだけの量としての時間ではない。記憶を通して持続し、重なりあい、相互に浸透しあう時間がそこにはある。そこでは時間は重層的である。重層的な時間の例として九鬼は「橘やいつの野中のほととぎす」という芭蕉の句を挙げて、次のように述べている。「過去が現在としてまったく同じ姿で蘇っている。全く同じ二つの現在、無限の深みを有った現在がそこにある。時間が回帰性を帯びて繰り返されていると言ってもよいし、永遠の今が現に存在していると言ってもよいであろう」（九鬼四・二二）。

学問が過去に、道徳が未来に位置を占めるとすれば、芸術は「現在に位置を占める」。しかしその「現在」は決して直線上の一点ではない。さまざまな時間が重なりあった厚みをもった時間である。そういう意味で文学あるいは詩は大きな宇宙を映す「小宇宙」であるとも言える。現在は現在のままで無限の過去と無限の未来をもちうるのである。「無限の深みを有った永遠の今」（九鬼四・三三）と言うこともできる。韻はまさに現在を「回帰性を帯びて繰り返」すことによって、あるいは「詩を同じ現在の場所に止まらせて足踏みをさせる」ことによって、そこに「永遠の今」を実現するのである。

『文芸論』のなかで九鬼がもっとも力を入れたのは「日本詩の押韻」と題された論考であった。もちろん九鬼は晩年になってからはじめて押韻の問題に関心を寄せたのではない。すでに一九二七年、パリにおいて「押韻に就いて」という文章を執筆し、それを『明星』に寄稿している（『明星』の廃刊のために活字にはならなかったが）。このことは、九鬼が早くから日本の詩の可能性について深い関心を寄せていたことを示している。

「日本詩の押韻」のなかで九鬼は、日本の詩においても押韻が可能なのかどうかを問題にしている。一般に日本の詩には押韻は適さないということが言われる。しかし九鬼はそのような理解を、日本人の感性と日本語の豊かさに対する認識不足に基づく見解であるとして退けている。古代の詩歌は、人々が「天体の運行に宇宙の音楽を聴いた霊敏な心耳と、衣ずれの微韻にも人知れず陶酔を投げる鋭敏な感覚」(九鬼四・四四八)をもっていたことを明瞭に示しているし、日本語はそれを表現し、「拘束の彼岸に夢のように美しく浮かんでいる偶然と自由との境地」を開きうる構造を十分に備えている。押韻による音楽性を通してその可能性を現実性へと展開し、日本の詩を世界的水準へと高めることがいま求められているというのが、九鬼のこの「日本詩の押韻」において主張しようとしたことであった。(2)

注

(1) H. Bergson: Introduction à la métaphysique. Œuvres. Textes annotés par André Robinet. Paris 1959, p. 1408.

(2) この点に関して詳しくは藤田正勝『九鬼周造——理知と情熱のはざまに立つ〈ことば〉の哲学』(講談社、二〇一六年)二一一二頁以下を参照されたい。

3　和辻哲郎

（1）和辻哲郎の思索の歩み

第一部第二章で触れたように、日本の哲学の歴史のなかでケーベルが果たした役割はきわめて大きかったが、その影響を強く受けた人に、前節で取りあげた九鬼周造のほか、和辻哲郎や阿部次郎らがいた。ケーベルにはPhilologie、つまり文献の学がもつ豊饒さへの強い信頼があったが、和辻はそれを典型的な仕方で受けついでいる。一方でホメーロスの『イーリアス』と『オデュッセイア』の原典批判の歴史について論じるとともに、他方、日本の古代文化にも深い関心を寄せている。一九一九年に発表した『古寺巡礼』のなかで和辻は奈良の聖林寺の十一面観音像について、「極東における文化の絶頂、諸文化融合の鎔炉、あらゆるものを豊満のうちに生かし切ろうとした大唐の気分は、全身を濃い雰囲気のごとく包んでいる。それは……人間の存在の神秘を、一挙にして一つの形像に結晶せしめようとしたのである」（和辻二・四四）と記している。この言葉からも、和辻が日本の古代の仏教美術のなかに東西のさまざまな文化の融合がもたらした美の極致を見ていたことがよく読みとれる。

その後も『日本古代文化』（一九二〇年）や『日本精神史研究』（一九二六年）など、すぐれた著作を次々と著していった。日本文化史の領域ですぐれた才能を示しつつあった和辻を、西田幾多郎や波多野精一ら、京都大学哲学科のスタッフは倫理学講座の担当者として招聘しようとした。最初、倫理学という体系的な学問には向いていないという理由で躊躇を見せた和辻であったが、くり返しての西田らの慫慂を受け入れて、一九二五年に京都大学に赴任した。そのあと一九二七年から翌年にかけてドイツに留学し、一九三四年に東京大学に移ってその倫理学講座の基礎を築いた。東京大学に移った年に『人間の学としての倫理学』を、さらに一九三七年には『倫理学』の上巻を発表している（中巻は一九四二年に、下巻は一九四九年に刊行）。この二つが和辻の主著である。一九四九年に東京大学を定年で退職したのちも、『鎖国』（一九五〇年）や『日本倫理思想史』（一九五二年）、『歌舞伎と操り浄瑠璃』、『桂離宮』（ともに一九五五年）など多くの著作を発表した。一九六〇年にその生涯を閉じている。

（2）風　土

ドイツ留学の副産物として生まれたのが『風土――人間学的考察』（一九三五年）である。ヨーロッパに向かう航海の途上でさまざまな風土に触れたことがそれを執筆するきっかけになったと考えられるが、留学中に手にしたハイデガーの『存在と時間』（一九二七年）からも大きな影響を受けている。ある意味で、ハイデガーに対する批判が、この著作を生んだとも言える。そのことを和辻は「序言」のなかで次のように記している。「［ハイデガーの］人の存在の構造を時間性として把握する試みは、自分にとって非常に興味深いものであった。しかし時間性がかく主体的存在構造として活かされたときに、なぜ同時に空間性が、同じく根源的な存在構造として、活かされて来ないのか、それが自分には問題であった。……空間性に即せざる時間性はいまだ真に時間性ではない」（和辻八・一―二頁）。

まず和辻が「風土」という言葉にどういう意味を込めていたかを見ておきたい。『風土』の第一章冒頭で、「ここに風土と呼ぶのはある土地の気候、気象、地質、地味、地形、景観などの総称である。……しかしそれを「自然」として問題とせず「風土」として考察しようとすることには相当の理由がある」（和辻八・七）と言われている。「風土」は、一般に「自然」と呼ばれているものと重なる。しかし「自然」と同じではない。人間から切り離されたものではないという点にその特徴がある。和辻がその風土論を通して問題にしようとしたのは、いわゆる「自然」ではなく、むしろ人間、「主体的な人間存在」であったと言うことができる。

「主体的な人間存在」と言うのは、外から客観的に観察される人間ではなく、自ら、生の主体として生きる人間のことである。その「主体的な人間存在」の一契機としての風土を和辻は問題にしようとした。したがってただ単に、観察対象としての自然、あるいは人間の生活の客観的な条件としての自然、言いかえれば、人間の生活を限定してくる環境を問題にしようとしたのではない。また、そういう対象としての自然が、客観的に人間の生活をどのように規定しているかを考察しようとしたのでもない。和辻の関心はどこまでも「主体的な人間存在」に向けられていた。具体的に言うと、われわれは冬に「寒い！」と感じるとき、この寒さに対応するために、着物を工夫したり、寒冷な気候に相応しい家の建て方を考案したり、生産の仕方を工夫したりする。このような「主体的な人間存在」の「自己了解の運動」に組み込まれたかぎりでの気候や景観が和辻の言う「風土」である。

このような理解の根底には、自然を客観的な対象として捉え、自然と人間の営み、自然と文化とを対立する概念としてとらえるヨーロッパ的な自然観、人間観に対する批判があった。文化と自然とを対立するものとしてではなく、必然的な連関のうちで考察することによって、和辻は文化を――たとえば宗教や芸術を――それまでにない広い視野のなかで考察しようとしたのである。

このような観点から、和辻は、この『風土』という著作のなかで、さまざまなタイプの風土、そして風土と人間との関わりを問題にしている。そしてそれぞれの風土のなかで、どういう人間が作り上げられてきたかを描きだそうと試みている。主要な風土の類型として和辻は三つのものを挙げている。モンスーンと沙漠と、牧場である。「暑さと湿気との結合」という特徴をもつモンスーンは、一方で人間に豊かな恵みをもたらすとともに、他方、大雨や洪水、干ばつといった暴威をふるう。そのような風土のなかでは「受容的・忍従的」な人間が生まれる。沙漠において自然は脅威として、人間に死を迫るものとして現れる。したがって人間は自然と戦わなければならない。またそのために他の人間と団結しなければならない。この強く団結した集団は自然と戦うだけでなく、少ない自然の恵みを求めて他の集団とも争わなければならない。内に対しては「服従的」な、そして外に対しては「戦闘的」な人間が作られる。それに対してヨーロッパの自然は温順であり、一度開墾されると、人間の支配に容易に従う。またその温和な自然のなかには、規則的な形がいたるところに見いだされる。そのような風土のなかでは、人間は、必然的に「合理的」になる。自然のなかに法則を発見し、それによっていっそう自然を支配するという態度がそこに生まれる。

この和辻の風土論に対してはさまざまな批判がなされた。「立論の材料が主観的に限られると共に、その見方も確実な断案に達するためには主観的局限を免れない」という安倍能成の批判[(1)]もその一つである。それに対してフランスの地理学者で『空間の日本文化』(一九八五年)や『風土の日本』(一九八八年)などの著作を発表しているオギュスタン・ベルク(Augustin Berque, 1942-)は和辻の風土論を積極的に評価している。『風土の日本』のなかでベルクは、和辻の「風土」理解を踏まえて、「通態的」(trajective)ないし「通態」(trajet)という興味深い概念を使用している。すなわち、主観的であると同時に客観的であり、自然的であると同時に人工的でもある風土の固有の次元を「通態的」(trajective)という言葉で言い表し、単なる主観でも単なる客観でもなく、「通態性」(trajectivité)をその本質とする風土の有り様を、「通態」(trajet)という言葉で言い表している。通常は「道のり」、あるいは「行程」を意味するこの"trajet"という言葉に、いま述べたような意味を込め、ベルクは、近代的なものの見方においてつねに固定的な対立項として見られてきた主観と客観、自然と文化、個人と社会が、風土においては決して固定した二元ではなく、むしろ「相互生成」するものであること、また「可逆的往来」が

可能なものであることを主張している。(2)

(3)「間柄」の倫理

和辻のもっとも大きな功績は、『人間の学としての倫理学』や『倫理学』全三巻を通して日本における倫理学研究の基礎を築いた点にある。まず和辻が「倫理学」という学問をどのような学問として理解していたかということを見ておきたい。『人間の学としての倫理学』のなかで倫理学は次のように定義されている。「倫理学とは人間関係・従って人間の共同態の根柢たる秩序・道理を明らかにしようとする学問である」(和辻九・一三)。つまり倫理学とは、人と人との間柄の正しい筋道としての人倫の理法を明らかにする学問である。したがってそれは、主観的な道徳意識についての、あるいはそれの養成(修身)に関する学ではない。

和辻がこのように倫理学は個人の意識についての学ではないと言うとき、その念頭にあったのは西洋の伝統的な倫理学であった。たとえばカントの倫理学では、自律(Autonomie)か他律(Heteronomie)かが問われる。つまり、行為の結果得られるであろう実質的な内容、簡単に言えば「幸福」を意志決定する際の根拠とするか、あるいは理性の法則である道徳法則に対する「尊敬」から、道徳法則それ自体を意志決定の根拠とするか、が問われる。それに対して和辻は、倫理は、そのようにある個人が、どのような根拠に基づいて意志を決定するか、という個人のレヴェルの問題には解消されないと考えたのである。

この倫理についての理解は、和辻が人間をどのように理解していたかということと深く関わっている。和辻は人間を何よりもまず個人として捉えようとする西洋近代の人間観を批判し、「人間存在の二重構造」を問題にした。つまり、和辻によれば人が人であるのは、他者に相対するとき、つまり人間関係のなかにおいてであり、人ということと人間関係、あるいは社会とは切り離しては考えられない。このような理解に立って、和辻は「人間」を次のように概念規定している。「人間とは「世の中」自身であるとともにまた世の中における「人」である。従って「人間」は単なる人でもなければまた単なる社会でもない。「人間」においてはこの両者は弁証法的に統一せられている。…… Mensch と Gemeinschaft を何らか別個のものとして考えるということは、我々の「人間」の概念においては許されない」（和辻九・二〇）。この Mensch であると同時に、Gemeinschaft であるということが、和辻の言う「人間存在の二重構造」である。

『人間の学としての倫理学』という表題は、倫理学が、このような意味での人間存在についての学であることを言い表している。人はつねに人に相対し、ある「間柄」を形成し、その関係のなかにおいて生きている。その「間柄」を支配する秩序・道理についての学が和辻の理解する倫理学である。

和辻はこの「間柄」を、単に生まれながらに親と子であるとか、法律上、夫と妻であるというようなスタティックな関係としてではなく、「行為的連関」として捉える。「間柄」というのは、和辻の理解では、まず何より、「相対するものがお互いに相手を行為の主体として実践的に了解しあうこと」である。そのように言われるのは、相手を「一個の主体として認める」ことが必然的に行為に結びついていくからである。具体的に言えば、相手を友人として認めるから、相手を信頼し、逆に相手の信頼に応えようとする。つまり、相手を倫理的な主体として認めるとき、その認識は、認識にとどまることなく、同時に行為に結びついていく。しかしそれは、行為によってはじめて「間柄」が成立するということではない。むしろ「間柄」がはじめにあって、その具体化、あるいは客観化として行為がなされる、というように和辻は考える。

そのような意味で和辻は「間柄」とは「行為的連関」であると言うのである。そのような他者との間に成立する「行為的」な関係を抜きにして人間というものを考えることはできないという考えが、和辻の倫理学の出発点にあったと言うことができる。このような観点に立って和辻は、『倫理学』のなかで、さまざまな人間関係、つまり家族や民族、国家といったもの、そしてそれらのなかで個人個人がどのように結びついているか、その連帯性の構造の分析を行っている。(3)

（4）和辻倫理学に対する批判

以上の点に和辻の「間柄」の倫理の特徴を見いだすことができるのであるが、しかしそれに対しては、これまでもさまざまな批判が加えられてきた。たとえば宇都宮芳明（一九三一―二〇〇七）は『人間の間と倫理』（一九八〇年）のなかで次のような指摘を行っている。まず第一に和辻は、人と人との「間柄」に注目し、その「間柄」こそ倫理の成立する場所であると考えるのであるが、しかしその、もともと個人と個人の間で成立する「間柄」から離れて、それをすぐに、個と社会、個と全体との関係にずらしていく。そしてこの個と社会、個と全体について、その両面が人間存在の二重構造をなしていると和辻は主張するのであるが、しかしつねに個よりも全の方に重点が置かれ、その二重構造がいびつな形になっている点を宇都宮は批判している。(4)

もう一つ和辻倫理学に対して向けられた重要な批判は、東京大学倫理学講座の和辻の後継者となった金子武蔵（一九〇五―一九八七）の批判である。和辻は、人間存在を支配する秩序、人倫の理法というのは、人間が具体的に置かれ、生活している場所のなかにあるという考えから出発して、「間柄」に注目し、そこにある秩序、それを支配している秩序を取り出そうとした。しかしそのようにして発見される秩序は、どこまでも「事実」である。しかし「事実」からは「価値」ないし「規範」、あるいは「当為」は演繹されない、言いかえれば、「存在」から「倫理」を導出することはできない、ということを金子は指摘した。(5)もちろん、すでに見たように、和辻は「間柄」をスタティックな位置関係としてではなく、「行為的連関」として捉えており、そこには事実にとどまらないもの、価値に関わるものが含まれているということも言えるが、しかし、和辻では「事実」と「価値」とが明確に区別されていないという金子の批判には聞くべきものがある。
西洋の個人主義的倫理を乗り越えようとした和辻の意図を生かしながら、以上で見たような弱点をどのように克服することができるかということは、なお今後に残された課題であると言うことができる。

注

（1）安倍能成「和辻君の『風土』」、『草野集』（岩波書店、一九三六年）三六七頁。
（2）オギュスタン・ベルク『風土の日本』（ちくま学芸文庫、一九九二年）一八五頁参照。
（3）西洋の倫理学のなかにも、和辻のように、「間柄」ということに注目した思想がないわけではない。代表的なものとしてレーヴィット（Karl Löwith, 1897-1973）の『共同的人間という役割を担う個人』（Das Individuum in der Rolle des Mitmenschen）を挙げることができる。これは一九二八年に出版されており、『人間の学としての倫理学』執筆にあたってそれを参照したかもしれない。『倫理学』（上）の「序論」では、「個別的な「人」を取り扱うのではなくして、自他の間柄を、すなわち人の相互のかかわりを」（和辻一〇・一九）取り扱ったものとして、レーヴィットのこの書物を高く評価している。しかし両者のあいだには違いも存在する。レーヴィットの方が「間柄」のなかにおける個人の相対的独立性、あるいはむしろ、個人のイニシアティヴを強調するのに対し、和辻では、家族や社会、国家という共同体のなかでの人と人の結びつきや、連帯性の構造に力点が置かれている。
（4）宇都宮芳明『人間の間と倫理』（以文社、一九八〇年）九四頁、一三九頁以下参照。
（5）金子武蔵「体系と方法」、湯浅泰雄編『人と思想・和辻哲郎』（三一書房、一九七三年）二〇五頁参照。

4　美学研究の発展

(1) 日本における美学研究の歩み

学問としての美学については明治時代にすでに、フェノロサの『美術真説』（一八八二年）や中江兆民によるヴェロン（Eugène Véron, 1825-1889）の『美学』の翻訳である『維氏美学』（上下、一八八三―一八八四年）、さらには森鷗外と大村西崖によるハルトマン（Eduard von Hartmann）の『美の哲学』（Die Philosophie des Schönen, 1887）の翻訳『審美綱領』（一八九九年）などを通して知られていたが、本格的な研究がなされるようになったのは、明治時代の末から大正時代にかけてである。それに大きな貢献を行ったのは東京大学で教鞭を執った大塚保治（一八六九―一九三一）と京都大学で美学美術史を担当した深田康算《やすかず》（一八七八―一九二八）であった。この時期の美学研究の成果としてまず挙げられるのは、阿部次郎の『美学』や大西克礼《よしのり》（一八八八―一九五九）の『美学原論』（ともに一九一七年）である。阿部の『美学』はリップス（Theodor Lipps, 1851-1914）の『美学』（Ästhetik, 1903, 1906）で展開された感情移入説の立場に立って美学の根本問題について論じたものである。また大西の『美学原論』はリップスやフォルケルト（Johannes Volkelt, 1848-1930）、フェヒナー（Gustav Fechner, 1801-1887）らの心理学的美学を基礎に置き、「美意識」の要素や性質、それを構成する原理について論じたものであった。これらの研究によって日本の美学研究の礎が築かれたと言ってよい。

深田康算は九鬼や和辻と同じく、ケーベルについて学んだ人である。その影響は、深田の代表的な論文の一つである「美しき魂」などに見てとることができる。生前は著作を一冊も出版しなかったが、没後に『深田康算全集』全四巻（一九三〇―一九三一年）が刊行された。古代から現代まで、また芸術哲学から美術史、美術批評まで、多方面にわたる研究を行った。一九二四年に京都教育会で行った講演「芸術一般」も、彼の芸術に関する理解を明快に語ったものとして、代表的な論考の一つに挙げることができる（一九七一年に『美と芸術の理論』として刊行）。

そのなかで深田は、学問、道徳と比較しながら「芸術とは何か」について論じ、芸術には、何かを求めたり、実現したりしようとする「努力」とはまったく異なった性格があることを論じている。ドイツの美学者グロース（Karl Groos, 1861-1946）の『動物の遊戯』（Die Spiele der Tiere, 1896）や『人間の遊戯』（Die Spiele der Menschen, 1899）を踏まえながら、遊戯本能こそが芸術活動の源泉であり、あるがままであることによって、学問や道徳の世界とは違った、ある「特別な、解放的な、まったく別な世界(1)」を切り開くものであることを主張している。

（2）大西克礼

大西克礼は一九三〇年に大塚のあとを襲い、東京大学の美学美術史講座を担当した。就任後、『カント「判断力批判」の研究』（一九三一年）や『現象学派の美学』（一九三七年）を出版した。後者は、リップス、フォルケルト以後の新しい美学研究の流れである現象学派の美学をはじめてまとまった形で紹介したものである。とくにそのなかで中心的な役割を果たしたオーデブレヒト（Rudolf Odebrecht, 1888-1945）の「美的価値論」を紹介するとともに、それに対する批判的な検討を加えている。

その後大西は、日本に固有な美意識に目を向けていき、『幽玄とあはれ』（一九三九年）、『風雅論――「さび」の研究』（一九四〇年）、『万葉集の自然感情』（一九四三年）などを相次いで刊行した。大西の体系的な美学理論は没後に出版された『美学』上下（一九五九―一九六〇年）のなかで詳しく論じられているが、その下巻『美的範疇論』で幽玄やあはれなどの日本的な美意識を体系的な観点から考察している。「美的範疇」とは、大西によれば、「美的なるもの」の種類、その価値形相であるが、近年の現象学的美学の立場などにおいては必ずしも十分に注意が向けられていない。しかし美学が体系的な学問であろうとすれば、当然、美の諸相、美の範疇（カテゴリー）をめぐる考察もまたその中心課題の一つになるというのが大西の理解であった。『美的範疇論』における大西のもう一つの関心は、もともと西洋の芸術や西洋の美意識の上に築きあげられた美学をさらに発展させるためには、日本や東洋の芸術、あるいは美意識をも考慮に入れる必要があるのではないか、というものであった。

　そのような関心から大西はまず基本的な美的範疇として、ドイツ観念論の美学やコーヘン（Hermann Cohen, 1842-1918）の『純粋感情の美学』などを踏まえながら、「美」と「崇高」と「フモール」とを挙げている。そしてその派生的形態として、とくに西洋芸術の視点から、「優婉（婉美）」と「悲壮（悲劇美）」と「滑稽」とを、また日本芸術の視点から、「あはれ」と「幽玄」と「さび」とを挙げている。

　「あはれ」について、大西は、美的な感動および直観を形而上学的な基底にまで滲潤させ、一種の世界観にまで拡大したものと説明している。「幽玄」はとくに歌論で重視された概念であるが、言葉の背後に名状しがたい「情趣」がただよう場合に、その「美的余情」を指す言葉として使われた。「さび」は「荒《さ》ぶ」という言葉に由来するものであり、本来、うらさびれ、荒涼とした様子、さらには年を経て古びた様子を指す。しかしその消極的なものが茶や俳諧の長い修練のなかで獲得された洒脱な精神態度によって積極的なものに転じられたところに、この「さび」という美的範疇が成立する。そこには蕉風の俳諧に見られるように、「をかしみ」の契機が含まれていることを大西は指摘している[2]。

　このように大西は日本的な美意識に立脚した美的範疇論を展開するのであるが、しかしただ日本の美意識ないし美的感覚の固有性を強調し、宣揚するのがその意図であったのではない。基本的美的範疇と派生的美的範疇とを区別し、後者を前者の派生態として捉えたという点からも見てとれるように、むしろそれらを普遍的な視点から捉え直そうとしたところにその特徴があるし、大西の後期の思索の大きな意義がある。その点を田中久文は「日本の伝統的美学を、閉鎖的視点から解放し、普遍的な美学との関係の中で、その意義を明らかにしようとした」と言い表している。(3)

(3) フィードラー美学の受容

日本の美学ないし芸術学の発展の歴史のなかで、大きな足跡を残したものに、コンラート・フィードラー(Konrad Fiedler, 1841-1895)の美学理論がある。フィードラーは在野の研究者であったが、『芸術活動の根源』(Ursprung der künstlerischen Tätigkeit, 1887)などを著し、ドイツにおける近代的芸術理論の形成に力のあった人である。

フィードラーはこの『芸術活動の根源』のなかで、まずわれわれの現実を、変化してやまないもの、定まった形をもたない不明確なものとして捉えるところから始めている。そしてその「絶え間ない遊戯」としての現実を所有する仕方に二つのものがあることを述べている。一つは、言葉によってそれを所有する仕方であり、もう一つは、視覚のなかで可視的なものとして所有する仕方である。言葉は、その変転してやまない不明確なものに明確な形を与える点にその特徴がある。しかし、それは同時にわれわれの経験、あるいは変転してやまない現実に決定的な変容を加える。それに対して第二の道、つまり視覚を通して対象を可視的なものとして所有するという方法をとることによって、われわれは、そのような現実を覆うヴェールを持ち込むことを回避することができる。しかしそれは逆に、変転のなかにとどまることでもある。眼で捉えたものは、すぐに消え去っていくからである。しかし、もしわれわれが全力を視覚器官に集中すれば〔それをフィードラーは"reines Sehen"（純粋に見ること）という言葉で表現している〕、そこに、眼が意識に提供するものを、より高度に発展させる可能性が開かれてくる、つまり視覚は、人間の身体の外的なメカニズムを活動させ、視覚に与えられたものを表現へともたらす。芸術家の、ものを描いたり、造形したりする活動は、このような意味での、視覚のプロセスの発展であるというようにフィードラーは捉える。まさに「眼による知覚過程を可視的な表現に向かって独立に発展させる能力」のうちに、フィードラーは芸術家の特質を認めるのである。

このようなフィードラーの芸術理解に日本で最初に注目したのは、西田幾多郎であった。西田は『自覚における直観と反省』の第十九節（この部分は一九一五年に発表）において、フィードラーの"reines Sehen"の概念に触れ、「コンラット・フィードレルは我々が視覚に純一なる時、忽ち視覚表象の発展的可能性を感じ、自ら表現作用に移り行くといつて居る」（西田二・九五）と述べて、その芸術理解、つまり、視覚表象が「自ら表現作用に移り行く」ことによって芸術的な創作作用が可能になるというフィードラーの理解を高く評価している。それだけでなく、そのすぐあとで、すべての経験が――つまり芸術的創作作用だけでなく、あらゆる経験が――このような発展として捉えることができるのではないかということを述べている。具体的には「余は此等の人々〔フィードラーだけでなく、フォーヴィズムの画家マチスのことも含めて「此等の人々」と言われている〕が芸術的直観に就て云つて居ることがすべての経験の真相ではあるまいかと思ふ。……余はすべての経験は右の如き方式に従つて成立し、実在は此の如き創造的体系であると思ふ」（西田二・九五―九六）と記している。

この文章は、西田がフィードラーの芸術論を高く評価していたにも拘わらず、それと同時に、両者の理解のなかに大きな違いがあったことを示している。フィードラーの方が、視覚作用から表現への発展ということを芸術活動の独自性ないし固有性として考えていたのに対し、西田の方は、あらゆる種類の経験をそのような発展（西田の言葉では「創造的な体系」として捉えようとしていたと言える。西田にとっては、芸術的創作作用は、そのような構造をもった経験の一つの例にすぎなかった。それは言いかえれば、西田の場合には、「実在とは何か」という大きな問いのなかで、芸術の問題が考えられていたということを意味する。

(4) 植田寿蔵の美学・美術史研究

植田寿蔵(一八八六—一九七三)は深田康算のもとで学び、深田が亡くなった後、一九三〇年にそのあとを襲い、美学美術史講座の教授になった。助手時代に京都哲学会の雑誌『哲学研究』の編集に携わったこともあり、深田だけでなく西田からも強い影響を受けた。フィードラーへの強い関心は西田を通して喚起されたものと考えられる。植田は両者から深い影響を受けながら自らの芸術理論を作りあげていった。その成果の一つが『視覚構造』(一九四一年)である[4]。そこで植田は直接フィードラーの思想に触れてはいないが、しかしそこから触発された課題を自らの芸術論の課題とした。植田が自らの理論の核心に据えたのが「視覚」の問題であった。外界に目を向けるとき、われわれはさまざまな色と形を区別する。その区別が可能になるためにはそれを可能にするものが予めなければならない。それを植田は視覚ないし視覚性と呼ぶのである。われわれが自然のなかにさまざまな色や形を見るのは、「視覚性が自然において自分の影を見る[5]」のである。植田はこの「視覚」の意味の追究」を生涯の課題とした。具体的に言うと、われわれの視覚はどのような超越論的な構造をもっているのか[6]、それが日本の古来の芸術作品の制作と鑑賞においてどのようにはたらいてきたのか、そこにどのような普遍的な構造が存在するのか、これらの問いを追いつづけた。

芸術を芸術たらしめるものは何か、という問いもまた植田にとって重要な問いであった。植田は芸術をどこまでも「一つの美的事実」として捉える。つまり、われわれは一つの作品を通して形成された「美的なるもの」を捉えることによって、それをはじめて芸術作品として受けとる。もちろん、そこにはさまざまな意図が、たとえば信仰や道徳に関わる意図が込められていることは十分にありうる。このような「美的なるもの」をとりまくさまざまな意図、芸術作品のさまざまな側面を把握することによってはじめてその作品が芸術として把握されるという理解を、植田は一つの決定的な誤解として退けている。一つの作品を芸術作品としているものは、その作品の「芸術性」以外の何ものでもないというのが植田の理解であった。

そのように言うとき、植田は西田とは明確に異なった立場に立っていた。西田は『芸術と道徳』（一九二三年）のなかで、「芸術は道徳を予想して成立すると思ふ、道徳的発展を予想して芸術的創造があると考へる」（西田三・三〇九）と言う。道徳的理想の実現に寄与しない芸術は単なる遊戯にすぎないというのが西田の考えであった。それに対して植田は、芸術が芸術として成立し、また芸術として価値をもつのは、それが有する「美的なるもの」によってであると言うのである。それは、芸術は他の文化の営みには解消されない独自の意味と価値をもつという主張でもあったと言うことができる。

（5）工芸の美

本章第一節で高橋里美が『善の研究』出版の翌年に「意識現象の事実と其意味――西田氏著『善の研究』を読む」を発表し、この書に対してはじめて学術的な批評を加えたことを記したが、のちに民芸運動を興した柳宗悦（一八八九―一九六一）もまた、同じ年に「革命の画家」（一九一二年）と題した文章を発表し、そこで西田の「純粋経験」論に触れている。柳が早い時期に西田の思想に注目したのは、西田が一九〇九年に第四高等学校から学習院に移り、そこで一年間ドイツ語を教えた折、ちょうど柳が高等学科三年に在籍していて、その謦咳に触れたからである。それ以後も両者の交流は続いた。水尾比呂志の『評伝　柳宗悦』に付された「柳兼子夫人に聞く」

からも、柳が鈴木大拙とともに西田を深く敬愛していたことが知られる。

柳の美ないし芸術についての理解は、第一部第二章で触れた岡倉天心のそれと明確な対比をなす。芸術家の果たすべき役割は、「世の先覚」として人々を高尚に導くという点にあり、その点において芸術家は職人や工人からはっきりと区別されるというのが、天心の理解であった。それに対して柳は、はたして職人や工人が作りだすものには「美」が存在しないのか、「工芸」は純粋な芸術と比較したとき、低い価値しか持たないのか、という問いを提起したのである。

近代になって美術と工芸とが分離して以降、美のためにという「純粋性」の故に美術が上位におかれ、生活のためにという「不純性」の故に工芸の方は下位に置かれるようになった。それに対して柳は『工芸文化』（一九四二年）のなかで、そのような見方を一面的なものとして退けている。名もなき職人たちが作り出した工芸品のなかには、天才的な芸術家が生みだすような、個性的で非凡なもの、強烈な美は存在しないが、そこには「無事の美」とか、「尋常の美」と名づけられるような美がある。それは目立たないものであるが、しかし、その目立たないものを通して工芸品は日々人々の生活を豊かなものにしてきたのではないか。そのような「尋常の美」こそが本当の意味で人間を幸福にするのではないか、柳の主張はそのような問い直しであったとも言えるであろう。

偉大な天才的芸術家が生みだす美は、道にたとえれば、凡人が決して歩むことのできない険阻な道である。それに対して、工芸品がもつ美は、誰でも行くことのできる平坦な道である。そういう意味で言うと、天才が生みだす美の方がむしろ「傍系の道」であって、工芸品の美の方が、美の「大道」なのではないか、ということを柳は主張している。(7)

注

（1）深田康算『美と芸術の理論』（白鳳社、一九七一年）二七八頁。
（2）大西克礼『美学』下「美的範疇論」（弘文堂、一九六〇年）四五二頁参照。
（3）田中久文「大西克礼における日本美の構造――「あはれ」・「幽玄」・「さび」」、藤田正勝編『思想間の対話』（法政大学出版局、二〇一五年）、二六〇頁。
（4）植田のこの「視覚」を中心にした芸術論を論じたものに岩城見一の「視覚の論理――植田寿蔵」がある。常俊宗三郎編『日本の哲学を学ぶ人のために』（世界思想社、一九九八年）一九七頁以下参照。
（5）植田寿蔵『視覚構造』（弘文堂書房、一九四一年）一〇頁。
（6）この植田の問題関心は、西田の芸術理解から触発されたものと考えられる。西田は『芸術と道徳』に収められた論文「美の本質」のなかで、たとえば「視覚作用とは、色が色自身を区別する内面的関係である、色の経験の拠って立つアプリオリである」（西田三・一〇）と述べている。
（7）柳宗悦『工藝文化』（岩波文庫、一九八五年）一六三頁参照。

5 宗教の哲学

日本において学問としての宗教学の確かな基礎が築かれたのは、一九〇五（明治三八）年に東京大学に、そして一九〇七年に京都大学に宗教学講座が置かれて以後のことである。東京大学の宗教学講座の最初の担当者となったのは姉崎正治（一八七三—一九四九）であった。姉崎は『印度宗教史』（一八九七年）や『仏教聖典史論』（一八九九年）などの著作が示すように宗教史の領域で多くの業績を残した。一方、京都大学の宗教学講座では最初はインド哲学史講座の松本文三郎（一八六九—一九四四）が兼任の形で担当した。一九一三年に西田幾多郎が一年間この講座を担当したあと、一九一七年に波多野精一（一八七七—一九五〇）が赴任し、ようやく研究体制が整うようになった。波多野は一九三七年までその職にあったが、その間に『宗教哲学の本質及其根本問題』（一九二〇年）、『宗教哲学』（一九三五年）を、そして退職後に『宗教哲学序論』（一九四〇年）、『時と永遠』（一九四三年）などの著作を著し、宗教哲学という学問の確立に大きな貢献を行った。

（1）波多野精一の宗教哲学

波多野精一もまたケーベルのもとで学び、その学問から、そしてその人格から大きな影響を受けた一人である。ケーベルが亡くなったときに「追懐」と題した文章を著しているが、そこで「高きもの純なるものに対する渇望が、先生によって呼び起こされもしまた充たされもするように感じた」（『時と永遠』四一〇）[1]と記している。この理想主義、そしてケーベルの内面に深く根を張っていたギリシア的自由とキリスト教的敬虔、これらを波多野はそのまま受けついでいる。

波多野は大学を卒業してしばらくしてから植村正久から洗礼を受け、キリスト者となったが、それ以後展開された彼の学問の根底にはつねに植村から受け継いだキリスト教の信仰があった。しかし彼の思索はキリスト教という枠のなかに閉じたものではなかった。彼がめざしたのは、普遍性をもった学問としての宗教哲学であったと言うことができる。

しかし他方、『宗教哲学』以後のいわゆる波多野三部作から見てとれるのは、彼が宗教体験をどこまでも重視していたことである。『宗教哲学』によれば、宗教哲学は本質論と類型論と哲学的人間学とからなる。それらが相互に関係しあい、相補いあうことによってはじめて宗教の哲学的理解が可能になるというのが波多野の考えであった。その人間学について波多野は次のように記している。「いつも宗教的体験を前提しつつそれの言わんと欲するところに虚心坦懐に耳を貸すものでなければならぬ」（『宗教哲学』一六八）。

そういう観点から波多野は合理主義的な宗教理解を批判する。体験ではなく概念から出発するからである。『宗教哲学序論』においては、波多野は「誤れる宗教哲学」としてこの合理主義の立場とともに、神の超越性を強調する超自然主義、および当時注目を集めていた弁証法神学を批判している。この「誤れる宗教哲学」に対して波多野は「正しき宗教哲学」を対置するのであるが、それは『時の永遠』の表現で言えば、「宗教の対象ではなく、宗教そのものを対象とする哲学である」（『時と永遠』二八〇）。つまり、信仰の対象としての超越的存在からではなく、宗教的体験から出発する哲学、「人間の営みとしての宗教を対象とする」[2]哲学である。「正しき宗教哲学」は、「宗教的体験の反省的自己理解、それの理論的回顧として成立つ」（『宗教哲学』八四）のである。それはもちろん、実証主義の立場に立つことを意味しない。実証主義は必然的に相対主義に陥る。したがってそれは正しい宗教哲学にはなりえない。

『宗教哲学』において波多野は宗教の本質的特徴を、事実にとどまるのではなく、「自然的存在を否定化し象徴化し従って意味化する」（『宗教哲学』二四六）点に見ている。宗教の世界はイデア性、観念性によって成り立つ。宗教を的確に把握するためには、まずイデアリスムの立場に立たなければならない。しかしイデアリスムは宗教の中心的な特徴をなす、信仰の対象の実在性そのものに迫ることができない。そのためにイデアリスムは神秘主義へと移行しなければならない。神秘主義はその対象である高次の実在を「全く名無きもの相《すがた》なきもの」として、しばしば「無」という言葉で呼ぶ。それは、概念としての、あるいは単なる認識対象としてのそれではなく、「それの威力に屈服すべくそれの深みに投げ込まるべきもの」（『宗教哲学』二九七）としての「無」である。しかしそこではなお「その深みの内容、無を象徴とする奥なる実在」は、それ自身を示さない。そのために神秘主義は人格主義へと徹底されなければならないと波多野は言う。そこに波多野の宗教理解の特徴がある。

「人格主義」とは、「すなおに「他者」（他我）の実在性の前提に立つことを覚悟」することを意味するが、それはすなわち、波多野によれば「「愛」の立場」に立つことにほかならない。つまり、「他者との生の共同」（『宗教哲学』三六〇）に入ることを意味する。この生の共同において「新たなる交わり」を結ぶときにのみ、われわれは「永遠性」を手にすることができるというのが、波多野が『時と永遠』において主張しようとしたことであった。興味深いことに波多野は、この永遠性の光は、時間性のレンズを通り、屈折してこの世の現れると言う。「神聖なる愛の交わりは人倫的共同としてのみ実現される」（『時と永遠』一九九）と言われている。つまり、神聖なる人格と人格との交わり――キリスト教の用語で言えば、「聖者の交わり」（communio sanctorum）――へと具体化されることによって、「愛」は完成し、成就するのである。しかしそこでこの「愛」が、決して単純な共同ではないと言われている点に注目したい。「それ〔愛〕は何よりも先ず共同への努力、他者への憧れである。それは共同の欠乏より出発せねばならぬ」（『時と永遠』一九九）と言われている。ここにも人間の具体的な経験から出発しようとする波多野の宗教哲学の特徴がよく現れている。

（2）鈴木大拙の「即非の論理」

鈴木大拙（一八七〇―一九六六）は学問としての哲学、あるいは宗教哲学には関心を抱いていなかった。どこまでも禅者であり、禅思想家、仏教学者であった。しかし、大拙がのちに提唱した「即非の論理」は、西田幾多郎の「矛盾的自己同一の論理」とも深く触れあい、重なりあうものであった。

大拙は石川県専門学校（後の第四高等中学校）に入り、そこで西田幾多郎と出会った。大拙自身、「竹馬の友」という表現をしているが、二人は生涯親しい交わりを持った。大拙は鎌倉円覚寺の釈宗演《しゃくそうえん》（一八六〇―一九一九）のもとで禅の修行をし、その推薦により一八九七年に渡米、オープン・コート出版社に勤務した。その傍ら仏教学の研究を進め、『大乗起信論』の英訳などを出版した。一一年間にわたって滞在したのち、一九〇九年に帰国し、その後は、学習院大学や真宗大谷大学（現在の大谷大学）で教鞭をとった。アメリカ滞在中、大拙は西田にウィリアム・ジェームズ（William James, 1842-1910）の『宗教経験の諸相』出版についての情報を提供したり、「純粋経験の世界」（A World of Pure Experience）という論文を送ったりしている。大拙宛の書簡から、西田がそれに大きな関心を示したことが分かる。

大拙は初期の著作のなかでは、禅とは何かを語るにあたって、それが哲学や論理とは本質的に異なったものであることを何より強調している。一例を挙げれば、一九一四年に刊行された『禅の第一義』のなかで大拙は、哲学が生きた事物を分析・解剖して得た二次的な知識をもとに組み立てられたものであるのに対し、禅は物そのものとなり、それを内から理解しようとする点にその特徴をもつこと、そこには「一点の分別智」も関与していないことを主張している。しかしやがて大拙は、禅の根底にある論理の問題に目を向けていくようになる。そこに西田幾多郎の影響があったのではないかと考えられる。

この変化は、晩年、大拙がくり返し「東洋的な見方」ということについて語り、それとの関わりで、禅にも哲学が必要であることを強調した点にも現れている。たとえば「東洋学者の使命」と題されたエッセーのなかで大拙は、東洋には東洋独特の思惟方法なり、思惟の特徴があるということを強調し、「自分は「東洋的見方」といふことを強調したくてしやうがない」(鈴木二〇・二一七)[3]と述べている。しかし、この言葉は決して東洋のものの見方の優位性を一方的に主張しようとするものではなかった。「東洋的見方」、あるいは「東洋文化の根柢にあるもの」、「日本人の心」と題したエッセーのなかで、大拙は、二元性という考え方を基礎とする西洋の思想が「一般化、論理化、原則化」においてすぐれていること、そしてそれが大きな発展をなしとげた西洋の文化の基盤となっていることを認めている。同時に、その点で東洋の思想が逆に不十分であること、「二分性の徹底」が東洋に必要であることをくり返し語っている。東洋の思想がもつ不合理性(非合理性)、あるいは感傷性を繰り返し批判している。たとえば次のように述べている。「日本人の心に弱点と見られるものの目につくのは、分別性をあまりに軽んずるからである。……その短所は情的無分別のところに歴然として出てくる」(鈴木二〇・三〇七)。

このように論理的思考(分別性)の重要性を認めた上で、大拙は二分的思考に、つまり分別の立場に留まるならば、事柄をそのものとして捉えることはできないということもまた明確に主張している。両者を対比しながら、その違いを大拙は次のように言い表している。「西洋では物が二つに分かれてからを基礎として考へ進む。東洋はその反対で、二つに分かれぬさきから踏み出す」(鈴木二〇・二二一)。東洋的な思惟は、事柄を二分的思考で分解する以前、大拙の言い方をそのまま使えば、物の「分れない先」から出発するというのである。

大拙は西田幾多郎の『善の研究』の英語版が出版されたときに、その序文"How to read Nishida"を執筆しているが、そのなかで次のように記している。「東洋においては、無あるいは空あるいは矛盾の同一は、分析や抽象となんの関係もない。それは身をもって透過した純然たる体験である。言葉を換えて言えば、西洋は知性に訴えて二元論的世界から出発するが、東洋は「空」の大地をしっかりと踏みしめる。それは具体的実存の世界であって、論理的に仕組んだ抽象の世界ではない[4]」。

このように主張するとともに、しかし他方で大拙は、東洋的な思惟にも、そして禅にも大きな弱点があることを認めている。つまりそれが、経験にとどまって、思想になっていない点を批判している。たとえば戦後、雑誌“*Philosophy East and West*”に発表した論文“The Philosophy of Zen”のなかで、大拙は、経験は、それ自身に論理的な表現を与えることによってはじめて経験でありうることを述べ、端的に、「禅もまたその哲学を持たねばならぬ」と主張している。

そういう観点から大拙が注目したのが『金剛経（金剛般若波羅蜜経）』のなかに見いだされる「即非の論理」であった（一九四四年に出版された『日本的霊性』の第五篇「金剛経の禅」を参照）。『金剛経』は紀元前後ころにその原型が形づくられたと考えられる般若教典の一つであるが、そのなかに次のような表現が出てくる。「仏説《ぶっせつ》般若波羅蜜多、即非般若波羅蜜多、是名《ぜみょう》般若波羅蜜多」。大拙はこの句のなかに、禅の本質、あるいは仏教の本質と言うべきものが論理的に表現されていると考えたのである。大拙はこの句を、「仏の般若波羅蜜多を説くは、即ち般若波羅蜜多にあらず。是を般若波羅蜜多と名づく」と読み、「仏の説き給う般若波羅蜜というのは、すなわち般若波羅蜜ではない。それで般若波羅蜜と名づけるのである」というようにその意味を取っている。そしてそれを英語で“Being is Being because Being is not Being.”と表現したり、“A is not-A and therefore, A is A.”と訳したりしている。これが「即非の論理」である。

「即非の論理」は、もちろん、単なる論理の形式、たとえば矛盾に陥らないで思考するための規則といったものではない。そうではなく、事柄の真実のあり方をどのように理解するかということと関わったものである。

つまり、事柄の真相を「空」、あるいは「真空無相」として捉える仏教の根本思想に関わって言われるものである。(5) 西田はこの大拙の言う「即非の論理」と、自らが晩年に考えるようになった「絶対矛盾的自己同一の論理」とが、その根底において相通じるものであったことを強く意識していた。たとえば最晩年の「論理と数理」(一九四四年)と題した論文のなかで次のように述べている。「私は却つて我々の自己そのものを対象とした仏教哲学、心の哲理と云ふものに於て、無の論理と云ふものを見出し得ると思ふ。……私の矛盾的自己同一と云ふのは、かゝる論理の形式化である。……そこには鈴木大拙の所謂即非の論理と云ふ如きがなければならない」(西田一〇・六九)。

注

(1) 波多野精一の著作に関しては、『宗教哲学序論・宗教哲学』(岩波文庫、二〇一二年)と『時と永遠 他八篇』(岩波文庫、二〇一二年)から引用した。それぞれ引用文のあとに『宗教哲学』、『時と永遠』と記し、そのあとに頁数を記した。
(2) 『宗教哲学序論・宗教哲学』、芦名定道「解説」五三二頁。
(3) 鈴木大拙の著作に関しては、『鈴木大拙全集』(増補新版、全四〇巻、岩波書店、一九九九―二〇〇三年)から引用した。引用文のあとに「鈴木」と記し、巻数と頁数とを記した。
(4) 『現代日本思想大系』第八巻『鈴木大拙』(増谷文雄編集、筑摩書房、一九六四年)四〇一頁。
(5) 詳しくは大谷大学宗教学会編『宗教学会報』第一三号所収の拙稿「鈴木大拙と西田幾多郎」を参照されたい。

第四章　西田・田辺の弟子たち

1　禅の伝統――久松真一・西谷啓治

本章では西田幾多郎と田辺元の弟子たちの思想を取りあげることにしたい。西田の初期の弟子には、天野貞祐や久松真一、山内得立、務台理作、土田杏村、三宅剛一、三木清らがいる。一九一九年に田辺元が東北大学から京都大学に助教授として赴任したが、そのあと西田・田辺のもとで学んだ人に、高坂正顕や木村素衞、西谷啓治、戸坂潤、柳田謙十郎、下村寅太郎らがいる。西田の京都大学での最後の時期に籍を置いたものとしては、唐木順三や高山岩男、船山信一らが挙げられる。西田が退職し、田辺が教授になってからの弟子には、野田又夫や久野収、武内義範、武藤一雄、大島康正、辻村公一らがいる。

(1) 久松真一

西田幾多郎の思索の根底には、しばしば指摘されるように、長い禅の修行があった。西田は禅それ自体を思索の対象にすることはなかったが、そこから大きな影響を受けていたことは、西田の著作のそこかしこに現れている。西田のそのような側面を受け継いで、禅の世界に深く入り込んで思索した人に、久松真一（一八八九―一九八〇）や西谷啓治（一九〇〇―一九九〇）がいる。本節ではこの二人の思索に目を向けてみたい。

久松はその根本において禅者であったと言えるであろうが、同時に仏教学者でもあり、宗教哲学者でもあった。しかし宗教哲学者であるときも、その思索の根底には、つねに禅の体験があった。そのことを京都大学でその謦咳に触れた武内義範は、「久松宗教哲学は、その初めから終わりまで、ゆるぎのない臨済禅の体験に基づいてなされている」[1]と記している。その禅の体験を背景にした久松の思想を彼の最初の著作である『東洋的無』（一九三九年）、とくにその最初に置かれた論文「東洋的に形而上的なるもの」を中心に見てみたい。

久松によれば、現実において具体的に有るものは、もちろん「有」という性格をもつが、しかし、同時に「無」に臨むものであり、「有」であると同時に「無」でもある。「有」と「無」とは、現実に有るものの肯定面と否定面を構成している。この現実に有るものの根拠として、あるいは原因として、理念として、古来、人々はこの現実に有るものを超えたもの、「形而上的なもの」を考えてきた。それは洋の東西を問わない。しかしそれは、どこまでもわれわれに対するもの、つまり「客体的なるもの」である。西洋の形而上学はこの「客体的なるもの」をめぐってさまざまに思索をめぐらしてきた。そこでは、思索するものもまた、現実に有るものとして「有」の立場に立っている。「西洋では、吾々が現実に有るものの立場を脱して有るものでなくなるということがあることが知られていない」（久松一・二〇）[2]と久松は言う。それに対して久松は、現実の有るものの立場を超える立場がありうることを主張する。有るものとしての自己が解体し、いっさいの限定や矛盾がなくなり、「無」になるということがあるというのである。しかしそれはもちろん、何もない状態を意味するのではない。「一切の限定と矛盾とを脱した自由体」（久松一・二七）がそこに現前すると久松は言う。武内が久松の宗教哲学の根底には「禅の体験」があるというのは、こうした理解を指してのことであると考えられる。久松はそれを「無滞無礙の大用《だいゆう》の現前」とも言い表している。大いなる働きが何ものにもさまたげられることなく働いているというのである。ここでは「無」が「主体的であり現存的なものである」ことを久松は強調している。

これが彼の言う「東洋的に形而上的なるもの」である。「東洋的」という言葉が冠せられているが、それは東洋に限定されたものではないと久松は言う。たまたま東洋において見いだされたためにそのように形容されるが、本来は普遍的な性格をもつ。「西洋においても真に形而上的なるものとして承認を要求する権利を持ったものである」（久松一・一五）と主張している。

（2）西谷啓治

以上で見たように、久松は「無」である自己が「主体的であり現存的なものである」ことを強調するのであるが、この久松の「主体」への着目は、西谷啓治にも共通する。戦前の西谷の主要な著作としてまず『根源的主体性の哲学』（一九四〇年）を挙げることができるが、その表題が示すように、西谷はその思想の核にあるものを「根源的主体性」という言葉で表現している。

その「緒言」において西谷はこの書の基調と言うべきものを次のように言い表している。「「われ在り」といふことの窮極の根柢は底なきものである、吾々の生の根源には脚を著けるべき何ものの無いといふ所がある、寧ろ立脚すべき何ものも無い所に立脚する故に生も生なのである、そしてさういふ脱底の自覚から新しい主体性が宗教的知性と理性と自然的生とを一貫するものとして現れて来る」（西谷一・三）[3]。この、自己の存在には立脚すべき何ものもないということを見すえた自己のあり方、その自覚から現れてくる新しい主体性が「根源的主体性」である。

西谷はこの「根源的主体性」に二つの形があると考える。一つは中世の神秘主義である。そこでは「神による我意（旧き自己の本質）の絶対的否定」を通して、「自己の根源的主体性が神の主体性と一つに現れ得る」（西谷一・六五）。そこで新しい意志が生まれ、新しい自己が「脱体」してくる。そこに「根源的主体性」の一つの形を見てとることができる。もう一つの形は近代の人間のなかに見られる。典型的には無神論論争において「実体」としての神の概念を退け、それを道徳的な「世界秩序」であるとしたフィヒテのなかに見いだされる「人間の自主性」としての「根源的主体性」である。それを西谷は「自我に現れた根源的主体性」とも言い表している。そこでは普遍性の立場に立つことによって我意が否定されている。その点でこの自然的理性の立場には、中世の神秘主義を超えるものがあると西谷は考える。しかしそこでは、人はあくまで自我の内部にとどまり、自己自身を真に否定しえていない。「脚を著けるべき何ものの無い」という「脱底の自覚」へと至りえていない。

この自我の限界を超え、そこに新しい主体性が現れるためには、一つの「絶対的転換」がなければならぬと西谷は言う。自我が絶対的に否定されることによって、そこではじめて「根源的主体性が無我の主体性として現れ得る」（西谷一・七七）のである。それは西谷によれば、「絶対無の立場」（同）に立つことにほかならない。「絶対無」と言われるとき、もちろん西田幾多郎の影響があったと考えられるが、それだけではない。神秘主義の立場がそこに強い影響を与えている。「脱底的主体性」へ至るためには、「自我の主体性がそれへの絶対否定である絶対他者の主体性と全く主体的に合せねばならぬ」（西谷一・七八）と言われている。「絶対無の立場」は神秘主義を「先行者としてもつ」とも言われている。そこに西田にはない、西谷の思索の特徴がよく現れている。

しかし他方でもちろん、この「絶対無の立場」は中世の神秘主義の立場にとどまるものではない。それは、西谷が、「絶対無の立場」は理性の立場を否定したものではないとしている点に見いだされる。それはむしろ理性の立場への再度の飜転《ほんてん》をそれ自身のなかに含んでいる。理性を自己のなかに取り込み、それと一体になって働く。そのことによって理性の「向上性・前進性」が再び生かされると西谷は言う。それだけでなく、この無我の根源的主体性は、「理性の先に横たはる自然性」のうちにも現前する（西谷一・八五）。自我によって繋がれ、欲動の原因となっていた自然的生命が解放され、無記の自然性として無我の主体性のなかに攝収される。「緒言」のなかで、根源的主体性が「宗教的知性と理性と自然的生とを一貫するもの」とされていたのは、このことを指す。

注

（1）武内義範「聖を超えるもの」、『武内義範著作集』全五巻（法藏館、一九九九年）第五巻、一六三頁。

（2）久松の著作に関しては、『増補 久松真一著作集』全九巻・別巻（法藏館、一九九四―一九九六年）から引用した。引用文のあとに「久松」と記し、巻数と頁数とを記した。

（3）西谷の著作に関しては、『西谷啓治著作集』全二六巻（創文社、一九八六―一九九五年）から引用した。引用文のあとに「西谷」と記し、巻数と頁数とを記した。

2 現象学・歴史哲学・社会存在論――山内得立・高坂正顕・務台理作

（1）山内得立の「アナロギアの論理」

第二部第一章で見たように、山内得立の『現象学叙説』（一九二九年）などによってわが国における現象学研究の礎が置かれた。山内が現象学から研究をスタートしたことは、彼の哲学理解に大きな意味をもった。西田幾多郎も田辺元も弁証法をその思索の基礎に置いたが、山内はそのような師の立場に対してつねに懐疑的であり、批判的であった。

『体系と展相』（一九三七年）に収められた論文「弁証法と現象学」などに明瞭に見てとれるように、山内は存在するものが有する差異に注目する現象学に強い共感を寄せている。古典的な論理学では排中律に基づいて、Aと非Aの中間はありえないとされる。弁証法もAと非Aの対立を矛盾という相互排除的な関係として捉え、その止揚を問題にする。しかし具体的な現実においては、さまざまな差異をもつものが相互に排除しあうのではなく、共存している。実際、対立する二つの極のあいだには無限の中間項が考えられる。その差異を差異として捉えるのが現象学だという理解が山内にはあった。また同じく『体系と展相』に収められている論文「哲学の出発」においては、われわれにその姿を現すそのときどきの象面の記述に終始する現象学はつねに部分の立場に止まり、全体を把握することはできないし、体系的であることはできないという批判を取りあげている。この批判に対して山内は、現象学は決して部分に執着する立場ではなく、それを通して全体を窺おうとする立場であることを主張している。逆に、全体をつねに全面的な立場から取り扱おうとする立場の方がむしろ具体性を欠き、抽象の立場に陥っているという批判を行っている。

このような理解とも関わるが、山内は『体系と展相』において「混合の論理」ないし「アナロギアの思想」について語っている。一般には混合は、論理の未熟を示す非学問的なものとして退けられるが、混合のなかにも、ある種の秩序と関係とがあることを山内は主張する。混合に対置される綜合においては、要素が融合して一になるのに対し、混合においては、その要素が互いに結びつけられながら、独立性を保ち、そこに関係を形成する。その関係様式を山内は「混合の論理」と呼ぶのであるが、それを可能にするものを「アナロギアの思想」のなかに見ている。山内によれば、綜合をめざす論理的なロゴスのみが事物の唯一の結合様式なのではなく、要素を混合の状態で結びつけるロゴス（アナロゴス）もまた考えられる。つまり、多なるものの外に、それと対立するものとして一なるものを求めるのではなく、多そのもののなかにそれを求める「アナロゴスの論理」が考えられる。そのような事物の結合を考えるのが「アナロギアの思想」である。この「アナロギアの思想」が興味深いのは、それが山内が晩年に考えた「レンマの論理」につながっていくものがあるからである（第三部第二章第三節参照）。

(2) 高坂正顕の歴史哲学

高坂正顕（一九〇〇―一九六九）は西田や田辺の歴史についての理解をもっともよく受けつぎ、発展させた弟子であった。一九三七年にその最初の著作である『歴史的世界――現象学的試論』を発表し、その後、『歴史哲学と政治哲学』（一九三九年）、『歴史哲学序説』（一九四三年）を相次いで発表した。のちに西田幾多郎は、弟子の務台理作に宛てて、「歴史哲学の方は人あり。場所的論理の方は一に君の努力を頼む」（西田二三・八）と書き送っているが、「歴史哲学の方は人あり」というのは、まちがいなく高坂を指す。

もちろんそれに先立って西田自身が『一般者の自覚的体系』(一九三〇年)において、「歴史的世界」について、またその根底にある「非合理性」について論じている。さらに『無の自覚的限定』(一九三二年)では、「歴史的世界」とは「行為的自己として我々の於てある世界」であり、それこそが具体的な実在界である(西田五・二七七)ことが言われている。また三木清が一九三二年に『歴史哲学』を発表している。そこで三木は「社会的身体」や「歴史的人間学」など興味深い概念を導入して歴史の問題について論じている。

高坂の『歴史的世界』はこのような西田や三木の「歴史」の理解を踏まえたものであった。「歴史的世界」という概念自身、西田から受け継いだものであった。しかし、もちろんそこで高坂は独自の思索を展開している。高坂は歴史を支えその基盤となっているものを「歴史的基体」と呼ぶ。それはまず歴史が生じる母胎としての自然を指すが、しかし自然は歴史の基体であるだけなく、同時に歴史が働きかける対象でもある。その対象としての自然を高坂は「環境的自然」と「歴史的自然」とに分けて説明している。

「歴史的基体」からいかにして「歴史的世界」が生まれてくるかがここで一つの大きな問題として浮かびあがってくるが、高坂はまず「歴史的世界」の中心になるものとして「国家」に注目する。しかし「国家」は自然にもっとも近接する歴史の基礎的部分であり、そのなかに非合理的なものを内包している。そこから「歴史的世界」が形成されるためには、もう一つの中心が必要とされる。それを高坂は「文化」であるとする。文化は土と血、言いかえれば特定の土地や民族に縛られることなく、普遍性を国家に付与しようとする。国家の「暗き自然」(シェリングの「神の内なる自然」が踏まえられている)が、文化が有する「自由」によって貫かれることによってはじめて「歴史的世界」が成立するのである。このように高坂は、国家と文化という二つの「歴史的中心」が主体の実践によって媒介される場所として「歴史的世界」を理解した。

この高坂の歴史哲学は逆に西田幾多郎の歴史理解に影響を与えている。たとえば『歴史的世界』の第二章「歴史的認識」において、「歴史的世界に於ては、歴史を作る人間自身が歴史的に造り出されるのである。しかも、彼が造り出すその歴史的世界に於て、彼自身がそれぞれの独自性に於いて造り出されるのである。従つて歴史的世界を造り出すものは人間でありながら、その人間が再び歴史的世界によつて造られると云ふ循環が成立する」(1)と言われているが、この高坂の「歴史」の理解から大きな影響を受けたことを西田はその書簡のなかで述べている。『哲学論文集第二』(一九三七年)以後、西田は「作られたものから作るものへ」という表現を多用するようになるが、それはこの高坂の理解を踏まえてのことであった。きわめて密接な関係のなかでそれぞれの思想が形成されていったところに京都学派の哲学の大きな特徴があるが、この「歴史」をめぐる西田と高坂の理解も、そのことを示す一つの典型的な例である。

(3) 務台理作の「社会存在論」

務台の研究としてまず注目されるのは『社会存在論』(一九三九年)である。その第四節が「種的社会」と、第五節が「種的社会の構造」と題されていることからもわかるように、田辺元の「種の論理」を強く意識した著作である。この書が出版された年に丸山真男がその書評を『国家学会雑誌』に発表している。そこで丸山は、「田辺博士の社会存在論がいまだ一巻に纏められない今日、本書はいはゆる「種の論理」の最初の完結せる叙述として、すこぶる重要な意義をもつ」(丸山一・一一三)としている。

しかし他方、務台は西田の「行為的直観」の概念を踏まえて、その論述を「行為的主体」という点から始めている。『社会存在論』は田辺だけでなく西田からも大きな影響を受けた書物であった。この行為は「現実的世界」においてはじめて可能になるが、個体と世界との相互限定を可能にする「基体」として務台は「種的基体」を考える。この三者、つまり個体と種的社会と世界との関係を務台は第五節で問題にしている。しかし、田辺と違い、国家の問題に入り込むことを回避したために、その説明は思弁的なものに終わっている。その点を丸山は先の書評のなかで突き、「哲学的思惟が社会科学の立場より得られた成果を飛び越して、社会科学の対象そのものに直接結び付くとき、そこに悪しき意味に於ける哲学の現実化、政治化の危険が胚胎する」（丸山一・二一四）という批評を加えている。

この書に続いて務台は一九四〇年に『表現と論理』を出版し、一九四四年には『場所の論理学』を出版している。先に触れたように、西田は一九四二年に「歴史哲学の方は人あり。場所的論理の方は一に君の努力を頼む」という手紙を務台に書き送っている。西田が自らの「場所的論理」の継承ないし発展を務台に期待したことがここから知られる。『場所の論理学』は、この期待に答えようとするものであったと言うことができる。

西田は一九四〇年に出版した『日本文化の問題』のなかで、仏教のなかには「心の論理」とも呼ぶべきものが萌芽としてあったが、それが体験以上に論理として発展させられることはなかったと記している。務台も『場所の論理学』において、同様の趣旨のことを述べ、この萌芽を「学としての論理学」にまで発展させていくことが現在の課題であると主張している。

そのために務台は西田の「場所」論を手がかりにするのであるが、西田が「場所」と「場所に於てあるもの」という言葉で言い表した全体と個物との関係を、務台はこの書では、「つつむもの」と「つつまれるもの」の関係として捉えている。そしてこの関係を、「つつむものがつつまれるものを自らの中に映し、また反対に、つつまれるものの中につつむものが映されるという関係」として、あるいは「相互にその内へ浸透し、かくしてその映す関係が相互にひるがえる」関係として説明している。この書を受け取った西田は、すぐに返事を出し、「「場所の論理学」によつて君のものと云ふものができた様におもひます」と高く評価している。

（4）台北帝国大学における哲学研究の定礎

以上の二著は務台が東京文理科大学時代に出版したものであるが、それ以前、務台は一九二八年に台湾に設立された台北帝国大学で教鞭を執っていた。その時期に務台が主として取り組んだのは、ヘーゲル哲学に関する研究であった。それは帰国後すぐに『ヘーゲル研究』としてまとめられ、出版された。当時、一方でフッサールやハイデガーの新しい哲学に注目が集まっていたが、他方、ヘーゲル研究も高揚期を迎えていた。ヘーゲルの没後一〇〇年を数える一九三一年をはさむ数年のあいだに、いわゆるヘーゲル復興の運動がドイツに起こり、その波がヨーロッパ全体へと、そして日本にも及んだ。それに貢献したのが、田辺元の『ヘーゲル哲学と弁証法』（一九三二年）と務台理作の『ヘーゲル研究』であった。これらの研究によって日本のヘーゲル研究の質は飛躍的に高まったと言うことができる。

この台湾時代の務台のもとで、日本哲学に関する研究が根づいていったことも特筆に値するであろう。[2] 洪耀勲《こうようくん》（一九〇二―一九八六）は東京大学で哲学を学んだのち、台北帝国大学が設立されるとすぐに帰台し、文政学部哲学科の副手（のちに助手）を務めた。

その最初の論文「今日に於ける哲学の問題」（一九三四年）において、洪耀勲は九鬼周造のハイデガー哲学の紹介などを踏まえながら、ハイデガーの「実存」の理解について考察を加えている。そこではハイデガーの基礎存在論の構想に賛意が示されているが、しかし、「今日に於ける哲学の問題（承前）」（一九三四年）において洪耀勲は、ハイデガーにおいては「弁証法の欠くことの出来ない条件たる矛盾即ち否定性が明かに現はれてゐないと思ふ[3]」と、ヘーゲルの立場からハイデガーに対する批判を行っている。おそらく務台理作の研究から示唆を受けたのではないかと考えられる。しかし同時に注目されるのは、洪耀勲が、このようにヘーゲルの哲学に共感を示しつつ、同時にそれに対する批判も述べている点である。「今日に於ける哲学の問題（承前）」において洪は、ヘーゲルにおいては「生命の現実的地盤の上に脈搏つ人間」が問題にされておらず、そのためになお真の意味で「矛盾」が把握されていないことを指摘している。ここでも務台理作の示唆があったことが考えられる。務台も『ヘーゲル研究』のなかで、ヘーゲル哲学への深い共感を示しつつ、しかし「私自身は決してヘーゲルの精神の概念にとどまり得るものではない」とも付け加えている。ヘーゲルではどこまでも世界精神の把握に主眼が置かれ、そのなかに入り込み、それを成り立たしめている「自我意識」、そしてそれがもつ「主体的個体としてのリアリティー」（務台二・九）[4] が十分に把握されていないという批判が、洪耀勲の「実存」理解にも影響を与えたのではないかと考えられる。

そのほか洪耀勲は「今日に於ける哲学の問題（承前）」（一九三四年）においては西田幾多郎の「私と汝」の問題について、「芸術と哲学（特にその歴史的社会との関係）」（一九三六年）においては田辺元の言う「種的基体」について、「風土文化観——台湾風土との連関に於て」（一九三六年）においては和辻哲郎の「風土」の問題や務台の「表現的世界」の問題について論じている。

注

（1）高坂正顕『歴史的世界——現象学的試論』（岩波書店、一九三七年）一四二—一四三頁。

（2）台北帝国大学は第七番目に設立された帝国大学であったが、それに先だって一九二四年に京城帝国大学が作られている。そこには「哲学・哲学史」の担当者として阿倍能成と宮本和吉（一八八三—一九七二）が赴任した。彼らのもとで朴鍾鴻《パクチョンホン》（一九〇三—一九七六）ら、多くの学生が育っていった。詳しくは高坂史朗『東アジアの思想対話』（ぺりかん社、二〇一四年）一九一頁以下を参照。

（3）洪耀勲「今日に於ける哲学の問題（承前）」、『台湾教育』一九三四年三月号、二一一頁。

（4）　務台の著作に関しては、『務台理作著作集』全九巻（こぶし書房、二〇〇〇―二〇〇二年）から引用した。引用文のあとに「務台」と記し、巻数と頁数とを記した。

3 構想力の論理——三木清

第二部第一章で触れたように、三木は一九二七年に東京に移ってから、論壇の寵児となっていったが、一九三〇年に、当時非合法状態に置かれていた日本共産党への資金援助容疑で検挙され、法政大学教授の職を辞した。それ以後は歴史哲学の問題に関心を移していった（一九三二年に『歴史哲学』を刊行）。一九三七年からは、のちに『構想力の論理　第一』（一九三九年）、『構想力の論理　第二』（一九四六年、没後に刊行）としてまとめられることになる論考を断続的に発表していった。この『構想力の論理』が彼のライフ・ワークとなった。一九四五年に治安維持法違反の容疑者をかくまい、逃亡させたという嫌疑で再び検挙され、終戦後の九月に豊多摩刑務所で獄死した。

『構想力の論理』は長く書き継がれたものであり、まとまった形で出版されたものではないし、最後の第四章「経験」の末尾には、次に「言語」の問題が取り扱われるという予告がなされている。文字どおり、未完の書物である。しかし、それが三木の思索の歴史のなかで重要な意味をもっていることには変わりない。まず第一に、それまでの仕事のなかで十分に解決されなかった問題に解決を与えようという意図がこの『構想力の論理』には込められている。その問題というのは、一言で言い表せば「ロゴスとパトスの統一」の問題ということになる。『構想力の論理　第一』に付された「序」のなかで三木は次のように記している。「『歴史哲学』の発表の後、絶えず私の脳裡を往来したのは、客観的なものと主観的なもの、合理的なものと非合理的なもの、知的なものと感情的なものを如何にして結合し得るかといふ問題であつた。当時私はこの問題をロゴスとパトスとの統一の問題として定式化し、すべての歴史的なものにおいてロゴス的要素とパトス的要素とを分析し、その弁証法的統一を論ずるということが私の主たる仕事であつた」（三木八・四）。しかしその考察が「余りに形式的」であった点について、つまり、ロゴス的なものとパトス的なものの統一が具体的に「何処に見出される」のかということを明らかにすることができなかった点について反省を加えている。そして次のように付け加えている。「この問題を追求して、私はカントが構想力に悟性と感性とを結合する機能を認めたことを想起しながら、構想力の論理に思ひ至つたのである」（三木八・五）。

続いて指摘したいのは、三木の構想力論のなかに、彼のそれまでのさまざまな考察が流れ込んでいるという点である。具体的に言うと、彼の人間論、ロゴス／パトス論、技術論、ポイエシス（制作）論、身体論、歴史論、文芸論などが『構想力の論理』の執筆に当たって踏まえられている。あるいはそれらを引き継ぐ仕方でその執筆がなされている。『構想力の論理』はそれらを総合するような意味をもっていた。さらにもう一点指摘したいのは、この『構想力の論理』のなかに盛りこまれたさまざまな着想が多くの可能性をはらんでいるという点である。たとえば人間を単なる知性的存在としてではなく、身体的存在として捉えるという姿勢が、この『構想力の論理』には一貫している。つまり、身体的、あるいはパトス的存在としての人間という観点から、行為や制作（ポイエシス）、技術等の問題が論じられている。そしてこの行為や制作、ポイエシスにおいて、像ないしイメージの形成ということが重要な意味をもっていることに三木が注目していることも興味深い。さらに、この像やイメージ――それらを三木は「形」という言葉でも呼ぶ――は生の事実ではなく、むしろ作り出されたもの、擬制（フィクション）である。しかしこの擬制のなかにこそリアリティがあるということを、三木は『構想力の論理』のなかで何より強調している。ここにも三木の、現代から見てもきわめて新鮮な思索の躍動を見てとることができる。

三木はなぜこの「構想力の論理」という問題に取り組もうとしたのか、その意図をわれわれはこの書の第一章「神話」冒頭の叙述から知ることができる。そこで三木は、バウムガルテン（Alexander G. Baumgarten, 1714-1762）の「構想力の論理」（Logik der Einbildungskraft）ないし「ファンタジーの論理」（Logik der Phantasie）、あるいはパスカルの「心情（心）の論理」（logique du cœur）やフランスの心理学者リボー（Théodule Ribot, 1839-1916）の「感情の論理」（logique des sentiments）といった言葉を挙げながら、「抽象的思惟の論理とは区別された論理」、「理性の論理と異る論理」は存在するかという問いを立てて、この問いこそがここで問われるものであるというように語っている。つまり、「構想力の論理」というのは、まずさしあたって、ここで言われている「抽象的思惟の論理とは区別された論理」であるということが言える。

なぜ抽象的思惟の論理、あるいは形式論理とは異なった論理が問題にされなければならないのか、その問いについて三木は次のように記している。「我々が物そのものに、その物質性における物に突き当たるのは身体によつてである。我々は物として物に突き当たる。いまその主体性における身体をパトスと名付けるならば、物の論理は単純にロゴス的な論理でなくて同時にパトス的なものに関はらねばならぬであらう」（三木八・一五）。ここからわれわれは、三木が求めていたものが、単なる思惟の規則としての論理ではなく、身体を有し、身体を媒介として行為する存在としての人間と、行為という場において出会われる現実とをその対象とし、その本質を明らかにしうるような論理ないし哲学であったと言うことができる。その意味で「構想力の論理」は単なる「知識の論理」ではなく、「行為の論理」であった。

三木は、「構想力の論理」に関する論文を発表し始める前、一九三三年から一九三七年にかけて『哲学的人間学』という書物の出版を計画していた（何度となく書き直され、校正刷りまで出ながら、実際には出版に至らなかった）。そのなかですでに、いま述べた問題に取り組んでいた。その第一章「人間学の概念」で三木は、人間学は他の諸科学と異なり、人間の働きの一領野を取りあげそれを通して人間を把握しようとするのではなく、人間をその全体において取り扱う点にその特徴をもつと述べ、それは、何より「人間を身体から抽象しない」ということを意味すると記している。「人間を身体から抽象しない」ということは、つまり、人間を単なる意識に、あるいは精神に還元しないということである。人間を身体的な存在として捉えるということである。しかし、そこで言われる身体は、もちろん逆に、人間から抽象された身体、単なる客観的分析の対象としての身体ではない。三木は人間と不可分である身体を「「心に活かされた」beseelt 身体」（三木一八・一四九）という言葉で言い表している。人間が心のなかに抱くさまざまなパトスに動かされ、それを外に表現しようとする身体である。つまり「主体的」な身体である。この主体的な身体の働きがさまざまな意識の働きの基盤なのであり、それを排除して、あるいは「抽象」して、人間の精神的な営みを単なる知性の働きに還元することはできないということを、三木は『哲学的人間学』において強調している。

それと同時に、三木はそこで、人間はパトスだけではその内的世界から抜けだし、「行為の主体」となることはできない、つまりそれ自身を「表現」することができないとも述べている。ゲオルク・ジンメル（Georg Simmel, 1858-1919）の「イデーへの転向」（Wendung zur Idee）という言葉を引用しながら、パトス的なものは、「イデーを見る」ことによって、つまりロゴスと結びつくことによってはじめて自己を外に「表現」することができると主張している。しかしこの「イデーへの転向」、言いかえればパトスとロゴスとの結合は、「哲学的人間学」の枠組みのなかでは十分に論じることができないと三木は考えるようになったのではないかと推測される。そのためには「構想力」（Einbildungskraft）を問題にする必要があると三木は考えはじめたように思われる。

なぜそこで「構想力」を問題にする必要があるのか、その問いに対する答えを三木は『構想力の論理』の第一章「神話」において、フランスの社会思想家ジョルジュ・ソレル（Georges Sorel, 1847-1922）に対する批判という形で語っている。三木はソレルの『暴力論』の「行動を創造するのは構想力（想像）ではない。それは希望もしくは恐怖、愛もしくは憎悪、欲望、激情、エゴイズムの、自我の衝動である」[1]という言葉を引用している。そしてこのソレルの主張に対して、次のように述べている。「身体性から抽象して構想力を考へることはできない。構想力はまさに希望もしくは恐怖、愛もしくは憎悪、欲望、激情、衝動等と結び付いたものであり、それ故にデカルトやパスカルは構想力を誤謬の根源とも見做したのである。構想力は感情と結び付き、その中から像を作り出す。構想力によつて感情は対象的なものに転化され、そのものとしても強化され、永続化されることができる」（三木八・四九）。

ここから明瞭に読みとれるように、三木は人間の行為を、感情や情念、衝動の単なる表出としてではなく、そこから像を作り出す営みとして、言いかえれば形なきものに形を与える営みとして理解している。そのように言われるとき、もちろん、Einbildungskraft という言葉の「像を作りだす力」というもともとの意味が踏まえられている。パトスをロゴス的なものと結合することによって、形あるものに「転化」する力こそ構想力にほかならない。人間の行為がまさに人間の行為であるのは、それがパトスをただ単に表出するのではなく、構想力を通してそこに別の秩序を与えるからであるというのが三木の考えであった。そのことによって、パトスは外に表現されるだけでなく、また「強化され、永続化され」もするのである。そして像の形成の具体的な例として三木が考えていたのが、『構想力の論理』の第一章で論じられている「神話」であり、第二章で取りあげられている「制度」であった。

「構想力の論理」は、パトスを像に、あるいは形あるものに転化するという人間の営みに迫ろうとするものとして、「形像の論理」とも呼ばれている。あるいは、第一章「神話」を執筆していた段階ではなお「非合理主義乃至主観主義」に転落する可能性があったが、しかし「「制度」について考察を始めた頃から、私の考へる構想力の論理が実は「形の論理」であるといふことが漸次明かになつてきた」(三木八・六)とも言われている。主観的な観点から言えば、自らの立場は「構想力の論理」と表現されるが、しかしそれを客観的な方向から見れば「形の論理」であると気づいたというのである。そしてそのような理解へと至った背景に西田哲学があったとも記している。

このように三木は、「構想力の論理」をめぐる考察を通して西田哲学に接近したことを認めるのであるが、しかしそれは、決して西田哲学と一つになったという意味ではない。三木の「構想力の論理」は、むしろ、ロゴスに重点を置き、パトス的なものを十分に考慮せず、行為の意味を十分に理解することができなかった西田の哲学を乗り越えようとする試みであったと言うことができる。そのことを三木は次のように言い表している。「構想力といへば、従来殆どつねにただ芸術的活動のことのみが考へられた。また形といつても、従来殆ど全く観想の立場において考へられた。今私はその制限から解放して構想力を行為一般に関係付ける。その場合大切なことは、行為を従来の主観主義的観念論における如く抽象的に意志のこととしてでなく、ものを作ることとして理解するといふことである。すべての行為は広い意味においてものを作るといふ、即ち制作の意味を有してゐる。構想力の論理はそのやうな制作の論理である」(三木八・六―七)。

しかし他方三木が、一九四五年、検挙される少し前に友人の坂田徳男(一八九八―一九八四)に宛てて次のように書き送っていることに注目したい。「まづ西田哲学を根本的に理解し直し、これを超えてゆく基礎を作らねばならぬと考へ、取掛つてをります。西田哲学は東洋的現実主義の完成ともいふべきものでせうが、この東洋的現実主義には大きな長所と共に何か重大な欠点があるのではないでせうか。……ともかく西田哲学と根本的に対質するのでなければ将来の日本の新しい哲学は生まれてくることができないやうに思はれます。これは困難な課題であるだけ重要な課題です」(三木一九・四五三)。

一方で三木は西田の哲学が、現実に物に働きかけることなく、観想に終わりやすい傾向を有することを厳しく批判していたが、しかし他方で、西田哲学と根本的に対決する必要性を強く感じていた。そしてそこからはじめて「将来の日本の新しい哲学」が生まれてくるとも考えていた。その課題は、三木にとってだけでなく、現在においても「重要な課題」でありつづけていると言うことができるであろう。

注

（1） Georges Sorel, Réflexions sur la violence, 6. ed., Paris, 1925, p. 45. ただしこの言葉は、三木も記しているように、ニューマン（John Henry Newman）の『同意の文法』（An essay in aid of a grammar of assent）から採られたものである。

4　マルクス主義への接近——戸坂潤・梯明秀

(1) 戸坂潤の「科学的精神」

一九二〇年代末、戸坂潤は三木清などから刺激を受け、マルクスの著作に強い関心を寄せはじめ、自らも本格的な唯物論研究を開始した。一九三一年には、辞職した三木清の後を埋める形で法政大学の講師となり、翌年には岡邦雄や三枝博音らとともに唯物論研究会を組織して機関誌『唯物論研究』を刊行した(一九三八年まで)。一九三五年に思想不穏を理由に法政大学を免職になり、以後、唯物論研究会の活動や『唯物論全書』(三笠書房)の刊行に尽力した。一九三七年に執筆禁止処分を受け、翌年検挙された。いったん保釈となったが、一九四四年に下獄、翌年八月に長野刑務所で獄死した。

戸坂はカントおよび新カント学派の研究から出発した人であったが、その思索の根底には、そこから受け継いだ確固とした「批判」の精神が流れている。彼の最初の著作である『科学方法論』(一九二九年)においても、まず学問を学問として成りたたしめているものは学問性であるということが言われている。そしてそれが何であるかは、学問が何のために求められるかという観点から答えられると戸坂は考えた。そしてその目的として「真理性の獲得」ということを挙げ、「真理性の獲得はただ批判的であることによってのみ可能である」(戸坂一・三六)[1]と述べている。このように戸坂は学問の学問性を「根柢的批判性」に求めるのであるが、この批判性は学問の外にも拡張され、「生活の方法」とならなければならないとされる。「学問それ自身が生活に対して、社会・実践的世界に対して、その方法とならなければならない」(戸坂一・三九)と言われている。この批判主義、あるいはラディカル・クリティシズムは、哲学に、あるいは学問に限定されず、その基盤である社会にも、そして時流を支えるさまざまなイデオロギーにも向けられたのである。

そうした批判が具体化されたのが、一九三五年に刊行された『日本イデオロギー論――現代日本に於ける日本主義・ファシズム・自由主義・思想の批判』であった。鹿子木員信や紀平正美らの日本主義者たちやファシズムの思想に対してだけでなく、その批判の矛先は西田幾多郎や田辺元など、自由主義の立場に立つ思想家にも向けられた。

その第二編「自由主義の批判とその原則」の最初に置かれた論考は、「偽装した近代的観念論――「解釈の哲学」を批判するための原理に就いて」と題されているが、戸坂は西田の哲学を「解釈の哲学」という装いをもつに至った観念論として捉える。解釈は本来、事実に即し、事実を変革することを目的にするが、「解釈の哲学」はその目的を見失っている。事実の意味を問題にするが、それを事実から分離し、「意味自身の相互の連絡だけに手頼《たよ》って、意味の世界を築き上げる」（戸坂二・三三二）。それは、現実を「意味の世界」で代用させ、すべての現実の問題を回避する。戸坂はそのような「偽装」を問題にしたのである。自らがそのもとで学んだ田辺元についても戸坂は『現代哲学講話』（一九三四年）のなかに収めた「田辺哲学の成立」のなかで同じ観点から批判している。戸坂は田辺が生と論理という本来結びつきがたいものを「道徳的実践」によって結びつけ、媒介しようとしている点を評価する。しかし田辺の理解する「実践」は、実践という「概念」であるにとどまり、決して実践の概念になりえていない。田辺の哲学は「解釈上の実践」のみを問題にしえた「解釈の哲学」であり、その意味で観念論者にとどまっていることを戸坂はここで批判している。

戸坂が『技術の哲学』（一九三三年）や『科学論』（一九三五年）を著し、「科学的精神とは何か」や「技術的精神とは何か」（ともに一九三七年）といった論文を発表したのも、右に述べたクリティシズムに基づくものであると言うことができる。『技術の哲学』のなかで戸坂は、一九二九年の世界大恐慌以来、資本主義諸国が深刻な経済的・政治的、また文化的な危機に直面するに至り（そして日本は、一九三一年の満州事変以来、戦争への道を歩み始めていた）、そのようななかで物質文明の限界ということが語られ、それに精神文明、あるいは「東洋風の形而上学」が対置されるという状況が生まれつつあることを指摘している。そういう精神主義による物質文明の限界の乗り越えが語られている状況のなかで、あらためて技術が社会建設において果たすべき役割を問い直したいという意図が戸坂のなかにはあった。

それより少しあとになるが、三木清も技術の問題に強い関心を寄せている。一九四〇年に出版された『哲学入門』でその問題に触れたあと、一九四二年には『技術哲学』と題された書物を出版している。三木の技術論の特徴としては、まず彼が「技術」を非常に広い視野のなかで問題にしようとしている点を挙げることができる。その点で戸坂潤の技術論とは対蹠的である。戸坂は技術をどこまでも「生産技術」として理解し、それをむやみに拡大解釈すれば、「始末におえない混乱」が生じるとして、「技術」の拡大解釈に極力反対している（「技術的精神とは何か」）。それに対して三木は、物質的生産の技術のみが「技術」なのではなく、自然もまた技術的であるというように考える。それは、自然もまた「形成的」、つまり、「形」あるものを生みだすものであるからである。たとえば「生物の形」といったものも、自然が生みだしたものと考えることができる。このことは裏返せば、三木が、形あるものを生みだすことを、「技術」として捉えていたことを意味している。西田幾多郎が「論理と生命」（一九三六年）のなかで「自然は巧妙な技術家である」と述べていたことが踏まえられていたかもしれない。

(2) 梯明秀の「全自然史的過程」

梯《かけはし》明秀は三木や戸坂から影響を受け、マルクス主義の研究へと進んでいった。戦後に梯が著した「牢獄と軍隊」というエッセーによれば、一九二〇年代の末頃、マルクス主義は日本において純粋な社会科学として、あるいは経済学として受けとめられており、マルクス主義の立場からは哲学は単なる観念論として考慮の対象とされていなかった。そういうなかでマルクス主義をまったく新しい観点から捉える道を示したのが三木清であった。多くの学生がそれに惹きつけられたのである。その事情を梯はこのエッセーのなかで次のように記している。「三木氏がその豊かな哲学的教養をもってこのアカデミックな貝殻を内部から破ろうと動き出したとき、すなわち、マルクス主義たるために哲学を棄てて経済学に移るということなく、却って生きた哲学者であることによってマルクス主義者であることのできる途を開拓しつつあったとき、わたしが三木氏のこの途に従って行ったのも無理はなかった[2]」。

梯はそのマルクス主義研究の成果として一九三四年に『物質の哲学的概念』を発表している。そこで梯は「全自然史的過程」という概念をもちだす。「全自然史的過程」とは、「物質の段階的な形態転換の過程」であり、「自然の弁証法的な発展過程」、具体的には、物体、生物、社会という三つの歴史的発展段階を含む全プロセスである。ここでは社会とは「物質の特殊なる一つの形態」(梯一・一〇七[3]) であるとされる。梯はこの自然の発展過程を「自己運動」として捉える。つまり、物質を単なる客観的実在としてではなく、主体性をもち、生命や意識を生みだしていくものとして捉える。物質とは「主体的な歴史である」(梯一・三二九) と言われている。興味深い視点から自然ないし物質を捉えようとする試みがなされているが、しかし、その「主体性」の意味が必ずしも明確に論じられていない点に問題が残る。

いまも述べたように、梯はその思想形成において三木清から大きな影響を受けたが、やがて三木の哲学に対する根本的な批判を語るようになった。『物質の哲学的概念』の「序文」でも梯は、この理論的労作の出発点が三木哲学に対する批判であったことを述べている。また「三木哲学のファッショ的形態」と題した論考では、三木の『歴史哲学』を念頭に置いて、三木はヘーゲルなどの観念論的な史観と唯物論的な史観に共通の歴史的意識一般の理論を打ち立てようとしているが、そのような試みは形式論理学的思惟の産物にほかならず、「現実の実在的な矛盾」から目をそらし、それを隠蔽するものである（梯二・二四八）という批判を行っている。

注――

（1）戸坂の著作に関しては、『戸坂潤全集』全五巻・別巻（勁草書房、一九六六―一九六七年）から引用した。引用文のあとに「戸坂」と記し、巻数と頁数とを記した。

（2）梯明秀「牢獄と軍隊――戦後論壇における二つの空席に回想する一精神的栄養失調患者のメモランダムとして」、田辺元ほか『回想の戸坂潤』（三一書房、一九四八年）六二頁。

（3）梯の著作に関しては、『梯明秀経済哲学著作集』全五巻（未来社、一九八二―一九八七年）から引用した。引用文のあとに「梯」と記し、巻数と頁数とを記した。

5 多様な分野への展開――木村素衞・高山岩男・土田杏村・下村寅太郎

(1) 木村素衞の身体・表現論

木村素衞《もともり》(一八九五―一九四六)は一九二〇年に京都大学に入学し、西田幾多郎のもとで学んだ。フィヒテの『全知識学の基礎』(一九三一年)の翻訳者としても、また西哲叢書(弘文堂書房)の一冊として出版された『フィヒテ』(一九三七年)の著者としても知られるが、一九三三年に広島文理科大学から京都大学文学部に移り、教育学教授法講座の担当者となって以降は、研究の力点を徐々に教育学や芸術論に移していった。教育学の領域では『国家に於ける文化と教育』(一九四六年)などの著作がある。また芸術において重要な意味をもつ「表現」の問題について論じた「身体と精神」という論文を一九三九年に発表している(これは同年に出版された『表現愛』に収められている)。この論文は、それを読んだ西田が「「身体と精神」拝受した 木村 コノ論文ハヨイゾ 私は全く君と手を握り合つた様に感じた……」と記した葉書を送って、高く評価したことで知られる。

この「身体と精神」という論文で木村がまず取りあげたのは、その表題が示すように、「身体」の問題であった。具体的には次のように述べている。「身体とは何であるか。これを単なる自然的物質と考えることはもちろん、生物学的存在と考えても、身体の本質を把握することはできない。人間は本質的に形成的表現的な存在である。外においてかえって内をもつ存在、精神即物質的な存在である。身体とはかくの如き弁証法的存在の形成的実現を具体的に可能ならしめるそれの弁証法的契機に他ならないのである」(「身体と精神」一四八[1])。

木村によれば、人間は、ただ単に物質的な意味での身体であるだけでなく、精神的な存在でもある。そして精神的というときに、木村がとくに注目したのは、「表現」ということであった。人間は、自らの精神的な営みの成果を、自己の外に表現する。言いかえれば、自己の外に自己を形成していく。木村の表現で言えば「外において内をもつ」。そのような意味を込めて木村は、人間を「形成的表現的な存在」と言い表したのである。

そこでとくに注目すべき点は、木村がこの営み、つまり自己の精神的な営みの成果を外に表現するということを、一方向的なものとしてではなく、双方向的なものとして理解した点である。表現が可能になるためには、まず外からの刺激がなければならない。それを受けて人は、自らの精神的な営みを外の物的なもののなかに刻み込んでいくのである。つまり「外においてかえつて内をもつ」。そういう意味で人間とは「精神即物質的な存在」、言いかえれば「弁証法的存在」であるというのが木村の理解であった。そして木村によれば、このような弁証法的な形成・表現を可能にしているものこそ「身体」であった。身体は、弁証法的存在である人間の「形成」ないし「表現」の働きを支える必須の契機であった。

以上の木村の理解を少し詳しく見てみたい。「形成」ないし「表現」という働きを行う主体を木村はまず「表現的生命」という言葉で言い表している。その働きの核心は「内を外に現す」という点にある。しかしそれはただ単に内なる意志を外に示すということではない。内を外に示すためには、その素材が必要になる。素材に働きかけることによって、内はそれ自身をはじめて外に示すことができる。しかし、この素材は単なる物体ではない。木村によれば、それはむしろ「主体に語りかけるところのもの」である。素材が単なる物体ではなく、「主体に語りかけるところのもの」であるのは、それが「歴史的に生み出されたもの、表現的に作られたもの」であるからである。そのようなものとして「外」は「内」に対して語りかけてくる。土や石も、単なる土や石であるのではなく、表現的に作られたものとして、「人間の意志をそそのかし語りかけてくる」。この呼びかける外に対して「内」は「応答する」。つまり、「外からの語りかけという限定を媒介にしてかえって形成的に内から外を限定し返す」（「身体と精神」一四二）。「内を外に現す」とは、このように作られたものとしての外からの呼びかけに応じ、「形成」という仕方で外を限定し返すことにほかならない。

木村はそのような「形成」を行う点に、言いかえれば、「形成的表現的」な存在である点に人間の本質を見たと言うことができる。この「形成的表現的」な存在の「形成性」を支えるのが「身体」である。木村は身体を「自然に食い込んだ意志」として規定しているが、この表現が、木村の身体理解の特徴をよく言い表している。「自然に食い込んだ意志」という表現がなされたのは、身体が物質的自然の一部でありながら、同時に主体に属するものとして主体の意志を実現するからであり、そしてその意志を実現するために、自然のなかに入り込み、「内を外に現して」いくからである。この「自然に食い込んだ意志」としての身体こそが、人間の形成・表現という働きを担うというのが、木村の考えであった。

興味深いことに、木村はこの個々の人間の形成の働きを可能にするとともに、この個々の人間の働きを通して「みずから動きみずから成っていく」（「身体と精神」一四七）自然を「歴史的自然」と呼んでいる。

そういう表現をしたのは、木村がこの「身体と精神」を発表するしばらく前、一九三六年に西田幾多郎が「論理と生命」という論文（『哲学論文集第二』所収）のなかでこの「歴史的自然」という表現を用いていたからである。この論文のなかで西田は次のように述べている。「我々は固、歴史的自然の世界から発展し来つたのである。アリストテレスの云ふごとく、すべて「自然が作る」ἡ φύσις ποιεῖ である。歴史的自然はロゴス的でなければならない。……我々の身体も歴史的実在の世界から理解せられなければならない」（西田八・二六）。歴史的実在の世界における自然を西田は「歴史的自然」と呼んでいるのであるが、その自然はアリストテレスが『政治学』のなかで言うように、作るもの、しかもロゴス的に作るものであり、我々の身体もまた、その自然のロゴス的な働きの所産としてあるというのが西田の考えであった。

木村は、この西田の理解を踏まえて、個々の人間の形成的・表現的作用をその内に包摂し、それを成りたたしめているものを「歴史的自然」と呼ぶとともに、「身体は歴史的自然が自己の物質面へ食い込ましめている創造的意志の尖端である」（「身体と精神」一四九）と述べている。ここでは、「歴史的自然」もまた、その創造的な意志を物質的な自然のなかに食い込ませており、その尖端が人間の「身体」なのだという理解がなされている。ここに木村の身体理解の核心があると言える。西田が、木村宛の葉書のなかで「私は全く君と手を握り合つた様に感じた」と書いたのも、このような点を踏まえてのことであったと推測することができる。

(2) 高山岩男の「世界史の哲学」

高山岩男は一九二五年に京都大学に入学、西田幾多郎、朝永三十郎、田辺元などのもとで学んだ。西田は一九二八年に定年で退職しており、西田のもとで三年間学んだ最後の年代になる。一九三八年に京大文学部の助教授になり、日本精神史(2)の講義と哲学の特殊講義とを担当した。田辺元が一九四五年に定年で退いたあと、その翌年に高山は哲学講座の教授になった。しかしその年の八月に公職追放命令により、辞職した。一九五一年に公職追放が解除され、その後、神奈川大学や日本大学、拓殖大学などの教授を務めた。著書には西田哲学の解説書である『西田哲学』、『続西田哲学』をはじめ、『文化類型学』、『世界史の哲学』、そして高山自身の思想的な立場を表明した『場所的論理と呼応の原理』（一九五一年）などがある。

高山は大学在学中から、体験の個別性を重視するとともに、その同型的一般性を追究しようとしたディルタイの精神科学の方法に大きな関心を示している。とくにその「類型」の概念、なかでも世界観を類型化する試みに注目している。その延長上に構想されたのが、『文化類型学』（一九三九年）である。それはディルタイの世界観学から示唆を得、その類型の概念を諸民族の文化に適用しようとしたものであった。高山がそのような方向に研究を進めたのは、彼が京都大学の日本精神史の担当者となったことと深く関わっている。高山によれば、文化類型学が行うのは、さまざまな民族文化のなかから本質的なもの、その中心構造を取りだし、それを理想類型へと再構成すること、そして種々の理想類型を比較することによってそれぞれの民族精神の特性を把握することである。高山は、この作業を通して「日本精神を真実に深い自覚に上らす」(高山三・二七)(3)点に最終的な目的を置いている。

そのほか高山は一九三八年には『哲学的人間学』を、一九四二年には『世界史の哲学』を発表している。その構想は一九三二年に発表した論文「哲学の歴史と世界観の類型——ヘーゲルの哲学史の理念とディルタイの世界観説の理念」に遡る。そこで高山は哲学が内包する一つのディレンマに言及している。哲学は一方では普遍妥当性をもった知識の体系であることを要求するが、しかし実際には歴史的な相対性を免れない。この体系と歴史とのアンティノミーが高山に大きな問題として意識されていたことを、この論文はよく示している。この問題の解決の道を探るために高山はヘーゲルの哲学史とディルタイの世界観学とに注目する。しかし前者では歴史の面が十分に考慮されず、ディルタイでは体系性の面が稀薄になっている。両者の不十分性を克服し、体系と歴史とのアンティノミーを解決するために高山はここで、「哲学的人間学」と「世界史の哲学」とを構想している。それを具体化したのが、上記の二つの研究であった。

先に見たように、高山は日本精神史の講義とともに哲学の特殊講義を担当したが、この特殊講義では、「歴史の一回性と普遍性」や「歴史的時間の諸相」など歴史哲学に関わる諸問題を取りあげた。その成果をまとめたものが『世界史の哲学』である。その根本観念とも言うべきものを高山は「歴史哲学は世界史の哲学でなければならぬ」(高山四・一二三)と表現している。そのように言われるとき、まず意識されていたのは、ヨーロッパがすなわち「世界」であるという歴史理解への批判である。ヨーロッパは一つの「近代的世界」であり、いま、それとは異なった秩序と構造をもつ「現代的世界」が成立しつつあるという理解が高山にはあった。そのような新しい「世界」理解に立脚した歴史哲学の確立がそこではめざされていたと言える。その点とも関わるが、もう一つ高山が強く意識していたのは、世界の歴史を一つの原理にしたがって動き、発展するものとして捉える素朴な「世界一元論」（それを高山はキリスト教の歴史観のなかにも、またヘーゲルやマルクスの歴史観のなかにも見いだす）への批判である。それに対して「世界史の哲学」は、高山によれば、「各歴史的世界に地域と民族との差に基くそれぞれの完成と未完成とが存することを重視し、その交錯連関に、世界史の発展と建設とが行われることを、深く認識」（高山四・八四）するところに成立する。

(3) 土田杏村

土田杏村《きょうそん》（一八九一―一九三四）は京都大学で学んだのち、アカデミズムの外に身を置きながら、思想や社会、文学、芸術など、多方面にわたる評論活動を行った。また民衆の自己教育の機関となった信濃（上田）自由大学などの教育実践にも携わった。土田没後に『土田杏村全集』が刊行されたとき、西田幾多郎は「街頭の思索者」と題した推薦の辞で、「君は象牙の塔に籠るよりも寧ろ街頭の人であつた」と記すとともに、「その努力、その多芸、多才、実に驚嘆に値するものと云つてよい」（西田一一・三〇四）と記している。

実際、土田の研究領域はきわめて広い範囲にわたり、その全体を見わたすことは容易でない。ここでは在野に身を置き、さまざまな社会活動や教育実践に携わった「街頭の思索者」としての土田ならではの視点に注目してみたい。そういう観点から注目されるものに「生活価値」という概念がある。土田は自らを「文明批評家」と見なしていたが、人間の文化的な営みのなかで「批評」がもつ意味を高く評価していた。京都大学に入学する前、東京高等師範学校在学中にすでに『文明思潮と新哲学』（一九一四年）を出版、そこに「文明の高等批評」というエッセーを載せている。そこで「自然科学は生活材料の利用であるけれど、哲学は生活価値の判別である」、「生活材料の利用に於いては知識で十分だが、生活価値の判別には評論が必要である」（土田八・一六）[4]と述べている。ここではもちろん自らの将来が見通されていたわけではないが、実際、土田はこのような意味での評論、「生活価値」を判別する哲学に依拠した評論を生涯を通じて追求したと言うことができるであろう。それは、具体的に言えば、「生活の各様相が分裂的、個々的に発達して、それの統一的見地が立つてゐない」（土田二・四二二）という現代文明の根本の病を剔出《てきしゅつ》することに、そしてその病を克服する方策を探ること（たとえば『文明は何処へ行く』一九三〇年）に向けられていった。

もう一点土田の業績として注目されるものに、英語で日本の哲学の歴史を紹介したことがある。一九二七年にウィリアムズ・アンド・ノルゲイト社の『現代思想叢書』の総編集者であったテューダー・ジョーンズ（W. Tudor Jones, 1865-1946）の依頼を受けてその叢書の一冊として Contemporary thought of Japan and China, 1927を出版している。その原稿執筆後、邦語版『日本支那現代思想研究』を作成し、英語版の前年に初版を出版している。土田はこの書のなかで、西田や田辺、西晋一郎（一八七三―一九四三）、紀平正美、左右田喜一郎、田中王堂、長谷川如是閑（一八七五―一九六九）らの思想、さらには日本の社会主義思想などを紹介しており、この英語版の出版は、それまで海外でほとんど知られていなかった日本の哲学について詳しく論じたものとして、画期的な意味をもった。また土田がここで、講壇哲学に対する批判を展開していることも興味深い。土田は、日本の講壇哲学が個人主義的で、現実の社会に対する関心が稀薄であること、そのためにそうした問題に対する解決原理をまったく示すことができない点を批判するとともに、そこには国家を「人間理想の最高形式」とする国家主義的な性格が強く現れている点などを批判している。

もう一点興味深いのは、本書が「東アジア哲学史」とも言うべきものを指し示していると思われる点である。

最初、西洋的なものと東洋的なものの混在――それを土田は「ラグウ［ragout］」と表現している――でしかなかった状態から、日本の哲学も中国の哲学も、より論理的・方法的な哲学の建設へと歩を進めてきた。しかしそこで、伝統と普遍性という対立する二つの概念のあいだでどのような方向に向かうべきかという課題に直面している。土田のこの書はそのような課題をも見据えた、広い視野のなかで書かれた哲学史であった。この土田の意図を受け継いだ「東アジア哲学史」の執筆も今後の課題になるかもしれない(5)。

（4）「精神史」としての数学――下村寅太郎

下村寅太郎（一九〇二―一九九五）の最初の著作は『ライプニッツ』（一九三八年）であるが、それとともに数理哲学や科学哲学に深い関心を寄せた。下村は晩年、自らの思索の、そして著作のあとをたどった「著作遍路或いは自画自賛」という長編のエッセーをものした。そのなかで下村は、田辺元の『科学概論』と『数理哲学研究』が自分の哲学修業の始まりであったと記している。しかし同時に、「新カント派の認識論との対決を動機とした西田・田辺両先生ともに論理が根本問題になった。……ロジシアンであって、ヒストリアンではなかった。しかし哲学者はヒストリアンであることは不可能であるか……自分はロジシアンでなく、ヒストリアンではないかと思うようになり、漸次その意識が強くなった。論理を問題にしても自ずから、論理の歴史性の問題に向かうようになった。数理哲学も科学哲学も、すべて実際に数学の、科学の歴史の哲学であった。しかし数学史、科学史でなく、数学史の、科学史の哲学であった」（下村一三・三四四）(6)とも述べている。また「炉辺空語」と題されたノートで下村は、西田に対して「〝永遠の今〟に於て歴史はいかにして成立し得るか」という言葉を、また田辺に対し、「田辺哲学に於ても歴史性は過去を未来に転じる〝瞬間〟である。幅のある――持続性を持つ歴史はこゝでは原理的に不可能である」（下村三・五六五）という言葉を残している。論理の歴史性をも顧慮しうる「historian

であって哲学者」であることが、下村の目ざしたものであったと言ってよい。

戦前に下村が著したもっとも重要な著作は、文字どおり『科学史の哲学』（一九四一年）と題したものであった。下村はヨーロッパが人間の文化の歴史における一つの「古典」（一つの社会に生まれながら、同時に普遍的な意味をもつ点にその特徴がある）として認められるということから出発する。その古典性の一契機をなす「学問」の性格を明らかにしたいというのが、下村がここでめざしたものであった。そこで下村はとくに数学に注目する。彼によれば、ヨーロッパの学問の特徴は数学と科学（自然学）と哲学（形而上学）が三・一的な体系をなす点にあるが、この学問の理念の形成は、数学の成立によってはじめて可能になったと下村は考える。そのような意味で、学問としての数学（純粋数学）の形成は、ヨーロッパに起こった出来事であったというよりも、むしろ「世界史的事件」（下村一・一四四）であったと下村は言う。その事件の由来とその意義と帰結とを明らかにするのが本書の課題であった。通常、数学史においてその成立は問題にされない。その存在は当然の前提である。しかし下村は数学の生成を問題にする。それとともに、それを哲学史および科学史との連関において考察する。「数学の歴史」が問題なのではなく、「数学への、の歴史」が問題なのだと彼は表現している。その歴史は数学がどのような環境のもとで生まれたかという「自然史」ではない。あくまで「精神史」であると言う。つまり、数学を形成した精神はどのような精神であったのか、その成立を通してその精神は何を自覚したのか、そして何を作りあげたのか、それが下村の問題であった。それを通して、ヨーロッパの学問の理念が有する精神史的意義を明らかにするという試みを下村はここで行っている。下村の大きな業績の一つは、この「精神史」という方法を確立した点にある。

注

（1）木村素衛の「身体と精神」については、藤田正勝編『京都学派の哲学』（昭和堂、二〇〇一年）から引用した。引用文のあとに「身体と精神」と記し、そのあと頁数を記した。

（2）一九三七年に文部省が「国民存在ノ範疇タル国体ヲ理論的ニ把握シ学的ニ基礎ヅケ」るために「日本国体論」講座の新設を要求したのに基づいて、京都大学では「日本精神史」講座が設けられた。

（3）高山の著作に関しては、『高山岩男著作集』全六巻（玉川大学出版部、二〇〇七―二〇〇九年）から引用した。引用文のあとに「高山」と記し、巻数と頁数とを記した。

（4）土田の著作に関しては、『土田杏村全集』全一五巻（復刻版、日本図書センター、一九八二年）から引用した。引用文のあとに「土田」と記し、巻数と頁数とを記した。

（5）このような課題に目を向けた論考として清水正之の「東アジア近代哲学史の可能性――土田杏村のこころみにみる」（藤田正勝編『思想間の対話――東アジアにおける哲学の受容と展開』法政大学出版局、二〇一五年）がある。

（6）下村の著作に関しては、『下村寅太郎著作集』全一三巻（みすず書房、一九八八―一九九九年）から引用した。引用文のあとに「下村」と記し、巻数と頁数とを記した。

第五章　京都学派

1　京都学派とは

（1）「京都学派」という呼称の成立

第二部第二章から第四章まで、西田・田辺の哲学をはじめ、その同僚や弟子たちの思索について見てきたが、一般に彼らは「京都学派」という名前で呼ばれる。ここで改めて「京都学派」とは何かについて考えておきたい。まず、彼らがいつ頃からその名で呼ばれるようになったのかということから始めたい。文献で確認されうるかぎり、西田幾多郎や田辺元のもとで学んだ戸坂潤が一九三二年に『経済往来』に発表した論文「京都学派の哲学」で用いたのが最初である[1]（戸坂三・一七五）。そのなかで戸坂は次のように記している。「西田哲学は西田学派にまで、或いは云わば京都学派にまで、現に発展しつつあるのである。それは今や立派に形を持った一つの社会的存在物である。西田哲学を西田学派にまで踏み固めることは、田辺元博士のみ許される尊敬すべき努力であるように見える」。

ここから、田辺元が西田の後継者としての地歩を固めつつあるという状況を踏まえて、この「京都学派」という言葉が使われていることがわかる。ただ、「西田哲学を西田学派にまで踏み固める」という戸坂の表現は、田辺が西田哲学の継承者であるということを単純に言い表したものではない。すでに見たように、この論文が書かれる二年前、一九三〇年に田辺は「西田先生の教を仰ぐ」という論文を発表し、そこで西田の思想を公然と批判した。それは田辺の西田からの自立の宣言であったともみなすことができる。実際、それ以後、彼の思想は「田辺哲学」という言葉で呼ばれるようになった。戸坂はそのような流れを踏まえて、単なる「西田哲学」という表現ではもはや言い表しえない、しかしなお一つの学派に包摂しうる「社会的存在物」が成立しつつあることを認めたのだと考えられる。

その際注意する必要があるのは、戸坂が、西田・田辺の哲学を肯定的に評価し、賛同して「京都学派」という表現を用いたのではないという点である。この論文のなかで戸坂は、西田・田辺の哲学が観念論であり、具体的な社会での実践に関わらない没実践的な哲学であるということをはっきり批判している。「京都学派」という言葉が最初に使われたのは、このような批判的な文脈においてであったのである。したがって戸坂は当然、自分がそのなかに位置するとは考えていなかった。むしろその「外」に立っていることを明確に意識していた。「京都学派」という名称は、最初、「外」から与えられたのである。

(2)「京都学派」とは

それ以後、「京都学派」という表現自体は広く知られるようになったが、京都学派の哲学や思想をめぐる研究が多くなされたわけではない。それを正面から論じた著作や論文は、たとえば西田幾多郎の哲学を論じたものと比較すれば、はるかに少ない。一つには、西田や田辺の弟子たちをそのなかに含めた場合、彼らがなお現役であり、その思想を相対化して論じるための距離が十分に取れなかったということが考えられる。また、その範囲が明確でなかったことも、それを全体として論じることを困難にした。「京都学派」は、通常の哲学の学派と異なり、先行する学派を批判して成立した集団、言いかえれば、ある特定のテーゼを立てることから出発した集団ではなかった。むしろ、西洋の哲学の受容から出発した日本の哲学が自立した歩みを開始した時期に、自然発生的に成立した集団であり、その主張や範囲は明確な輪郭をもたなかった。

しかし、近年、その共通する特徴を挙げ、定義を行い、誰がそれに属するのかを確定しようという研究がなされるようになっている。たとえばジョン・C・マラルドの論文「欧米の視点からみた京都学派の由来と行方」[2]などを挙げることができる。そこでマラルドは、京都学派という「曖昧な集団」の境界を確定するために次の六つの基準を挙げている。(1)西田幾多郎への関係、(2)京都大学への関わり、(3)日本と東洋の知的伝統への関わり、(4)当時の政治思想や国家、戦争の問題への関わり、(5)仏教的伝統への関わり、(6)絶対無の概念の評価。

海外の研究者に「京都学派」のアイデンティティの問題が強く意識されるのは、西田や田辺にせよ、あるいは彼らの弟子たちにせよ、——当然そこで西洋の哲学が対比のための鏡となって——相違よりもむしろ共通性の方が強く意識されるからだと考えられる。そして西洋の哲学との対比という観点からまず目が注がれるのが「無」の概念である。マラルドの論文においてもとくに「絶対無」の概念に注意が注がれているが、それは、「絶対無」に立脚する哲学が西洋の哲学とは異なった独自な視点からどのような貢献を哲学に対してなしうるかという関心が強く存在しているからであろう[3]。そのような問題意識から「京都学派」のアイデンティティに関心が向けられていると考えられる。

しかし、西田や田辺、あるいはその弟子たちすべてに当てはまるメルクマールを挙げることは容易ではない。それは、先にも述べたように、「京都学派」がある特定の学説を立てることから出発した集団ではないということとに関わっている。それとも関わるが、その「内」にいた人々に、「京都学派」とは何かという自己理解がほとんどなかった。[4] 先に述べたように、そもそも戸坂が最初にこの言葉を使ったとき、それは「外」から貼られたレッテルであった。その後も、多くの場合、「外」から「京都学派」という特徴づけがなされたと言ってよいであろう。

このような成立の事情からも見てとれるように、いくつかのメルクマールを挙げて「京都学派」を定義することは容易ではない。実際、西田や田辺のもとからは非常に多彩な人材が輩出している。マルクス主義の立場に立った戸坂潤もそうであるが、三宅剛一や下村寅太郎という科学哲学や文化史の領域で傑出した仕事をした人々もいる。そのすべてに当てはまるメルクマールを挙げることはほとんど不可能である。[5]

(3) 知的ネットワークとしての「京都学派」

マラルドのように、共通の特徴を挙げるという方法とは違った仕方で「京都学派」を定義する試みとして注目されるのは、竹田篤司のそれである。竹田は「下村寅太郎――「精神史」への軌跡」のなかで、「京都学派」とは「西田・田辺の両者を中心に、その学問的・人格的影響を直接的に受けとめた者たちが、……相互に密接に形成し合った知的ネットワークの総体」であるという定義を提案している。[6]

「相互に密接に形成し合った知的ネットワーク」と言われているが、実際、西田や田辺と、弟子たちとのあいだには、非常に「密接」なつながりがあった。共通の問題をめぐって議論し、相互に大きな影響を与えあった。その関係は、決して師から弟子たちへという一方向的な関係ではなく、むしろ双方向的な関係であった。西田と田辺自身、互いに批判しあい、それから受けた刺激を原動力として、それ以後の思想形成を行った。それとともに、弟子たちが師であった西田や田辺に影響を与えるということもまれではなかった。たとえば三木清の歴史や身体をめぐる思想、下村寅太郎のライプニッツ研究や科学哲学研究も、西田や田辺に少なからぬ刺激を与えた(前章で見た西田と高坂正顕の場合もその一例である)。そのような相互に刺激を与えあう関係であったという点に京都学派の大きな特徴の一つがある。

その意味で岩城見一が『木村素衞・美のプラクシス』の「解説」で、京都学派を芸術家の工房に喩えられるものとして「哲学工房」と呼んだのは、この集団の関わりを的確に捉えたものと言うことができるであろう。そこで岩城は、現代と異なり、この集団のなかでは、思想のプライオリティの問題が重要性をもたなかったことを次のように言い表している。「師にとっては、弟子が自分の思想と似たことを同じ概念を用いて公にしても、それは剽窃ではなく、自分の思想の力を証示するものであり、弟子の新しい思想は、自分の思想をより説得力ある論理へと磨き上げるための材料である[7]」。

西田は決して体系的な思想家ではなかった。西田の弟子であった高山岩男が一九三五年に『西田哲学』という解説書を出版した際に、西田は乞われて「序」を執筆している。そのなかで西田は、「私はいつまでも一介の坑夫である」と記している。この言葉がよく示すように、西田の思索のスタイルは、まさに原石を鉱脈から掘り出す、あるいは原木を荒削りにしていくという類のものであった。過去の哲学者の思想を初期から後期にかけてていねいに追っていくというようなことはほとんどしていない。個々のテクストの翻訳やそれの忠実な解釈、あるいは個々の思想家の思想発展のプロセスをたどり、それについて概説書を書くといった仕事を、西田はしなかった。そういう仕事は、むしろ積極的に弟子に任された。田辺元が監修をし、下村寅太郎や木村素衞、高坂正顕らが実際の編集を担当して刊行された「西哲叢書」はその典型と言ってよいであろう。このように言わば有機的な分業体制がとられていたことも、京都学派を工房に喩える一つの根拠になるであろう。しかし他方、彼らの関係は、美術工房のように、ただ単に協力しあって一つの作品を生みだしていくという種類のものではなかった。そこでは相互に批判しあうということがひんぱんになされた。

公然と西田幾多郎に対する批判、あるいは田辺元に対する批判を行った人もいるし、他方、きわめてひかえめにしか批判を行わなかった人もいるが、しかしいずれにしても、彼らは西田や田辺への批判を行うことによって、自らの思索を発展させていったと言うことができる。たとえば三木清にせよ、山内得立にせよ、あるいは西谷啓治や三宅剛一にせよ、西田や田辺への批判を原動力としてその独自な思想を形成していった。そして師の方も、それを正面から受けとめようとした。たとえば西田は、田辺の「西田先生の教を仰ぐ」が発表された直後、弟子の務台理作に宛てて次のように書いている。「田辺君の論文、誠に真摯な態度にして学界実にかゝる気分の盛ならんことを切望に堪へませぬ。さなくば我国の学問の進み様がないと思ひます」（西田二〇・三九九）。そして実際、それ以後、西田は田辺が問題にした「行為」や「歴史」の問題をめぐって思索を深めていったのである。このように批判を許すつながりであったという点にも、京都学派の一つの大きな特徴が認められる。「ネットワーク」という捉え方は、このような関係を表現するのに適している。

ただ、竹田の定義には、いくつか付け加える必要がある。竹田が、西田や田辺から「学問的・人格的影響を直接的に受けとめた者たちが……」と言うとき、主として考えられていたのは、西田・田辺と、西谷啓治や下村寅太郎、務台理作ら弟子たちとの関わりであったと想像される。おそらく九鬼周造や和辻哲郎は竹田の念頭になかったであろう。しかし、波多野精一や九鬼周造、和辻哲郎、深田康算など、西田や田辺と同じ時期に京都大学で教鞭をとり、程度の差はあるにしても、相互に思想的な影響を与えあった人々をも含めて、「京都学派」を考えるべきであると私は考える。

また竹田が「相互に密接に形成し合った知的ネットワーク」と言うとき、西田や田辺の学説に批判的であった人々はそのなかに含められていなかったように思われる。西田や田辺の学説にもっとも厳しい批判を行った弟子の一人が、先に名前を挙げた戸坂潤であるが、彼もまた西田や田辺の学問的影響のなかで思想形成を行った一人である。そして戸坂潤や梯明秀らとの議論は、西田や田辺にも少なからぬ影響を与えた(8)。そのような意味で、戸坂や梯も京都学派のなかに加えることができると考える。戸坂が最初に「京都学派」という言葉を使ったとき、将来そのなかに自分が加えられるであろうとは、彼自身はまったく考えなかったであろうが。

もう一点、竹田の「京都学派」理解に付け加えたいと考えているのは、西田・田辺と、その影響を「直接的」に受けた人たちだけでなく、彼らから影響を受けた次の世代をも含めて「京都学派」を考えることも十分に可能ではないかという点である。もちろん「人格的影響」を直接に受けた人々が形成した密接な関わりとは異なるであろうが、しかし「学問的影響」を受けるということは、時間を置いても可能である。つまり、西田や田辺の学説を受け継ぐ、あるいは批判的に検討し、それを発展させることは、次の世代がなしうることであるし、なすべき課題であるとも言えるであろう。そうした人々を含めて「京都学派」を考えることも可能であろう。

(4)「無」の哲学

以上のように再考されるべき点は存在するが、「知的なネットワーク」であるという「京都学派」の定義はその実体をよく示している。しかしもちろん、それが思想内容に立ち入らない定義であるという点で、大きな問題をはらんでいるということも指摘できる。京都学派の哲学への関心は、単に歴史的な関心にとどまらず、結局、そこから何が汲み取られうるのか、言いかえれば、それが哲学に対してどのような寄与をなしうるのか、という問いと結びついているからである。そのような観点から「京都学派」が問題にされるとき、当然、その思想上の特徴が問われることになる。先に取りあげたマラルドの論文が「絶対無」の概念に注目する背景にも、そのような関心があったと言ってよい。

すでにみたように西田はあらゆる存在の根柢に「絶対無の自覚」を考えた。田辺元もまた、『懺悔道としての哲学』のなかで、自らの哲学の無力の徹底した自覚を通して経験した転換を「無即愛」と、あるいは、「絶対無」の「大非即大悲」として捉えている。そしてそのような「無」をめぐる思索は、久松真一や西谷啓治らに受け継がれていった。したがって「京都学派」の哲学を「絶対無の哲学」として特徴づけることは、もちろん可能である。しかし他方で、そのような流れをそのまま京都学派の哲学とすることは一つの問題をはらんでいる。それは確かに西田幾多郎から弟子たちへと受け継がれていった思想の一つの流れではあるが、その全体ではないからである。彼らの思想的な営為は、歴史哲学や数理哲学、科学哲学、芸術学、文化史、教育学など、きわめて多領域にわたるものであった。このようにさまざまなジャンルで成果を生みだしてきたことも、京都学派の一つの大きな特徴である。京都学派の哲学を「絶対無の哲学」という表現で言い表すことは、そのような成果を視野の外に追いやる可能性をはらんでいる。

しかし、先にも述べたように、とりわけ西洋の哲学から見た場合、それと根本的に異なったものとして「無」ということが強く意識されるであろうことは十分に考えられる。そして、そうした独自な発想との対話を通してこそ哲学の新たな展開が期待される。その点から言えば、京都学派の哲学を「無の哲学」として捉えることにも大きな意味がある。

注

(1)　前章で土田杏村の『日本支那現代思想研究』（一九二六年）に触れたが、そこに「京都学派」という表現ではないが、「西田を祖とする所謂京都派の少壮哲学者の……」というように同趣旨の記述がすでにある（一九二六年の初版一一七頁）。

（2）ジョン・C・マラルド「欧米の視点からみた京都学派の由来と行方」、藤田正勝／ブレット・デービス編『世界のなかの日本の哲学』（昭和堂、二〇〇五年）所収。
（3）そのような関心は、J・W・ハイジックの論文「日本の哲学の場所——欧米から見た」（『日本の哲学』第三号所収）にも明瞭に見てとることができる。
（4）一例であるが、下村寅太郎のもとで学び、その影響を強く受けた竹田篤司が「下村寅太郎——「精神史」への軌跡」（藤田正勝編『京都学派の哲学』昭和堂、二〇〇一年）のなかで、「下村が「京都学派」なる話題を積極的に口にした記憶を、私は持たない」と記している（同二三六頁）。
（5）竹田篤司は「下村寅太郎——「精神史」への軌跡」のなかで、次のように述べている。「下世話にいえば右も左も含んだこのような人間集団の概念化自体にはたしてどれほどの意味があるであろうか」。藤田編『京都学派の哲学』二三四頁。
（6）同書二三四—五頁。
（7）岩城見一編『木村素衞・美のプラクシス』（燈影舎、二〇〇〇年）二六〇頁。
（8）このような観点からの最近の代表的な研究に服部健二『西田哲学と左派の人たち』（こぶし書房、二〇〇〇年）吉田傑俊『近代日本思想論』Ⅱ『「京都学派」の哲学——西田・三木・戸坂を中心に』（大月書店、二〇一一年）などがある。

2　近代の超克

（1）座談会「近代の超克」「世界史的立場と日本」への批判

戦後、「京都学派」の戦争責任との関わりでしばしば俎上に乗せられてきた座談会がある。一つは「近代の超克」と題した座談会である。これは一九四二年七月、河上徹太郎（一九〇二—一九八〇）や亀井勝一郎（一九〇七—一九六六）、小林秀雄（一九〇二—一九八三）、中村光夫（一九一一—一九八八）など、雑誌『文学界』同人たちがその特集号のために開催した座談会であるが、そこに西田幾多郎の弟子であった西谷啓治や下村寅太郎、さらに京都大学で西洋史を担当していた鈴木成高（一九〇七—一九八八）が招かれていた。もう一つは、西谷と鈴木が、「近代の超克」とほぼ同じ時期に高坂正顕、高山岩男とともに三回にわたって行った座談会で、その記録は雑誌『中央公論』に発表されたあと、一九四三年に中央公論社から『世界史的立場と日本』と題して出版された。

戦後になって「近代の超克」をめぐる議論がもつ重要性を指摘したのは、竹内好《よしみ》（一九一〇—一九七七）であった。その論文「近代の超克」のなかで竹内は、この言葉が流行語、ないし「マジナイ語」として、「大東亜戦争」と深く結びつき、そのシンボルとしての役割を果たしたことを記している（「近代の超克」二七四）[1]。あるいは、「暴威をふるった」という言葉で、この座談会が及ぼした影響について語っている。実際、この「近代の超克」という言葉は、アジア・太平洋戦争を正当化するスローガンとして多くの知識人をとらえた。また、この言葉で自分を納得させながら戦地に赴いた青年も多かったであろう[2]。

ほぼ同じ頃、小田切秀雄（一九一六—二〇〇〇）が「「近代の超克」について」と題した論考を発表しているが、そのなかで小田切はこの座談会の性格を次のように特徴づけている。「太平洋戦争下に行われた「近代の超克」論議は、軍国主義支配体制の「総力戦」の有機的な一部分たる「思想戦」の一翼をなしつつ、近代的、民主主義的な思想体系や生活的諸要求やの絶滅のために行われた思想的カンパニアであった」[3]。これは京都学派だけに向けられた批判ではないが、そのなかに京都学派も含められていたと言ってよいであろう。近年では、廣松渉(一九三三―一九九四)が『〈近代の超克〉論――昭和思想史への一断想』のなかで、京都学派の「近代超克」論が、「近代」の歴史的・社会的基盤の分析を欠いた抽象論に陥っていたことを批判している[4]。また子安宣邦《のぶくに》(一九三三―)は『「近代の超克」とは何か』のなかで、「近代の超克」や「世界史的立場と日本」をめぐってなされた座談会のなかでの京都学派の歴史哲学的言説が、日本の戦争を、つまり「既成のヨーロッパ的世界秩序に対してアジア的新秩序を唱える日本の行動」を、道義的に理念づけようとし、国民を煽動しようとしたものであったことを主張している[5]。

(2) 放談会に終わった座談会

『文学界』の同人たちによって「近代の超克」という座談会が企画されたのは、一九四二年のはじめ、つまり太平洋戦争の開戦直後である。河上はこの座談会の「結語」で「此の会議……が開戦一年の間の知的戦慄のうちに作られたものであることは、覆ふべくもない事実である」(「近代の超克」一六六)と述べているが、何らかの仕方でこの戦争を意義づけようという意図があったことはまちがいない。

しかしなぜ「近代の超克」というテーマが設定されたのであろうか。その背景には、当時誰しもが抱いていたこの時代の強い閉塞感があった。その原因を、多くのひとびとは明治以降の日本の近代化のなかに見いだそうとしていた。「近代」を何らかの仕方で乗りこえることによって時代の閉塞が打ち破られると考えたのである。そしてこの「近代」の乗りこえは、「近代」がそこから由来した「西洋」を否定することと、また現実の世界のなかで戦われ始めた欧米列強との戦いと容易に等置された。一例を挙げれば、亀井勝一郎は座談会のために提出した論文「現代精神に関する覚書」のなかで次のように記している。「現在我々の戦ひつゝある戦争は、対外的には英米勢力の覆滅であるが、内的にいへば近代文明のもたらしたかゝる精神の疾病の根本治療である。これは聖戦の両面であつて、いづれに怠慢であつても戦争は不具となるであらう」（『近代の超克』一五）。この戦争が「近代」という時代のなかで繰り広げられる帝国主義列強間の争いではなく、「近代」そのものを乗りこえるための戦争であるという論理によって、この戦争を意義づけ、正当化しようという意図が――そしてそれ自体が座談会で論じられることはなかったが、アジアへの侵略をも正当化しようという意図が――、この「近代の超克」という言葉に込められたと言える。それによってこの言葉が一つの「マジナイ語」として一人歩きし、多くの人々の心を捉えたのである。

しかしこの座談会の内容そのものについては、竹内好は、戦争とファシズムのイデオロギーにすらなりえず、「不思議に思われるほど思想的には無内容」（『近代の超克』二七五）であったとも、あるいは「思想形成を志して思想喪失を結果した」（『近代の超克』二八八）とも述べている。その原因を竹内は、「日本近代史のアポリア」、つまり「復古と維新」、「国粋と文明開化」、「東洋と西洋」という対抗する思想の基本軸から生まれるアポリアが、この座談会を動かしたものであり、それが問われるべき課題であったにもかかわらず、そのアポリアを正面から見据えるということをしなかった点に見ている。

もちろんこの座談会で語られたことが、すべて無意味な言説であったわけではない。西洋近代とは何か、科学とは何か、日本語で思索することの意味は何か、などをめぐって興味深い議論もなされている。しかしテーマが多岐にわたり、何が中心の問題なのかがわからないという印象、そして何より参加者相互の議論がかみ合っていないという印象を強くもつ。そのことを河上徹太郎は、先に言及した「結語」のなかで、それぞれの専門が違い、「檻房の中で隣室の同志と壁を叩き合つて話すやうに語つた」と言い表している。「近代」とは何か、それはなぜ超克されなければならないのか、またいかなる方向に向かって乗りこえられるべきなのか、といった問題に焦点をあわせることなく、参加者がそれぞれ自説を展開するだけに終わった。その差異をめぐって議論がなされず、河上の表現を用いれば、単なる「放談会」に終わった。

重要な問題提起もなされた。たとえば中村光夫は、論文「『近代』への疑惑」のなかで、「近代の超克」という課題が、もともとヨーロッパで提起されたものであり、その言葉ではたして日本が直面している問題を的確に表現できるかどうかということに対して、疑問を呈している。「僕に一番気にかかるのはこの課題［近代の超克］の我々に持つ観念性である。この「近代の超克」といふ言葉が、現代ヨーロッパ人に響いたに違ひない強い実感と明瞭な内容をもつて僕等の胸に響くかといふことである」（「近代の超克」一五〇―一五一）。このように座談会の主題とされた「近代の超克」の観念性を指摘するとともに、中村は、西洋を否定するために、西洋の概念を借りてくる「不見識な矛盾」について語っている。このように具体的に問題が提起されたにも拘わらず、それが座談会のなかで取りあげられ、議論が深められることはなかった。

「近代の超克」という言葉だけでなく、そもそも「近代」をどう捉えるかという点でも、参加者の理解は大きく違っていた。明治以降の日本の近代化がさまざまな弊害を伴うものであったという点では、多くの参加者が一致していた。例えば、亀井勝一郎は、座談会のなかで次のような発言をしている。「明治以後の文明の特色の一つとして、僕の痛感することは一口に云へば全人性の喪失といふことです」（「近代の超克」二三三）。ここでは「全人性の喪失」という言葉で近代化がもたらした弊害が言い表されているが、座談会に寄せた論文「現代精神に関する覚書」のなかでは、それを合理的なものへの志向から生じる「感受性の頽敗《たいはい》」（「近代の超克」九）という言葉で言い表している。それとは違った意味合いにおいてであるが、中村光夫も、近代化の過程で生じた「精神の奇形」――後述する――について語っている。それに対して下村寅太郎は、近代――下村が「近代」と言うときには、日本の近代だけでなく、広く近代一般が理解されている――のネガティヴな面だけを強調すること、つまり近代を単純に「不幸な時代」にしてしまうことに明確に反対している。これもまた重要な問題提起であったが、しかし、ここでも理解の差異を埋めることはなされなかった。

(3) 他者としての「近代」と自己としての「近代」

座談会「近代の超克」を全体として見たとき、そこでは「近代」とは何かをめぐって、大きく二つの見解が対立していた。第一の見解は、近代化に伴う弊害――それは多くの場合、近代そのものと同一視される――は本来、日本に帰属するものではないという考えに立つ。そこから出発して、そうした弊害を除去するために、過去の「純粋な」日本的なものに立ち返るべきことを主張する。そうした考えに立つ人にとって、「近代の超克」とは、その純粋で日本的なものへの復古にほかならなかった。そこでは「近代」は、自己と本質的に異質なものとして見なされていたと言える。それに対して、第二の見解は、「近代」は決して他人事ではない、「近代」は自分自身の問題であり、自分自身が立つ場所であるというものである。第一の見解が見失った、あるいは見誤った「自己」を直視しようとするものであった。

第一の見解は、河上が記した座談会「近代の超克」の「結語」のなかの「確かに我々知識人は、従来とても我々の知的活動の真の原動力として働いてゐた日本人の血と、それを今まで不様に体系づけてゐた西欧知性の相克のために個人的にも割り切れないでゐる」という言葉のなかにも見て取ることができる。ここでは「日本人の血」と「それを今まで不様に体系づけてゐた西欧知性」とが対比されている。「日本人の血」というのは、座談会のなかでの河上の発言中の言葉で言いかえれば、「日本人の本然の姿」ということになるであろう。それを明治以降、日本人は「西欧知性」を借りて表現してきたが、しかしその表現は、多くの対立や矛盾、亀裂をはらむものであったということが言われている。そこでは「本然の姿」とその表現とが、由来を別にし、明確に区別されるかのように受けとられている。「本然の姿」を不様に体系づけている西洋知性、つまり「近代」の背後には、純粋な日本人の姿があるし、それを覆っている西洋知性を排除すれば、「本然の姿」に復帰することができるという主張がそこにはある。そこでは「近代」というものが言わば他人から与えられた上着のように受けとられ、生まれた弊害の責任はまったく自分にはないかのように考えらえている。

第二の見解をもっていた人として、たとえば中村光夫の名前を挙げることができる。中村も確かに、先に引用した「『近代』への疑惑」という論文のなかで、近代の「超克」という言葉を使っている。彼がそれを問題にするのは、日本の近代が「悲しい正体」をもっているからである。その「悲しい正体」を中村は「精神の奇形」という言葉でも表現している。夏目漱石(一八六七―一九一六)の『それから』で、主人公の代助が、西洋の文化をできるかぎり早く消化し、西洋と競おうとしていた明治の日本を、「牛と競争する蛙」にたとえ、「もう君、腹が裂けるよ」と語るのを引き合いに出しながら、中村は明治以後の日本が経験しなければならなかった「精神の奇形」を次のように表現している。「時勢の表面的な動きに「気ぜはしく」適合することにのみ汲々として、自分でものを考へる習慣を失つた」(「近代の超克」一六三)というように。自分でものを考える習慣を失ったということが、中村の考えでは、日本の「近代」がはらむもっとも大きな問題であった。

しかしそれは誰の責任でもなく、自分自身の責任であること、自らの近代化がもたらした帰結であるという意識を中村はもっていた。「西洋の特殊な影響によつてかうした混乱に陥つたことが、まさしく僕等の責任であるとすれば、今更西洋文化を排斥して見たところでこの病弊の根本は救はれまい」(「近代の超克」一六四)。このように中村のなかには、河上とは異なり、いびつな近代のまっただなかに自分がいるという意識が存在していた。中村によれば、この精神のゆがみは、単純に西洋文化を排斥し、古代日本への復帰を主張する人々のなかにも存在する。彼らもまた「自分でものを考える習慣を失った」人々であった。そうした人々に対して中村は、「一国民の文化的自覚といふやうな真剣な事業がかうしたお手軽な精神の作業によつて成しとげられるとは僕には信じられない」と批判的な言葉を記している。

（4）下村寅太郎の「近代」

座談会「近代の超克」の出席者のなかで、「近代」が決して他人事ではなく、まさに自分自身が立っている場所であるということをもっともはっきりと主張したのは、下村寅太郎である。下村は、座談会の折りには論文を提出しなかったが、一九四三年に『近代の超克』が創元社から単行本として出版されたときには、「近代の超克の方向」という論文を寄せている。そこで下村は、次のように主張している。「近代とは我々自身であり、近代の超克とは我々自身の超克である。何か他者を批評するが如くであるならば安易といふ外ない」（『近代の超克』一一三）。「近代」を本質的に自己に関わりのないものとして、あたかも他者について語るようにそれについて論じる人々に対して抱いた大きな反発がこの言葉のなかに込められている。そうした人々の言説を「厚顔なる饒舌」として下村は退けている。それが、座談会のなかでなされた河上や亀井の発言に向けられたものであったことは疑いがない。

そのような「近代」理解とも深く関わっているが、「近代の超克」の問題についても、下村の考えは、他の参加者と大きく違っていた。下村は一方では、この「近代の超克」の問題を、特殊日本の問題としてではなく、それ以前に、ヨーロッパの問題として、あるいは普遍的な問題として問うている。座談会「近代の超克」のなかでの下村の発言によれば、普遍的な問題としての「近代の超克」の問題は、彼の理解によれば、科学技術、あるいは機械によって達成された外面的な「文明」と、内面的な「文化」とのあいだの問題にほかならない。「文明」の発展に対応しきれない精神の問題であった。問題は、「文明」を否定すること、機械を破壊することではなく、「寧ろ積極的に文化が文明に追着くこと、さうして文明を支配することにあるのではないか」(「近代の超克」一一四)というように、下村はこの「近代の超克」の問題について論じている。近代を「悪しき時代」として排除しようとするのは、単に眼を現実からそらそうとするものであり、下村には受け入れがたい態度であった。近代の「積極性」を認めた上で、そこに内在する問題を克服することが、下村の考えた「近代の超克」であった。

それは下村にとって普遍的な問題であると同時に、日本の問題でもあった。論文「近代の超克の方向」において下村は、「我々の先人や我々も事実上近代の西洋を身に着けることに努力し、それに於て成長して来た」という言葉に続けて次のように記している。「それに対して、何を、如何に、如何なる程度に、受容したかを、反省し批判してゐるのが今日の我々の姿である。これが専ら我々に於ける近代の超克の問題の内容である」(「近代の超克」一一二)。「近代の超克」の問題は、下村にとって、近代の受容の結果を見つめ、その問題点を浮き彫りにし、検討することであった。したがってそれは一面において「ヨーロッパ近代との対決」という性格をもつ。しかし、それはヨーロッパ近代を日本的なもの、近代以前の「純粋なもの」で置き換えることではなかった。

では、それはいかに超克されるべきなのか、その点について下村は残念ながらこの論文においては、暗示的な言葉しか語っていない。日本の知性の「植物的性格」について語り、スピノザに倣って現代において「知性改善論」を構想すべき必要性を語っているにすぎない(「近代の超克」一一六―一一七)。「植物的性情」という言葉で、あるいは「知性改善論」という言葉で何を考えていたのかは、この論文からは浮かび上がってこないが、しかし、下村は戦後一九四六年に、新たに刊行された雑誌『展望』に「知性改善論」という論文を発表している。それを通して、いかなる意味で下村が知性の改善を考えていたのかを見ておきたい。下村はそこでまず、日本的知性の「植物的性格」を自然に対する関係から説明している。下村によれば、日本人は自然に対して「極めて敏感繊細な感覚と感情と叡智」とをもっている。「多様可動な」自然が「精緻な観察と敏速な行動」を強いてきたのである。そこには「敏速な行動」も含まれてはいるが、基本的には、多様で、予測しがたい突発的な変化を示す自然に対して「随順」しようとする「受動性」がその特徴である。それは確かに繊細な感性を作りあげ、精緻な自然認識を生み出してきた。しかしそれはどこまでも「受動的な経験的知識」であり、「積極的に自然に働きかけ、自己の意志に順応せしめようとする行動的構成的知識」（下村一一・一六九）ではなかった。そのような日本的知性の性格を下村は「植物的」と呼ぶのである。

それに対して近代の科学技術は、あるいは「近代」は、後者、つまり自然を「自己の意志に順応せしめようとする行動的構成的知識」を基礎とするものであった。先ほどの「何を、如何に、如何なる程度に、受容したか」という問題に引き戻して言えば、日本の近代化は、そのような「行動的構成的」な態度を受容するまでには至っていなかったということになる。下村の言う「知性改善論」とは、「随順的」な知性を、そのような「行動的構成的」知性に改善することを意味していたと考えられる。下村は、日本における「近代の超克」という問題を、このような意味での知性の改善と重ね合わせて理解していたと言える。

（5）座談会「近代の超克」がもたらしたもの

以上見たように、「近代」の理解において、そしてその「超克」をどのように考えるかという点において参加者の意見は大きく異なっていた。しかし、まさにその差異をめぐって議論を戦わすということがなされなかった。そのような意味でこの座談会は決して成功を収めたとは言えない。それにも拘わらずこの「近代の超克」は

「マジナイ語」となり、大きな力をもった。それはこの言葉が、戦争を正当化する鍵がそこにあるというイメージを作りだしえたからであろう。座談会自体は、「思想形成」に失敗した単なる形骸であったかもしれないが、しかし逆に、その内実を欠いたイメージによって帝国主義列強間の争覇、そしてアジア諸国への侵略という戦争の実体を覆い隠すものとして機能しえたと言うことができる。『世界史的立場と日本』としてまとめられた座談会もまた、そのような役割を果たした。それを端的に示すのが、第三回の座談会「総力戦の哲学」における高山岩男の「今度の戦争は秩序思想の転換、畢竟は世界観の転換といふことでなければいかぬ[6]」という発言である。そのことを高山は『世界史的立場と日本』のすぐあとに出版した『日本の課題と世界史』のなかで、より明瞭に次のように言い表している。「大東亜戦争は世界秩序の転換戦である。それは近代世界内部の一つの戦争ではなく、近代世界を超出しようとする画期的戦争である。大東亜戦争が総力戦たる究極の根源はここにある[7]」。

「近代の超克」をめぐる座談会の議論は空疎なものであったかもしれない。議論によってその実質的な内容を付与されなかったかもしれない。しかしそれは、この座談会に触れたものに、それぞれの意味をそこに込める「容れ物」を提供した点では大きな役割を果たした。そのような意味でこの座談会は支配体制の戦争イデオロギーの一翼を積極的に担ったのである。

注

（1）竹内好の論文「近代の超克」は最初、一九五九（昭和三四）年に刊行された『近代日本思想史講座』第七巻、亀井勝一郎・竹内好編『近代化と伝統』（筑摩書房）に発表された。冨山房百科文庫の一冊として出版された『近代の超克』（一九七九年）にも収められている。この論文および座談会での発言については、冨山房百科文庫版から引用し、「近代の超克」と記したあと、その頁数を本文中に記す。

（2）当時の青年がこの座談会をどのように受け取ったかを知る手がかりとしてたとえば次のものが参考になる。仁奈真「十年目――『現代日本の知的運命』をめぐって」（『新日本文学』一九五二年六月号）。
（3）『文学』一九五八年四月号一一一頁。
（4）廣松渉『〈近代の超克〉論――昭和思想史への一断想』（朝日出版社、一九八〇年）。『〈近代の超克〉論――昭和思想史への一視角』（講談社学術文庫、一九八九年）として再刊。
（5）子安宣邦『「近代の超克」とは何か』（青土社、二〇〇八年）七七頁。
（6）高坂正顕ほか『世界史的立場と日本』（中央公論社、一九四三年）二八〇頁。
（7）高山岩男『日本の課題と世界史』（弘文堂、一九四三年）序一―二頁。

第三部

展開期——終戦後の哲学

第一章　敗戦からの出発

1　「近代」と「主体性」の問題

（1）未成熟の近代

一九四五年、敗戦を契機に思想や価値体系の決定的な転換を経験したときに、丸山真男がまっさきに指摘したのは、日本の歴史の歩みのなかでの「近代の未成熟」ということであった。「青年文化会議」という小さなグループ（野間宏や内田義彦が参加していた）が機関誌として出したガリ版刷りの雑誌『文化会議』の第一号に掲載された「近代的思惟」と題された短い文章のなかで丸山は、まず皮肉と自嘲の混じり合った次のような言葉を記している。「近代的精神なるものがすこぶるノトーリアス［notorious］で、恰もそれが現代諸悪の究極的根源であるかの様な言辞、或はそれ程でなくても「近代」に単なる過去の歴史的役割を容認し、もはや――この国に於てすら、いなこの国であるだけに――その「超克」のみが問題であるかの様な言辞が、我が尊敬すべき学者、文学者、評論家の間でも支配的であった茲《ここ》数年の時代的雰囲気をば、ダグラス・マッカーサー元帥から近代文明のABCの手ほどきを受けている現代日本とをひき比べて見ると、自らの悲惨さと滑稽さのうち交った感慨がこみ上げて来るのを如何ともなし難い」（丸山三・三）。

「近代の超克」というのは、言うまでもなく第二部第五章で触れた座談会のことを指す。そこで述べたように、河上徹太郎ら多くの参加者は、明治以降、日本の知的活動を不様に体系づけてきた西洋知性、つまり「近代」を排除し、「本然の姿」に立ち返ることを主張した。それに対して、丸山は、はたして超克すべき「近代」が日本にそもそも存在したのか、ということを問題にしたのである。「近代的思惟」のなかで次のように述べている。「我が国に於て近代的思惟は「超克」どころか、真に獲得されたことすらないと云う事実はかくて漸く何人の眼にも明かになった。従って嘗てのように我が近代精神史の研究に当って先ずこの基本命題を口を酸っぱくして説明する必要は差し当り大いに減少したと云える」(丸山三・四)。

しかしもちろん丸山は、近代「超克」説とは逆の、日本における近代「無縁」説に立つわけではない。近代即西洋、ないし近代思想即西欧思想という安易な等式化に反対し、むしろ、過去の日本の思想の歩みのなかに「近代思想の自生的成長」を見てとろうとした。そのような時代として丸山は江戸時代に注目する。徳川時代の思想史のなかに、「隠微の裡に湧出しつつある近代性の泉源を探り当てること」を自分の課題としたいと述べている。丸山の『日本政治思想史研究』は一九五二年に出版されたが、すでに戦争中から準備されていたものであり、そこでなされていた仕事を念頭に置いた言葉であったと考えられる。

丸山が提起した〈未成熟の近代〉への問いは、戦後、広く社会科学者や文学者によっても共有された。たとえば大塚久雄(一九〇七—一九九六)は『近代化の人間的基礎』(一九四八年)に収められた「近代的人間類型の創出」(一九四六年)と題された文章のなかで、経済の民主的な再建のためには、まず人間的主体の近代化・民主化、あるいは近代的・民主的人間類型の形成がなしとげられなければならないということを主張した。丸山の「近代的思惟」のなかでも、「近代的人格の確立という大業」という表現がなされているが、彼らに共通して、制度の上での近代化を担う近代的人間の確立ということが大きな問題として意識されていたことがわかる。

丸山にとって民主主義の確立という課題は、ただ単に人民が権力を所有し行使するという制度をそのまま受け入れることによって実現されるものではなく、そのような近代的人格の確立を通して、その制度に不断に内実を与えていくことによってはじめて具体化されるものであった。とくに多様な自主的集団の形成やそのなかでの自由な討議、集団間の言論による競争といった民主主義の基礎が十分に成熟していない社会においては、そのような制度も前近代的なモラルによってつねに浸食され、「セメント化」していくからである。そのような観点から丸山は「「である」ことと「する」こと」と題した講演のなかで次のように述べている。「民主主義というものは、人民が本来制度の自己目的化――物神化――を不断に警戒し、制度の現実の働き方を絶えず監視し批判する姿勢によって、はじめて生きたものとなり得るのです[1]」。このような、民主主義は自立した人格による不断の民主化によってはじめて民主主義として存続し、実現されるという丸山らの理解は、戦後の日本において民主主義が根を下ろしていく上で大きな役割を果たした。

しかしもちろんそこにも不十分な点がなかったわけではない。たとえばそこには、日本の敗戦にいたるまでその植民地政策のもとでさまざまな苦難をしいられてきた人々へのまなざしが欠如していたことを指摘することができる。田尻祐一郎（一九五四―）は、「竹内好などを数少ない例外として、近隣のアジアの人々とどのように歴史を共有すべきかという関心が少ない」とも、アジアの国の人々が日本の植民地政策のもとで苦難をしいられてきたこと、「この事実と向き合うことなしには、日本の再生は欺瞞に満ちたものになりかねなかったが、戦後民主主義の思想家たちの視野は、狭い意味での日本国内の内部に限られて、植民地支配を強いた人々に向かい合うことで日本人としての自己改革（民主化）を深めるという発想はもてなかった[2]」とも記している。

(2)「近代主義」に対する批判

戦後、文学者のあいだで、そして哲学者をも巻き込んで「主体性論争」と呼ばれる論争が行われたが、そこで問われたのも、以上で見た近代的主体の確立という問題であった。一方の旗頭は、雑誌『近代文学』に拠った荒正人(一九一三—一九七九)や本多秋五(一九〇八—二〇〇一)らであった。荒は「文学的人間像」と題した評論のなかで、プロレタリア文学運動を担う人々が、「その世界観や政治的実践のうへでは近代を越えてゐても、氷山の下の部分としてそれを支へてゐる倫理や真理や感覚の面では、近代以前のところで低迷してゐる」こと、つまり思想の上では「明日」(社会主義社会)を望みながら、肉体においては「昨日」(前近代)にもたれかかっていることを指摘している。その上で、「まづ近代的……小市民インテリゲンチャとしての自己の確立をはかることがもとめられてゐる」というように、「近代へ追ひつくこと」こそが民主主義革命の目標であることを主張している。[3] ここでもやはり、近代的な自己の確立が急務であることが強調されている。

他方で、丸山や大塚、あるいは『近代文学』に拠った荒や本多らには、戦後の言論界をリードしたマルクス主義者たちから「近代主義者」という非難の言葉が浴びせられた。たとえば蔵原惟人《これひと》(一九〇二—一九九一)は雑誌『前衛』に発表した「近代主義とその克服」(一九四八年)と題した論考のなかで、「近代主義」に対して、「個人主義を宣伝し、人民大衆のあいだにおける、また人民大衆とインテリゲンチヤとのあいだにおける社会的連帯性の精神を弱め、芸術家の社会的、道徳的責任を否定する」ことによって、「新しい合理的な社会の建設にたいする確信をうしなわせる」ものであるという批判を加えた。[4]

マルクス主義の立場に立つ論者たちの批判は、詰まるところ、「近代主義者」たちは近代的個人の確立ということを言うことによって、階級性という問題を個人の自立の問題にすりかえ、人々の目を階級闘争の現実からそらしているというものであった。しかし、このように「近代主義」を批判した人々は、逆に、戦後にもなお残る個人の思考様式や人間関係の前近代性をいかに克服するかという問題から目をそらし、正面から取り組むことをしなかった。あるいは、彼らはこの実際には充実されていない近代を、すでに超えられたものとして錯覚していたと言ってもよいかもしれない。

(3)主体性論争

哲学の領域からこの主体性の問題を提起したのは梅本克己(一九一二―一九七四)であった。梅本は和辻哲郎のもとで学び、戦前は水戸高等学校で教鞭を執っていたが、敗戦後、ファシズムに対して「一矢も報いることのできなかった……思想の敗北」を強く意識し、マルクス主義に徐々に接近していった。その過程で書かれたのが「唯物論と人間――マルクシズムと宗教的なるもの」(一九四七年)である。そこで梅本は、「人間解放の物質的条件を洞察する科学的真理と、そこに解放される人間の実存的支柱とは、解放の過程にあってもたえず触れ合っているものでなければならない」(梅本一・三四)[5]と述べるとともに、マルクス主義のなかでその統一が自覚的に反省されることなく、理論のうちに正当な場所が与えられてこなかったこと、つまり、理論と実践、あるいは科学的真理と人間の主体性とのあいだに「空隙」が存在していることを指摘した。この梅本の指摘は、マルクス主義の側からの反論を呼び起こし、激しい論争が引きおこされることになった。それがいわゆる「主体性論争」である。

梅本の主体性論は、戦後、いわゆる「懺悔」を踏まえて(次章参照)、政治の問題に対して積極的な発言をするようになった田辺元の問題提起に答えようとするものであった。田辺は一九四六年に「政治哲学の急務」や「社会党と共産党の間」などを発表し、新しい時代において政治哲学が担うべき役割について論じたが、同じ年に、「キリスト教とマルクシズムと日本仏教――第二次宗教改革の予想」を発表し、宗教的な解放が同時に社会的な解放でもあるような、新しい宗教のあり方についても論じた。そのなかで田辺は、科学的社会主義の理性的体系と実践的主体性とのあいだに存在する矛盾対立に言及するとともに、その必然と自由との「無」による否定的な媒介について論じた（田辺一〇・二七九参照）。

梅本は「無の論理性と党派性」（一九四八年）において、改めて「いかにしてわれわれは客観的な歴史的必然のなかに本来的に自己自身たりうるか。単なる認識ではなく、認識されたものが、いかにしてわれわれの生存の最深の根と結合しうるか」（梅本一・六九）という主体性の問題を提起している。この問いに答える手がかりを梅本はここで田辺の言う個体の「死復活」という「無の弁証法」に求めている。ただ梅本の田辺評価は二面的である。一方で、自覚を通しての主体の生成という局面において田辺の言う「無」の果たす意義を認めつつ、他方、それが形而上学的な実体化の可能性をはらむ点では否定的な評価をしている。

梅本の主体性論および「空隙」論は、当時、論壇に広範な、そして活発な議論を引きおこした。平子友長（一九五一―）は、この論争に参加した人々を四つのグループに分けている。主体性概念の科学的基礎づけを主張した清水幾太郎（一九〇七―一九八八）や宮城音弥（一九〇八―二〇〇五）ら、次に梅本の主体性概念を自らの方法論や世界観によって再解釈しようとした丸山真男や真下信一（一九〇六―一九八五）ら、さらに『近代文学』に拠った作家・評論家ら、そして松村一人（一九〇五―一九七七）らの正統派のマルクス主義者たちである。(6)

松村は「哲学における修正主義――梅本克己氏の立場について」（一九四八年）において、梅本がマルクス主義を客観主義的に理解し、その主体的側面を正しく理解していないことを指摘している。マルクス主義の主体的側面とは、松村によれば、「労働者階級の利益であり、その解放の必要であり、共同の闘争のうちに形成されていく階級意識、連帯の意識」(7)にほかならないが、梅本はそれに目を向けず、人間のなかにある「根源的な利己」に注目し、その否定において「自己の本来性」を獲得するところに主体の生成を見ようとしている。それは主体を倫理的に聖化しようとするものであり、その梅本の立場はマルクス主義の倫理主義的な修正主義であるというのが松村の見解であった。また理論と実践との「空隙」に関して、松村は、マルクス主義は本来、実践の立場に立ち、労働者階級の解放をめざすものであり、梅本が主張するような「空隙」は存在しない、「「空隙」は、マルクス主義にあるのではなくて、マルクス主義に「空隙」を感じる者にある」[8]にすぎないという反論を行っている。

真下真一はこの多様な展開を見せた論争を整理し直し、「主体性」に明確な概念規定を与えるために、一九四八年に『主体性論争』と題した論文集を編んでいる。真下は基本的にマルクス主義の立場に立ちながら、唯物論をただ存在の論理として、あるいは科学主義の立場に立って客観主義的に理解するのではなく、「自分がどう生きるかという考え行う人間にとって抜きさしならぬ問い」を自らに引き受け、「世界観、人生観の深みにまで徹底して把握する」ことこそが今日的課題であることを強調している。[9]

（4）竹内好の近代主義批判

竹内好はマルクス主義とはまったく違った立場から近代主義を批判した。竹内の言う近代主義とは、西洋化こそが日本の進歩であり、前進であるという考え方を指す（そこにはマルクス主義もまた含まれる）。竹内の理解では、ヨーロッパはその本性において自己拡張的であり、その故に東洋へと侵入することが必然的であった。その侵入に対して東洋は「抵抗」し、後退し、敗北した。しかしその「抵抗」においてまさに東洋は東洋であった。それに対して日本は「抵抗」を知らなかった（その意味で東洋ではなかった）。「抵抗」を知らず、「自己を保持したいという欲求」をもたなかった。つねに新しいものを外に求めた。確かにその新しいものによって進歩を実現した。しかしそれは自己自身であることを放棄した進歩であり、「ドレイの進歩」[10]である。そこには自己自身が、言いかえれば「主体性」がない。この「主体性」の欠如を竹内は批判したのである。

このように竹内は近代主義に「主体性」が欠如していることを批判するのであるが、その欠如を竹内は、雑誌『文学』に発表した「近代主義と民族の問題」（一九五一年）のなかで「民族」の問題との関わりで説明している。竹内は一方では、戦後の文化の空白状態のなかで近代主義が果たした役割を認める。しかし近代主義者たちは「血ぬられた民族主義」をよけて通った。「ナショナリズムのウルトラ化を自分の責任外の出来事とした」。そのためにその底に横たわる「暗いひろがり」を隈なく照らしだすことができなかった。しかしこの暗い片隅にある「民族」は正当な発言権をもっている。また、「日本以外のアジア諸国の「正しい」ナショナリズムにもつながっている」[11]。自己自身であることを放棄しないためには、また、ふたたび暗黒の力が盛りあがるのを防ぐためには、この「暗いひろがり」を見つめるほかはないというのが竹内の考えであった。

注

（1）丸山真男「「である」ことと「する」こと」、『日本の思想』（岩波新書、一九六一年）一五六頁。
（2）田尻祐一郎「戦後民主主義」、佐藤弘夫編『概説日本思想史』（ミネルヴァ書房、二〇〇五年）二七八頁。
（3）荒正人『負け犬――文芸評論集』（真善美社、一九四七年）、八九、九八頁。
（4）蔵原惟人「近代主義とその克服」（一九四八年）、伊豆公夫編『近代主義批判』（同友社、一九四九年）二二九頁。
（5）梅本の著作に関しては、『梅本克己著作集』全一〇巻（三一書房、一九七七―一九七八年）から引用した。引用文のあとに「梅本」と記し、巻数と頁数とを記した。
（6）平子友長「日本におけるマルクス主義受容の特殊性と主体性論争の意義」、『日本の哲学』第一六号（二〇一五年）八九頁。
（7）松村一人『唯物論と主体性論』（日本評論社、一九四九年）五三頁。
（8）同書八一頁。
（9）真下信一編『主体性論争』（白揚社、一九四九年）二三五―二三六頁。

（10）竹内好「近代とは何か（日本と中国の場合）」（最初は一九四八年に「中国の近代と日本の近代――魯迅を手がかりとして」という題で発表された）、『竹内好全集』全一七巻（筑摩書房、一九八〇―一九八二年）、第四巻一四八頁。
（11）『竹内好全集』第七巻三四頁。

2　平和の実現に向けて

（1）平和の実現への努力

加害者として多くの人々のなかに悲惨な爪痕を残し、また自らも過酷な経験をした戦争が終結し、そのことへの深い反省に基づいて、人びとが戦後の思想的課題としてまず掲げたのは民主主義の確立と平和の実現とであった。この平和の実現という問題に関わって大きな役割を果たした人に吉野源三郎（一八九九―一九八一）がいる。吉野は一九三七年に『日本少国民文庫』の一冊として発表した小説『君たちはどう生きるか』で知られるが、一九四六年に雑誌『世界』の初代の編集長になり、それを通して、あるいは平和問題談話会の結成などの活動を通して反戦・平和のために力を尽くした。

第二次世界大戦後、ふたたび国際情勢が緊迫してきたなかで一九四八年七月にユネスコから出された声明「平和のために社会科学者はかく訴える――戦争をひきおこす緊迫の原因に関して、ユネスコの八人の社会科学者によってなされた声明」（『世界』一九四九年一月号）に触発されて、吉野は「平和問題討議会」を結成し、平和の問題に関する研究を行うとともに、その実現に向けて共同声明を発表することを、『世界』に論考を発表していた学者などに提案した。それに賛同した人びと――そのなかには安倍能成や大内兵衛、清水幾太郎、丸山真男、久野収ら、さらに和哲郎や天野貞祐、野田又夫らがいた――によって一九四八年の一二月に「戦争と平和に関する日本の科学者の声明」が発表された。そこでは、核兵器の開発により戦争が人類の絶滅の危機に結びつくこと、平和は単なる現状維持によってではなく、現実の積極的改造によって実現されること、具体的には不平等の除去や社会的正義の実現が必要であるし、社会が直面する諸問題の解決には科学と教育とが重要な役割を果たすことが強く訴えられている。[1]それを承けて翌年には東京平和問題談話会、京都平和問題談話会が組織され、討議が重ねられて、「講和問題についての平和問題談話会声明」（一九四九年）や朝鮮戦争が勃発したあとに出された「三たび平和について」（一九五〇年）などの声明が発表された。

平和問題談話会の活動の流れを受けつぐ形で、一九五八年には憲法問題研究会が結成された。一九五七年に政府が憲法改正を企図して内閣のもとに憲法調査会を置いたのに対し、その委員に偏りがあり、広範な民意と良識とを代表していないとして、大内兵衛や茅誠司、矢内原忠雄、湯川秀樹ら八名が、平和と自由という憲法の根本原則を擁護する立場から憲法に関する研究を行うことを呼びかけた（丸山真男、務台理作、谷川徹三、久野収、桑原武夫らも会員として参加）。この研究会の活動などを中心とする護憲論の高まりの影響を受けて、憲法改正の動きは後退を余儀なくされた。

平和の実現への運動は当初は学者を中心にして行われたが、やがて市民を巻きこむ形で展開されていった。それに大きな役割を果たしたのが、アメリカのプラグマティズムの紹介者としても知られる鶴見俊輔（一九二二―二〇一五）や作家の小田実（一九三二―二〇〇七）らであった。戦後の鶴見の思想的な出発点は、一九四六年五月に武谷三男、武田清子、都留重人、丸山真男らとともに創刊した雑誌『思想の科学』であった。[2]そのスローガンの一つは「ひとびとの哲学」というものであった。知の営みを思想の研究に携わる専門家集団に限るのではなく、むしろ市民一人ひとりのものとすることをめざした雑誌であった。集団としてではなく、個として思想をもつこと、また日常生活から遊離するのではなく、どこまでも生活者として、生活のなかで思想を紡ぎだしていくことがそこではめざされた。鶴見はまた、思想が行動に結びつくことを重視したが、それは、六〇年安保の際に、政治学者の高畠通敏（一九三三―二〇〇四）や画家の小林トミ（一九三〇―二〇〇三）らとともに「声なき声の会」を組織して日米安全保障条約の改定に反対したことや、さらに一九六五年にこの会を母体として、小田実や開高健（一九三〇―一九八九）らとともに「ベトナムに平和を！市民連合」（べ平連）を結成し、市民運動に積極的に関わったことにも見てとれる。

倫理学者であり、自らも被爆者であった森滝市郎（一九〇一―一九九四）が、原水爆禁止世界大会の開催に尽力したり、核実験が行われるたびに広島平和公園でハンガーストライキを行い核廃絶を訴えた姿もわれわれの記憶に残っている。また、自然科学者による平和への努力も戦後大きな役割を果たした。湯川秀樹（一九〇七―一九八二）は一九五五年に発表された「ラッセル‐アインシュタイン宣言」にも署名しているし、一九五七年以降、この宣言の精神を具体化するために開催されているパグウォッシュ会議でも、朝永振一郎（一九〇六―一九七九）とともに重要な役割を果たした。二人は一九六二年以降、谷川徹三や桑原武夫、南原繁ら、人文・社会科学分野の学者にも呼びかけ、科学者京都会議を開催して、核兵器と戦争の廃絶に向けた努力の必要性とそれに対する科学者の責任の重大さを訴えた。

（2）平和の思想

平和をめぐってなされた理論的な思索としてまず挙げられるのは、久野収の「平和の論理と戦争の論理」（一九四九年）と題した論文である。鶴見俊輔は『戦後日本思想大系』第四巻『平和の思想』（一九六八年）に付した「解説」のなかで、平和の理論は革命の思想に従属すべきであると強く主張された時期に、久野が、両者の相対的な自立性を主張し、「平和への要求から出発して一つの思想体系をつくる道もまた開かれていることを示した」[3]点を高く評価している。久野によれば、人間に闘争本能があるかぎり戦争は不可避であり、戦略・戦術をもって行われる集団の組織的暴力に対しては同じ暴力で対抗するほかはないという「戦争の論理」に「平和の論理」が対抗するためには、暴力への誘惑に打ち勝ち、可能なかぎり無暴力による抵抗をするほかはない。つまり、暴力の挑戦に対して徹底的な不服従ないし非協力の態度を堅持するほかはない[4]。そしてこの「受動的抵抗」の精神をもちつづけるためには、まず「戦争に対する積極的嫌厭の感覚」をもつことが必要となる。その上に立って、戦争の反価値性を理解し、この嫌悪の感覚が、正義の戦争と不義の戦争とを区別するような考え方によって曇らされないようにしなければならない。さらに、戦争に対して抵抗する権利を法律の上で保障されるように努力を積み重ねなければならないし、また、戦争が生みだされる条件（社会心理的な条件、経済的な条件など）を解明するとともに、その条件を解消する努力をしなければならない[5]。久野は以上のように「戦争の論理」に対して「平和の論理」が貫徹される道筋を描いている。

平和を語ることに対して、あるいは平和をどこまでも追い求めようとすることに対して、それは確かに理想ではあるが、軍事力がものを言うこの現実の世界においては空論でしかないという批判がつねに突きつけられてきた。日本国憲法が立脚する原理の一つは言うまでもなく平和主義である。その前文にも「日本国民は、恒久の平和を念願し、人間相互の関係を支配する崇高な理想を深く自覚する」と謳われている。それに続いて憲法前文は「日本国民は」平和を愛する諸国民の公正と信義に信頼して、われらの安全と生存を保持しようと決意した」と記している。それは他国民の公正と信義への一方的な信頼に基づいているとも言われうるであろう。それは空虚な理想論でしかないという批判も可能である。しかし、坂本義和（一九二七―二〇一四）は「権力政治を超える道」（一九六六年）と題した論考のなかで、そこには「高次の英知」が内包されていると主張している。それを次のような比喩で説明している。「諸国民というものは狼であるかもしれないし、狼でないかもしれないが、しかし狼でないという側に賭けるという行為を誰かが先ずはじめない限り、みんなが狼になってしまうんだ、という哲学と智慧とがそこに流れている[6]」。他者への一方的な信頼は、現実主義の立場に立てば、非合理的な選択ということになるであろうが、そこには人間性への信頼を基盤にしてどこまでも理想的な社会を追求しようという英知が表現されており、「高度の合理性」が含まれているというのである。戦後七〇年間、まがりなりにも平和が維持されてきたことはその英知の表れであると言うこともできるであろう。その英知を確固たるものにすることが、武力を伴った紛争や衝突がやむことなくくり返されるいま、いっそう強く求められていると言える。

以上で見たように、平和の問題については、必ずしも多くないとはいえ思想の蓄積と言うべきものが見られたが、それに対してその前提となる戦争責任の問題についてはほとんど目立った考察が行われなかった。鶴見俊輔は『戦後日本思想大系』第四巻『平和の思想』に付した「解説」のなかで、それが戦後思想の最大の問題の一つであったと指摘している。数少ない例外の一つは、家永三郎（一九一三―二〇〇二）の『戦争責任』（一九八五年）であった。家永がこの問題を取りあげたのは、日本国民自らの手で戦争が引きおこした惨禍に対する責任が明確にされてこなかったこと、またそのために戦後の歴史に好ましくないさまざまな現象が生みだされてきていることと、さらには、そのような責任の追及こそが、将来の危険を防ぎ、世界の平和と人類の安全とを確保することにつながると考えられたからである[7]。そのような観点から家永は本書において、日中戦争から太平洋戦争に至る一五年戦争が国際的に（とくにアジア諸国において）生んだ惨禍およびそれに対する責任と、日本国民が被った被害とそれに対する責任について詳細に論じている。本書は平和の問題について論じる際に、つねに立ち返る必要のある研究であると言うことができる。

注

（1）「戦争と平和に関する日本の科学者の声明」（安倍能成ほか）、『現代日本思想大系』第三四巻『近代主義』（編集解説・日高

六郎、筑摩書房、一九六四年）三六九頁以下参照。
（2）『思想の科学』は何回かの中断・再刊を経て一九九六年五月号で終刊になった。
（3）『戦後日本思想大系』第四巻『平和の思想』（筑摩書房、一九六八年）鶴見俊輔「解説」一一頁。
（4）久野収『平和の論理と戦争の論理』（岩波書店、一九七二年）八頁参照。
（5）同書一八頁、および二一頁以下参照。
（6）坂本義和「権力政治を超える道」（『世界』一九六六年九月号）、『戦後日本思想大系』第四巻『平和の思想』二一四頁。
（7）家永三郎『戦争責任』（岩波書店、一九八五年）一頁以下参照。

3　戦後の相対化

（1）大衆化の時代

大きな盛りあがりを見せた一九六〇年の日米安全保障条約改定阻止の運動の挫折は、思想状況の面でも大きな変化を生んだ。平和と民主主義をめぐって発せられてきた知識人の発言がその力を失い、政治から遠ざかる人々が多く出てきた。いわゆる高度経済成長の時代に突入し、日本の社会が大きく変化しつつあったことがその背景にある。人々の関心は、社会や政治よりも私生活に、理念としての未来よりも現在の心地よさに、生産よりも消費に向けられるようになった。生活の質が、義務感に基づいた生から欲望に立脚した生へと変化したと言ってもよい。そのような意識をもった人々が社会の中心を占めるようになったのである。

大衆化の時代は、知識人が発信する思想を受けとめる存在の不在を意味した。それを知識人の側はどう受けとめたのか。丸山真男のなかにその一つの例を見てみたい。一九六〇年に発表した「八・一五と五・一九――日本民主主義の歴史的意味」のなかで丸山は、「「民」の「私」化」について語っている。丸山によれば、戦後は「臣」から「民」への還流として始まったが、その還流は「「民」の「私」化」という方向と、「アクティヴな革新運動」という二つの方向に分岐した。つまり多くの「民」は「経済的な利益関心の増大」と「私生活享受」へと動いたのである（丸山八・三七二）。かつて『政治の世界』（一九五二年）のなかで丸山が用いた表現を使えば、「独自の個性と人格的統一性を喪失して、生活も判断も趣味、嗜好も画一的類型的となりつつある夥しい「砂のような大衆」」（丸山五・一八八）が次々に生まれてこようとしていた。もちろん、丸山は「私」化した「民」をまったく否定的に見ていたわけではない。むしろ二つの「民」のあいだの相互交通が拡大し、民主主義の根が培われることに彼は期待を寄せた。それによって戦後の歴史が一転機を画することを丸山は期待した。しかし現実はその期待どおりには動かなかった。むしろ逆に相互の理解がより困難な状況が生まれてきたと言ってもよい。

以上で取りあげた丸山の言説にも見られるような、知識人の大衆に対するまなざしを問題にした人に吉本隆明（一九二四―二〇一二）がいる。「知識人とは何か」（一九六〇年）と題した文章のなかで吉本は、窮乏化し、畸型化した社会のなかで庶民や大衆が「複雑な抵抗多い日常体験」を強いられていること、しかしその「生活体験」こそが、知識人がふりまく文化やイデオロギーを擬制的なものとして退け、それを超えでていく可能性をもっていることを主張した[1]。そのような立場から吉本は『自立の思想的拠点』（一九六六年）に収録した「情況とはなにか――2戦後知識人の神話」のなかで丸山を次のように批判している。「丸山真男がとっている思考法のなかに刻印されているのは、どんな前進的な姿勢でもなく、じつは、知識人の思想課題であり、また戦争があたえた最大の教訓である「大衆の原像をたえず自己思想のなかに繰り込む」という課題を放棄して、知的にあるいは知的政治集団として閉じられてしまうという戦前期の様式に復古しつつある姿勢なのだ[2]」。このように吉本は「知識人から大衆へ」という思考方法を打ちこわそうとしたと言うことができるであろう。しかしもちろん、吉本が実際に「大衆の原像」に迫りえたのかどうか、それもまた一つの虚像であったのではないかということは問われる必要がある。

（2）　生活者、市民の視点

鶴見俊輔は丸山とは異なり、大衆化の時代をより積極的に受けとめようと試みた人であった。鶴見らが創刊した『思想の科学』をその初期から支えていたのは、先にも触れたように、思想は一人ひとりの生活者によって担われるという考えであった。一九七二年に第六次の新たな出発がなされた際には、『思想の科学』編集委員会の名で記された「創刊にあたって」のなかで、そのめざすものが次のように表現されている。「私たちは、思想を、何よりもまず、人びとの日常生活のなかで生きてはたらいているものとしてとらえる。私たちは、管理され操作されている日常性に批判的に対峙しつつも、そのかたくなさの底に息づいている生の豊さを見定め、日常生活に根ざした自主的な思想を創造するために、〈思想の科学〉の方法をよりいっそう鍛えていきたい(3)」。管理され操作されている日常性の底に豊かな生があること、そしてそこからこそ自由な思想が生みだされることが言われている。ここで問題にされている「私たち」はひとかたまりの「私たち」、個性を欠いた大衆ではない。一人ひとりの生活者である。『思想の科学』はその根底にある生に立脚することをめざした。鶴見が『限界芸術論』(一九六七年)や『戦後日本の大衆文化史』(一九八四年)などにおいて、大衆文化や「限界芸術」(Marginal Art)、つまり専門家でない人によって作られ、享受される芸術(川柳、民謡、茶道など)に関心を寄せていったのもそのような姿勢に基づくものと言えるであろう。

久野収は大衆化していく時代のなかで、「市民主義」を唱えた。それは、政治は、権力や命令によって動かされるべきではなく、自由に集まり、自由に議論し、その議論のなかから行動の方向を探っていく自由な集団、およびそうした集団によって作りあげられた社会によってこそ支えられなければならないという考え方に基づく(4)。そのような仕方で政治に参与する市民を久野は「政治的市民」と呼んでいる。職業として政治に参与するのではなく、あくまで一市民として(「非政治的人間」として)参与する人びとである。しかしそれは、そのような集団が確固としてあるということではない。久野の主張は、「日本の一番の政治的、文化的な貧しさは、自治能力のなさから発しているのではないか(5)」という問いないし反省と一つになっている。だからこそ久野は市民運動のなかでそのような自治能力を育んでいこうとしたのである。

その自治能力は、集団や指導者に思考を委ねることによっては作りだされない。「個」が自立し、一人ひとりが自由に議論をする主体にならなくてはならない。そこで求められるのは、「お互いが理性をたよりにして、相手側に自分の本当の考え方と気持をつたえる。相手方はそれに対してどの点において、どのような根拠にたって賛成し、共感するか、反対し、共感しないかということをつたえあう」[6]という「思想的対話」である。この対話を支える「理性の論理とレトリック」をこそ久野は哲学に期待したと言えるであろう。それを久野は「市民哲学」という言葉で呼んでいる。

注

（1）『吉本隆明全集』第六巻（晶文社、二〇一四年）一六〇頁以下参照。
（2）『吉本隆明全集』第九巻（二〇一五年）二六九頁。
（3）『思想の科学』（第六次）、一九七二年四月号、一頁。
（4）久野収『政治的市民の復権』（潮出版社、一九七五年）二一三頁参照。
（5）久野収『市民主義の成立』（春秋社、一九九六年）二二二頁。
（6）同書七五頁。

第二章　戦後の京都学派

1　田辺哲学の展開

(1) 京都学派への批判

九鬼周造が一九四一年に亡くなり、西田幾多郎が一九四五年に病没、また同じ年に戸坂潤と三木清が獄中で亡くなった。一九四六年には木村素衞が急逝するなど、敗戦とともに、京都学派は大きな転機を迎えた。それまで京都大学の哲学講座を担ってきた田辺元も、一九四五年に定年で退職し、群馬県北軽井沢の山荘に引きこもった。また高山岩男が戦争中の発言のために公職追放となり、西谷啓治も教職追放の対象となった。

このように京都学派は、戦後、それまでその中心にいた人々を次々に失なっていった。それに加えて、西田や田辺、あるいは弟子たちの戦中の発言に対して、厳しい批判が加えられた。戦後すぐに現れた西田や田辺の哲学に関する研究の大きな特徴として、彼らの歴史観・国家観の非科学性、そしてその故に生じた侵略戦争の思想的な合理化を批判した諸論考が相次いで発表されたことを指摘しなければならない。たとえば永田広志、林直道、山崎謙、山田坂仁、竹内良知などの論文を挙げることができる。もっとも活発に批判を展開したのは永田広志（一九〇四―一九四七）である。永田はその著『哲学と民主主義――西田・田辺哲学批判のために』（一九四八年）のなかで、西田の非科学的歴史観の因って来るところを西田哲学の観念論的性格のうちに求めている。具体的に言えば、思惟過程と実在の生成過程とを混同することによって、言いかえれば、論理的一般者を実在化し、その「自己限定」として実在の生成過程を理解することによって、空虚な歴史理解に陥らざるをえなかったことを指摘している。

さらに、先に見た座談会「近代の超克」や、西谷や鈴木成高、高坂正顕らの座談会をまとめた『世界史的立場と日本』に対しても、戦後、厳しい批判が向けられた。たとえば丸山真男は、復員後、最初に発表したエッセー「近代的思惟」（一九四六年）のなかで、戦前から戦中にかけて「ファシズムの「世界史的」意義の前に頭を垂れた」知識人たちを厳しく批判した。また林直道は『西田哲学批判』（一九四八年）のなかで、高坂ら京都学派の哲学者たちが戦争の哲学的基礎付けを行ったこと、つまり、「侵略戦を美化し神聖化し東亜共栄圏のアグレッシヴな構想に倫理的内容を盛ろう(1)」としたことを激しく批判した。

このような、京都学派の哲学者たちによる時局への積極的発言に対して加えられた批判を前にして、戦後、戦前から戦中にかけての日本の哲学について正面から論じることを避ける風潮が生まれた。もちろん、彼らが何を、そしてそれをどういう意図のもとに語ったのか、それが歴史のなかでどのような役割を果たしたのか、彼らがなぜ時代の流れに抗することができず、それに飲み込まれていったのか、などを検討する必要があることは言うまでもない。しかし、彼らの哲学そのものがもつ意義――それは、一方では彼らの哲学が歴史的にもちえた意義であるし、また他方では、現在われわれとわれわれの時代が直面する問題との関わりにおいてもつ意義、ということであるが――を明らかにし、それについて議論することもまた、それと同様に、あるいはそれ以上に重要な意味を持つ。そのような地道な努力が積みあげられ、戦後四〇年から五〇年を経て、ようやく西田の哲学や京都学派の哲学が、同時代の人たちの思い入れや、逆にそれに対する反発から自由になり、客観的な研究の対象とされるようになった。その転換をリードしたのが、一九八〇年代から九〇年代にかけて出された中村雄二郎や上田閑照の西田研究であった。一九九四年に刊行された『没後五十年記念論文集　西田哲学』の「あとがき」のなかで編者の上田閑照は「「西田哲学における変わらざるもの」をはじめて問題にし得る長い時間のスケールもようやく用意され始めた[2]」と記している。この上田の言葉がいま述べた転換をよく示している。

(2) 田辺元の「懺悔道としての哲学」

いま述べたように、敗戦後、京都学派の哲学は強い批判にさらされたが、他方でもちろん、この学派に属する人たちの哲学的な営為は、さまざまな形で続けられた。その流れをふり返ってみたい。

既に触れたように、田辺元は一九四五年に定年で退職し、北軽井沢の山荘にひきこもって、いっさい公の場には出なかった。しかし、執筆活動は積極的に行った。そして戦後も多くの人々に大きな影響を与えつづけた。京都を離れてはいたが、そういう意味で、戦後、京都学派の中心にいたのはやはり田辺元であったと言うことができる。戦後の田辺の思索の出発点となったのは、『懺悔道としての哲学』(一九四六年)である。この時期田辺は自らが立つ立場を、この書の表題に使われている「懺悔道」、あるいは「懺悔道としての哲学」という言葉で言い表すようになった。戦前の田辺の思想を特徴づけるのは「種の論理」であるが、戦後のそれを特徴づけるのはこの「懺悔道」という、田辺が作りだした言葉である。それはもちろん「懺悔」を踏まえたものである。田辺は一九四四年頃から「懺悔」について語り出すが、そのもとに何を理解していたのかをまず見てみたい。

「懺悔道――Metanoetik」(一九四四年)と題した講演において田辺は、一方で「私人として国内の不合理な事に関して憤を感ずる」と語りつつ、他方、戦争のただ中にあって具体的に対処する方策を見いだしえず、「単に実践的に無力であると言うのみならず、知識においても深く無力を感ずる」(3)状態にあったことを述べている。学問や言論の自由が制限されていくことに積極的に抵抗できず、結局は時代の流れに流されるままになったこと、自らの哲学がそれに抵抗する支えになりえなかったことがその根底にある。その無力さに対する慚愧の念、加えて自らも学生を戦場に駆り立てる役割を果たさざるをえなかったことに対する罪責感が、田辺に「懺悔」を強いたと考えられる。

その懺悔は、田辺にとって、ただ自らの過誤を悔い、自らの無力を恥じるというにとどまらず、「絶望的に自らを抛《なげう》ち棄てる」（田辺九・四）ことを意味した。「自ら」のなかには、彼がそれまで力を注いできた哲学の営み——それを彼は、理性の自律的な力に支えられた哲学という意味で「自力の哲学」と呼んでいる——もまた含まれている。その無力を田辺は経験したのである。

それと同時に田辺はそこである転換を経験した。自らの無力さを突きつめて自覚した極限において、自己の生や行為を可能にしている、自己を超えた他者の力に出会うという経験をしたのである。その力は、キリスト教的に言えば「愛」であり、仏教的に言えば「慈悲」ないし「大悲」であると田辺は述べている。この自己の抛棄《ほうき》の上に成立する、自己を超えた他者の力との出会い、そして再生、この転換全体を田辺は「死復活」とも、「死につゝ生き、生かされつゝ生きる転換」（田辺九・四〇）とも言い表している。これこそが、田辺の言う「懺悔道」であった。

そこに田辺の新しい哲学の歩みが始まった。その哲学は、理性自身の力に基づいた哲学ではなく、「他力が、私をして……行ぜしめる」哲学である。このもはや通常の意味の哲学ではない哲学を言い表すために田辺は「哲学ならぬ哲学」という表現を用いている。「哲学ならぬ」と言われるのは、哲学がひとたび抛棄されたあとに現れるものであるからである。しかしそれが「哲学ならぬ哲学」と言われるのは、それが哲学の否定を経たものであれ、やはり「哲学の目的とした窮極の思索、徹底的自覚といふ要求を満たさんとするもの」（田辺九・四）だからである。

この「哲学ならぬ哲学」としての「懺悔道」を田辺は Metanoetik という言葉でも言い表している。マタイ福音書に見えるバプテスマのヨハネの「悔い改め」（μετάνοια）という言葉を手がかりに造られた言葉である。μετάνοια という言葉は、μετά（後から）と νοεῖν（見る、思う、考える）とから造られた言葉であり、自らの行為を後から振り返って思うこと、後悔することを意味する。田辺は自らの懺悔をその言葉に重ねたのである。それと同時に、Metanoetik には Noetik を超えるものという意味を込めることができることも、田辺がこの言葉を用いた理由の一つである。Noetik というドイツ語は現在でもときおり使われるが、νοεῖν に由来する言葉であり、認識ないし思惟に関する学を意味する。そのなかに田辺は νοῦς［知（理）］の νοεῖν する働き、言いかえれば、西洋の哲学全体を特徴づける「理性の哲学」（田辺の表現に従えば「理観」）を見ていたと言ってよいであろう。Metanoetik はそれを超えるもの、Meta-Noetik、つまり「超理観」ないし「超理性学」を意味した。つまり田辺はこの Metanoetik という言葉で後悔、ないし懺悔という意味とともに、理性の哲学を超えるものという意味をも言い表そうとしたのである。「懺悔道」という言葉では十分に言い表しえないものを補うために、この Metanoetik という言葉を併用したと言ってよいであろう。

さて、この「懺悔道としての哲学」の主要な部分をなすのは、いま引用した「超理観」ないし「超理性学」という言葉が示すように、理性ないし理性的哲学に対する批判である。もちろん、哲学はもともと理性に対する批判を含むものであると言うこともできる。その典型がカントの理性批判である。田辺もまたそのことを認める。しかし彼によればカントはその批判する理性そのものを批判の対象とすることはなかった。その意味でカントの批判哲学は理性全体を批判するものではなかった。そのように批判の主体である理性を批判の外に置くのではなく、それをも批判の対象とする徹底的な理性批判を田辺は要求したのである。このような理性の徹底した批判を田辺は「絶対批判」という言葉で呼んでいる。田辺の理解では、理性批判はこのような絶対批判にまで徹底されてはじめて理性批判でありうる。このような意味での「絶対批判」が懺悔道の中心的な課題をなすと言ってよいであろう。

実際、田辺はそのような理解に基づいて、この書においてカント、ヘーゲル、シェリング、ニーチェ、ハイデガー、エックハルトなどの思想に対する批判を行い、その「解体」を試みている。しかしそれはただそれらを否定することをめざしたものではない。むしろそれらを「懺悔道的に再興発展せしめ」（田辺九・一〇）ることがその意図であった。その「批判解体」を通して「懺悔道としての哲学」に具体的な内容を付与することを田辺は意図したと言ってもよい。

田辺は『懺悔道としての哲学』の最後の章で「懺悔道の展望としての宗教的社会観」について論じている。この題が、懺悔道の一つの特徴をよく表している。つまり、懺悔道は決して個の自覚として、自己のうちに閉じたものではない。むしろ他者に、あるいは社会に開かれている。それは「社会的共同の立場」において真に具体的なものとなるのである。

先に述べたように、田辺は、懺悔の極限において転換を可能にする他者の力を「愛」とも、また「大悲」とも表現しているが、その働きは自己の「死復活」で完結するのではなく、むしろ、再生を果たしたものに、いまだそれを経験しないものへと働きかけ、絶対の救済の働きを媒介することを求める。そのことを田辺は次のように言い表している。「自己のすくひは他人のすくひに転ぜられることにおいて、はじめて証しせられる。このやうに絶対無即愛の媒介となり、みづから愛の教化を実践するのが哲学である。悟道即伝道といはれるわけである」（「『懺悔道としての哲学』梗概」、田辺一四・四二三）。

そしてこの「愛の教化」を基礎とした社会の実現という課題にまで田辺の目は向けられている。「相共存協力して相互教化的に秩序的平等の社会」（田辺九・二六五）を建設することが、「歴史の要求」であることが言われている。『実存と愛と実践』（一九四七年）の「序」から、まさにこのような観点から田辺がキリスト教に大きな関心を寄せていったことが見てとれる。それは、キリスト教がこのような社会の実現に向けた指針を仏教よりもいっそう明確に、また具体的に示していると考えられたからである。『実存と愛と実践』に引き続いて著された『キリスト教の弁証』（一九四八年）からもそのことが読み取れる。

（3）死の哲学

晩年の田辺元の思索のなかでもっとも重要な位置を占めるのは、一九五七年から翌年にかけて書かれた「生の存在学か死の弁証法か」という論文である〔その一部は一九五九年に『マルティン・ハイデッガー七〇歳記念論文集』(Martin Heidegger zum siebzigsten Geburtstag. Festschrift) に "Todesdialektik" という題で発表された〕。

その論述は多岐にわたるが、それを貫いていたのは、現代が、科学技術の言わば到達点とも言うべき原爆や水爆に象徴的に示される「死の世紀」であるという意識である。そのような時代においては、科学技術と深く結びつき、生の直接的な享受を根拠づけることをめざしてきた「生の哲学」から、現代が「死の時代」であることを直視する「死の哲学」への顛倒《てんとう》がなされなければならないことを田辺は主張する。この時期に発表された「メメント モリ」と題するエッセーのなかでも、田辺は、生を裏付けている死を視野の外に追いやり、ひたすら生の伸張を追い求めてきた「生の哲学」の行き詰まりを、生の背後にある死を視野に収めることによって突破する必要性を強調している。

この「死の哲学」の構想は、ハイデガーの哲学との対決という課題とも密接に結びついていた。ハイデガーの哲学を「生の哲学」とみなすことは、もちろん説明を必要とする。ハイデガーにとっても死は重要なテーマであったからである。一九二〇年代のはじめにフライブルク大学に留学し、ハイデガーの講義を聴講した田辺はそのことを十分に知っていた。しかし田辺は、「ハイデッガー教授の自覚存在論が、決断的死の可能性を観念的標識として、それの媒介に依り生の存在自覚をば言語解釈に於て、分析論的に展開する」（田辺一三・五二八）にとどまることを批判する。ハイデガーでは「死」は、「生」を自覚するための「観念的標識」として問題にされているにすぎない、と言うのである。たとえば『杣径』（Holzwege）においてハイデガーが、「存在の恩恵に感謝して自己を犠牲にし、自若《じじゃく》として捨離の高邁自由を確保する」（田辺一三・五四二）ことが人間の使命であるという立場をとるのに対し、田辺はそれを、現実の社会と、それが抱える問題から距離を取る態度として退けるのである。その「理想主義観念論」が「客観的矛盾を超える」力をもたないことを指摘している。田辺の「死の哲学」は、まさにこのようなハイデガーの哲学に対峙するものであったと言うことができる。

田辺は「死」を、時代が共有する問題としてだけではなく、個の問題、個の実存の問題としても捉えた。田辺にとって死の問題は、まず何より二人称の死、つまり「汝」の死に関わるものであった。しかも単なる「汝」の死ではなく、私と汝との関わりにおいて死を問題にした。より正確に言えば、死せる汝と生ける私との関わりの問題として死を問題にした。そこに田辺の「死の哲学」の一つの特徴がある。

普通に考えれば、汝との関わりは汝の死によって終わりを告げる。死は、関係の終結である。しかし、それですべてが終わるのではない。死が生のなかに浸透してくるということがある。そのことによって、そこに新たな関わりが生まれる。関わりの新たな地平が開かれる。死は関わりを消滅させるものではなく、むしろ生むものでもあるのである。死はそこではただ外に、あるいは生の限界として眺められているのではなく、生のなかに入り込み、生と関わりを結ぶものとして捉えられている。そのような仕方で生みだされる死者との新たな関わりを田辺は問題にしようとしたのである。
そのような死者との関わりを可能にするのは、田辺の理解では、愛である。「生の存在学か死の弁証法か」のなかで田辺は次のように記している。「自己のかくあらんことを生前に希つて居た死者の、生者にとつてその死後にまで不断に新にせられる愛が、死者に対する生者の愛を媒介にして絶えずはたらき、愛の交互的なる実存協同として、死復活を行ぜしめるのである」（田辺一三・五七五）。ここで言われているように、愛によって可能になる、生死を超えた、死者と生者との交互的な関わりを田辺は「実存協同」という独特の言葉で表現した。

「実存協同」は、このように死者の生者への愛と、生者の死者への愛を基礎として成立する関わりである。しかし、それはただ単に、愛する私と汝とのあいだの閉じた関係を意味するのではない。田辺はそれをむしろ他者に開かれたものとして理解する。そのような観点から禅に目を向けている。たとえば『碧巌集《へきがんしゅう》』の第五五則「道《どう》吾《ご》一家弔慰」という公案のなかに見える師と弟子との関わりに注目している。師が自らの死を通して弟子に真実を伝え、悟らせようとすること——仏教で言われる「回施《えせ》」の典型的な例がここにある——がここで問題になっているのであるが、そこに見られる「個体は飽くまで各自の個性を保ちつつ全体に対し自己否定的に自らを献げ、……他個を自ら生かす」関係（田辺一三・一九〇）を田辺は「モナドロジー的な実存協同」という言葉で呼んでいる。

それを田辺はさらに仏教の伝統と結びつけて、「菩薩道」とも呼んでいる。菩薩とは、大乗仏教では、仏になる資格を備えながら、それを断念し、むしろ他の衆生の救済にその力を振り向ける存在を意味するが、「菩薩道」は、そのような自己否定の行為を、そしてそれが他者のうちに生かされることを、さらにそれが個から個へと伝えられ、その関わりが無限に広がっていくことを意味している。

田辺は「生の存在学か死の弁証法か」の序の部分で、「死の弁証法」について、「これこそ西欧的思考の行詰まりを打開すべき、禅の東亜的思考に外ならないではないか」（田辺一三・五二九）と述べているが、そのように言われるときに考えられていたのは、いま述べたような「菩薩道」を通して実現される「モナドロジー的な実存協同」であったと言うことができるであろう。そのような開かれた関わりの実現を通して、「種としての人間集団を新しくする」（田辺一三・五四七）こと、そこに田辺は「「死の時代」を突破する」可能性を見いだそうとしたのである。

注

（1）　林直道『西田哲学批判』（解放社、一九四八年）一八二頁。
（2）『没後五十年記念論文集 西田哲学』（創文社、一九九四年）四四二頁。
（3）『田辺元哲学選』Ⅱ『懺悔道としての哲学』藤田正勝編（岩波文庫、二〇一〇年）一六頁。

2　無（空）の哲学の展開

(1) 久松真一の「無神論」

第二部第四章で触れたように、久松真一は戦前に著した『東洋的無』のなかでは、西洋の哲学の伝統を前にしたとき、何が東洋に独自のものと言えるであろうかという問いを立て、その独自なものを「東洋的に形而上的なるもの」、あるいは「東洋的無」という言葉で表現した。それに対して戦後の代表的な著作の一つである『無神論』（一九八一年）においては、それを——このタイトルのとおり——「無神論」という言葉で表現している。

戦後も久松は西洋的なものへの批判をもちつづけていたが（たとえば『絶対主体道』（一九四八年）所収の「東洋的無の性格」などを参照）、その批判を、西洋的なものに対して単純に東洋的なものを対置する形ではもはや展開できない状況が生まれていたと言うことができる。すなわち、戦後、ヨーロッパの歴史が言わば「世界」の歴史になり、そのなかに日本も組み入れられていき、単純に西洋—東洋という構図では見られなくなったという状況がある。久松はむしろ、日本もその中に組み込まれた「近代」を、それを超えた立場——それを久松は「後近代」（ポスト・モダン）という言葉で表現する——から見ようとした。そのような観点から「無神論」ということが言われたと考えられる。

『無神論』に収められた論文「無神論」（初出は一九四九年）のなかで久松は、自らが考える「無神論」について、中世の宗教と近代の宗教とを対比しながらその特徴を明らかにすることを試みている。中世の宗教を久松は、超越的な神を立て、それに帰依する神中心の他律的宗教として特徴づける。それに対して近代の宗教は、人間中心主義に立つ自律的宗教、ある意味で無神論的な宗教である。しかしそこで人は自己をどこまでも拡張しようとして危機に陥る。それを久松は「人間性の根元的危機」という言葉で表現している。それを乗りこえたところに、久松が考えようとしている後近代（ポスト・モダン）の宗教の地平が開かれてくる。いかにして人は、他律的宗教に立ち戻ることなく、この近代の「人間中心主義」を乗りこえることができるのか、それは自律的な自己の徹底した否定による以外にはない。その否定を通して本来の自己が「甦って来る」と久松は言う。『東洋的無』の表現で言えば、「一切の限定と矛盾とを脱した自由体」がそこに生まれる。人はその「自由体」としての自己に「目覚める」のである。その意味で後近代の宗教は「信」の宗教ではなく、「覚」の宗教であると久松は言う（久松二・六九）。戦後の久松は、この「覚」という言葉を使って自らの立場を表現する。そして目覚めるのは選ばれた人だけではなく、すべての人が神になり、仏になる（なりうる）。そこには他律的な神や仏は存在しない。その意味で久松は自らの立場を「無神論」、「徹底した無神論」と呼ぶのである。

（2）西谷啓治

西谷啓治が、戦後、もっとも力を入れて取り組んだのはニヒリズムの問題であった。一九四九年に出版された『ニヒリズム』では、主としてニーチェ、シュティルナー、ハイデガーの思想を取り上げ、哲学史的な観点からニヒリズムについて論じているが、それに対して一九六一年に刊行された主著『宗教とは何か』においては、われわれが置かれている時代状況との関わりにおいてニヒリズムの問題を考察している。

現代は、彼によれば、著しい科学技術の発展によって、生活のあらゆる面で機械化が進展した時代である。それはわれわれにきわめて多くの利便をもたらした。しかしそれは、同時に、われわれを無制限な欲望の追求へと駆り立てていった。まさにその欲望の追求の足下に、無意味と無目的の深淵が大きな口をぽっかりとあけていると西谷は言う。より多くのものをより早く生産することに必死になりながら、その意味を見いだすことができない、そのような状態のなかに人間は置かれている。それが西谷の言うニヒリズムである。

西谷によれば、それはかつて人々が経験した普通に言われる意味での虚無ではない。現代われわれが直面しているニヒリズムを西谷は次のように言い表している。「その虚無はいはば神の存在の場にまで延び入り、かくして深淵化し、その深淵化した無神の虚無の上では、あらゆる生が、即ち生物的な生命や魂のみならず、精神的・人格的な生すらが、根本に於て無意味なるものの相を現してくる」（西谷一〇・一〇四）。そのような虚無に対しては、単純に宗教や倫理を対置しても、克服することはできない。そうだとすれば、残された道は、ニヒリズムから目を反らすのではなく、むしろそれを直視して、そのなかでニヒリズムを克服するということしかない。そのことを西谷は「ニヒリズムを通してのニヒリズムの超克」（西谷二〇・一九二）と表現している。

このようなニヒリズムへの注目という点において、西谷の思索は、日本の哲学の歴史のなかで、ある独特の色合いをもっている。西田や田辺が問うことのなかった問題に目を向けている。西谷のニヒリズムをめぐる考察によって、京都学派の哲学は新しい展開を始めたと言うことができる。

この「ニヒリズムを通してのニヒリズムの超克」を考えるために西谷が手がかりにしたのが、大乗仏教の「空」の概念であった。もちろん、かつて大乗仏教のなかで立てられた「空」の教義をそのままの形で提示しても、深淵化した現代のニヒリズムのなかでそれは力を発揮することはできない。いかにしてそれを生かしつつ、現代のニヒリズムを超克する道を探りだすことができるか、西谷が『宗教とは何か』のなかで問題にしたのは、まさにそのことであった。そこで西谷は「空の立場」について語る。「空」を単なる教義として受けとめるのではなく、それを自らの生きる態度のなかに内面化しようとした。

そこでは、現代において支配的になっているものの見方――すべてのものを利益をもたらすかどうかという有用性の観点から判断するものの見方――に、もう一つの見方が重ねあわされる。そのことを西谷は「二重写し」という言葉で表現している。そしてそれを次のように説明している。「禅語に「髑髏、野に遍《あまね》し」といふのがあるが、その野は例へば銀座通りのことである。……銀座は現在の美しい銀座のままで薄原《すすきのはら》と観ることが出来る。いはば写真の二重写しのやうにして見ることが出来る。むしろ実は、さういふ二重写しが、真実の写しである。真実は二重である。……元気に歩いてゐる生者そのままを、死者として二重写しに見ることが出来る」（西谷一〇・五八）。美しい都会の町並みと、何もなくただ風が吹き渡るだけのすすきの原が、あるいは生と死とが二重になったところが、真実であり、リアリティである、と言うのである。「空の立場」というのは、その生と死とが二重になった現実が文字どおりリアリティとして受け取られるような立場を指す。

このような「空の立場」によってこそ、欲望の主体になりきった人間のあり方、そしてその下に広がる虚無から解放される道が開かれる、というのが『宗教とは何か』という著作のなかで西谷の語ろうとしたことであった。それはもちろん、理論的にそのような「二重写し」のなかにニヒリズムの克服の道があるということを言おうとするものではない。そこで問題になっているのは、どこまでも、自らがそのような立場に立つということである。そのような意味で西谷は、リアライゼイション（realisation）ということを強調する。そしてそれに「体認」、あるいは「実現即体認」という日本語を当てている。それは、単に「空」を知のレヴェルで理解するということではなく、自ら「意識と理性の場を一歩破り出」て、生のもっとも根本的なレヴェルで了解するということである。「空の立場」とは、そのような意味で「空」を「体認」することにほかならない。西谷はそこにニヒリズムを超克する道を探ろうとしたと言えるであろう。

(3) 上田閑照

上田閑照(一九二六―)は西谷啓治のもとで学び、西谷、武内義範のあとを承けて、京都大学の宗教学講座を担当した。最初に取り組んだのはドイツ神秘主義、とりわけマイスター・エックハルトの思想であったが、その思索の根底には深い禅の理解がある。禅の思想とドイツ神秘主義とが重なりあうところで上田は独自の思想を展開した。「非神秘主義」をめぐる思索もその一つである。上田は『上田閑照集』第八巻『非神秘主義――エックハルトと禅』に収められた論考のなかで、禅とエックハルトいう東西の思想伝統のあいだに通底する根源的経験を取りだし、それをこの「非神秘主義」という興味深い言葉で表現した。

上田はまず、神秘主義の際立った特徴を、「一」のなかに見ている。神秘主義は通常の自己のあり方を「突破」して、「私と神との一」を実現することを目ざす。上田は、しかし、この「一」を単なる「合一」としてではなく、むしろ「合一即脱自」として捉える。しかも、「合一」が単に「脱自」という性格をもつとか、「脱自」の上に成り立っているとかいうことではなく、そこに「合一から脱自へ」(上田八・三七)という運動ないし動性が認められるということを主張している。エックハルトは、一方で、徹底して自己を捨て去り、神と「一」になる必要性を語るが、しかし他方、神との合一のなかに残る言わば人間の「自執」とも言うべきものを捨て去るために、「神を捨てる」ことをも要求する。「神も無に還り、人間も無に還る」ことを通して、はじめて真の意味で自己と神との合一が成立することを言う。そこでは単なる「合一」ではなく、同時にそこから脱却することが目ざされていたと上田は考える。

禅の場合も、たとえば公案集として有名な『碧巌録』の第四五則において、「万法一に帰す」ということが言われている。現象界ではあらゆるものが区別や差別をもって存在しているが、真の世界(法の世界)ではすべてが平等であり、一如であるというのである。ただ「万法一に帰す」と言われたあと、「一何れの処にか帰する」

という問いが出されている。このような問いが出されるところに、禅がその本領を発揮する世界が開かれてくると上田は考える（上田八・六参照）。つまり禅では、「一」が絶対的なものとして立てられるのではなく、それから自由に脱却していくことが求められる。そこにこそ禅の真面目があるというのである。この「一」に滞留することなくそこから自由に出ていこうとする、神秘主義にもまた禅にも見られる動性を言い表すために、上田は「非神秘主義」という言葉を用いたのである。

わが国における西田哲学の研究は一九八〇年代から九〇年代にかけて大きな進展を遂げたが、その基礎を築いたことも上田の大きな業績の一つである。そこでも禅を踏まえて、反省の学としての哲学と非思量の禅とのあいだに存する根本的なギャップのうちに身を投じ、「禅と哲学」という問題を自覚的に自己自身に引き受けたところに成立した哲学として西田哲学が捉えられている。いわば西田という一つの坩堝のなかで、「禅に面しては哲学がその原理の根源性を問われ、逆に哲学に面しては禅がその世界構成の論理性と具体性とを問われる[1]」という事態が生じたというのが上田の理解である。その二重の問いの重なりのなかから紡ぎだされた西田の「純粋経験」をめぐる思索を上田は『西田幾多郎を読む』（一九九一年）などで明快に描きだしている。

（4）「無」の哲学のひろがり

西田・田辺以来受け継がれてきた「無（空）」の哲学は、西洋の伝統的な哲学とは異なった視点を提供しうるものとして、またその独自な発想との対話を通して新たな哲学の可能性を切り拓く可能性をもつものとして、戦後、海外の研究者からも大きな注目を集め、さまざまな形で論じられてきた。ハンス・ヴァルデンフェルスの『絶対無』やジェームズ・ハイジックの『無の哲学者たち』、ベルナール・スティヴェンスの『無のトポロジー』などの研究は、そうした関心から生まれたものである[2]。ハイジックは、一方で、京都学派が社会や歴史の問題についての具体的な理解を欠き、それに対して十分批判的ではありえなかった点などを批判するとともに、他方、その独自性（たとえばその「自覚」の理解）を通して京都学派が「世界哲学」へ積極的な貢献をすることを期待する言葉を記している。

もちろん、海外だけでなく、日本でも、京都学派の哲学者たちの思想の、仏教思想、とくに禅思想とのつながりに注目する研究がなされている。たとえば上田閑照の監修によって出版された『禅と京都哲学』(3)は、とくに禅との関わりに注目したものであり、西田、大拙、久松、西谷、森本省念（一八八九―一九八三）、片岡仁志（一九〇二―一九九三）の六人の思想が取りあげられている。この論文集の中心のテーマは「禅と哲学」、つまり「非思量の行」を核心とする禅と「反省の反省という高次の思惟の働き」である哲学との関わりであり、直接京都学派を問題にしたものではないが、京都学派の思想と禅思想との関わりを知る上で重要な文献となっている。

京都学派の「絶対無」の概念への注目は、仏教の立場からのものにとどまらない。キリスト教の立場からも問題にされている。一九八〇年に南山宗教文化研究所の主催で「京都学派とキリスト教」というテーマでシンポジウムが開催され、その成果が翌年に『絶対無と神――西田・田辺哲学の伝統とキリスト教』として出版されている。東洋の宗教伝統、とくに大乗仏教の伝統を現代に生かそうと試みている京都学派と、キリスト教との対話を目ざしたものである。それはもちろん、京都学派は大乗仏教の思想を忠実に代表しているかという問いを呼び起こすが、それもまたこのシンポジウムが問おうとした問題の一つであった。また小野寺功は『絶対無と神――京都学派の哲学』のなかで、京都学派の哲学者たちとの対論を通して、キリスト教神学の日本的展開を図ることを試みている(4)。

中国語圏においても、京都学派の宗教哲学の伝統、あるいは「絶対無」の哲学に対しては大きな関心がもたれている。たとえば台湾の呉汝鈞《ごじょきん》（一九四六―）は、「絶対無」を東アジア的な精神のもっとも根底にあるものと捉える立場から、西田や田辺だけでなく、久松真一や西谷啓治、阿部正雄（一九一五—二〇〇六）、上田閑照に関する研究を行い、『京都学派哲学——久松真一』、『絶対無的哲学——京都学派哲学導論』、『京都学派哲学七講』など、数多くの著作を発表している。[5] それとともに、熊十力《ゆうじゅうりき》（一八八五—一九六八）や牟宗三《ぼうそうさん》（一九〇九—一九九五）らの新儒学の思想と京都学派の思想を比較する研究が現れてきていることにも注意をしておきたい。[6]

注

（1）上田閑照「禅仏教と西洋哲学——西田幾多郎」、野田又夫ほか編『近代日本思想の軌跡——西洋との出会い』（北樹出版、一九八二年）一三一頁。

（2）Hans Waldenfels, Absolutes Nichts: Zur Grundlegung des Dialogs zwischen Buddhismus und Christentum. Herder, 1976. James Heisig, Philosophers of Nothingness: An Essay on the Kyoto School. University of Hawaiʻi Press, 2001. Bernard Stevens, Topologie du néant: Une approche de l'école de Kyoto. Éditions Peeters, 2000. 日本でも、「認識と生」をキーワードとして京都学派の「絶対無の哲学」を読み解こうとする細谷昌志『田辺哲学と京都学派——認識と生』（昭和堂、二〇〇八年）などの新しい研究が発表されている。

（3）上田閑照監修、北野裕通・森哲郎編『禅と京都哲学』燈影舎、二〇〇六年。末木文美士『近代日本と仏教』（トランスビュー、二〇〇四年）には、「京都学派と仏教」と題した論考が収められている。花岡永子『絶対無の哲学——西田哲学研究入門』（世界思想社、二〇〇二年）は「絶対無」という概念を軸に、西田、田辺、西谷などの思想を論じている。

（4）小野寺功『絶対無と神——京都学派の哲学』春風社、二〇〇二年。他に次のような著作も出版されている。Fritz Buri. The Buddha-Christ as the Lord of the True Self: The Religious Philosophy of the Kyoto School and Christianity. Mercer University Press, 1997.

（5）呉汝鈞『京都学派哲学——久松真一』（台湾文津出版社、一九九五年）、『絶対無的哲学——京都学派哲学導論』（台湾商務印書館、一九九八年）、『京都学派哲学七講』（台湾文津出版社、一九九八年）。中国では、劉及辰の『京都学派哲学』（光明日

報出版社、一九九三年）などが出版されている。もちろんそこで「京都学派」として考えられているのは、呉の研究とは大きく異なり、西田、田辺、三木、戸坂であり、マルクス主義の立場に立つ哲学者に力点を置いた考察がなされている。

（6）たとえば林鎮国が『空性与現代性——従京都学派新儒家到多音的仏教詮釈学』（台湾立緒文化、一九九九年）を発表している。朝倉友海の『「東アジアに哲学はない」のか——京都学派と新儒家』（岩波書店、二〇一四年）もこのような課題に取り組んだ研究成果の一つである。

3　京都学派の多様な展開

前節で述べたように、戦後の京都学派の哲学において「無（空）」は一つの重要なテーマであったが、西田や田辺の弟子たちのなかからは、それにとどまらず多様な分野で活躍する人々が出た。本節では、その一端に触れることにしたい。

（1）西田の弟子たち

山内得立は一九三一年に京都大学文学部の古代中世哲学史講座の教授に就任、戦後、高山岩男が公職から追放されたあと、一九四六年に哲学講座の教授となり、京大の哲学研究の中心にその位置を占めることになった。しかし彼は、第二部第四章で述べたように、弁証法を基礎に置く西田や田辺の哲学的立場に対しては一貫して批判的であった。

山内は晩年に『ロゴスとレンマ』（一九七四年）と題する著作を発表し、さらに没後の一九九三年にその遺稿が『随眠《ずいめん》の哲学』という表題のもとに出版された。そこで山内が問題にしたのは、戦前の思索を踏まえながら、現実のなかに存在する差異を差異として認める論理を打ち立てることであった。その際彼が手がかりとしたのは、古代インドの論理学に由来する「レンマ」（λῆμμα）という概念であった。λῆμμα は、λαμβάνω（つかむ、とらえる）という動詞に由来する言葉であるが、「具体的に直接にものを把握すること」[1]を意味する。古代インドの論理学のなかでは、四論（catuṣkoṭi, 四句分別）、つまりA、非A、Aかつ非A、非Aかつ非非A、という存在の四つのあり方がテトラ・レンマと呼ばれた。肯定か否定の二値だけでなく、その中間を認める論理を山内はそこに見いだしたのである。

ただ山内は、この四つのレンマを、ただ単に存在のあり方が列挙されたものとしてではなく、原理に基づいた一つの体系的論理とみなそうとした。そのために、ナーガールジュナの思想を踏まえて、第三と第四とを入れ替え、最初の二つのレンマの否定（両非）を第三のレンマとし、両者の肯定（両是）を第四のレンマとした。第三のレンマによって肯定と否定がともに否定されることにより、そこにナーガールジュナの言う「中」の領域が開かれると考えたのである。そして第四のレンマはそこに生みだされる「新しい一つの世界」を指し示す。この第三のレンマを転換点とし、中核とする論理を山内は「レンマの論理」と呼んだ。そこで問題になるのが、第三のレンマはいかにして第四のレンマに移行するのか、という問題である。それについて山内は、それは決して推論ではなく、直観的に把握されるもの、あるいは直接的な体験であるとしている。そういう意味で「レンマの論理」は「即の論理」であるとも述べている。[2] この「即の論理」をめぐって山内は『随眠の哲学』にまとめられた最晩年の諸論考においてさまざまな観点から――とくに存在の「根拠」という問題に着目して――考察を加えたが、基本的な考えはすでに『ロゴスとレンマ』のなかで論じられていたと言ってよい。

務台理作は、戦後、その哲学的世界観を大きく変化させた。東京文理科大学、および京大の大学院で哲学を学んだあと、応召し、ソ連に抑留されて帰国した菅季治《かんすえはる》（一九一七―一九五〇）が、国会でソ連および日本共産党の工作員ではないかとして追求を受け、自殺をした事件がきっかけであった。それ以後、「ファシズムとたたかいうるヒューマニズムの原理を確立する」（「学究の思い出」、務台五・二八九―二九〇）ことが彼の課題になった。一九六一年に発表した『現代のヒューマニズム』のなかで務台は、ヒューマニズムを「人間の生命、人間の価値、人間の教養、人間の創造力を尊重し、これを守り、いっそう豊かなものに高めようとする精神」（務台六・

一七四）と定義したあと、それを大きく三つに分類している。ルネッサンスの人文主義的ヒューマニズムと、近代市民社会の個人主義的ヒューマニズム、そして現代の人類ヒューマニズム・社会主義ヒューマニズムである（務台六・二三一）。最後の「第三ヒューマニズム」こそ務台が目ざすヒューマニズムであるが、それは思想の上で、人間性の否定に抗し、すべての人間の価値を承認する「人類の立場」に立つものであるとともに、人間をその疎外されたあり方から回復し、全体としての人間を実現しようとする「全体的人間のヒューマニズム」でもある。それはまた同時に、理念にとどまるべきものではなく、行為を通してその思想を実現する「実践的なヒューマニズム」でもなければならないと務台は言う。それがめざすのは、務台によれば、個人の主観的倫理、あるいは社会や国家の立場に立つ客観的倫理の確立ではなく、人類全体の平和と幸福を願う「人類の倫理」の構築であった。

このヒューマニズムの立場への転換は、務台にとって西田哲学との対決という意味をももっていた。「学究の思い出」のなかで務台は、西田哲学は「当時のナショナリズムの背後に個の自由を押しつぶすおそろしいファシズムの力がはたらいていることを見抜くことができなかった」（務台五・三〇一）という批判を加えている。また「絶対無」を根底に置くことによって、個人と社会、個人と人類との関係が具体的なものとして把握されなかった点をも批判している。「直接絶対無なりあるいは否定的種なりによって人間の問題を媒介するのでなく、社会的条件の側から出立して、その人間化の課題の中で、個人、実存、人間の問題の重要性を再認識」する（「社会と実存的個人」、務台五・三四五）という方向に務台は舵を切ったのである。それが彼の言うヒューマニズムの内実であった。

三宅剛一（一八九五―一九八二）は務台理作と三木清にはさまれる形で、一九一六年に京都大学に入学している。フライブルク大学のフッサールのもとに留学したあと、一九三八年に東北大学理学部に助教授として赴任し（一九四六年に法文学部教授に就任）、一九五四年には退職した山内得立の後任として京都大学に転じた。その代表的な著作に『学の形成と自然的世界――西洋哲学の歴史的研究』（一九四〇年）、『数理哲学思想史』（一九四七年）などがある。戦後の代表的な業績としては、一九六六年に発表した『人間存在論』がある。そこで三宅は、哲学は存在するもの一般についての学として長い歴史を刻んできたが、そのなかで人間の現実、人間が在ることそのものははたして十分に明らかにされたであろうかという問いを提出している。三宅がとくに注目したのは、人間の自然との関わり（そこには身体の問題が含まれる）と人間存在の歴史性の問題（そこには行為や制度の問題が含まれる）であった。そのような観点から人間をただ単に客観的な存在としてではなく、自然との関わりのなかで、また歴史のなかで主体的に生きる存在として捉えることを試みている。

三宅は『人間存在論』の最後でとくに「西田哲学――伝統と哲学」という章を設け、西田に対する批判を行っている。後期の西田においては「歴史的世界」こそが「根本的実在の世界」であるということが強調されているが、そこで西田はどこまでも「歴史を観じる心の自覚」[3]の立場に立っており、現実の歴史の世界そのものは把握されていないというのが三宅の批判するところであった。『経験的現実の哲学』（一九八〇年）に収録された論文「現実と歴史」において、「私は現実を経験的な現実、経験に与えられる現実としてとりあげ、そうしてそれを経験科学としての歴史の認識との関係から考えて見ようとする」[4]と記しているのも、そのような批判と深く関わったものであったと言える。

高山岩男は一九四六年に公職追放の処分を受け、その処分が一九五一年に解除されるまでのあいだ、公の場所に出ることなく思索に没頭して、『理性・精神・実存』（一九四八年）など数多くの著作を著した。そのなかでも高山自身の立場を打ちたてようとしたものとしてとくに注目されるのは、『場所的論理と呼応の原理』（一九五一年）である。そこではもちろん西田幾多郎の哲学が踏まえられているが、高山は西田の論理は基本的に「絶対矛盾的自己同一」の論理であり、矛盾するものの実質的な関係がなお積極的に言い表されていないと批判する。そして高山はそこに、呼びかけるものとそれに応えるものとの人格的で相互的な関わり、また新たなものを生みだす創造的な関係を考えようとする。西田に対して先に見た田辺は「種の論理」を説き、類と種と個とのあいだの絶対否定、絶対媒介を問題にした。その意味で実質的な内容が考えられようとしていた。しかし、高山の理解では、田辺においてはその絶対否定的媒介の関係の全体がなお「一如の事態」としては捉えきれていない。その「一如の事態」を高山は「呼応的同一」という言葉で表現しようとしたのである。

第二部第四章で下村寅太郎が彼の戦前の代表的な著作である『科学史の哲学』において、ヨーロッパの学問の理念が数学の成立によって媒介されたと考え、数学の生成の歴史を問題にしたことを述べた。下村は数学を確立した一つの学問として捉えるのではなく、それを生みだした「精神」に注目し、そこから数学の生成を跡づけることを試みた。戦後、それを踏まえて科学史を「精神史」として把握するということを試みた。一九五五年に「精神史としての科学史について」という論文を発表しているが、そこで下村は、科学の背後ないし根底にあって「科学を形成し、その性格を規定し、これを展開せしめている精神の探究」を、この「精神史としての科学史」（下村二・四〇四）の課題であるとしている。

このように下村は最初、「精神史」という枠組みのなかで数学や科学の成立を捉え、それを叙述しようとしたが、その後、一転して（一九五六年のヨーロッパ旅行がその転機となった）文化の歴史に関心を向けていった。『レオナルド・ダ・ヴィンチ』（一九六一年）、『アッシシの聖フランシス』（一九六五年）から始まって『ルネッサンス的人間像』（一九七五年）などの著作を次々と発表していった。本書第二部第四章で下村が「ヒストリアン」としての自覚をもっていたことを述べたが、これらの著作が示すように、戦後の彼の歩みは彼がその本質においてヒストリアンであったことをよく示している。

下村は最晩年に『ブルクハルトの世界――美術史家・文化史家・歴史哲学者』（一九八三年）と題した大作をものしている。それは美術史家であり、文化史家であり、歴史哲学者であったブルクハルトをブルクハルトとしてその全体において把握し、その「全思想の組織的再形成」（下村九・六三五）を企図したものであった。下村はブルクハルトの魅力をとくに「文化を形相化する芸術家」であった点に見ている。下村によれば、イタリアのルネサンスは、ブルクハルトが『イタリアにおけるルネサンスの文化』を書いて以後、はじめて存在し始めた。つまり、はじめてその明確な姿を示し始めた。そのように「ペンを以てする造形芸術家」であった点を下村はとくに高く評価するのであるが、下村自身の戦後のさまざまな仕事も、「文化を形相化する芸術家」であろうとするところから生まれたものであったと言うことができるのではないだろうか。

（2）田辺の弟子たち

西田と同様、田辺のもとからも多くの特色ある研究者が出た。彼らもまた、京都学派を構成する重要なメンバーである。そのうちの何人かを以下で取りあげることにしたい。

唐木順三（一九〇四―一九八〇）は一九二四年に京大に入学、西田幾多郎のもと学んだ人であるが、助教授であった田辺元からも大きな影響を受けた。一九四〇年に同郷の古田晁、臼井吉見とともに筑摩書房を設立し、その顧問となり、雑誌『展望』の編集などに携わったことから、田辺と深い関係をもちつづけた。ベストセラーとなった田辺の『哲学入門――哲学の根本問題』（一九四九年、三冊の補説は一九四九―一九五二年）の出版も唐木の懇請に応えてなったものであった。唐木自身は評論の道に進み、『中世の文学』（一九五四年）や『無常』（一九六四年）、『日本人の心の歴史――季節美感の変遷を中心に』（上・下、一九七〇―一九七二年）など数多くのすぐれた書を発表した。戦後すぐに発表した『現代史への試み』（一九四九年）に収められた論考「現代史への試み――

型と個性と実存」においては、唐木は現代史を「型の喪失」の歴史として捉えた。たとえば森鷗外（一八六二―一九二二）は一九一八（大正七）年に発表した「礼儀小言」のなかで、批評精神の覚醒によっていまや意義と形式とがすべて分離され、あらゆる形式が破棄されようとしている、しかし「古き意義を盛るに堪へたる新なる形式」はどこにも見いだされえないという現状を嘆いた。満州事変以後は軍部がイニシアティブをとり、国家を機械的に絶対化し、「思慮の経路」のまったく見られない、普遍性を欠いた「単独の型」がすべての人に強制されたが、やがてその型は国とともに崩壊した。そこに現れたのは、普遍への縦の糸も、横の紐帯をも欠いた「全き単独者」、裸形の「実存」であった。鷗外の場合、彼自身のなかには明確な型が存在したが、「今日の無形式はシンの無形式」であり、「根こそぎのもの」[5]となっている。唐木の「現代史への試み」は、「型の喪失」がいかにして再建されうるかという問いで終わっている。それ以後の彼の思索は、その問いに答えようとするものであったと言えるかもしれない。

野田又夫（一九一〇―二〇〇四）は、田辺元が西田のあとを承けて哲学講座の担当者となった初期の弟子の一人である。晩年に行った講演「西田哲学と田辺哲学――一つの回想」のなかで野田は、入学してまもなく、第二部で触れた田辺の「西田先生の教を仰ぐ」が発表され、その批判の厳しさに驚いたことを記すとともに、この批判が、二人の師がそれぞれそれまでと違った方向に思索を進める機縁になったこと、そしてそのことによって両者のあいだに思想上の近さが生まれたことを述べている。たとえば晩年の西田も田辺もともに「行為」の問題に関心を向けた。しかしそこでも、西田がポイエシスを中心にそれを理解したのに対し、田辺がプラクシス、言いかえれば道徳的な実践を重視した点に違いがあることを野田は指摘している。

野田はもちろんデカルトやパスカル、カントなど多岐にわたる研究を行ったが、その独自性がよく表現された著作に『哲学の三つの伝統』（一九七四年）がある。これは、世界と人生とを理性の立場に立って意味づけようとした哲学が古代の世界においてどのように成立し、どのように発展してきたのかを概観し、その全体像を描きだそうとしたものである。それによれば、ギリシア、インド、中国に成立した三つの哲学的伝統は中世までほぼ同じ洗練度をもって維持されてきたが、近世に入って、西洋においては力学的自然観に基づいて世界認識の問題が客観的に解釈し直され、そこに飛躍的な発展が生じた。しかし、その上に立って人生の意味について改めて反省を加えるという課題は十分に果たされていないというのが野田の理解である。

武内義範（一九一三―二〇〇二）は、とくにヘーゲルを軸とした田辺元の哲学理解をもっともよく引きついだ弟子であったが、彼の独自性は、親鸞を中心とする浄土教の研究において発揮された。田辺元は『懺悔道としての哲学』において、親鸞が「宗教に於て歩んだ途」を一つの拠りどころとして、哲学の領域において懺悔の道を歩み、哲学を「懺悔道」として立て直すことを目ざしたが、その際に手がかりにしたのが、武内の『教行信証の哲学』（一九四一年）であった。そこで武内は、「三願転入」（『無量寿経』で説かれている法蔵菩薩の衆生救済のための四十八の誓願のうちの第十九願、第二十願、第十八願で語られる宗教的な境地を、自力に執着した段階から本来の他力的な宗教的意識への発展のプロセスとして捉えたもの）の問題を軸に『教行信証』全体を貫く論理の解明を試みたが、田辺はそれを踏まえて『教行信証』の哲学的な読解を進めていった。

戦後も武内は親鸞を中心に浄土教の思想や原始仏教の哲学的な解明に力を注いだが、そこで顕著なのは、実存哲学から強い影響を受けている点である。その点がとくに現れているのが『親鸞と現代』（一九七四年）である。そこにおいて武内は信仰の問題を、人間の有限性、つまり可死性や罪障性の自覚から考えようと試みている。自己の底に無限に絶望的に陥っていくという「逆超越論的」（transdescendental）な自覚、この「墜落」の悲惨さの極限において人は、将来から現在へと現前してくるものに出会う。そこで聞かれる絶対的な他者の招喚の声とそれに答えようとする宗教的決断との相応こそが救済を可能にすると武内は考える。

武藤一雄（一九一三―一九九五）は田辺元のもとで学び、第三高等学校教授などを務めたあと、京大文学部のキリスト教学講座の担当者となった。その主著『神学と宗教哲学の間』（一九六一年）の表題が示すように、一方でキリスト教の本質をその内面から、つまり信仰の立場に立って理解し、自覚することをめざしたが、しかしそれにとどまらず、あくまで学問研究の立場に立ち、より広い理性的な視点からその本質や歴史を明らかにすることをめざした。それは、言わば両者の「間」に、つまり両者の相互限定の動的な場に身を置く試みであったと言える。そのような意味で貴重な研究を残した。

大島康正（一九一七―一九八九）は一九三七年から三年間田辺元のもとで学び、のち東京文理科大学（東京教育大学、筑波大学に改称）で教鞭を執った。その主著は『実存倫理の歴史的境位――神人と人神』（一九五六年）と題されている。ギリシア悲劇から始めて、旧約思想、カント哲学、現代のニヒリズムまでを論じた大著であるが、それはなぜ「実存倫理の歴史的境位」と題されているのか。著者によれば、「境位」という言葉はヤスパースの「限界状況」という概念を踏まえる。つまり、人間が歴史的な現在に立ち、自己の自己否定的な危機に直面し、その危機を突破して超越へと転換しようとする根源的な状況を指す。過去になされたそのような転換媒介の「追体験」が本書で試みられている。それが目ざすものが「実存倫理」と呼ばれたのは、実存の体系の構築に向かったヤスパースとは異なり、どこまでも主体的たるべき実存に定位し、それが経験する歴史的社会的状況と個体的限界状況とのあいだの矛盾を矛盾として追究しようという筆者の意図が根底にあったからである。

辻村公一（一九二二―二〇一〇）は一九五六年から五九年にわたってフライブルク大学に留学し、ハイデガーのもとで学んだ。ハイデガーの影響をもっとも強く受けた日本の哲学者の一人である。ハイデガーの前期から後期に至る思索の歩みを詳細に解釈しただけでなく、『有と時』（一九六七年）の翻訳や、一九八五年から刊行が開始されている日本語版の『ハイデッガー全集』の刊行などを通して、日本のハイデガー研究に多大の貢献を行った。ハイデガーの哲学を解釈するにあたり、それと禅思想との関わりに目を向けた点も注目に値する。『禅の本質と人間の真理』（久松真一・西谷啓治編、一九六九年）に収められた「有の問と絶対無」において辻村は、ハイデガーの根本の問いである「有の問い」、つまり「有るとは何を意味するのか」という有の「真性」に関する問いと禅の立場とを照らしあわせることを試みている。辻村によれば、有の問いの根本の立場を示す「有と時」のなかに表示される「と」が、その真実のあり方においては、禅で自覚される「自己本来の面目」――それを辻村は西田幾多郎以来、京都学派で問題にされてきた「絶対無」と解釈する――に帰着せざるをえないことを論じている。

(3) 京都学派に連なる思想――中井正一・林達夫・花田清輝・鈴木亨

ここでは西田・田辺の直接の弟子ではないが、彼らやその弟子たちから直接・間接に影響を受けて、独自の思想を展開していった人々に目を向けてみたい。

中井正一は戦後、国立国会図書館副館長や日本図書館協会理事長などを務め、図書館という場を通しての文化活動の発展に力を尽くしたのち、一九五二年に病没した。その代表作は死の前年に発表された『美学入門』（一九五一年）である。そこで中井は美を三つに分けている。一つは自然のなかにある美である。自然のなかに、あるいは宇宙の秩序のなかに包まれ、そのなかに引き込まれて、それと直接に響きあうときに感じる美である。芭蕉の如く、「静かにみれば物皆自得す」（程明道《ていめいどう》を踏まえる）と言いうるときに感じとられる美である。次に中井は技術のなかに美を見いだす。たとえば日本刀の美、その「切るという機能が、純粋になりきった時、その秩序は、自然の美しさをしのぐほどのものにまで立ちいたっている」と述べている。次に芸術のなかにある美が問題にされている。人がすべての用途を離れて、ただ美しさのために何かを創造しようとしたときに生まれる美であ自性を言い表している。

林達夫（一八九六―一九八四）は中井と同じく京大で美学美術史を学んだ。戦後は雑誌『思想』の編集や『世界大百科事典』（平凡社）の編纂に携わる一方、「反語的精神」（一九四六年）や「共産主義的人間――二十世紀政治のフォークロア」（一九五一年）、「精神史――一つの方法序説」（一九六九年）など、鋭い政治批評や文明批評を発表しつづけた。それを貫くものを一言で言い表せば、「批評精神」ということになるであろう。戦争の時代にはそれは「イロニー（反語）の精神」という形をとった。

『林達夫著作集』第一巻『芸術へのチチェローネ』の「解説」において加藤周一は次のように記した。「一九三〇年代のはじめから加えられた激しい弾圧は、左翼の知識人の「転向」を生みだした。三〇年代の後半から戦時中にかけては、広範な知識人の側から権力との妥協がおこった。妥協は半ば外から強制され、自覚的に行われたが、半ばは内側から、無自覚的に行われた。内側からの無自覚的な妥協は、日本の知識人における人と思想、人と知識、人と言葉との弱い関係を、示すものである」[7]。このような、反抗するにせよ、妥協するにせよ、厳しい選択を迫られた状況のなかで林達夫は卓然として「静かな勇気」を保持しつづけた。太平洋戦争の開戦から戦後に至るまで沈黙を貫き通した。その沈黙を破ったのが一九四六年に雑誌『新潮』（六月号）に発表された「反語的精神」である。そのなかで林は、この困難な反動期において「思想闘争上の戦略戦術」について考慮をめぐらしていたことを記している。言わば絶望のなかで「絶望の戦術」について考えていたのである。そこに林達夫の「批評精神」が、また「反語の精神」がもっともよく現れている。その戦術について林は、「デカルトのポリティーク」（一九三九年）のなかで、あるいは大政翼賛運動が日本全体を圧倒的な力で覆うようになったときにあえて行った講演「新秩序と哲学の動向」(「反語的精神」で引用されている)のなかで語っている。大多数派と見解を一にするようなふりをしながら、内実のない通念や権威を容赦なく瓦解させていったソクラテスの「反語的順応主義」(conformisme ironique)や、ガリレイの異端審問を目の前にして「宇宙論」の発表を断念し『方法序説』を執筆したデカルト、あるいは『哲学の原理』をジェズイットの学校のための教科書という体裁を取りながら、そこに彼自身の哲学の原理をしのばせたデカルトの「仮装せる順応主義」(conformisme déguisé)[8]のなかに、この「絶望の戦術」の可能性を探っている。

花田清輝(一九〇九—一九七四)は戦後すぐに発表した『復興期の精神』(一九四六年)や『錯乱の論理』(一九四七年)などに収められた卓抜なレトリックを駆使した評論で知られる。また『アヴァンギャルド芸術』(一九五四年)などを通して戦後の新しい芸術・文化運動の推進に力を尽くした人でもある。その活動は哲学から離れたものであったが、その思想形成の過程において花田は哲学に深い関心を寄せた。鹿児島の第七高等学校時代に西田の哲学に惹かれ、九州大学で聴講生として哲学を学んだあと、一九二九年に京都大学に選科生として入学した(英文学専攻)。西田はすでに前年に定年で退職していたが、講演などを聞く機会はあったと考えられる。しかし、英文学を選んだ時点で、すでに西田哲学に対する批判的な視点を獲得していたのかもしれない。一九三八年に発表した「旗」と題した文章(評論集『自明の理』所収)において、名前を挙げていないが、明らかに『善の研究』を念頭に置いて次のように非難している。「それはわが国における最初の独創的な哲学の本だといわれていた。独創的?　いかにもそれは独創的にちがいなかった。著者はヨーロッパのいろいろな市民哲学を「批判」しながら、たくみにわが国の封建的イデオロギーを生かしていたからである。それは半封建的支配政権みずからが、あたらしい市民的発展に順応してゆく過程に、それの反映としてあらわれた、モニュメンタルな労作であった。そうして、わが国の資本主義が独創的であるように、まさしく独創的であったのだ[9]」。花田清輝の京都学派の哲学とのもう一つの接点は、彼が一九五九年に『近代の超克』と題した評論集を出版している点である。この評論集自体は、この時期に書かれた評論を収録したにすぎないが、彼がこの「近代の超克」という問題に深い関心を寄せていたことはその前年に発表した「モダニストの時代錯誤」と題した文章からも知られる。『文学界』の座談会に触れながら次のように書いている。「およそわたしとは相反する立場からの発言らしいが、しかし、その当時からいまにいたるまで立場こそちがえ、わたしもまた、終始一貫「近代の超克」を意図してきた」[10]。

鈴木亨（一九一一九—）は一九四四年一〇月に京大の哲学科に選科生として入学し、田辺元の最後の講義を聴いた。一九五八年に発表した『実存と労働』において鈴木は、「労存」という独自の概念を用いて、実存主義の立場とマルクス主義の立場との架橋を試み、また一九六七年に刊行した『響存的世界』において、「響存」という概念を用いて『実存と労働』での主張を論理的に基礎づけようと試みた。同時に、早い時期から西田哲学にも深い関心を寄せ、その成果を一九七七年に『西田幾多郎の世界』としてまとめている。その後著した『生きる根拠を求めて』（一九八二年）でも西田哲学を取りあげ、一方で西田が有限と無限、相対と絶対、時間と永遠とのあいだの絶対矛盾的自己同一という関係を明らかにし、場所的弁証法を確立した点を評価するとともに、他方、それが空間的・静止的なものにとどまり、そこでは過程的な契機が希薄になっている点を批判している。また鈴木は、有限と無限との対応関係を無限から有限への不可逆的な関わりとして理解し、その点で自らの理解が西田と異なることを強調している[11]。

（4）哲学を超えた広がり

このように京都学派の影響は同心円的に広がりを見せていったが、それは哲学という枠を超えていっそう多様な展開を見せていった。それも戦後の一つの大きな特徴であったと言うことができる。

たとえば物理学者の湯川秀樹（一九〇七―一九八一）は一九二六年に第三高等学校を卒業し、京大理学部に入学しているが、のちに執筆した『旅人――ある物理学者の回想』（一九五八年）と題した自伝的エッセーのなかで、三高時代を振り返って次のように記している。「三高の図書館で、最初、熱心に読み出したのは、哲学の書物である。老荘の哲学から西洋の哲学へ、私の興味は移っていった。新カント派の全盛時代であった。一方、ベルグソン哲学も人気があった。しかし私は、当時の多くの青年と同じように、西田哲学にもっともひかれた」(12)。また大学に入学してから西田の哲学概論の講義を欠かさず聞いたとも記している。

生態学者の今西錦司（一九〇二―一九九二）は湯川よりも一年早く第三高等学校を卒業し、京大の農学部に進んだ。今西は「棲み分け理論」で知られる生態学者であるが、しかしその学問の形成過程において、西田や田辺の哲学から大きな影響を受けた。西田が退職後に京大で講演をしたときには、つねに一番前に陣取って聴講したと言われている。また西田の『哲学論文集第二』に収められた論文「論理と生命」（一九三六年）をくり返し読んだことを自ら語っている。

今西の生命や生物、自然についての基本的な考えは一九四一年に発表された『生物の世界』のなかですでに語られているが、そこには「論理と生命」のなかで論じられた西田の生命や身体、環境などに関する思想の影響が強く現れている。たとえば西田はそこで、「生命が環境を変ずると共に、環境が生命を変ずるのである」というように、生命と環境とが相互に切り離しがたく結びつき、「弁証法的に一つの世界」（西田八・一五）を構成していることを述べている。それを受けて今西も、生物が、言わば環境の延長である身体を通して環境によって制約されるだけでなく、同時に、身体を通して環境に対して働きかけ、自己の意図を環境のなかに実現していくことを述べている。そのような意味で、生物と環境とは、「有機的に統合された一つの全体」(13)を作りあげていることを主張している。そのような理解に立って、今西は、環境の生物に対する働きかけだけを考慮するダーウィンの進化論に対して、生物が置かれた環境にいかに適応するかということが、言いかえれば、生物の環境に対する働きかけが、進化にとって重要な要素となっているということを主張し、独自の進化論を作りあげていった。

また一九四九年に発表した『生物社会の論理』のなかで今西は、生物的自然を構成している究極の単位は「種の社会（specia）」であるとし、「種」を中心に置いた生物の社会論を展開している。『自然学の提唱』（一九八四年）のなかでは、生物的自然が個体（種個体）と種社会、そして生物全体社会という三つの層からなると述べるとともに、種社会について、それが個体の単なる容れものでも、単なる概念的な構築物でもなく、「認識可能な実在物であり、それ自身が主体性をもっている」[14]ことを強調している。このような種の位置づけは、明らかに田辺元の「種の論理」を踏まえたものである（その点について今西自身は何も述べていないが）。もちろん、両者の「種」の理解には大きな違いもある。今西はその「棲み分け理論」に基づいて、種社会のあいだに調和の原理が働いているとするのであるが、田辺は種を「非合理的な直接態」として位置づける。その非合理性の克服を田辺は「種の論理」を通して目ざしたのである。

木村敏（一九三一―）の専門は精神病理学であるが、京都学派の伝統から大きな影響を受けながら、独自の精神病理学の理論を打ちたてていった。その思索が狭い意味での精神病理学にとどまるものではないことは、彼が『時間と自己』（一九八二年）や『あいだ』（一九八八年）、『分裂病の詩と真実』（一九九八年）などの著作のなかで、「ものとこと」、「自己と他者」、「生命」、「リアリティとアクチュアリティ」などの問題を取りあげたことからも見てとることができる。そうした問題を突きつめていく過程で、木村は西田の「自己」や「他者」についての理解、田辺の「種の論理」、さらには和辻哲郎の風土論などから深い影響を受けた。「ものとこと」および「自己と他者」に関する木村の理解については次章で取りあげるが、ここでは「生命」に関する理解を見ておきたい。

木村は一九八〇年代後半くらいから「生命」の問題に強い関心を示しはじめた。そのきっかけになったのは、ドイツの医学者ヴァイツゼッカー（Viktor von Weizsäcker, 1886-1957）の「生命」観への共感であった。ヴァイツゼッカーはその代表的な著作である『ゲシュタルトクライス』（一九四〇年）において、生命体と環境とのあいだには、それぞれに変化しながらも、一定の秩序をもった関わりが成立していることに注目し、その統一ある連関を「相即」（Kohärenz）という言葉で呼んだ[15]。さらにこの「相即」が、生命体の知覚と運動との円環的なつながり（クライス）によって保たれていることを指摘し、この全体構造を「ゲシュタルトクライス」と呼んだ。またヴァイツゼッカーは、この「相即」を支えている原理を「主体」と表現した。木村は『あいだ』において、この「主体」を西田の言う「歴史的生命」に重ねあわせて理解している。西田によれば、それは一面では、現実の世界のなかで歴史を背負って「作られたもの」であるが、しかし他方、自らの身体を通して自己自身を実現し、この世界を「作って」いく。そこでの主体と物との相互的な関わりを西田は「行為的直観」という言葉で言い表すが、その関わりは、木村によれば、ヴァイツゼッカーが言う「ゲシュタルトクライス」の円環構造と同じものを指す（木村六・一四七、一七九頁参照[16]）。

注

（1）山内得立『ロゴスとレンマ』（岩波書店、一九七四年）六八頁。
（2）山内得立『ロゴスとレンマ』三〇七頁。
（3）三宅剛一『人間存在論』（勁草書房、一九六六年）二三七頁。
（4）三宅剛一『経験的現実の哲学』（弘文堂、一九八〇年）一三三頁。
（5）唐木順三『新版 現代史への試み』（筑摩叢書、一九六三年）一六頁。
（6）『中井正一評論集』長田弘編（岩波文庫、一九九五年）二四〇、二四六頁。

（7）『林達夫著作集』第一巻『芸術へのチチェローネ』（平凡社、一九七一年）、加藤周一「解説」三七一頁。
（8）『林達夫評論集』中川久定編（岩波文庫、一九八二年）一三二―一三三頁。
（9）『花田清輝全集』全一五巻・別巻二（講談社、一九七九―一九八〇年）第二巻一三―一四頁。
（10）『花田清輝全集』第七巻七八頁。
（11）鈴木亨『生きる根拠を求めて』（三一書房、一九八二年）一七六頁以下参照。
（12）湯川秀樹『旅人――ある物理学者の回想』（講談社、一九六六年）一九一―一九二頁。
（13）『今西錦司全集』増補版、全一三巻・別巻（講談社、一九九三―一九九四年）第一巻、四七頁。
（14）『今西錦司全集』増補版、第九巻、六一頁。
（15）ヴァイツゼッカー『ゲシュタルトクライス――知覚と運動の一元論』木村敏・浜中淑彦訳（みすず書房、一九七五年）四二、二六六頁参照。
（16）木村敏の著作に関しては、『木村敏著作集』全八巻（弘文堂、二〇〇一年）から引用した。引用文のあとに「木村」と記し、巻数と頁数とを記した。

第三章　戦後の日本の哲学の多様な展開

1　存在と知識

（1）存在と認識

第二部第二章で見たように、西田幾多郎は主客未分の「純粋経験」こそが真の実在であることを主張し、そのような観点から、両者、つまり主観と客観とを区別し独立した実在と見なすことを独断として退けた。西田によれば、あらゆる感覚以前に想定される「純物質」というものは、「最も実在の真景を遠ざかつた者」にほかならなかった。この西田の理解と、戦後、分析哲学や科学哲学などの成果を踏まえながら独自の思想を展開し、日本の哲学界に大きな足跡を残した大森荘蔵（一九二一―一九九七）の思索とは多くの点で重なりあう。

大森は同じテーマについてくり返し思索を重ね、深めていった人であり、そこには少なからぬ変化も見てとれるが、ここではその思索の大まかな道筋だけをたどることにしたい。『物と心』（一九七六年）に収められた論文「ことだま論」（一九七三年）のなかで大森は、知覚と物、あるいは表象と対象とを区別する二元論に対して明確な批判の言葉を記している。二元論的な構図を徹底すれば、知覚や思い（想起や想像）はすべて「対象」の現れ、すなわち「表象」とされ、「対象」は、それを蔽っている「表象」の幕の向こう側に押しやられてしまう。われわれはこの幕の向こう側を直接見ることはできない。したがって二元論に立てば、必然的に不可知論や懐疑論に陥らざるをえない。この隘路に踏み込まないために大森がもちだしたのが「立ち現われ」という概念であった。知覚的な表象にあたるものを大森は「対象の知覚的立ち現われ」と呼び、非知覚的な表象にあたるものを「対象の思い的立ち現われ」という言葉で呼んでいる。二元論的な構図においては、「対象」は「表象」を通してのみ現われるとされるのに対し、大森の考える一元論的な構図では、「表象」のような仲介者なしに「対象」はじかに立ち現われる」とされる（大森四・一三二）[1]。この「立ち現われ」の背後に「対象」なるものもないし、「対象」の表れを仲介する「表象」もないのである。「立ち現われ」はどこまでもじかに立ち現れている、と大森は考える。

この「立ち現われ」は単なるいま・ここに限定された知覚的世界の立ち現われではない。「ことだま論」と同じく『物と心』に収められた「宇宙風景の「もの―ごと」」（一九七五年）のなかで大森は「四次元宇宙の立ち現われ」という興味深い表現をしている。いま富士山の雄姿に圧倒されるというような経験を考えてみた場合、その富士はただ虚空のなかに宙ぶらりんになって立ち現れているのではないと大森は言う。「その印象的な日の富士はただ一つの鮮明なエピソードとして立ち現われているに過ぎず、立ち現われのいわば本体はそれを単なる一断片としてその前後に黒々と横たわる数千年数万年を持続する富士である。当然この富士を中に包み込んだ風景も時空四次元の風景なのである」（大森四・二〇五）。時空を越えたふくらみをもった存在として富士は立ち現われているのである。そのようなものとして富士はさまざまな意味に満たされて、あるいはさまざまな表情をもって立ち現われている。そのことを『流れとよどみ――哲学断章』（一九八一年）に収められた「心身問題、その一答案」（一九七九年）のなかで大森は、「世界は常時かならず感情的色彩をもって立ち現われている」（大森五・一六八）

と表現している。あるいは亡くなる三カ月前、一九九六年一一月一二日に朝日新聞に寄せた「自分と出会う——意識こそ人と世界を隔てる元凶」と題した文章のなかでは次のように記している。「事実は、世界其のものが、既に感情的なのである。世界が感情的であって、世界そのものが喜ばしい世界であったり、悲しむべき世界であったりするのである。自分の心の中の感情だと思い込んでいるものは、実はこの世界全体の感情のほんの一つの小さな前景に過ぎない。……簡単に云えば、世界は感情的なのであり、天地有情なのである。其の天地に地続きの我々人間も又、其の微少な前景として、其の有情に参加する」（大森九・三八二）[2]。このように世界を「天地有情」とした大森の理解は、西田幾多郎の「純粋経験」についての理解に深く通じる。西田は、「主客を没したる知情意合一の意識状態」こそが真実在であるとするが、そのことを、夜空の星を「金の鋲」にたとえたハイネの詩を例に挙げながら、「我々の世は我々の情意を本として組み立てられ」（西田一・五〇）ているという言葉で言い表している。

大森は知覚と物、あるいは表象と対象とを区別する二元論を批判し、「立ち現われ」の一元論を主張するのであるが、この一元論を前提にしたとき、二元論的構図はそのなかでどのように位置づけられるのであろうか。われわれには物こそが第一次的な存在であり、知覚はその映しにすぎないという抜きがたい観念がある。原子や素粒子、あるいは電磁場といった概念による科学的な描写こそが世界の真の描写であり、知覚風景はいわばその二次的な映しにすぎないと考える。それに対して大森はそこには根本的な顚倒があるとする。『言語・知覚・世界』（一九七一年）のなかの「知覚風景と科学的世界像」（一九六九年）と題した論文のなかで、大森は、知覚風景こそがむしろ科学的描写の根本的前提であることを主張している。「物理的対象（たとえば、素粒子、電磁場等）の在り場所（位置座標）、したがって形状や大きさもまた、知覚風景の中で知覚風景によって定義されている」（大森三・二八九―二九〇）。つまり、科学的描写は知覚風景につき合わせてはじめて意味をもちうる。この点を大森は「心身問題、その一答案」のなかで、「重ね描き」という言葉を用いながら次のようにとりまとめている。「二元論的構図での客観的世界とその主観的世界像は、一元論的構図の中では日常的描写と科学的描写の「重ね描き」として表現される。それに伴って、二元論的構図の中での、「原物（客観的世界）―その像（主観的世界像）」、あるいは「原因―結果」という「物心関係」は棄てられねばならない。それに代って「重ね描き」による「即ち」の関係が登場する」（大森五・一七六）。科学的描写は知覚風景を別の形で表現し直したものにすぎず、両者のあいだには「原物とその像」という関係も、「原因と結果」という関係も存在しない。両者はむしろ同じものなのである。そのことを大森は『知の構築とその呪縛』（一九九四年）のなかでは「「物」と「知覚像」との一心同体的同居」という言葉で言い表している（大森七・一六〇）。そこには「生き生きと活きたもの」としての自然、「活自然」がある。近代科学は、二元論の立場に立ち、真理の領域から「心的なもの」を排除して「物」だけを残し、自然を「死物化」したが、この死んだ自然を「再活性化」することを大森はめざしたと言ってよいであろう。

大森荘蔵も「立ち現われ」を説明するために、「或るもの「を見る」とは、そこに一つの風景「が見えている」こと、一つの風景がそこにあることである」（大森四・二七）というように「風景」という言葉を使ったが、沢田允茂（一九一六―二〇〇六）はこの言葉をさらに前面に打ちだして自らの思索を展開している。『認識の風景』（一九七五年）のなかで沢田は、この「風景」という言葉に着目した意図を、経験論や感覚論が「感覚的知覚」という断片的なものから出発するのに対し、「知覚の風景」、さらには「環境の風景」というより具体的で全体的なものを手がかりにして、従来の知識論や認識論が見落としていたものを明らかにしたいと説明している。それは具体的に言えば、感覚的な知覚が具体的な形で与えられ、機能している場所――それがまさに「環境の風景」である――に注目するということを意味する。もちろんこの風景は、どこまでも「私の風景であり、私にとっての風景である」。しかし、そこで私は私のなかに閉じているのではない。沢田が言う「環境の風景」とは、われわれの頭のなかにある、世界を映すスクリーンのようなものではない。それは「私を私がその一部であるところの環境的自然の中に合目的的にくみ入れていくことを可能にするところのもの」[3]である。そこでなすべき行為を選択し、それを実現していくのである。そのような意味で「環境の風景」とは、私が「私の生き方を決定する最も基本的な場所である」[4]と言うことができる。

大森荘蔵が物と知覚とを区別する二元論を批判し、「立ち現われ」一元論を主張するとき、その「立ち現われ」はいかに記述されるのであろうか。われわれが日常用いる「主語―述語」形式の表現は、二元論的な世界像を記述するには適切ではあっても、「物」を前提にしない一元論の立場に必ずしもふさわしい表現ではない。大森は『言語・知覚・世界』のなかで、そのような記述方式に対し、適用範囲は広くないが「空間的場における状態描写」というものが可能であることを主張している。たとえば「右の脇腹が痛い」というような痛みの描写がその例になる。ギリシア哲学の研究者であった藤沢令夫（一九二五―二〇〇四）も「物」的実体を想定し、知覚を因果説的に説明することに反対した人であったが、『ギリシア哲学と現代――世界観のありかた』（一九八〇年）のなかで、そのような立場から「場の描写」的記述方式について論じている。日常言語学派を代表するイギリスの哲学者ストローソン（Peter Frederick Strawson, 1919-2006）がたとえば「いまここに雨が降っている」というような、ある場所にある特徴が見られることを言い表す表現（feature-placing statement）に着目したことなども踏まえながら、藤沢は、「これは机である」というような表現も形の上では「主語―述語」形式をとっているが、しかしこの文章中の「これ」は知覚像が現れている場所を指定する語と解釈しうること、したがって「これは机である」は「ここに机が見える」、あるいは「〝机〟という一つの知覚像がこの場に現われている」と解釈しうることを主張している[5]。このような「場の描写」的記述方式こそが「世界の最も基礎的なあり方に即した記述方式」であるという立場から藤沢はこの書でプラトンのイデア論の再解釈を試みている。

二〇世紀に入って伝統的な形而上学や存在論は厳しい批判にさらされてきた。たとえば論理実証主義からは、検証の方法の与えられていない命題はすべて無意味であるという主張がなされた。その批判の趣旨を踏まえつつ、われわれの経験を通じて開示されてくる存在の実相の把握にこそ哲学の本来の役割があるという理解に立って、改めて「存在」あるいは「存在経験」を問題にしようとした人に渡邊二郎（一九三一―二〇〇八）がいる。渡邊によれば、われわれは「存在経験の精錬」を通してこそ「自己理解と世界理解」とを手にし、あらゆる人間的営為の基盤を構築することができる。もちろん人間の認識には限界がある。しかし「存在の底知れぬ深み」に身を置きながら、「自己と世界の存在の意味の全体」を把握しようと試みつづけることによってのみ、生の基盤が確保されうることを渡邊は主張している(6)。

(2)「もの」と「こと」

戦後、存在の問題を「もの」と「こと」という観点から捉えようという試みが、山内得立や廣松渉（一九三三―一九九四）らによってなされるようになった。それに先がけて戦前に両者を対比的に論じたのは和辻哲郎である。和辻は『続日本精神史研究』（一九三五年）に収められた論文「日本語と哲学の問題」の冒頭で、言語について、フンボルト（Wilhelm von Humboldt, 1767-1835）に依拠しながら「一つの民族の精神的特性と言語形成とは密接に融合せられたものである」（和辻四・五〇六）と述べている。和辻によれば、言語の構造はそれぞれの民族の精神的特性を反映する。あるいは、その精神的特性そのものであると言ってもよい。そのような観点から和辻は、性や数を区別しないといった日本語の文法上の特質を、悟性的認識よりも道徳や芸術に関心を示すという日本人の精神的な特性に結びつけて論じている。しかもそのような分析を行うだけでなく、日本語が、理論的な方面においても発展しうる可能性をもつことを示すために、自ら「純粋な日本語」の意味を頼りに思索することを試みている。具体的には「あるということはどういうことであるか」を問題にしている。ここからも見てとれるように、和辻は、日本語の特性という問題を哲学との関わりのなかで考察した数少ない一人であり、かつ、その可能性をより大きく広げるための努力を実際に行った人であったと言うことができる。

　和辻によれば、「あるということはどういうことであるか」という問いは次の四つの問題を含んでいる。第一は「こと」、第二は「いうこと」、第三はこの「いうこと」を誰が言うのかという問題、第四は、「ある」の問題である。まず第一の問題との連関で「こと」と「もの」との違いが問題にされている。たとえばいま「動く」という「こと」を考えるならば、「動くこと」は、一方で、動く「もの」を「動く」ものたらしめるものであり、その意味で、「動くもの」の基礎であり、基底である。しかし他方同時に、「動くもの」の「動くこと」として、「動くもの」に属している。そういう意味で「こと」は、「もの」を「もの」たらしめる基礎であると同時に、その「もの」に帰属している。「こと」はまた「言《こと》」でもあり、事柄を「あらわにする」。そうすることによって「もの」を見いだす。しかし他方、この「言」は、同時に「言」を発する「もの（者）」の自己了解性に基づいている。そういう意味で、「こと」は確かに一方では「もの」の基礎であるが、しかし他方、いっそう基礎的な層において「もの」に基づいている。このように和辻は「もの」と「こと」との相互性に注目している。

　山内得立もこの和辻の議論に注目し、一九六七年に発表した『意味の形而上学』のなかで、事物の何たるかは「もの」であると言えるのか、それとも「こと」であるのかを問題にしている。和辻とは異なり、山内は「もの」は何らかの「こと」であることによってはじめて何ものかでありうるのであり、「こと」はものをして「もの」たらしめる根拠であると共に、ものの様々なあり方の根源でもある[7]としている。そして山内もまた、このように「こと」によって「もの」たらしめられた「もの」は、ただ単にあるだけでなく、それ自身を表現する点に注目している。つまり「こと」によって「もの」たらしめられた「もの」は「意味」をもつ。言いかえれば、「意味的存在」である。事物はこの「意味の世界」においてはじめて、それの何であるかが把握されるというのが、山内がこの『意味の形而上学』において主張しようとしたことであった。

東京大学で科学哲学を担当した廣松渉もまた、この「もの」と「こと」との関わりをめぐって思索し、独自の世界観を作りあげていった。それを廣松は「物的世界観（物的世界像）から事的世界観へ」という言葉で表現した。たとえば『世界の共同主観的存在構造』（一九七二年、勁草書房）や、『事的世界観への前哨』（一九七五年、勁草書房）、あるいは『存在と意味──事的世界観の定礎』（一九八二年、岩波書店）といった著作のなかでその論を展開していった。

『存在と意味』のなかで廣松は事的世界観について、実体がまずそれ自体においてあって、そのあと第二次的にそれらが関係しあうのではなく、関係こそが第一次的な存在であり、「実体」と一般に言われているものは関係規定の「結節」にすぎないとする関係主義的存在観であると説明している。それに対して「物的世界観（物的世界像）」の方は、この第一次的な存在である関係を物象化し、そこに定立される「実体」をこそ第一次的な存在であると錯認するところから成立すると廣松は考える。『存在と意味』の第一巻『認識的世界の存在構造』において廣松はまず、この実体主義的世界像に基づいて「主観─客観」図式が立てられ、それが認識論上のアポリアを生みだしていることを論じるとともに、この図式を取り除き、認識的世界の「四肢的構造」を明らかにし、「認識のいわゆる間主観的＝共同主観的妥当性を権利づけ」ることを、この書のめざすところとしている。(8)「四肢的構造」とは、まず現象がその対象的・主体的側面においてそれぞれ二肢的な構造をもつことを指す。わかりやすく例を挙げて言えば、われわれの意識はつねに所与を単に感性的なものそのものとしてではなく、それ以上のあるものとして、たとえばいま目の前に見ているものを「鉛筆」として意識している。この両者（現相的所与と意味的所識）が現象の対象的側面の二肢である。一方、この目の前のものを「鉛筆」として見ている私も、ただ単に特個的な私、「私としての私」としてそれを見ているだけでなく、それが「鉛筆」であることは他の人々にも普遍妥当性をもつはずの「事実」であるという意識をもちつつそれを見ている。言わば、ある普遍的な共同主観的な視座においてそれを見ている。そこでは私は「私以上の私」、あるいは「誰かとしての私」としてある。この両者（能知的誰某と能識的或者）が現象の主体的側面の二肢である。現象的世界はこの四つの契機からなる四肢的構造連関態をなしているというのが廣松の考えである（この連関態としての現象こそが「事」にほかならない）。そして廣松が強調するのは、その四つの契機が予め存在していて、そののちに相互に関係しあうのではなく、それらはこの四肢的構造連関態の函数的連関の項としてのみ存立しているという点である。それらの契機が独立に存在するかのように誤って考えるところから従来の実体主義的な世界像が生みだされてきたというのが廣松の理解であった。[9]

(3) リアリティとアクチュアリティ

精神医学の領域で多くの業績を残すとともに哲学の問題にも深い関心を寄せてきた木村敏も、この「もの」と「こと」の問題に言及している。以上で見た和辻や廣松の「もの／こと」論も踏まえられているが、木村の場合には、精神病理学の立場からそれが論じられており、その点で興味深い。具体的に言えば、離人症（デペルソナリザシオン、dépersonnalisation）の患者が示す症状との関わりでこの「もの」と「こと」の問題が議論されている。

木村が離人症に言及した著作としてたとえば『自覚の精神病理――自分ということ』（一九七八年）があるが、そのなかで木村は、ある二四歳の女性の次のような訴えを報告している。「自分というものがまるで感じられない。自分というものがなくなってしまった。……何をしても、自分がしているという感じがしない。感情というものがいっさいなくなってしまった」。この自己喪失感を離人症の患者はもつ。それと同時にその患者は次のようにも訴えている。「奥行きとか、遠さ、近さとかがなくなって、何もかも一つの平面に並んでいるみたい。……鉄のものを見ても重そうな感じがしないし、紙きれを見ても軽そうだと思わない」（木村一・一一二）[10]。物の実在感もまた失われるのである。この自己と物との実在感の喪失を木村は、一九八二年に刊行した『時間と自己』のなかで、「こと」の消失として捉えている。

　いまたとえば鉄の塊を手にもっているとすれば、離人症の患者は、それを鉄の塊として知覚する。その点では少しも問題がない。しかしそれが単なる「もの」にとどまって、本来ならそれが持つはずの「表情」が欠落してしまっているのである。通常、われわれがその場に居あわせて何かを具体的に見たり聞いたりする経験の現場では、物はわれわれの存在とはまったく関わりのない物体としてただ客観的に「もの」としてあるのではなく、たとえば鉄の塊を手にもてば、ずっしりとした重みを感じるし、落とすかもしれないという恐怖心を抱く。そのような仕方で物がわれわれに経験されること、そのような仕方で世界がわれわれの前に現れることが「こと」である。そこでは「もの」は「表情」で満たされている。「もの」は「こと」と共生していると言ってもよい。離人症の患者では、この共生しているはずの「こと」が失われしまうのである。木村は『時間と自己』のなかで「健康時の生活において世界のもの的な知覚を背後から豊かに支えていたこと的な感覚が一挙に消失して、世界はその表情を失ってしまう」（木村二・一四六―一四七）と記している。

　この「もの」と「こと」の問題を木村は一九九〇年代ころからリアリティとアクチュアリティという言葉を使って表現するようになった。たとえば『偶然性の精神病理』（一九九四年）のなかで木村は、リアリティが「現実を構成する事物の存在に関して、これを認識し確認する立場から言われる」のに対して、アクチュアリティの方は「現実に向かって働きかける行為の働きそのものに関して言われる」（木村七・六二）と述べている。つまり、アクチュアリティというのは、われわれが現実に向かって働きかけようとする、その行為のただなかで意識される物事の「現実性」のことである。それについて木村は、一九九七年に発表した論文「リアリティとアクチュアリティ」(『分裂病の詩と真実』所収、一九九八年)という論文においては、ベルクソン(Henri Bergson, 1859-1941)の記憶についての理解、そしてジル・ドゥルーズ(Gilles Deleuze, 1925-1995)のベルクソン解釈(*Le Bergsonisme*, 1966)を踏まえながら、自らが「アクチュアリティ」として考えるものについて次のように述べている。「意味のアクチュアリティ、それはどこまでも私的なものである記憶の潜在性を……「母胎」として、そこから絶えずそれ自身を生成し、ヴァーチュアリティからの不断の自己現実化として、つねに発生機の状態で、そのつどの世界との接点において、物質的リアリティの上にそれ自身を展開するという仕方で実現する」(木村七・三一三)。潜在的(virtuel)なものである記憶が能動的に関与することによって物質的リアリティと一つになったアクチュアリティが生みだされるという理解がここに示されている。先に述べた離人症に結びつけて言えば、離人症の患者では、この「発生機の状態で」物質的リアリティの上に実現されているアクチュアリティが抜け落ちて、リアリティが言わばむきだしのままで知覚されていると言うことができるであろう。

このように木村がアクチュアリティに、そしてそれとリアリティとの違いにこだわった背景には、現代の精神病理学あるいは精神医学のあり方に対する疑問があったと考えられる。中枢神経系についての自然科学的研究の著しい発展とともに、あらゆる精神活動を、さらには心の病をも脳の物質的な過程に還元しようとする傾向が強まってきているが、精神医学は機械的に測定したり、数量化することによっては捉えることのできない心のありように直接向きあうところに成り立つのではないか、という木村の理解がそこにはあった。『心の病理を考える』(一九九四年)のなかで木村は、アクチュアリティを問題にした意図について次のように述べている。「科学はこのアクチュアリティを扱うすべを知らない。アクチュアリティは一瞬も固定することができないからである。科学が対象としているのは完了形で固定できるリアリティだけなのだ。だから「生命科学」はアクチュアルな生命を研究せずに生命物質だけを研究対象にしている。一方、私たちはつねに現在進行形で生きている。この現在進行形のアクチュアルな非物質的生命に着目するためには、私たちは科学以外の目を必要とする。現にアクチュアルな対人状況のなかで生きるために苦労している精神病者を治療する精神医学にとって、この科学以外の目でものを見る見方の重要性は、いくら強調してもしすぎることがない」（木村六・二六一）。この木村の主張は、ひとり精神医学にのみ向けられたものではなく、われわれの科学主義的なものの見方にも向けられたものとして受けとることができる。われわれがわれわれの現実をそのものとして把握しようとするとき、きわめて大きな意味をもった主張であると言えよう。

（4）現象学

戦後、多くの研究者の関心を集めた哲学の分野の一つに現象学がある。もちろんすでに触れたように、一九一〇年代にすでに西田幾多郎もフッサールの現象学に言及しているし、一九二〇年代にフッサールのもとで学んだ山内得立や高橋里美らによって、三〇年代にはすでに日本における現象学研究の礎は置かれた。ハイデガーの哲学も一九二〇年代に――『存在と時間』が出版される以前にすでに――田辺元や三木清らによって紹介され、広く知られるようになった。しかし、現象学をめぐる文献が詳しく紹介され、本格的な議論が行われるようになったのは、やはり戦後になってからのことであった。フッサール現象学に関わる文献の翻訳では渡邊二郎や立松弘孝（一九三一―二〇一六）らが、メルロー＝ポンティの思想の紹介では滝浦静雄（一九二七―二〇一一）や木田元（一九二八―二〇一四）らが多大の貢献を行った。またハイデガーに関しては辻村公一や茅野良男（一九二五―二〇一六）らによる『ハイデッガー全集』の刊行が大きな役割を果たした。

現象学をめぐる研究の蓄積も著しいが、日本哲学との関係でとくに注目されるのは、新田義弘の『現代の問いとしての西田哲学』(一九九八年)である。そのなかで新田は、西田の純粋経験論、つまり「経験」を唯一の実在としてあらゆる知の根底に置き、そこからすべてを説明しようという試み、言いかえれば、経験のなかに知の基盤を求めようとする試みは、大きな難問と向きあわなければならないと述べている。経験が知の基盤として、いっさいの知を基礎づけうるためには、経験それ自体のなかに、すでに、いっさいの知を知たらしめるような知の根拠が存在していなければならないからである。それが難問であるのは、そのような根拠は、まさに知の根拠であるがゆえに、それ自身は知の対象にはならないからである。それは、知を成立させるものでありながら、知の成立とともに、背後に退いてしまう。つまり、知の成立の現場では、つねに「現われと隠れの同時生起」が起こっている。換言すれば、現われの世界は「現れざるものの現れ(11)」という性格をもつ。

現象学もそのような事態に関心を向けてきた。たとえば後期のフッサールは、世界は知覚対象のように直接的にその存在が確認されるのではなく、つねに地盤的な仕方で与えられると言う。つまり、世界があるということは、知覚対象の措定に先立って、いつもすでに暗黙のうちに受動的な信念として確信されていると述べている。現象学もそのような仕方で非対象的な知、非主題的な知を問題にしてきた。しかし新田は、フッサールの「反省」という方法理念では、いま言った難問を完全に突破することはできないと考える。なぜならそこで問題になっているのは、まさに反省それ自身が可能となる根拠であるからである。反省という方法理念そのものが、「この事態を十分に解決する通路を塞いでいる(12)」と新田は述べている。反省によるのでなければ、哲学的思惟はいかにして「自らの動きそのもののなかに立ち戻る」ことができるのか、あるいは「自らの根にいたる」ことができるのか、ということが問題になるが、その点について新田は、「思惟そのものの方向の転換」がなされなければならないと言う。しかも、反省のように地平的・水平的に方向を転換するのではなく、垂直に向きを変えねばならないと主張する。

そしてそういう観点から新田は西田の思想、とくにその後期思想に注目する。西田は最晩年、一九四四年に「空間」という論文を執筆しているが、そのなかで西田は「真の実在界」、つまりわれわれがそこにおいてあり、そこにおいて行為する世界について次のように述べている。「世界は何処までも無基底的に、自己自身を表現する世界、自己に於て自己を映す世界、自己表現的に自己自身を形成する世界である」（西田一〇・一六五）。ここで「表現」ということが言われているが、それはただ単に、あるものが別の場所に移されるということではない。あるいは単に潜在的であったものが顕在化するということではない。世界とその自己表現との関係は、そのように潜在と顕在との関係として理解することはできない。そうではなく、そこにまさに――新田の言葉で言い表せば――「現れと隠れの同時生起」が成り立っていることを西田は指摘している。「自己自身を表現する世界」は、「何処までもその全関係が現れてゐて、而も現れないもの、自己否定的に自己を現して居るもの、でなければならない」（西田一〇・一五八）。世界はそれ自体としては現れないもの、「何処までも現れないもの」でありながら、しかし自己否定ということを通して自己を現すのである。新田は、このように西田のなかで、対象性の次元と非対象性の次元との生きた連関が問われ、そのことを通して「人間と世界の経験の構造の全体」が問題にされていることを高く評価するのである。

注

（1）大森荘蔵の著作に関しては、『大森荘蔵著作集』全十巻（岩波書店、一九九八―一九九九年）から引用した。引用文のあとに、「大森」と記し、巻数と頁数とを記した。
（2）伊藤勝彦が『天地有情の哲学――大森荘蔵と森有正』（ちくま学芸文庫、二〇〇〇年）のなかでこの文章を引き、詳しい検討を行っている（同書一四頁以下）。

（3）沢田允茂『認識の風景』（岩波書店、一九七五年）一五七頁。

（4）同書四六頁。

（5）藤沢令夫『ギリシア哲学と現代――世界観のありかた』（岩波新書、一九八〇年）一一五頁以下参照。

（6）渡邊二郎「現代における存在の問題」（二〇〇三年）、『渡邊二郎著作集』第九巻（筑摩書房、二〇一一年）六一四、六一六頁。

（7）山内得立『意味の形而上学』（岩波書店、一九六七年）三〇七頁。

（8）廣松渉『存在と意味――事的世界観の定礎』（岩波書店、一九八二年）xii頁参照。

（9）以上で見た廣松の関係主義的な存在観は、西田幾多郎の「経験」についての理解とも深くつながっている。廣松が『〈近代の超克〉論――昭和思想史への一断想』（朝日出版社、一九八〇年）において、西田の弟子たちによる「近代の超克」論の抽象性を厳しく批判しつつ、他方、西田について次のように述べていることもそれを示している。「西田哲学はいくつかの発展段階を経て形成されたものであるとはいえ、それは早い時期から所謂〝主客分離〟以前の相に定位するものであったし、その意味で古典的な近代哲学の構図からは脱却する姿勢になっていたと言うことが許されうる」（同書二四〇―二四一頁）。

（10）木村敏の著作に関しては、『木村敏著作集』全八巻（弘文堂、二〇〇一年）から引用した。引用文のあとに、「木村」と記し、巻数と頁数とを記した。

（11）『現代の問いとしての西田哲学』（岩波書店、一九九八年）一〇五頁。

（12）同書一六頁。

2　自己と他者

（1）実存主義の受容

戦後、日本において大きな流行を見せた思潮に実存主義がある。サルトル（Jean-Paul Sartre, 1905-1980）やカミュ（Albert Camus, 1913-1960）など、フランスの実存主義の思想が紹介され、哲学にとどまらず文学など、広い領域にその影響を及ぼした。人間は物のようにただ存在するのでなく、自らを未来に向かって「企投」する、つまり実存する、あるいは「実存は本質に先立つ」というサルトルの主張は、社会の向かうべき方向を模索していた人々に大きな影響を与えた。他方、キェルケゴール以来の哲学の伝統のなかで「実存」の問題を論じようとする人々も現れ、一九五一年には務台理作や金子武蔵らによってヤスパース協会が、一九五〇年には桝田啓三郎（一九〇四―一九九〇）や飯島宗享（一九二〇―一九八七）らによってキルケゴール協会が作られ、それらを引きつぐ形で一九五七年には実存主義協会が設立された。さらにその活動は一九八五年に実存思想協会に受けつがれた。

比較的早くから金子の『実存理性の哲学――ヤスパース哲学に即して』（一九五三年）など、実存主義をめぐるすぐれた研究が現れた。この時期にヤスパースの哲学に多くの注目が集まったのは、当時、実存主義の課題を、憎悪や欲望など人間の内面にある非合理的なものを見つめることに見出そうとした人々が数多く出たことに関わっている。それに対して、悟性的な認識や科学的なものの見方を排除するのではなく、そうしたものを含みつつ、同時に超越的なものにまなざしを向けようとするヤスパースの「理性」についての理解に多くの哲学者が共感を示したことが、その背景にあった。金子も、この書の表題でも言われているように、そのような性格をもった「実存理性」を自らの立脚する立場としている。

（２）実存と虚存——自我と自己

前章で取りあげた上田閑照は『場所——二重世界内存在』（一九九二年）のなかで、「実存」という人間のあり方と「虚存」というあり方とを対比的に論じ、興味深い考察を行っている。上田によれば——仏教的な世界観や西田哲学が背景にあると考えられるが——、われわれが居る場所は、西田が「有の場所」と「絶対無の場所」とを区別したように、二重になっている。つまり、われわれはただ世界の内にある（「世界内存在」である）だけでなく、同時に「虚空の如き無限の開け」においてある。この「世界／虚空」の二重性をわれわれは直接見ることができないが、この二重性が当の存在の場所となっているときには、当の主体の自己は、自己同一性のなかに閉じた自己ではなく、「自己ならざる自己」として自己を場所に対して開いている。そのような自己には、虚空は言わば世界の縁取りのように現れてくると上田は言う。ここに上田の自己についての独特の理解がある。つまり、自己は自己のなかに閉じているのではなく、そこに置かれている場所に真に開かれるときには、その自己が否定されて「我なし」となる（「虚存」する）。その我でない我が、「場所の開けが光となって自己が照らし出される」とき、自己はふたたび自己となる。上田は自己を、この「自己から出て、自己に返る」という全体の動きとして理解する。あるいは「「我は、我なくして、我である」という自覚」（上田九・一五二）が自己であるとも言う。そのように「世界／虚空」という二重性のなかにある自己のあり方を上田は「実存／虚存」、つまり「実存にして虚存、虚存にして実存」という言葉で表現している。

二〇〇〇年に発表した『私とは何か』のなかでは上田は、自分のなかに閉じた私、そのためにそのなかで自執が動き始めた私を「自我」と呼び、それに対して自らを否定し、自らを外に開こうとする私を「自己」と呼んでいる。また、「我《が》」性に動かされる「自我」が「私は私である」と語るときの自己理解を上田は「自意識」と表現し、それに対して「自己」が自らが置かれている場所に開かれ、その場所の開けに照らされて「我を知る」ことを「自覚」と捉えている。自覚が生まれる発端には、従来の自己の殻が破られる「覚」という出来事があると上田は言う。その「覚」が言葉となり、自己理解が成立することが「自覚」である。さらにその「自覚」にはもう一次元の展開があるとも述べている。世界内存在としての自己が有する「自己・世界理解」のなかで改めてこの「自覚」という事態が捉えなおされるという次元である。この運動の全体を上田は「自覚」として考えている（上田一〇・一三一以下参照）。

井筒俊彦（一九一四―一九九三）も一九八五年に発表した『意味の深みへ――東洋哲学の水位』のなかで、「自我」と「自己」との違いについて論じている。次節でも言葉の問題との関わりで触れるが、井筒はユング（Carl Gustav Jung, 1875-1961）の心理学なども踏まえながら、表層にある意識のもとに、言わばそれを支える深層意識の領域を考える。表層の意識の中心にあるものが「自我」であるとすれば、「意識の深層において真に統合的な主体性の中核となる」(1)ものが「自己」である。現代人はグローバル化された社会のなかで一様化され平均化されて、意識の表層において「自我」としてのみ生きることを余儀なくされているが、このように「自我」が肥大化することによって、つまり表層の意識が厚みを帯びることによって、「自己」は覆われ、隠されてしまう。それに対して東洋の伝統的な諸思想はまさにこの深層にある「自己」に目を向けることによって発展してきた。そのように隠された「真の自己の探究」が東洋の「哲学的思考の出発点であり、基礎であり、中心課題」であったと井筒は言う。井筒によれば、東洋の思想の特徴は、このように人間存在を深層の「自己」までをも含めたいくつもの層からなる「多層的構造体」として理解しようとした点に、同時にまた、その「自己」を単に概念的に理解するのではなく、「先ず哲学者たる人間が、真の「自己」を自分の実存の深みにまで主体的に追求して行き、それを自ら生きるということ[2]」を目ざした点にある。そのような仕方で生きることのできる主体を井筒は「東洋的主体性」という言葉で言い表している。それは第二部第四章で見た西谷啓治の言う「根源的主体性」にも通じる。

（3）自己と他者

木村敏の精神病理学に関する研究は、『時間と自己』や『分裂病と他者』（一九九〇年）といった著作の表題からも見てとれるように、自己の問題、あるいは他者の問題と深く関わるものであった。とくに前節で触れた離人症（dépersonnalisation）との関わりで木村は「自己」の問題について論じている。離人症の大きな特徴はまさに「自分というものがまるで感じられない」という自己の喪失感にある。それは「もの」と「こと」という表現を用いれば、通常は重なりあって存在している両者のうち「こと」が、言いかえれば、われわれが経験しているものから意味や表情が失われるという事態として理解される。それは、逆の面から言えば、「自己」とは変わることなくアイデンティティを保ちつづける実体的な存在、言いかえれば一つの「もの」であるのではなく、どこまでも「こと」として理解されることを示している。

『時間と自己』のなかで木村は、自己とは、ただ単にいま・ここにあるもののことではなく、たとえばいま何かを考えたり、語ったりしていることが、過去の経験や思いと、また未来に起こるであろうさまざまな出来事と結びつき、それらとの関わりから生じてくる無数の意味によって充たされていること、そのあり様を指していると述べている。つまり、自己とはこの豊かな表情をもった「こと」、あるいは「こと」と「こと」とのネットワークであると言ってもよいであろう。離人症の患者が抱く自己の喪失感は、この「こと」の「豊かなひろがり」が、いま・ここにあるものとしての私から切り離され、失われてしまったことに起因すると考えられる。木村がこのように「こと」を、そして「自己」を理解するとき、西田の「経験」についての理解が踏まえられていたと考えられる。この書のなかでも木村は、西田の『働くものから見るものへ』「序」の「東洋文化の根底には、形なきものの形を見、声なきものの声を聞くと云った様なものが潜んで居る」という言葉を引き、この西田の言う「形なきもの」、「声なきもの」がまさに「こと」にほかならないと記している。

木村はまた「自己の病理と「絶対の他」」(上田閑照編『西田哲学への問い』所収、一九九〇年)という論文のなかで、精神病理の問題と絡めながら「他者」の問題について興味深い考察を行っている。具体的に言うと、統合失調症に見られる「他者」と、西田幾多郎が「私と汝」という論文(『無の自覚的限定』所収、一九三二年)で問題にした「絶対の他」とを重ね合わせて論じている。木村によれば、統合失調症の患者に見られる「他者」は、自己の外部にというよりも、むしろ、自己のもっとも内面的な部分、自己の中心部に出現してくる。しかも自己存在そのものの自己性を根本から疑問に付するような仕方で出現してくる。しかもその他者は、パラノイア型妄想の場合のように、具体性を持った他者ではなく、具体性を欠いた、不可知な他者である。統合失調症の患者は、その不可知の他者によって自分の心が読まれている、あるいはその他者の意志によって操られているという経験をする。その不可知な他者は、パラノイア型妄想の場合のように、自己という基準から考えられた他者、あるいは自己の投影としての他者ではなく、むしろそれの方が基準であり、自己の具体的内容が、それの自己実現として成立してくる。その基準となる他者の他者性を木村は「絶対的他性」と表現している(木村二・三九四―三九五)。そうした性質を有する統合失調症患者の「他者」を、木村は西田の言う「絶対の他」と重ね合わせて理解することを試みたのである。

もちろん、両者をまったく同じものとして考えることはできない。西田は、「私は汝を認めることによつて私であり、汝は私を認めることによつて汝である」と言うが、そのような場合、西田は具体性を持った他者との相ない。

互承認を考えているからである。そこでは、汝が私の自覚の根拠であるだけでなく、同時に私が汝の自覚の根拠でもあるという相互的な関係が考えられている。それに対して、統合失調症の患者の場合には、他者の方が一方的に自己の根拠となっている。それに対して西田の場合には、「私―汝」という関係は相互的な、二重の関係である。しかし、「他者」の絶対的な「他性」に注目する点で両者の思想に共通するものがあることは言うまでもない。

（4）間柄、あるいは我と汝の二項関係

木村敏は『人と人との間――精神病理学的日本論』（一九七二年）のなかで、「日本語と日本人の人間性」という章を設け、そこで、日本語がヨーロッパの諸言語と異なり、多くの一人称・二人称代名詞をもっていることを指摘し、そのことと自他関係のあり方とが密接に結びついていることを論じている。つまり、日本語社会においては、話の主体である自分が誰であり、相手が誰であるのかは、予め一義的に決まっているのではなく、具体的な人間関係のなかではじめて決まってくる。自己のアイデンティティ、あるいは相手のアイデンティティよりも、むしろ両者の人間関係が大きな意味をもち、それに応じて自他の呼称が選択される。このことを木村は「間柄の優位」という言葉で表現している（木村三・二六〇）。

そのように木村が言うとき、もちろん和辻哲郎の「間柄」概念、それを基盤にした倫理学が踏まえられていたことは言うまでもない。和辻によれば、人間は個人である以前に、他者との関係のなかで生きている。この人と人との関係、言いかえれば「間柄」を規定している秩序ないし道理こそ倫理であり、人間はその存在のはじめから倫理とともにある。あるいは、人間存在それ自身のなかにすでに倫理がある。このように他者との関係が根本的な意味をもつような人間のあり方と、日本語特有の人称代名詞の複数性とのつながりを木村は指摘したのであ

る。

森有正（一九一一—一九七六）も『経験と思想』（一九七七年）のなかで、日本人にとって他者との関わりが決定的な意味をもっていることを指摘している。森はまず「経験」を「感覚の堆積」として捉える。それは徐々に組織化され、秩序づけられて、存在の普遍の相を顕にしていくが、その極限のフォルムが「思想」である。そのように「経験」と「思想」を定義しつつ、森は日本人の「経験」のあり方の特質を、西欧的なそれに対比しながら論じている。森によれば、日本人の「経験」の特徴は、それの深化、つまりそれを「思想」にまで成熟させていくことが困難であるという点にある。「経験」が日本人においては、「自分一個の経験にまで分析されえない」と森は主張している。「日本人においては、「経験」は一人の個人をではなく、複数を、具体的には二人の人間の構成する関係を定義する」[3]とも言われている。森独特の分かりにくい文章であるが、簡単に言えば、西欧的経験のなかでは「経験」のなかから個人、あるいは個の主体性が析出してくるが、日本人の場合には、この個の主体性が出てこないということである。「我」はつねに「汝」につながっているのである。まず「汝」があり、「我」は「汝」に対する限りで何者かでありうるのである。このように「汝」から「我」が規定されるという関係を森は「二項関係」ないし「二項結合方式」と呼んでいる。

そして「我」はつねにこの関係のなかに閉じ込められている。まさにそのことが「経験の深化」を妨げていると森は言う。経験が二項関係のうえに成り立っているということは、経験がそれぞれのコンテクストから切り離せないということを意味する。経験はその関係のなかでのみ意味をもつのであり、それが普遍化を阻むのである。経験が二項関係の上に成り立っているということは、また、そこに閉じた空間が形成されるということでもある。この閉じた空間を維持するために、そこでは未知なるものが排除される。あるいは、この閉じた空間を維持していくのに都合がよいものに変容させられた上ではじめて受容される。この開放性を持たない「経験」を、森は「体験」という言葉で呼んでいる。日本人の「経験」が、「思想」へと成熟していく前に、容易に「体験」に変質してしまう傾向性を強くもっていることを森は指摘している[(4)]。

いま述べたように、間柄が重視されるということ、あるいはわれわれがそのときどきに特定の他者とのあいだで結ぶ関係が重視されるということは、われわれがそのときどきに果たす「役割」が重視されるということでもある。

(5) 役割と仮面

木村敏は『人と人との間』のなかで日本人が「メランコリー親和型」の素質を強くもっていることを論じている。そうした問題をめぐって木村はかつて『自明性の喪失——分裂病の現象学』(原著は一九七一年)で知られるブランケンブルク(Wolfgang Blankenburg, 1928-2002)らとともにシンポジウムを開催したことがあるが、そこでブランケンブルクは、自己の同一性の意識がきわめて強い西洋社会においては「自我-同一性」(Ich-Identität)が重視されるが、間柄が重視される日本の社会においては、ある役割を担っているという意識、つまり「役割同一性」(Rollenidentität)が優位を占めること、また、過剰にある特定の役割に同一化することがメランコリーにつながっていく可能性について論じている[(5)]。

「役割」の問題を論じた論考として広く知られたものに和辻哲郎の「面とペルソナ」(一九三五年)がある。そのなかで和辻は彫刻と能面とを比較しながら、能面には前者にない特徴があることを主張している。能面は人間を表現するために、他の部分をすべてそぎ落とし、ただ顔面だけを残したものである。しかしその切り詰められた顔面が自由に肢体を回復する力を持っている。能面においては、その力が演者の肢体全体に浸透していき、演じるものの体の動きを支配するのである。このように述べたあと和辻は、この能面の特徴を踏まえて、ペルソナ（persona）という言葉の多義性について論じている。personaという言葉は、もともと劇に用いられる仮面を意味した。そこから劇で演じられる役割の意味をも持つようになった。この転用が可能であったのは、和辻によれば、まさにいま言った面の力、つまり面が役者の肢体や動作を己の内に吸収する力による。面は役者の被る面にとどまっていないで、役者全体に、そして役割全体に浸透する。このために面から役割への意味転用が可能になったというのである。また和辻はこの転用を基礎に、personaという言葉が一挙にさまざまな意味（文法上のペルソナや神のペルソナ、人格という意味のペルソナなど）を担うようになったことをこのエッセーのなかで論じている。

さてこの「仮面」ということと関わって興味深い考察を行っている人に坂部恵（一九三六―二〇〇九）がいる。坂部は一九七六年に刊行した『理性の不安――カント哲学の生成と構造』からも見てとれるようにカント哲学の研究から出発した人であった。そこで坂部は、カントの思索の根底に西欧の伝統的な「理性」の存立をおびやかすような無定形な不安がうごめいており、それがカントの思考の原動力となっていたのではないかという視点に立ち、これまでほとんど目が向けられてこなかった隠された基層からカント哲学がもつ意味を考察することを試みている。しかし坂部の関心は同時に構造主義などの現代思想や、日本語の構造や特質にも向けられており、そういう関心とも結びついて、同じ年に『仮面の解釈学』を発表している。

われわれは普通「仮面」ということを言う場合、その「仮の面」という言葉からも明らかなように、それを仮のものと考える。「役割」ということで言えば、われわれはあるシテュエイションのなかで一時的にその役割を演じるのであり、本当の自分は別のところにあると考える。つまり、仮面の下にある「素顔」にこそリアリティがあると考える。そういう見方に坂部はこの『仮面の解釈学』のなかで疑義を呈している。そこでそうした見方が特殊近代的な見方、つまり同一性の論理に依拠してすべてのものを分類し、その対立を固定的に捉えるものの見方に基づいていることを指摘している。坂部は「仮面」ないし「面」を「おもて」という言葉で代表させているが、「おもて」という日本語は、「おもつへ＝面つ方《へ》」という言葉が縮まってできたものであり、「うしろつへ＝後つ方《へ》」と対になった言葉であった。その対になったもののどちらが「おもて」であり、どちらが「うらて」であるかは、相対的に決まってくるものであり、アプリオリにどちらかが本来のもの、あるいは仮のものと決まっているわけではない。両者はむしろ相互変換的であると言うことができる。つまり「おもて」と「うらて」とは相互に他に姿を変えうる（メタモルフォーゼしうる）。それにも関わらず、近代においては、自同性の論理に災いされて、両者の関係を固定的に捉えることが一般になされている。そのように「変身（メタモルフォーシス）」の感覚を失ったのは、まさに近代の病弊であるということを坂部は指摘している。

　したがってわれわれが「素顔」、あるいは「仮面」の下にあるリアリティと考えるものも、坂部によれば、本来、「他者（ないしは〈他者の他者〉）以外のものではない」。つまり「他者性につきまとわれることのない純粋な自己」というのは、どこにも存在しない。それは、「私」というものもある具体的な〈人称＝ペルソナ〉としてしか、あるいは、〈仮面＝ペルソナ〉としてしか現れえないということを意味する。それを踏まえて坂部は次のように述べている。「仮面が素顔の隠喩であると同等な資格において、素顔は（何らかの〈原型〉などではなく）仮面（マスク）の隠喩である(6)」。

　そのように「おもて」というのは、決して素顔から切り離された仮面、あるいはリアリティから区別された「表面」ないし「現象」ではない。むしろそれは「はざま」として捉えられると坂部は言う。つまり「カオスの根源的な不安から意味を持ったコスモスが立ちあらわれる」はざま、「対象化されえない述語面［西田哲学の術語が用いられている］が……自在な変身のうちに〈かたり〉出、〈かたどら〉れ、〈おのれ〉と〈おのれ〉がはじめて〈おもて〉をあわせて立ちあらわれる〈原人称〉のはざまそのものにほかならない(7)」と述べている。「おもて」

は、その身分から言えば、固定的に対立する内面と外面のどちらにも属さず、むしろその境界面にあって自在に変身するのである。「仮面」あるいは「役割」の問題にとどまらず、「自己」とは何かという問題を考える上で、きわめて興味深い考察がここになされている。

注

（1）井筒俊彦『意味の深みへ――東洋哲学の水位』（岩波書店、一九八五年）一五頁。
（2）同書二七頁。
（3）『森有正全集』第一二巻（筑摩書房、一九七九年）六二頁。
（4）同書九四、一〇七頁参照。
（5）日・独シンポジウム『自己――精神医学と哲学の観点から』（河合教育研究所、一九八六年）六六頁。
（6）坂部恵『仮面の解釈学』（東京大学出版会、一九七六年）八三頁。
（7）同書二一―二二頁。

3　言　葉

（1）経験と言葉

一九七〇年代から八〇年代にかけて、丸山圭三郎（一九三三―一九九三）らによってソシュール（Ferdinand de Saussure, 1857-1913）などの言語学に関する研究が進められ、またローティ（Richard Rorty, 1931-2007）が編集した『言語論的転回』（一九六七年）が紹介されたりして、わが国においても言葉の問題に対して大きな関心が寄せられるようになった。人間に現実への通路を確保するのは言葉であるという考えは、すでにフンボルトやカッシーラー（Ernst Cassirer, 1874-1945）などによっても示されていたが、そうした戦後の言葉の問題をめぐる探究を通して、言葉は予め区別された物や概念に付けられた名前であり、そのリストであるという考え方ははっきりと退けられるようになった。われわれの経験には、はじめから、世界において生起する出来事や事物を理解し解釈する枠組みである言葉が関与しており、それなしには経験が成立しえないということが明確に主張されるようになった。

確かに、この近年の言葉をめぐる議論が示すように、経験と言葉とのあいだにある深い関わりを否定することはできない。しかし、言葉によって経験がそのまま表現されるわけではない。西田幾多郎は一九三九年に発表した論文「経験科学」のなかで言葉が有する根本的な制限について次のように語っている。「例へば……「そこに馬がある」といふ時、我々の経験を固定化して居る。……作用に代へるに静止的な何物かを以てして居る。言語は生きてゐる母体からその幾束かを離して、これを凝結せしめる。そこで、有用ではあるが、経験とは全く異なつたものができるのである。言語は経験に対し、本質的にそれ自身の限界を有つて居るのである」（西田八・四三四）。この指摘、つまり、言葉と経験とのあいだにある差異が見失われる危険性に関する西田の指摘は現在も大きな意味をもっている。われわれは言葉以前に遡ることができないが、しかし言葉がそのまま経験であるとは言えない。問題はまさにこの両者、つまり経験と言葉のあいだにこそある。

上田閑照はこの問題をたとえば『ことばの実存――禅と文学』（一九九七年）のなかで、経験を、経験そのものとそれについての言葉による自己理解との二重性において捉えることから考えようと試みている。この二重性を有する経験は、どちらに力点を置くかによって、二つの仕方で理解される。一方では、言葉による自己理解があってはじめて経験は経験でありうるという見解が出されうるし、他方では、言葉は「有限にして特定の語彙圏と特殊な分節組織」である個々の言語としてのみ可能であるために、経験そのものは言葉にとってつねに把握に余るものでありつづけるという見解が出されうる[1]。

上田は、しかし、このように一方に重心を置いて理解するのではなく、経験とその自己理解とを一つの連続的な動きとして捉える。まず経験そのものにおいては、われわれが前もって保持している世界理解の枠組みが突破される。言い換えれば、言葉が奪われる。しかしそこでこの経験が「原感動音」となって現れ出る。それを上田は「根源語」と読んでいる。それはまだ言葉ではない。言葉以前の言葉であり、言葉になる最初の出来事である。この言葉が奪われ、言葉になろうとする一連の動きを上田は「言葉から出て、言葉に出る」と表現している。最初は主観と客観の両者が未分であった事態が、分節化し、自らを主客に分開していくのである。その分節化の動きを上田は第一次の分節と第二次の分節とに分けて理解している。第一次の分節においても、事柄は「AはBである」というようにさしあたって主と客との関係として事柄は表現される。しかしそこに「『主と客』のもとである未分への返照が同時に映じてくる」[2]と上田は言う。AがBであるのは、AがBではない「未分の無」

へと連れ戻されることによってである。したがって第一次の分節は「AはBである」と「AはBでない」が同時に成り立つような分節ということになる。そこでは分別的知性の立場での言表への展開が、「未分の無」へと向かって否定される（たとえば禅ではこの次元の事柄が「山は山なり、而して山は山に非ず、故に山なり」といった言葉で表現される）。それに対して第二次の分節では、そのような次元から出て、事態が分別的知性の立場に立って主と客との関係として分析され、把握され、説明される。それも「未分の無」の自己展開の一つの次元として考えられる。このように上田は経験と言葉との関係を、言葉が奪われる主客未分の経験とそれの第一次的・第二次的分節への自己展開として、あるいは「三つの水準ないし次元を張り渡す立体的な動的連関[3]」として理解しようとしている。

坂部恵は前節でも触れたように、初期から日本語の問題にも強い関心を寄せ、「おもて」や「かげ」、「しるし」などをめぐって興味深い考察を行っている（そこには、時枝誠記（一九〇〇―一九六七）の日本語文法論や「言語過程説」と名づけられた言語観、そして和辻哲郎の日本語によって哲学するという試みからの影響が見てとれる）。一九七二年には「欧米語と日本語の論理と思考」という論文を発表している。そこで、狭義の論理学において視野の外に置かれてきた具体的な言語使用の場面に即して、欧米語と日本語の論理、あるいはその構造の特質を明らかにすることを試みている。この言葉への関心はその後ももちつづけられ、一九八九年には『ペルソナの詩学――かたり ふるまい こころ』が、一九九〇年には『かたり』が刊行されている。前者では「かたりとしじま」と題した章が設けられているが、そこで坂部は「かたり」あるいは「かたる」という行為を、「のる（宣る）」という上からの垂直的な言語行為と、「うたう」「となえる」というやはり下からの垂直的な言語行為とのあいだに位置するものと捉え、「かたり」が成立する場所を、上方の「凝縮した沈黙としての〈しじま〉」と下方の「混沌としたたんなることばの不在としての沈黙の奈落」とにはさまれた中間の場として理解している。そしてこの「かたり」

あるいは「ことば」についての理解を西田哲学の文脈のなかに置き入れて、次のように述べている。「西田哲学にいう〈超越的述語面〉〈無の場所〉等を、わたくしは、そこからして、象徴的表現を含めての〈ことば〉〈かたり〉がたちあらわれてくるこうした充実した〈しじま〉の場と解したい」[4]。ここにも、経験と言葉とのつながりを理解するための重要な手がかりを見いだすことができるであろう。

（2）言葉の創造性

言葉は一方では、社会のなかで制度化されたものであり、固定した枠組みをもつ（たとえば一つ一つの単語が意味する領域はそれぞれの言語で決まっている）。われわれの経験はその枠組みのなかにはめ込まれて理解されていく。それが世界の眺め・見え方としての世界観を作りだす。しかし言葉は他方で、そのような固定化した枠組みを打ち破って、事柄そのものに迫ろうとする。その言葉の創造的な力にもさまざまな仕方で目が向けられてきた。

たとえば上田閑照は『ことばの実存――禅と文学』に収められた「ことば――その「虚」の力」のなかで、言葉が有する「「虚」の力」に注目している。通常はわれわれは言葉によって実際に起こっていることを、論理的に矛盾がない形で表現する。そのような意味で言葉は通常は「実」的な性格をもっている。しかしわれわれには、単なる言いまちがいということではなく、むしろ積極的に「実際にはありえないことや論理的に矛盾したことなど不可能な「こと」」（上田二・三四七）を言うことがある。たとえば詩のなかでわれわれは現実にはありえないことを言い表すことがある。しかしそれは単なる虚事、絵空事を表現したのではない。そこでは、「「我」による感覚の制限がはずされて、感覚が限りないところへと延びてゆく」（上田二・三五三）ことによってつかまれた「こと」が表現されている。そのような「虚」の表現を通して、われわれは既成の言葉の枠組みではとらえることのできない「こと」そのものに迫ろうと試みる。別の例を挙げれば、たとえば禅で「人、橋上より過ぐれば、橋は流れて川は流れず」というようなことが言われる。現実にはありえないことが表現されている。しかしまったく無意味なことが言われているのではなく、やはり禅の体験を通して把握された「こと」を言い表すために、われわれが通常経験する事柄、あるいはそれを貫いている論理があえてひっくり返されていると言ってよいであろう。われわれの日常の経験なり論理を積極的に顛倒することで、「こと」が前面に押し出されるのである。このように言葉は、世界を理解する固定した枠組みであるにとどまらず、それを超えたものを言い表す力をもつ。そうした言葉のはたらき、言葉のみがなしうる高度のはたらきを上田は言葉の「「虚」の力」と呼ぶのである。

美学の領域で多くの著作を発表している佐々木健一（一九四三―）はレトリックがもつ創造性に注目している。『思想』に発表した「発見術としてのレトリック――フィギュールと想像力」のなかで佐々木は、修辞表現としてのフィギュールが一種の「実体性」をもつことを主張している。それは「文彩」であり言葉の飾りであるが、単なる飾りではなく、印象深いレトリックがそのままの形で記憶にとどめられるように、「明証的な形象性」をもつ。他に還元されない「絶対性」をもつ。この実体性をもって記憶のなかに残された表現は、「新しい認識を規制したり新しい表現に核を与える」[5]。そういう意味でフィギュールは創造的な機能をもつ。想像力の活動の相関者として新たな形象化の原動力となる。つまり「ars inveniendi（発見術＝創作術）の装置」として機能する。そのような意味でレトリックが実体性を、また創造性をもつことが言われている。

上田は言葉が「「虚」の力」をもつと主張したが、聖書学者の八木誠一（一九三二―）は『宗教と言語・宗教の言語』（一九九五年）などの著作のなかで、むしろ言葉（とくに宗教言語）のリアリティについて語っている。八木は、宗教言語もまた、われわれが目の前にしている物や出来事を客観的に記述する「記述言語」とは違った意味においてであるが、やはり「本当にあること」を言い表したものと見なしている。もちろん八木の理解でも、宗教言語は話し手と聞き手とが共有し、誰もが検証できる客観的な事実を記述したものではない。むしろ話し手が自己の内面において経験した事柄を言表したものであり、言わば「表現言語」という性格をもつ。それは客観的に検証できないが、しかし根拠のない「虚」を言い表したものではない。たとえばソクラテスは、自分には幼いときから「一種の神的で、超自然的な（ダイモニオンの）徴」が現れたと語ったと言われるが、それは、はっきりと特定できないが、しかしあらがいがたい仕方で迫ってくるもの、畏敬の念をもって受け入れざるをえないものを経験したことを表現した言葉として理解することができる。そういう経験が起こりうることは、他の人にも理解可能であり、そこにはある種の合理性が認められる。「人間も自然も超えた働きがわれわれの全人格性を生かしているという経験」に基づいて語られる宗教の言葉には、動かしがたいリアリティがあると言ってもよい。そこでは「人生でもっとも基礎的な、理解も確認も可能な現実」が表現されていると八木は考える[6]。

ドイツ観念論哲学の研究者であるとともに俳人でもある大峯顕（一九二九―）は、『命ひとつ――よく生きるヒント』と題した著作のなかで、詩とは「存在」からの召喚に対する人間の応答であるというヘルダーリン（Friedrich Hölderlin, 1770-1843）の理解にも通じるが、詩の本質を次のように言い表している。「詩は色や音ではなく言葉という目に見えないもの、物質でないものを質料とする仕事ですから、その他の芸術と違い、言語が最も純粋な機能を示す領域です。そういう純粋な言語の営みである詩はいったいどこから生れてくるかと言うと、無限なものから反射されて生まれてくるのです。人間の心が何らかの仕方で無限なものと交渉した無心の場所において初めて、詩と呼ばれる純粋な言葉が生れてくるわけです[7]」。無限なものの光に照らされて生まれた純粋な言葉が詩であるというのであるが、その言葉は無限なものを受けとめたリアリティに満たされた言葉であると言ってよいであろう。

長谷正當（一九三七―）もまた、宗教的な言説のなかには、事物の実在性とは異なった「イマージュの実在性」があることを主張している。たとえば浄土教の根本経典の一つである『大無量寿経』には、ある国の国王が出家して法蔵という菩薩になったが、苦しむ人々をみて、すべての衆生を救おうという誓いを立て、いかにして救うことができるか無限に長い時間考え抜いたあげく、それを実現する方策を見いだして、菩薩から阿弥陀仏になったという話が出てくる。このような話を荒唐無稽なものとして、あるいは仏教の真理性を弱めるものとしてその教えのなかから排除しようとする立場に立つ人もあるが、長谷は逆に、そのような非神話化に対して、仏教（浄土教）の教えを否定に導くものとして反対している。もちろんこの物語が歴史的事実であることを主張しようとしているのではない。それは歴史的な事実ではないが、しかし「いっさいの人間存在の生命の根源に潜む願いや要求を物語の形によって表現し、自覚にもたらそうとしたもの(8)」であり、単なるおとぎ話ではない。むしろ、人間存在の根源的欲求の自覚化としてリアリティをもつと長谷は考える。人びとを救済する力はこのリアリティに由来する。それを長谷は「イマージュの実在性」と表現するのである。

（3）言葉の力動性――表層構造と深層構造

言葉は一面では、慣習的な意味を担う慣習的な記号のシステムであり、固定した一つの社会制度であると言うことができるが、井筒俊彦は、言葉をそのような表層の「憔悴した意味のシステム」としてではなく、その深層に目を向け、むしろそれを可塑的で力動的なものとして把握することを試みている。その際に井筒が手がかりにしたのが、唯識で問題にされる阿頼耶識であった。

仏教では多くの場合、人間の知るはたらき、意識、あるいは心を六つ（眼、耳、鼻、舌、身、意）に区別する。唯識ではそれらの根底にさらに末那識（根源的な自我執着意識とも言うべきもの）と阿頼耶識とを考える。唯識によれば、人間の経験はすべて意識の深みに影を落として消えていく。つまり痕跡を残していく。痕跡は直ちに、あるいは時間をかけて集積し、「種子《しゅうじ》」に変わっていく。そして種子から芽が出るように、この「種子」からさまざまな存在ないし存在表象が生まれていく。この諸法（さまざまな存在）の因である「種子」が貯蔵される場所が阿頼耶識である。

井筒は『意味の深みへ――東洋哲学の水位』に収められた論文「文化と言語アラヤ識――異文化間対話の可能性をめぐって」のなかで、この阿頼耶識の概念をその言語理論のなかに取り入れることによって（「言語理論的方向に引きのばして」[9]）「言語アラヤ識」なるものを考える。つまり、社会制度として定着した言語のなかにまだ組み込まれていない「潜在的意味」としての言葉の貯蔵場所としてこの「言語アラヤ識」を考える。それは、まだ分節されていない、まだ明確な意味を担うにいたっていない「意味可能体」が生まれてくる意識下の領域である。そこでは無数の「意味可能体」が、意識の表層の明るみのなかに出ようとして、互いに絡み合い、相戯れている。「外部言語」とも言うべき慣習的な記号のシステムは、このような「創造的エネルギーにみちた意味マンダラの溌剌たる動き」[10]に支えられて成り立っている。この潜在的な意味は条件が整えばやがて顕在的な意味として意識の表層に浮かびあがっていく。そしてそこでなされる経験の痕跡がふたたびアラヤ識に集積し、新しい「種子」を作りだす。このように言葉を、単にその表層構造においてだけでなく、同時にアラヤ識における「深層言語」までをも含む、流動する全体構造において把握しようとした点に、井筒の言語理解の特徴がある。

丸山圭三郎はソシュールの言語理論の研究者として知られるが、その言語についての理解において、以上で見たような井筒俊彦の言語理解を受けついでいる。ソシュールは人間のもつ普遍的な言語能力（シンボル化活動）としてのランガージュを、社会のなかで制度化されたラングと、個人の個々の発話行為としてのパロールとに分けて理解した。丸山は井筒の言語理解から刺激を受けながら、表層と深層という概念を導入し、意識の表層においてラング化されたランガージュと、意識の深層にあって、いまだラング化されていないランガージュとを区別した。しかも両者を二項対立的に分離するのではなく、両者を円環運動のなかにあるものとして理解した。つまり、一方で「闇の豊饒」としてのランガージュは、意識の表層に顕在化して、道具としてのラングとなり、その秩序を支えるが、同時にそれは自己を解体し、意識の深層へと帰っていく[11]。このような円環運動のプロセスとして丸山は言葉を理解した。

（4）翻　訳

すでに見たように、われわれが物事を把握しようとする際に、最初からそこに言葉が関与しており、世界の見え方、あり方、言いかえれば世界観がそれによって規定されているとするならば、われわれはその世界を理解する枠組みの外に出ることができるのか、ということが問われることになる。あるいは、自らの言葉が作りだした世界という鳥かごのなかで語られた言葉を他の鳥かごのなかに移すことができるのか、はたしてわれわれは他の鳥かごのなかにいる人と相互に理解しあうことができるのか、いかにすればそれは可能になるのか、といったことが問われる。そうした問題を正面から論じればおそらく翻訳学というものが確立されることになると考えられる。しかしそれが一つの学問として確立されるまでにはまだ遠い道のりが必要であろう。井筒俊彦も先に挙げた「文化と言語アラヤ識——異文化間対話の可能性をめぐって」のなかで、「「意味可能体」のアラヤ識的意味基底まで含めての理解ということになると、一体どこまで相互理解が可能なのか、いや、本当に相互理解などというものが、そもそも、ありうるのか、大いに疑問としなければならなくなってくる[12]」と述べている。しかし他方で、いま述べたような意味での翻訳学の確立に向けたさまざまな試みもなされている。アメリカではユージン・ナイダ（Eugene A. Nida, 1914-2011）の『翻訳学序説』（Toward a Science of Translating, 1964）がよく知られているし、フランスではラドミラル（Jean-René Ladmiral, 1942-）の『翻訳するということ——翻訳のための定理』（Traduire: théorèmes pour la traduction", 1979）などが出されている。日本では柳父章（一九二八—）が『翻訳語の論理――言語にみる日本文化の構造』（一九七二年）や『翻訳とはなにか――日本語と翻訳文化』（一九七六年）など、翻訳の問題をめぐって数多くの著作を発表している。

柳父の翻訳論のなかでとくに目を引くのは、彼が翻訳語の「カセット効果」に注目している点である。カセット（cassette）というのは、「（宝石などを入れる）小さな箱」という意味のフランス語であるが、その特徴は中が見えないという点にある。そのことによって、それ自体が美しい箱のなかには、さらにもっと美しいものが入っているにちがいないという思いを生む。この宝石箱と新しく作られた翻訳語に共通するところがあるというのが柳父の考えである。作られたばかりの翻訳語は、その内容があまりはっきりとはわからない。しかし、これまでにない響きをもっており、その言葉自体も人を惹きつけるが、そのなかにはこれまで知られていない新知識が詰まっているような印象を引きおこす。新しい翻訳語が生みだすこのような効果を柳父は「カセット効果」と呼んだのである。たとえば福沢諭吉は society という言葉を「交際」や「人間交際」、「交《まじわり》」などと訳したし、individual については多くの場合、「人」と訳した。福沢は可能なかぎりわかりやすい文章を書くことをめざしたと言えるであろう。それに対して、たとえば individual を「人民各箇」とか「一箇人民」（中村正直）と訳した方が、日常語では理解できない内容がそこにはあるという印象、あるいは簡単には読みすごせない、深い意味がありそうだという印象を与えることができる(13)。

そういう効果をねらってのことであったと考えられるが、明治時代に作られた新しい学術用語や専門用語には、和語ではなく、漢語が積極的に使われた。洋学の流入とともに、漢学は著しい地盤沈下を経験したが、漢語自体は多用され、江戸時代以上に広がりを見せたのである。それは、漢語の方が「カセット効果」を引きおこしやすかったからである。その点を柳父は『翻訳語成立事情』のなかで次のように記している。「翻訳語とは、母国語の文脈の中へ立入ってきた異質な素性の、異質な意味のことばである。異質なことばには、必ずどこか分からないところがある。語感が、どこかずれている。そういうことばは、逆に、分からないまま、ずれたままであった方が、むしろよい。……母国語にしっくりなじむことばよりは、どこか違和感のあることばの方がよい[14]」。そしてこの違和感のある言葉、いかにも翻訳語らしい言葉の方が訳語として定着していったのである。societyの訳語としては「交際」や「交」よりも、福地桜痴（一八四一―一九〇六）が用いた「社会」という、その中身が十分に見えない言葉の方が残っていったのである。

そこには当然、大きな問題も残った。society にせよ、individual にせよ、もともと純粋な学問用語ではなく、生活に密着した言葉であり、歴史のなかで受けつがれてきた言葉であった。そこで形成された意味が伝えられないままに、「社会」や「個人」といった言葉が学問用語として、さらには日常の言葉として通用していった。「社会」や「個人」という日本語は、学問の世界だけでなく広く一般にも使われるようになっていったが、多くの学問用語は（とくに哲学の専門用語は）、日常の言語のなかに根を下ろすことなく、ただ学問の世界で、あるいは狭い専門の世界でのみ使用された。具体的な経験の世界の言葉と、翻訳語とのあいだに大きな溝ができたのである。かつて和辻哲郎も、『続日本精神史研究』（一九三五年）に収められた「日本語と哲学の問題」のなかで、「概念を表示する語と体験を表現する語」とのあいだに大きな隔たりができたことを指摘したが、この点に関わって柳父章は『翻訳語成立事情』のなかで次のように述べている。「翻訳に適した漢字中心の表現は、他方、学問・思想などの分野で、翻訳に適さないやまとことば伝来の日常語表現を置き去りにし、切り捨ててきた……日本の哲学は、私たちの日常に生きている意味を置き去りにし、切り捨ててきた。……それは、まさしく、今から三五〇年ほど前、ラテン語ではなくあえてフランス語で『方法序説』を書いたデカルトの試みの基本的態度と相反する[15]」。

哲学に携わるものは、この柳父の問いかけを真剣に受けとめなければならないであろう。しかし他方、抽象的な思考によって生みだされた哲学の文章を日常の言葉で、あるいは伝統的な言葉で表現することはほとんど不可能に近い。問題は、抽象的思考のなかで使われる言葉のほとんどが、日常の具体的な意味を担った言葉から作られた言葉ではなく、日常語とは関わりなく作りだされた言葉であるという点にある。それは意味が十分明確でないにも拘わらず、すでに確立された概念として一人歩きする。抽象語を用いて文章を書く者も、それを読む者も、それと現実とのあいだにある差異をめぐって思索することを放棄して、すべてを既成の概念に委ねてしまう。[16] 漢語中心の学術用語で組み立てられた思考は、その思考を深め、より豊かなものにするという努力を放棄してしまう危険性とつねに隣りあわせになっている。われわれはその点に注意を払いつづけなければならない。

注

（1）上田閑照『ことばの実存——禅と文学』（筑摩書房、一九九七年）八三—八四頁参照。
（2）同書五〇頁。
（3）同書五六頁。
（4）坂部恵『ペルソナの詩学——かたり ふるまい こころ』（岩波書店、一九八九年）二〇頁。
（5）「発見術としてのレトリック——フィギュールと想像力」『思想』第七〇六号（一九八三年四月）六八—六九頁。
（6）八木誠一「言語と宗教——宗教の言葉とはどういうものか」、『アンジャリ』第一五号（浄土真宗大谷派親鸞仏教センター、二〇〇八年）二九頁。
（7）大峯あきら『命ひとつ——よく生きるヒント』（小学館一〇一新書、二〇一三年）五二—五三頁。
（8）長谷正當『欲望の哲学——浄土教世界の思索』（法藏館、二〇〇三年）二九九頁。長谷正當「影現の世界としての宗教——構想力をめぐって」、『日本の哲学』第二号（二〇〇一年）九〇頁参照。
（9）井筒俊彦『意味の深みへ——東洋哲学の水位』（岩波書店、一九八五年）七七頁。

（10）同書八〇頁。
（11）丸山圭三郎『欲動』（弘文堂、一九八九年）一三七、一五三頁参照。
（12）井筒俊彦『意味の深みへ——東洋哲学の水位』八一頁。
（13）柳父章『翻訳語成立事情』（岩波新書、一九八二年）三三頁参照。
（14）同書一八六—一八七頁。
（15）同書一二四頁。
（16）柳父章『翻訳語の論理——言語に見る日本文化の構造』（法政大学出版局、一九七二年）四五—四六頁参照。

4　身体へのまなざし

（1）身体とは

哲学は長いあいだ、さまざまな事象を合理的な原理に基づいて説明することを、あるいは普遍的な真理を発見することを目ざしてきたが、その過程で、普遍的なものからもれでる偶然的なもの、非合理的なものを考察の外に置いてきた。そのために感性や情念、身体、言語などには十分にまなざしが向けてこられなかった。しかし一九世紀の末頃から二〇世紀にかけてベルクソンやメルロ・ポンティにより、われわれの知覚や認識を根底において支えている身体のはたらきに目が向けられるようになり、身体が哲学の一つの主要なテーマになった。

日本において身体をめぐってさかんに議論されるようになったのは、戦後、メルロ・ポンティの思想などが知られるようになって以降のことであるが、それ以前にも、三木清が早い時期から「身体」の問題に注目していた。すでに第二部第四章で、三木が身体を単なる物体的・客観的なものとしてではなく、「心に活かされた」beseelt 身体」として捉えていることを見た。人間は衝動や欲望、感情をもち、パトスに動かされて物に関わっていく存在であり、そのような人間を捉える論理として三木は「構想力の論理」を構想したのであった。

戦後、身体をめぐる議論をリードしたのは、市川浩（一九三一―二〇〇二）や湯浅泰雄（一九二五―二〇〇五）らであった。彼らはベルクソンやメルロ＝ポンティなどの身体論を踏まえつつ、精神と身体との関わりをめぐって、あるいは東洋独自の身体理解をめぐって考察を行った。それに対して中村雄二郎（一九二五―二〇一七）は共通感覚やパトスを軸に身体の問題に新たな光を照射し、従来の知の「組みかえ」を企てた。

市川浩の身体論は、一九七五年に刊行された『精神としての身体』や一九八四年に発表された『〈身〉の構造』などを通して知ることができる。前者に「精神としての身体」という一見矛盾をはらんだ表題が付けられた背景には、われわれが実際に営んでいる生は、決して「精神」という言葉によっても、あるいは「身体」という言葉によっても表現できないという市川の理解がある。われわれは普通、「精神」と「身体」という、明確に区別される固定的な領域があると考えているが、それは先入見にすぎず、われわれの具体的な生は「精神とも身体ともつかない独特の構造」をもっている。この精神であるとともに身体でもある独特の構造こそ根本のものであり、精神とか身体というのは、その構造を抽象化したときに浮かび上がってくる一局面、あるいは極限概念にすぎないと市川は言う。

この独特の構造をもった「精神としての身体」を市川はまず、「主体としての身体」として理解する。それは、見られた、あるいは対象化された身体ではなく、われわれが内面からそれを生き、直接にそれを意識している身体である。それはわれわれの「行動の基体」になっているが、われわれはそれをそれ自体として把握しているわけではない。そのような「主体としての身体」のあり方を市川は、「われわれは身体をもつのではなく、身体である[1]」と言い表している。他方で身体は、われわれに「客体としての身体」としても意識される。つまりわれわれはわれわれの身体を外側から一つの形あるものとして把握する。それは対象として捉えられた身体であるが、科学が取り扱う身体と同じではない。科学が取り扱う身体からはすべての「意味」が除き去られているが、「客体としての身体」は単なる観察の対象としての身体ではなく、現にこの世界で生きている私が具体的な生のなかで出会う私の身体である。この明確な形をもつ身体と、それを眺め、それに触れる「私」とのあいだには区別・分離が生じる。ここではわれわれは身体であるよりも、むしろ「身体をもつ」。

それに加えて、市川は「錯綜体としての身体」を問題にしている。われわれが生きている具体的な現実は、決して意識されるもの、意識のレヴェルで尽くされるものではない。むしろ、現実化はしなかったが、しかし現実化する可能性はあったし、現実化したものを背後から意味づけているようなものも、現実を構成する一つの要素となっていると考えられる。現実化した現実を「現実的統合」と呼ぶとすれば、それは「潜在的統合」と呼ばれうる。身体もまた、顕在的な身体だけから成り立っているのではなく、現実的統合としての身体によって覆い隠されてはいるが、しかしその背後にあって、それを支え、それに意味を与えている潜在的な身体があると考えられる。市川はポール・ヴァレリー（Paul Valéry, 1871-1945）の Implexe という概念を踏まえて、それを「錯綜体」と呼んでいる。それは分析の彼方にあるが、しかし何らかの異常（たとえば幻影肢や身体失認といった現象）を通してネガティヴにその存在を確かめることができる。現実的統合としての身体は、そうした背後に隠れた錯綜体としての身体の偶発的な顕現として考えられるのである。

市川はわれわれの生の「精神とも身体ともつかない独特の構造」をこのように明らかにしていくのであるが、その具体的な構造を表現したものとして〈身《み》〉という言葉に注目する。それについて詳しく論じたのが『〈身〉の構造』である。〈身〉という言葉はきわめて多義的であり、さまざまな意味で使われる。生命のない肉も生命ある肉体も意味するが、それだけでなく生命そのものをも意味するし、社会のなかで具体的な生活を営んでいる者あるいはその営みをも意味する。それは人間の生命や精神の活動を捨象した「体」とは異なり、それらをも包みこむ人間存在全体を指す言葉としても使われる。そのように「われわれが具体的に生きている身体のダイナミックス(2)」をうまく表現し、精神—物体（身体）という二項図式的な理解の枠組みを超えでる可能性を示すものとして市川はこの〈身〉という言葉に注目するのである。

この〈身〉との関わりで市川が「身分け」という概念を用いていることも興味深い。われわれは言わば切れ目のない連続的な知覚対象に言語によって切れ目を入れ、分節化することによって「世界」を構成していくが、この言語による分節以前に、われわれは身体のレヴェルですでに世界の分節を行っている。それはわれわれが自己組織化する存在であるということに関わっている。われわれは自己組織化に意味のあるものとないものとを区別し、世界を分節していく。具体的な例としてダニを取りあげれば、ダニの多くの種類は、獲物の発する酪酸に反応する嗅覚と、獲物の温度を感知する温覚と、獲物の皮膚のうち毛のない部分を探り当てる触覚という三つの感覚で周りの世界を認知している。それは世界を、その三つの感覚が認知する対象に分節していることを意味する。しかしそれは逆に、〈身〉自らが自己を――いま挙げた例で言えば、嗅覚と温覚と触覚をもつ器官に――分節化しているということでもある。世界の分節と〈身〉自身の分節とが言わば相互に連関しあっている。この両者の「共起的な出来事」を市川は「身分け」という言葉で表現するのである。それは感覚のレヴェルにのみとどまらない。〈身〉を精神的な自己として捉えれば、そういうレヴェルでの自己形成・自己組織化とともに生じる、世界に対する意味や価値の付与ということも、「身分け」のなかに含めて考えることができる。

　この市川の身体理解においてもう一点興味深いのは、「述語的統合」ということが問題にされている点である。「身分け」を遂行する身体は、言うまでもなく「客体としての身体」ではなく、「具体的な生きられる身体」であるが、その身体が経験している感覚や情動や気分は、私のそれではなく、「なかば世界の、世界から生起する」それであると市川は言う。そこには「癒合的な場的直観[3]」があるだけであり、感覚の主体も、その対象も実体化されていない。そのような事態のあり方を市川はこの「述語的統合」という言葉で言い表す。もちろん身体はすぐに自己自身を中心化し、その周りにあるものを自己から区別し、主題化し、名辞化する。事態はこの名辞化された主語とそれが有するさまざまな性質との関係として把握される。それが「主語的統合」である。近代的な自我は、主語的統合を正統なものと見なし、述語的統合を非正統的・非合理的なものとして排除してきたが、そのことによって事態はおおいかくされてきたのではないか、そのような問いかけがここでなされている。

坂部恵が『「ふれる」ことの哲学』（一九八三年）においてとくに「ふれる」という経験に注目したのも、このような「述語的統合」をそこに見いだしたからだと言ってよいであろう。「ふれる」ことは、「一定の分けることを前提にしない、むしろ分ける以前の経験[4]」であり、そこには「超ロゴス性、超分節性」があると坂部は言う。「ふれる」ことはもちろん触覚に深く関係しているが、それに限定されるものではなく、むしろ、「人目にふれる」という用例などが示すように、むしろすべての感覚に及ぶひろがりをもったもの、あるいはすべての感覚の基層にあるものと考えられる。そこには内と外、自と他という区別は打ちたてておらず、むしろそれらが一体になっている。そこでは人はただ「ふれる」のではなく、同時に「ふれ合う」。「自己を超えてあふれ出て、他者のいのちにふれ合い、参入する[5]」と坂部は考える。市川の言う「述語的統合」は、このような自と他の「いのちのふれ合い」にも及ぶものと見なしてよいのではないだろうか。

（2）共通感覚・パトスの知・臨床の知

いま述べた「すべての感覚の基層にあるもの」にとくに注目した人に中村雄二郎がいる。中村は『共通感覚論――知の組みかえのために』（一九七九年）のなかで「共通感覚（sensus communis）」を彼の思索の軸とした（彼は多岐にわたる著作活動を行ったが、自ら、この時期に「自分の立場というものが確立できた」と述べている）。「共通感覚」という言葉はアリストテレスに由来するが、中村以前にもこの概念に注目する人はいた。中井正一も「芸術における媒介の問題」（初稿、一九三一年）のなかでこの概念に言及しているし、西田幾多郎も「歴史的形成作用としての芸術的創作」（一九四一年）のなかで、アリストテレスの「共通感覚（コイネ・アイステーシス）」の概念に触れ、「私が何処までも世界を内在的に見る歴史的身体的立場と云ふのは、アリストテレスのセンスス・コムムーニスの立場とも云ふことができる」（西田九・二八四）と記している。そして西谷啓治も『アリストテレス論攷』

（一九四八年）のなかでこの概念について詳しく論じている。

中村がこの概念に出会ったのは、『感性の覚醒』（一九七五年）においてデカルトの情念論を検討する過程においてであった。デカルトは心身二元論の立場に立ちつつ、両者のはたらきが、もろもろの感覚を結びつけ、秩序づける「共通感覚」の場である松果腺において結びつくことを主張したが、中村はこの「共通感覚」という考え方に、発展させられるべき重要な着想が含まれていると考えたのである。それを具体化したのが『共通感覚論』であった。この書には「知の組みかえのために」という副題が付されている。それが示すように、「理性と論理」によって支えられていた従来の知を「共通感覚と言語」によって組みかえようという中村の意図がそこにはあった。

中村がこの「共通感覚」に、知を新たな視点から見直す手がかりを求めるに至った一つのきっかけは、木村敏の（さらにはブランケンブルクの）精神病理学の立場からの「共通感覚」への注目であった。木村は一九七六年に発表した「離人症」と題した論文（『自己・あいだ・時間』所収、一九八一年）において、離人症の患者にとって「世界」が単なる「感官刺激の束」として、言いかえれば「感覚表面に突きささってくるカオス」として受けとられる原因を、人間と世界との根源的な通路づけを可能にする統合的な感受能力である「共通感覚」が十全に機能していないことに求めた（木村五・三二四）。

感覚や感情、知性といった、人間の世界に対する関与のさまざまな機能の根底に、言わばそれらを統合する感受能力を考えるという木村の発想を踏まえて、中村もまた「共通感覚」に注目したのである。それは、近代における感覚の理解、つまり視覚を他のすべての感覚を統合するものとして位置づける感覚理解の見なおしにつながっている。そのような視覚中心の感覚理解に対して、中村は、諸感覚の最も基礎的な統合をむしろ「体性感覚」的な統合として捉える。(6) 体性感覚とは触覚や痛覚などの皮膚感覚と、筋肉の動きなどを感知する深部感覚とを指すが、そのような感覚こそが他の諸感覚を統合し、活動する身体を支えるとともに、他の人間や自然との関わりを可能にする「地平」を切り開くと中村は考える。

それとともに中村は「共通感覚」を、「身体を基礎として身体的なもの、感覚的なもの、イメージ的なものを含みつつ、それをことば＝理《ことわり》のうちに統合する」(7)ものとして捉えることによって、従来の言語理解の見なおしをも試みている。中村の「共通感覚」論は、分析的な理性の論理を、そこにおいて排除されたイメージ的、身体的なものを回復した言語によって乗りこえようとする試みでもあったと言うことができる。

『パトスの知――共通感覚的人間像の展開』（一九八二年）では、中村はこのような考えに基づいて「パトスの知」に注目している。「パトスの知」というのは、従来の哲学がその上に立脚してきた、対象の論理的な把握をめざす一方的かつ能動的な知とは対極にある知である。むしろ、われわれが身体をそなえているが故に、否応なく他から働きかけを受けるとともに、その受動性を踏まえながら、他に関わっていくというあり方に関わる知である。そのような考え方自体は、『感性の覚醒』のなかでもすでに語られていた。そのなかで中村は、合理主義の立場に立つ哲学によって抑圧されてきた「パトスの世界」、無意識や身体性に支えられそれらを基礎として成り立っている「パトスの世界」に目を向け、哲学をその本来の全体性、根源性に近づけようという自らの意図について語っている(8)。このような考え方はもちろん新しいものではない。すでに第二部第四章で見たように、三木清は『哲学的人間学』や『構想力の論理』において、人間の精神的な営みを単なる知性の働きに還元するのではなく、むしろそれがパトスに支えられていることを主張していた。われわれの精神のはたらきは、受動性の場であるだけでなく、自らのうちに生じたパトスを外に表現しようとする「主体的」な身体によって支えられているというのが三木の考えであった。中村のパトス論は、三木のこのような理解をそのまま受けつぐものであったと言うことができる。

先ほど、中村が『共通感覚論』において「共通感覚」の概念を軸に「知の組み換え」を企図したと言ったが、それ以後の彼の多くの著作はそれを具体化するものであったと言える。一九九二年に刊行した『臨床の知とは何か』(一九九二年)は改めてそうした意図を論じたものと言うことができる。一七世紀の科学革命以後、近代科学は「普遍性」「論理性」「客観性」を、自分の説を根拠づけ、同時に他人を説得するための論拠としてきたが、われわれが目のあたりにしている「現実」は、それらによってはたして捉えられるのであろうかという問いを中村はそこで提示している。それは、以上の三つの原理を掲げる近代科学において、何が軽視され、何が排除されてきたのかという問いでもある。その点に関して中村は、事物が、そして経験が、普遍性に還元できないそれぞれの場所や時間のなかでなされるということ、また、それが一つの原因・結果という単線的な因果関係では説明されず、多様な側面をもち多義的であること、さらに、それは客観的対象として孤立し独立したものではなく、つねに主体の側との相関関係のなかにあること、これらのことが軽視され、排除されてきたと主張する。「個々の場所や時間のなかで、対象の多義性を十分考慮に入れながら、それとの交流のなかで事象を捉える方法」[9]が中村の言う「臨床の知」である。

このような考え方は西田幾多郎がその後期の思索のなかで「行為的直観」などの概念を用いて言い表そうとしたことや、三木清が抽象的な思惟の論理に対置した「構想力の論理」を通して主張しようとしたことなどにも通じる。しかし「共通感覚」を軸にすることによって、彼らに共通して問題になっているものを明快に構造化して示したところに、またそれを手がかりにして魔術や演劇の知の意義を明らかにしていった点、さらには、文字どおり臨床の場と言うべき先端医療の問題を取りあげ考察を加えていった点に、中村の思索の意義があると言えるであろう。

（3）東洋的身体論

西洋的な、あるいは近代的な知においては、言うまでもなく、客観的な知、つまり厳密な観察に基づき、言語によって明確に表現される知が重視されてきた。科学技術は、そのような知を重視するものの見方の上に築かれた。それに対して東洋の知の伝統のなかでは、むしろ非言語的、非対象的な知が問題にされてきた。そのような観点から湯浅泰雄は、東洋の知に、とりわけその身体論に注目した。

湯浅の代表的な著作の一つである『身体――東洋的身心論の試み』（一九七七年）によれば、身体、そして身心の関係は二重の構造をもつ。一方には、大脳皮質を中枢とするいわゆる感覚―運動回路と、それと機能的に結びついた外界知覚と運動感覚、そして思考作用からなる「意識」の領域がある。それに対して他方には、自律神経系に支配される内臓諸器官と、それに機能的に結びついている情動および内臓感覚がある。湯浅は前者を「身心関係の表層的構造」と呼び、後者を「身心関係の基底的構造」[10]と呼んでいる。基底的構造の一部は、感情という形で、意識の領域に現れているが、しかしその大部分は「無意識」の領域に属している。それは通常はその姿を現さないが、たとえば夢や催眠状態において、あるいは神経症、精神病において顕在化することがある（市川浩の言う「錯綜体」と同じものが考えられていると言ってよい）。このような理解を前提にした上で、湯浅は西洋の身心論が、たいていの場合「表層的構造」にのみ目を向け、「基底的構造」に対して十分な注意を払わなかったのに対し、東洋の身心論では、むしろ「基底的構造」の方に重点が置かれてきたと主張する。東洋の身体論ないし身心関係論について論じるためには、この身心関係の二重構造、とくにその「基底的構造」に注目する必要があるというのである。

たとえば東洋の伝統的な宗教においては修行の一つの方法として「瞑想」が重視される。われわれの通常の生活のなかでは大脳皮質およびその機能と結びついた意識活動（身心関係の表層レヴェルでのはたらき）が中心的な役割を果たしているが、瞑想はそのはたらきをむしろ低下させ、逆に、基層にある身心のはたらきを活発化させようとするものだと考えられる。そのことによって、無意識領域に沈んでいる根本的な情念や情動を表面化させ、解放し、解消すること、そして自己の身心をコントロールすることがめざされている。湯浅によれば、それは、心理療法などでセラピストが用いる治療法にも通じるところがあるが、しかしそれと同じではない。治療では病気の状態から健康状態への復帰がめざされるが、それに対して瞑想においては、情動や情念に動かされる日常のあり方を離れて、その彼方にある本来的自己〔仏教であれば「三昧」(samādhi)という言葉で表現されるあり方〕へと至ることがめざされる。

湯浅は、東洋思想と西洋の哲学とを比較したときに、前者に見いだされる特質をまさにこの瞑想を含む「修行」のなかに見いだしている。つまり東洋思想の独特の性格は、知を、単に対象の分析から理論的に知られるものとしてではなく、自己の身心全体による「体得」ないし「体認」を通して把握されるものとして捉える点にあると考える。そのような観点から湯浅は「修行」を、「自己の身心の全体によって真の知を体得しようとする実践的試み」[11]と定義している。知には身体が深く関与しているという考えが東洋の伝統思想のなかにはあると言ってもよいであろう。

同じ趣旨のことを西谷啓治も「行ということ」(一九六〇年)というエッセーのなかで述べている。そこで西谷はまず、近代において「客体についての究明と主体の自己究明とが切り離せない一つのものであるような、そういう知の次元が閉ざされて来た」ことを指摘している。そのような知を西谷はまた、「科学的な知のようにただ外だけに向けられた客観知とは違って、外への方向と内への方向が二つで一つであるような知」(西谷二〇・五四)とも言い表している。それは、ある事柄を会得することが、対象の把握であるだけでなく、同時に自己を知ることでもあり、そしてそのことを通して自己自身が内から変化していくような知である。そして西谷はそのような知がつねに「身体」に結びついていることに、つまり行為に結びついた「全身心的な自知」であることに注目している。

西谷はまたこの「行ということ」のなかで、「行」とは、「かた（型）」へ自らを限定し、逸脱しようとする自己を矯める（矯正する）ことであると述べている。そういう意味で「行」は、「法」（dharma）を会得するための方法という性格をもつ。しかし西谷は――たいへん興味深いことに――「行」というのは（たとえば禅でいう座禅は）、単なる手段とか技巧、あるいは技術ではないと言う。そうではなく「行」は「法」から促されたものであるとしている。「法」の方から言い表せば、「行」は「法」が人間のあり方を限定したものと言うことができる。人間は「行」を通して自らを「かた」のなかにはめ込むことによって、そこに「法」を実現するのである。そのような意味で「かた」は、人間が便宜的に案出したものではなく、「人間が自分の存在そのものの本質から発見したもの」（西谷二〇・五八）にほかならないと西谷は主張する。湯浅もまた『身体』のなかで同様に、修行とは、自己の身体を一定の「形」に入れていき、そのことによって自己の心のあり方を正しい方向にもっていくことであると主張している。「心が身体を支配するのでなく、逆に身体のあり方が心のあり方を支配するという立場に立つのが修行の出発点である[12]」と述べている。

西谷や湯浅が指摘するように、東洋的な身心理解には、「型」を通して身体を規正し、その規正された身体によって、心のあり方を規正していくという考え方が強くある。この「型」に注目した人に源了圓（一九二〇―）がいる。源が一九八九年に発表した『型』によれば、「型」は、もともと土で作った鋳型の外枠を意味する言葉であった。「幵」は、古くは「井」と書かれたもので、その外枠を閉めた形を表している。「形」は、それに「彡」を加えたものであるが、「彡」は、色彩や光沢があることを示している。つまり「形」は、外枠がはずされて完成した美しい造形物を指す。「型」の方は、現在でも鋳型という意味でも使うが、それ以外に、ある決まった、そして多くの場合美的な要素を含む動作や形を意味する。たとえば能や歌舞伎で言われる「型」がその代表的な例になるが、それにとどまらず、そういう意味での型を身につけていく修練の過程の、ある決まった道筋をも意味する。源は前者を「基本的な単純な型」と呼び、後者を「複合された型」と呼んで区別している[13]。後者の意味での型が、日本の芸能や武道、あるいは茶道などで重視されてきたのは、先ほど述べた、「身体から心へ」という東洋的な身心理解と結びついていると考えられる。

いま「形」は完成した造形物を意味すると述べたが、同時に、外形、あるいは形式をも意味するから、「型」とほぼ同じ意味で用いられると言ってもよい。しかし、民芸運動を提唱したことで知られる柳宗悦（一八八九―一九六一）が両者の違いを興味深い仕方で指摘している。「茶道を想ふ」と題されたエッセーにおいて柳は、まず「型」について次のように述べている。「用ゆべき場所で、用ゆべき器物を、用ゆべき時に用いれば、自から法に帰ってゆく。一番無駄のない用い方に落ちつく時、それが一定の型に入るのである。型はいわば用い方の結晶した姿ともいえる。煮つまる所まで煮つまった時、ものの精髄に達するのである。それが型であり道である」[14]。物の用い方なり所作が、「煮つまる所まで煮つまって」、まったく無駄のないところに落ち着いた、そのありようが「型」である。そこではそれを考案した特定の「誰か」は意味をもたない[15]。むしろそれは「必然」である。そこには不必要な作為はいっさい存在しない。もっとも自然な所作のみがある。しかし人は往々にして外から見える「形」に囚われる。しばしば「型」に滞るという表現がなされるが、そうしたあり方を、柳はこのエッセーで「茶」を誤るものとして厳しく退けている。しかしもちろん、人はすぐに自然な「型」を身につけることができるわけではない。そのためにこそ、源了圓の言う「複合された型」が必要なのだと言えるであろう。

（4）生命倫理学と環境倫理学

近年さかんに議論されている問題の一つに生命倫理学や環境倫理学の問題がある。生命倫理学、あるいはバイオエシックスという言葉が広く知られるようになる以前は、その問題の多くが「医の倫理」という枠組みのなかで議論された。日本においてその議論の基礎を作ったのは澤瀉久敬である。澤瀉は一九四一年以来、長く大阪大学で「医学概論」の講義を担当したが、その後、この講義を引きつづいて担当したのは中川米造（一九二六―一九九七）である。その研究の成果を中川は『医の倫理』（一九七七年）などに発表したが、そこでは主に、健康権、つまりすべての人間が共有すべき基本的権利としての健康や、医師と患者とのあるべき関係、医療と経済との関係などが議論された。

そうした「医の倫理」がバイオエシックスへと転換していった背景には、生命科学の飛躍的な発展があった。具体的に言えば、遺伝子に対する操作の可能性が開かれてきたことがそれに大きく関わっている。それは倫理的に許されるのか、あるいは安全なのか、それに対してどのような規制を設けるべきなのか、そういった問題が議論されるようになった。またバイオエシックスが注目を集めるようになった背景には、一九六〇年代から七〇年代にかけて、アメリカにおいて公民権運動や女性解放運動など、さまざまな人権に関わる運動が活発に展開され、それとともに医療の現場でも患者の権利を守る運動が推進されて、患者の「自己決定権」（およびその前提となるインフォームド・コンセント）が強く主張されるようになったことがある。バイオエシックスもそのような流れのなかで、この「自己決定権」を重要な柱として確立されていった。

このようなアメリカでのバイオエシックスをめぐる議論を紹介し、日本においてもそうした議論を重ねていくことの必要性を説いた人に加藤尚武（一九三七―）や米本昌平（一九四六―）らがいる。加藤は『バイオエシックスの基礎――欧米の「生命倫理」論』（飯田亘之との共編、一九八八年）などで欧米における「生命倫理」をめぐる議論を積極的に紹介したり、また『バイオエシックスとは何か』(一九八六年)や『生命倫理学を学ぶ人のために』(加茂直樹との共編、一九九八年)などを通して、生命倫理学をめぐる学問的な議論の基礎を築いた。後者に収められた「現代生命倫理学の考え方」のなかで加藤は、バイオエシックスの原則を「成人で判断能力のある者は、身体と生命の質を含む「自己のもの」について、他人に危害を加えないかぎり、たとえ当人にとって理性的に見て不合理な結果になろうとも、自己決定の権利をもち、自己決定に必要な情報の告知を受ける権利がある」(16)と表現するとともに、この自由主義に立脚した原則が、人間の行為を広く許容しすぎている点で、したがってまた、必要な規制の根拠を提示することができない点で問題をはらむことを指摘している。

米本昌平の『バイオエシックス』(一九八五年)も、比較的早い時期にバイオエシックスが直面する問題を分かりやすく説いたものとして大きな役割を果たした。それとともに、遺伝子組み換え実験の安全性の問題など最先端の問題について科学者が社会に向けて積極的に発言すべき責務を有していることや、そこで科学ジャーナリズムが、科学者の発言をそのまま伝えるだけでなく、その発言の背後に回り込んで(発言せず、沈黙していることにも踏み込んで)それを批判的に論評する役割を担っていることなどを論じた点も興味深い。また『バイオポリティクス――人体を管理するとはどういうことか』(二〇〇六年)においては、「自己決定権」を基礎にした、アメリカにおいて生まれた従来のバイオエシックスがいま困難な問題に直面していることを指摘している。たとえば人体組織(遺伝子情報を含む)の商品化などである。その売買という場に臨んで個々人は誤った判断をする可能性がある。そういう現状を踏まえてヨーロッパでは、そうした問題を法律を策定して規制する方向に動いている。「バイオポリティクス」という言葉はこうした事態を指すが、そうした問題も今後議論しなければならない課題になってくると考えられる。

生命科学や生命工学の分野だけでなく、広く、科学と一体になった技術の発展には著しいものがあるが、坂本賢三（一九三二―一九九二）は『先端技術のゆくえ』（一九八七年）のなかで、人間が（経済も国家も宗教も含めて）技術に奉仕する時代――坂本はそれを「高度技術時代」と言い表している――の到来を予測した[17]。現今のＡＩの驚異的な発展は、われわれが坂本の予測通りの方向に歩んでいることを示している。そのとき、われわれは主体的に技術に接していく道を発見できるのか、そうした問いに真剣に向きあう時代が来ていると言ってよいであろう。

アメリカには一九世紀末から始まった自然保護運動の長い歴史があるが、一九六〇年代以降、環境の汚染や破壊の深刻化に対してレイチェル・カーソン（Rachel Carson, 1907-1964）らによって強い警鐘が鳴らされ、自然保護の運動が高まりをみせ、同時にそれを支える思想的な根拠をめぐってさかんに議論がなされるようになった。それが環境倫理学の成立に結びついた。そこで大きな役割を果たしたシュレイダー＝フレチェット（Kristin Shrader-Frechette, 1944-）やハンス・ヨナス（Hans Jonas, 1903-1993）らの考え方を紹介し、日本における環境倫理学をめぐる議論にはずみをつけたのは加藤尚武であった。一九九一年に発表した『環境倫理学のすすめ』（一九九一）のなかで加藤は、環境倫理学の主張を「自然の生存権の問題」「世代間倫理の問題」「地球全体主義」の三つに整理している[18]。

今道友信（一九二二―二〇一二）も科学技術の発達に伴って人間の環境に対する関わりや人間のあり方そのものが大きく変化したことを踏まえて、「エコエティカ」（eco-ethica）を提唱している。倫理の対象が目の前の人間だけでなく自然や環境にも及ぶようになり、また個人だけでなく企業や国家もその倫理性が問われるようになったいま、従来の倫理は「人類の生息圏の規模で考える倫理[19]」へと形を変えていかなければならないことを主張している。

注

(1) 市川浩『精神としての身体』(勁草書房、一九七五年)八頁。
(2) 市川浩『〈身〉の構造』(青土社、一九八四年)三七頁。
(3) 同書一八頁。
(4) 坂部恵『「ふれる」ことの哲学』(岩波書店、一九八三年)三一頁。
(5) 同書二七頁。
(6) 中村雄二郎『共通感覚論』(岩波書店、一九七九年)一三一、二八四頁参照。
(7) 同書一九九頁。
(8) 中村雄二郎『感性の覚醒』(岩波書店、一九七五年)一一頁参照。
(9) 中村雄二郎『臨床の知とは何か』(岩波新書、一九九二年)九頁。
(10) 湯浅泰雄『身体――東洋的身心論の試み』(創文社、一九七七年)二五一頁。
(11) 同書一六頁。
(12) 同書一五一頁。
(13) 源了圓『型』(創文社、一九八九年)九―一〇頁。
(14) 『柳宗悦 茶道論集』熊倉功夫編(岩波文庫、一九八七年)一五―一六頁。
(15) 源了圓はそのような「型」の特性を「アノニム性」という言葉で言い表している。源了圓『型』一五頁。
(16) 加藤尚武・加茂直樹編『生命倫理学を学ぶ人のために』(世界思想社、一九九八年)一三頁。
(17) 坂本賢三『先端技術のゆくえ』(岩波新書、一九八七年)一六五頁。
(18) 加藤尚武『環境倫理学のすすめ』(丸善、一九九一年)一頁以下参照。
(19) 今道友信『エコエティカ――生圏倫理学入門』(講談社学術文庫、一九九〇年)一七頁。

5　比較という視座

明治のはじめに哲学が受容されたとき、人々が新しく紹介された西洋の哲学と伝統的な思想との異同に関心を寄せたことは疑いがない。そこでおそらくすぐに両者の比較が課題となったと考えられる。たとえば第一部第二章で触れたように、西洋の論理学も明治の初期から積極的に受け入れられたが、すぐに、それと仏教の伝統的な論理学である因明との共通点と違いを明らかにしようとする研究があらわれた。第一部で紹介した雲英晃耀《きらこうよう》などがその代表であるが、大西祝も『論理学』（一八八三年）において両者に言及している。雲英の方が因明のすぐれた点を強調したのに対し、大西は因明が帰納法論理の面において大きな欠点を有していることを指摘している。

これもすでに述べたが、井上円了は東洋哲学と西洋哲学の二部からなる哲学史を構想したし、三宅雪嶺は『哲学涓滴』のなかで、儒教仏教の伝統と西洋哲学の精密な議論とが触れあうことによって、そこに新たな可能性が開かれることを期待した。哲学をこのような大きな視野のなかで捉えようとした点に、明治の哲学の一つの特徴があったと言ってよいであろう。

（1）中村元による「世界思想史」の試み

戦後、そのような大きな視点から東西の哲学について思索した人は必ずしも多くないが、たとえば中村元（一九一二—一九九九）や井筒俊彦などをその例として挙げることができる。

中村は『比較思想論』（一九六〇年）のなかで、「普遍的思想史の夢」という節を設け、そのなかで世界が置かれている現状、その動揺や混乱に触れ、人類全体の平和と幸福の実現が容易でないこと、それを実現するためには諸民族間の相互理解が不可欠であることを語っている。そしてそのためにはインド哲学ならインド哲学という枠のなかで研究を行うのではなく、すべての哲学・思想を視野に入れた研究が必要であることを述べている。そのような観点から中村は一九六一―一九七七年に刊行した『中村元選集』のなかで『世界思想史』（選集第一七―二三巻、一九七四―一九七七年）を構想した。それに付された「序論　普遍的思想史の構想」のなかで中村は、西洋において（例えばヘーゲルやヴィンデルバントにおいて）古代インドや中国の思想が、哲学が興起するための言わば助走でしかなかったという理由で哲学史から排除されてきた歴史に触れたあと、それに対して次のように反論している。「東洋でも西洋でも、すべての哲学者は、宇宙および人間に関する同じ事柄を取りあげ、同じ問題について論じてきた。その説明のなかには多くの類似性を見いだすことができるし、いくつかの哲学説については両者に共通であると言うことができる。つまり、「多くの哲学的問題は人類に普遍的なものであり、単に歴史的に扱うべきであるのみならず、純粋に哲学的見地からも論じなければならない。そうして真理は、あらゆる民族のうちに、あらゆる宗教のうちに、見出されるべきである」[1]。

このような立場から中村は、この「世界思想史」のなかで、いわゆる「哲学」、学的な認識の体系としての哲学にとどまらず、「人間の思惟そのもの」に目を向け、そのなかで何が共通の問題であったのか、またそれはどのように論じられたのかを明らかにすることを試みている。それは一方で共通の問題を取りだすことでもあったが、同時に、その問題をめぐる思索の結果は必ずしも同じではないという事情を踏まえて、その違いを明らかにし、それぞれの思想の独自性を明らかにすることをも試みている。それを通してそれぞれの思想の意義を明らかにし、それをこの「世界思想史」のなかに位置づけていくことが、中村の目ざしたものであったと言えるであろう。

(2) 井筒俊彦による東洋思想の「共時的構造化」

本章ですでに触れた井筒俊彦の研究の対象は、ギリシア哲学からイスラーム哲学、ユダヤ思想、インド哲学、老荘思想、儒教、仏教、とくに禅などに及ぶ。文字どおり東洋と西洋の比較を一身で実現した人であった。彼が試みた興味深い試みに、東洋思想の「共時的構造化」というものがある。

一九八三年に発表した『意識と本質――精神的東洋を索めて』のなかで井筒は、東洋のさまざまな哲学的伝統をまとめて「東洋哲学」と一言で言い表されるが、しかしはたしてそれは「西洋哲学」と比較対照されうる「纏まりをもった一つの統一体」と見なしうるであろうかという問いを立てている。一口に東洋と言っても、歴史も長く、地域的な広がりも大きい。長く生命を保っているものも、すでに死滅したものもある。そこには全体としてのまとまりも、統一的な構造もない。ただ数多くの伝統が並存しているだけではないのか。しかし、この並存している諸思想を一つにまとめ、有機的な統一体とすることができれば、それは、世界の現在の思想状況のなかで、未来に向かって「哲学的思惟の創造的原点となり得る」ものを作りだすことができるのではないか、このような課題を井筒は自らに課している。そしてそのような原点を作りだすための操作として井筒が考えたのが「共時的構造化」であった。

それは、東洋の主要な哲学的伝統を、一つの理念的平面に移し、範型論的(paradigmatic)に組み変えて空間的に配置しなおし、「それらすべてを構造的に包み込む一つの思想連関的空間を、人為的に創り出」すことから始まる。それは当然、「多極的重層的構造」をもつであろうが、しかしそれを分析することによって、いくつかの「基本的思想パターーン」が浮かびでてくる。それは、「東洋人の哲学的思惟を深層的に規制する根源的なパターン」という性格をもつと考えられる。井筒は、この東洋哲学の根源的パターンのシステムを、「一度そっくり己れの身に引き受けて主体化し、その基盤の上に、自分の東洋哲学的視座とでもいうべきものを打ち立て[2]」ようとしたのである。

井筒がそのようにあえて人為的に理論的な操作を行おうとしたのは、「東洋の様々な思想伝統を、ただ学問的に、文献学的に研究するだけ」では不十分であると考えたからである。それを自分自身のなかに内面化し、その磁場のなかで、「新しい哲学を世界的コンテクストにおいて生み出していく[3]」ことが、いま求められているという時代意識を彼は強くもっていた。この書のあと引きつづいて発表された『意味の深みへ――東洋哲学の水位』（一九八五年）や『コスモスとアンチコスモス――東洋哲学のために』（一九八九年）、『意識の形而上学――『大乗起信論』の哲学』（一九九三年）などの諸著作は、そのような壮大な計画を具体化しようとしたものであったと言うことができるであろう。

（3）比較哲学（思想）研究の可能性

論理や経験、言葉、美など個別のテーマをめぐって、あるいは東洋と西洋、インド・中国と日本など、具体的な比較対象を設定して、哲学、思想史、宗教学、仏教学など、さまざまな観点から比較研究がなされるようになったことも戦後の哲学研究の一つの特徴であると言うことができる。そのような比較研究の発展を促したものとして、中村元らによる比較思想学会の設立（一九七四年）を挙げることができる。中村は創立大会の挨拶「比較思想研究の未来性」のなかで、人文科学のなかに、研究の細分化に伴ってセクショナリズムが生まれてきていることを指摘し、その障壁をこわし、グローバルな視点から新しい学問の形を作りあげる必要性を強調した[4]。

哲学（思想）を比較研究の対象とするとき、そこにはさまざまな形が考えられる。たとえば複数の哲学（思想）

を並置し、そのなかに、共通する要素の存在を指摘するというようなことも考えられるし、また、ある一つの哲学（思想）について、その特徴や特質を、異なった文化的伝統のなかで成立した他の哲学（思想）と対比することによって際立たせるというようなことも考えられる。あるいは複数の哲学（思想）のあいだの影響関係を明らかにするというようなことも考えられる。しかし、そうした試みに対してこれまでも多くの疑問が出されてきた。

たとえば、複数の哲学（思想）に存在する共通する要素を指摘する試みは、たいていの場合、表面的な、そしてアトランダムな類似性の指摘に終わっているという批判や、当該の哲学（思想）の一面だけを取りだし、それが前提にしているものを無視することによって、その本質をゆがめることにつながっているのではないかといった批判が出されてきた。あるいは、共通点や差異が明確化できたとしても、それがそのまま学になるのかという疑問も出されている。(5)

しかし「比較」という作業には、特定の伝統のなかだけで思索するのとは異なった、それ独自の意義を見いだすこともできるのではないだろうか。「比較」は決して表面的な類似の指摘に終わるものではなく、そのなかにさまざまな考察を含む。たとえば以下のようなことが考えられる。

（a）複数の事実（多くは文献の形で表されている）を前に置いて、そこに見いだされる共通点や相違を発見し、列挙する（場合によっては、影響関係を明らかにする）。
（b）その異同の風土的、社会的、歴史的背景の解明とその比較を行う。
（c）そこから事象の本質を取りだし、それぞれの独自性や普遍的な原理を明らかにする。

そのような考察を通して「比較」は、ある特定の哲学（思想）だけを考察の対象としていたときには発見できなかったものにまなざしを向けることができる。それぞれの哲学（思想）の特徴や限界は、他の世界観や価値意識、さらにはそれらが成立した風土的・社会的背景と比較することによってより明確になると考えられる。異質なものをいわば鏡として、それに映すことによって見えてくるものも多いのである。「比較」はそれを可能にする有効な手段となりうる。そのことによって、それぞれの哲学（思想）が有していた限界が乗り越えられ、知的な地平が拡張されることになるのではないだろうか。そういう意味で「比較」は大きな意義をもつと考えられる。しかしそれ自体が最終的な目的ではないということも言いうるであろう。その先にそれぞれの哲学（思想）の発展がさらに考えられなければならないからである。

注

（1）『中村元選集』全二三巻（春秋社、一九六一―一九七七年）第一七巻、一一頁。
（2）井筒俊彦『意識と本質――精神的東洋を索めて』（岩波書店、一九八三年）四二九頁。
（3）同上四三〇頁。
（4）中村元「比較思想研究の未来性」、『比較思想研究』創刊号、一一頁参照。
（5）福井文雅が「比較研究の問題点について」（『比較思想研究』第三号）や「比較研究の限界」（『理想』第五三九号）などの論文において、このような問題点について議論している。

後語

本書は、明治の初めに「哲学」が一つの学問として紹介されて以来、それがどのように受容され、それを踏まえてどのような形で独自の哲学が生みだされてきたのか、それがどのように発展を遂げてきたのか、その歴史全体をふり返るとともに、日本の哲学の今後を展望したいという意図から編まれたものである。具体的に叙述するにあたっては、日本の哲学の長い歴史をどのような視点から、またどのような形で叙述するのかといった、いくつかの難しい問題に直面した。その際に取った方針について、ここで記しておきたい。

西田幾多郎や田辺元、九鬼周造、和辻哲郎などの哲学は、近年、日本国内だけでなく、海外においても大きな注目を集め、数多くの著作が翻訳されたり、研究書が出版されたりしている。しかし、その国内外の研究のほとんどのものは、その研究の対象を西田哲学や田辺哲学、あるいは京都学派の哲学に限定しており、その全体像を描きだすにはいたっていない。それに対して本書では、日本の哲学が全体としてどのような特徴をもつのか、またどのような意義をもつのかといった点を明らかにしたいと考えた。しかしもちろん、それが容易でないことは言うまでもない。まずその全体を把握した上で、その全体像を明確に描きだす必要があるし、ジャンルも倫理や芸術、宗教など、多岐にわたる。そのすべてにわたって論じることは一冊の書物ではとうていなしえない。しかし、可能な範囲で多くの思想家を取りあげ、日本の哲学の多様な展開を叙述するように努めた。その際、個々の哲学者の思想を個別に論じ、ただそれを並置していくのではなく、明治なら明治、大正なら大正、昭和なら昭和の思想の全体の流れを把握し、その上で個々の哲学について論じるようにした。

日本の哲学史を叙述するにあたって直面せざるをえない問題の一つに、哲学と思想との区別がある。両者は伝統的に区別され、言わば棲みわけを行ってきた。しかし、もちろん両者のあいだに交渉がなかったわけではない。日本において展開された哲学には、仏教や儒教などの伝統的な思想が流れ込み、それが日本の哲学に独自な性格や特徴を付与している。おそらく日本の哲学の歴史から思想を厳密に区別し、それを排除すれば、哲学（史）はきわめて貧しいものになってしまうであろう。本書では、日本における哲学の展開の歴史をたどる上で、それを取り巻き、それを支えているものをも考慮に入れながら叙述を行った。そのことによってより豊かな哲学史像を描きだすことができると考えたからである。もちろんそこで、西洋の伝統的な「哲学」概念を前提にしたとき、日本や東洋の伝統的な思想を「哲学」と呼べるのかということが問われるし、江戸期以前の「思想」を哲学史叙述の対象としうるのかという問題もある。そのような点については「序章」において考察を加えたので、それを参照していただきたい。

いまも述べたように、本書では個々の哲学を個別に論じるだけでなく、思想の全体の流れに注目したが、それとともに、先行する哲学とそれに続く哲学との関わりについても、さらには同じ時代のさまざまな哲学の相互の関わりについても、可能なかぎり言及するように努めた。そうすることで、個々の哲学者がどのような文脈のなかでそれぞれの思想を展開したのかを明らかにすることができると考えたからである。

本書の主題はもちろん日本の哲学の形成と発展であるが、しかし考察の対象を日本の哲学だけに、あるいは日本の哲学者の思想的な営みだけに限定し、その枠のなかだけで議論するのではなく、むしろそのような枠を取り払い、たとえば経験や言葉、自己や他者、行為や歴史といった問題を、「日本」という枠を取り払った広がりのなかで、言い換えれば、普遍的な思想空間のなかで問題にしたいとも考えた。哲学という思想的営為にとって大切なのは、事柄そのものに迫ることであり、枠を限定することではないからである。そのために多くのページを割くことは紙数の関係からできなかったが、必要なかぎりで日本の哲学者たちが前提にした西洋の哲学にも、また彼らによるその受容にも触れた。

本書の叙述を通して強く意識したことの一つは、彼らの思想の営みが長い歴史のなかで形作られてきた自然理解や歴史理解、人間理解を踏まえたものであり、そのことが日本の哲学に一つの大きな特徴を与えているということであった。それは哲学にとって決して否定的なことではないと考える。それぞれの文化の伝統を踏まえて紡ぎだされた思索を突きあわせ、そのなかで共有できるものを見いだしていくこと、あるいは、それぞれの思索の発展の方向を探っていくことは、哲学の営みにとってきわめて大きな意味をもっていると考えられるからである。そのことは、哲学という思想的営為にとって「対話」が重要であることを示しているであろう。そのような「対話」の遂行において、日本の文化的伝統を踏まえた哲学が大きな寄与をなしうるにちがいないと考えている。そのためにも、自ら枠を設け、そのなかに閉じこもるのではなく、開かれた空間のなかで思索したいと考えた次第である。


筆者が本書の出版を考えたのは、二昔ほど前に遡る。ちょうど日本の大学・大学院改革の流れのなかで、一九九五年に京都大学文学部に、そして翌年大学院文学研究科に日本哲学史専修が置かれ、筆者がその担当者になったことが機縁になった。それは第二次世界大戦の終結から数えれば、ちょうど五十年後のことであった。おそらく、日本の哲学の歴史のなかで中心的な役割を果たした西田幾多郎や田辺元の哲学を――彼らや彼らの弟子たちの戦争中の発言をも含めて――客観的に評価するだけの隔たり、つまり、その思想とそれが時代のなかで果たした役割とを、それへの思い入れや反感から離れて、それ自体として評価するだけの距離が生みだされたという事情も、その設置に与っていたと考えられる。

この日本哲学史専修の講義を担当するなかで、日本の哲学の歴史を概観する書物の必要性を強く感じたことが、本書を構想するきっかけになった。ほぼ同じ時期に、筆者がその編集に携わった雑誌『日本の哲学』の刊行を引き受けていただいた昭和堂の鈴木了市氏から、日本哲学史に関する通史の執筆を依頼され、この構想が具体化することになった。しかし、本書はすぐにはできあがらなかった。書きあげるために二〇年以上の年月を必要とした。その点で昭和堂にはたいへんなご迷惑をおかけすることになった。よく待っていただいたと、感謝の念をいまさらながら深くしている。しかし逆に、この二〇年以上の月日が、そしてその間に行った講義や演習が、多くの文献に当たり、理解を深めていく上で大いに役だったと思っている。またこの構想に沿っていろいろな機会に書きためてきたものが本書の基礎となった。その意味で、この年月も無意味ではなかったのではないかと思っている。

もちろん、論述が多岐にわたっており、不備な点も多いのではないかと恐れている。読者の方々のご批判を踏まえて、いっそうよいものに仕上げる機会があることを願っている。

二〇一八年五月三日

藤田正勝

参考文献

【日本哲学史全般】

『近代日本哲学思想家辞典』中村元・武田清子監修、伊藤友信ほか編、東京書籍、一九八二年
橋川文三・鹿野政直・平岡敏夫編『近代日本思想史の基礎知識——維新前夜から敗戦まで』有斐閣、一九七一年
遠山茂樹・山崎正一・大井正編『近代日本思想史』全三巻、青木書店、一九五六—一九五七年
『現代日本思想史』全六巻、青木書店、一九七一年
麻生義輝『近世日本哲学史』近藤書店、一九四二年
家永三郎『日本思想史学の方法』名著刊行会、一九九三年
石田慶和『日本の宗教哲学』創文社、一九九三年
大井正『日本近代思想の論理』合同出版社、一九五八年
熊野純彦編『日本哲学小史——近代一〇〇年の二〇篇』中公新書、二〇〇九年
三枝博音『日本の思想』一・二、『三枝博音著作集』第三巻・第四巻、中央公論社、一九七二—一九七三年
佐藤弘夫ほか編『概説日本思想史』ミネルヴァ書房、二〇〇五年
柴田隆行『哲学史成立の現場』弘文堂、一九九七年
清水正之『日本思想全史』ちくま新書、二〇一四年
土田杏村『日本支那現代思想研究』第一書房、一九二六年
常俊宗三郎編『日本の哲学を学ぶ人のために』世界思想社、一九九八年
永田広志『日本哲学史』三笠書房、一九三七年
中村元『日本思想史』春日屋伸昌編訳、東方出版、一九八八年
濱田恂子『近・現代日本哲学思想史』関東学院大学出版会、二〇〇六年
——『入門 近代日本思想史』ちくま学芸文庫、二〇一三年
G・K・ピオヴェザーナ『近代日本の哲学と思想』紀伊國屋書店、一九六五年
藤田正勝編『日本近代思想を学ぶ人のために』世界思想社、一九九七年

藤田正勝／B・デービス編『世界のなかの日本の哲学』昭和堂、二〇〇五年
古田光・作田啓一・生松敬三編『近代日本社会思想史』I・II、有斐閣、一九六八、一九七一年
古田光・鈴木正編『近代日本の哲学』北樹出版、一九八三年
堀孝彦『日本における近代倫理の屈折』未来社、二〇〇二年
宮川透『近代日本の哲学』（増補版）、勁草書房、一九六二年
——『日本精神史の課題』紀伊國屋書店、一九八〇年
宮川透・荒川幾男編『日本近代哲学史』有斐閣、一九七六年
宮川透・中村雄二郎・古田光編『近代日本思想論争』青木書店、一九六三年
山崎正一『日本近代思想通史』青木書店、一九五七年
湯浅泰雄『近代日本の哲学と実存思想』創文社、一九七〇年

【明治】

『明治文学全集』第三巻『明治啓蒙思想集』筑摩書房、一九六七年
家永三郎『日本近代思想史研究』（増訂新版）東京大学出版会、一九八〇年
井上克人『西田幾多郎と明治の精神』関西大学出版部、二〇一一年
井上哲次郎『明治哲学界の回顧』、『岩波講座哲学』、一九三二年
岩崎允胤『日本近代思想史序説』「明治期前篇」上下、新日本出版社、二〇〇二年
——『日本近代思想史序説』「明治期後篇」上下、新日本出版社、二〇〇四年
植手通有『明治思想における人間と国家』、『植手通有集』第一巻、あっぷる出版社、二〇一五年
大久保利謙『明六社』講談社学術文庫、二〇〇七年
金田民夫『日本近代美学序説』法律文化社、一九九〇年
神林恒道『美学事始——芸術学の日本近代』勁草書房、二〇〇二年
桑木厳翼『明治の哲学界』中央公論社、一九四三年
高坂正顕『明治思想史』、『高坂正顕著作集』第七巻、理想社、一九六九年
小坂国継『明治哲学の研究』岩波書店、二〇一三年
佐古純一郎『近代日本思想史における人格観念の成立』朝文社、一九九五年

末木文美士『明治思想家論』トランスビュー、二〇〇四年
戸沢行夫『明六社の人びと』築地書館、一九九一年
鳥井博郎『明治思想史』、『歴史科学大系』第二〇巻『思想史』歴史科学協議会編、校倉書房、一九八三年
西田毅編『近代日本政治思想史』ナカニシヤ出版、一九九八年
船山信一『明治哲学史研究』ミネルヴァ書房、一九五九年
――『明治論理学史研究』理想社、一九六六年
――『日本の観念論者』、『船山信一著作集』第八巻、こぶし書房、一九九八年
松本三之介『明治精神の構造』岩波現代文庫、二〇一二年
――『明治思想における伝統と近代』東京大学出版会、一九九六年
三宅雪嶺『明治思想小史』丙午出版社、一九一三年
本山幸彦『明治思想の形成』福村出版、一九六九年
渡辺和靖『明治思想史――儒教的伝統と近代認識論』（増補版）ぺりかん社、一九八五年

【大正】

『日本の哲学』第九号「特集 大正の哲学」昭和堂、二〇〇八年
生松敬三『大正期の思想と文化』、『現代日本思想史』第四巻、青木書店、一九七一年
鈴木貞美編『大正生命主義と現代』河出書房新社、一九九五年
船山信一『大正哲学史研究』法律文化社、一九六五年
渡辺和靖『自立と共同――大正・昭和の思想の流れ』ぺりかん社、一九八七年

【昭和】

『講座・日本社会思想史』第五巻『戦後日本の思想対立』芳賀書店、一九六七年
荒川幾男『昭和思想史――暗く輝ける1930年代』朝日選書、一九八九年
荒川幾男『一九三〇年代――昭和思想史』、『現代日本思想史』第五巻、青木書店、一九七一年
家永三郎『戦争責任』岩波書店、一九八五年
久野収・鶴見俊輔・藤田省三『戦後日本の思想』岩波書店、一九九五年

子安宣邦『昭和とは何であったか――反哲学的読書論』藤原書店、二〇〇八年
津田雅夫編『「昭和思想」新論――二十世紀日本思想史の試み』文理閣、二〇〇九年
西島建男『戦後思想の運命』窓社、一九九八年
日高六郎『戦後思想を考える』岩波新書、一九八〇年
安丸良夫『現代日本思想論――歴史意識とイデオロギー』岩波書店、二〇〇四年
山田洸『戦後思想史』青木書店、一九八九年
山田宗睦『昭和の精神史――京都学派の哲学』人文書院、一九七五年
吉田傑俊『戦後思想論』青木書店、一九八四年
鷲田小彌太『昭和思想全史』三一書房、一九九一年

【京都学派】

藤田正勝編『京都学派の哲学』昭和堂、二〇〇一年
朝倉友海『「東アジアに哲学はない」のか――京都学派と新儒家』岩波書店、二〇一四年
小野寺功『絶対無と神――京都学派の哲学』春風社、二〇〇二年
竹田篤司『物語「京都学派」』中公叢書、二〇〇一年
Heisig, J. W., Philosophers of Nothingness. Hawaiï UP, 2001
檜垣立哉『日本哲学原論序説――拡散する京都学派』人文書院、二〇一五年
山田宗睦『昭和の精神史――京都学派の哲学』人文書院、一九七五年

【近代の超克】

河上徹太郎、竹内好ほか『近代の超克』冨山房百科文庫、一九七九年
岩本真一『超克の思想』水声社、二〇〇八年
子安宣邦『「近代の超克」とは何か』青土社、二〇〇八年
酒井直樹・磯前順一編『「近代の超克」と京都学派――近代性・帝国・普遍性』以文社、二〇一〇年
鈴木貞美『「近代の超克」――その戦前・戦中・戦後』作品社、二〇一五年
廣松渉『〈近代の超克〉論――昭和思想史への一断想』朝日出版社、一九八〇年

【安部磯雄】
『安部磯雄著作集』全六巻、学術出版会、二〇〇八年
井口隆史『安部磯雄の生涯――質素之生活高遠之理想』早稲田大学出版部、二〇一一年

【阿部次郎】
阿部次郎『合本 三太郎の日記』（新版）、角川学芸出版、二〇〇八年
――――『人格主義』岩波書店、一九二二年
大平千枝子『父阿部次郎』東北大学出版会、一九九九年

【市川浩】
市川浩『身体論集成』岩波現代文庫、二〇〇一年
――――『精神としての身体』勁草書房、一九七五年
――――『〈身〉の構造』青土社、一九八四年

【井筒俊彦】
『井筒俊彦著作集』全一一巻・別巻、中央公論社、一九九一―一九九三年
『井筒俊彦――言語の根源と哲学の発生』河出書房新社（KAWADE道の手帖）、二〇一四年
若松英輔『井筒俊彦――叡智の哲学』慶應義塾大学出版会、二〇一一年

【井上円了】
『井上円了選集』全二五巻、東洋大学、一九八七―二〇〇四年
竹村牧男『井上円了――その哲学・思想』春秋社、二〇一七年
三浦節夫『井上円了――日本近代の先駆者の生涯と思想』教育評論社、二〇一六年

【井上哲次郎】
井上哲次郎「現象即実在論の要領」、『哲学雑誌』第一三巻第一二三号
――「明治哲学界の回顧」、岩波講座『哲学』、岩波書店、一九三二年
――『巽軒論文二集』冨山房、一九〇一年
『シリーズ日本の宗教学』2、島薗進・磯前順一編『井上哲次郎集』全九巻、クレス出版、二〇〇三年
渡部清「井上哲次郎の哲学体系と仏教の哲理」、『上智大学哲学科紀要』第二五号

【上田閑照】
『上田閑照集』全一一巻、岩波書店、二〇〇一―二〇〇三年
上田閑照『哲学コレクション』全五巻、岩波現代文庫、二〇〇七―二〇〇八年
――『ことばの実存――禅と文学』筑摩書房、一九九七年

【植田寿蔵】
植田寿蔵『視覚構造』弘文堂書房、一九四一年
――『絵画の論理』創文社、一九六七年
岩城見一編『植田寿蔵「芸術論撰集」』燈影舎、二〇〇一年
岩城見一「視覚の論理――植田寿蔵」常俊宗三郎編『日本の哲学を学ぶ人のために』世界思想社、一九九八年

【内村鑑三】
『内村鑑三全集』全四〇巻、岩波書店、一九八〇―一九八四年
家永三郎『近代精神とその限界』、『家永三郎集』第四巻、岩波書店、一九九八年
柴田真希都『明治知識人としての内村鑑三――その批判精神と普遍主義の展開』みすず書房、二〇一六年
鈴木範久『内村鑑三の人と思想』岩波書店、二〇一二年
隅谷三喜男『近代日本の形成とキリスト教』、『隅谷三喜男著作集』第八巻、岩波書店、二〇〇三年

矢内原忠雄『内村鑑三とともに』上下、東京大学出版会、一九六九年

【梅本克己】
『梅本克己著作集』全一〇巻、三一書房、一九七七―一九七八年
いいだもも『二一世紀の「いま・ここ」――梅本克己の生涯と思想的遺産』こぶし書房、二〇〇三年

【大西祝】
『大西博士全集』全七巻、新装版、日本図書センター、二〇〇一年
『大西祝選集』全三巻、小坂国継編、岩波文庫、二〇一三―二〇一四年
平山洋『大西祝とその時代』日本図書センター、一九八九年
堀孝彦『大西祝「良心起原論」を読む――忘れられた倫理学者の復権』学術出版会、二〇〇九年

【大西克礼】
大西克礼『美学』弘文堂、一九五九―一九六〇年
――『美学原論』不老閣書房、一九一七年
――『幽玄とあはれ』岩波書店、一九三九年
田中久文「大西克礼における日本美の構造――「あはれ」・「幽玄」・「さび」」、藤田正勝編『思想間の対話』法政大学出版局、二〇一五年

【大森荘蔵】
『大森荘蔵著作集』全十巻、岩波書店、一九九八―一九九九年
野家啓一編『哲学の迷路 大森哲学 批判と応答』産業図書、一九八四年
野矢茂樹『大森荘蔵――哲学の見本』講談社、二〇〇七年

【岡倉天心】

『明治文学全集』三八『岡倉天心集』筑摩書房、一九六八年
大久保喬樹『岡倉天心――驚異的な光に満ちた空虚』小沢書店、一九八七年
神林恒道『美学事始――芸術学の日本近代』勁草書房、二〇〇二年
木下長宏『岡倉天心――物ニ観ズレバ竟ニ吾無シ』ミネルヴァ書房、二〇〇五年
坪内隆彦『岡倉天心の思想探訪――迷走するアジア主義』勁草書房、一九九八年

【梯明秀】

『梯明秀経済哲学著作集』全五巻、未来社、一九八二―一九八七年
中島吉弘『梯明秀の物質哲学――全自然史の思想と戦時下抵抗の研究』未来社、二〇一七年
服部健二『レーヴィットから京都学派とその「左派」の人間学へ――交渉的人間観の系譜』こぶし書房、二〇一六年

【狩野亨吉】

『狩野亨吉遺文集』安倍能成編、岩波書店、一九五八年
青江舜二郎『狩野亨吉の生涯』中公文庫、一九八七年
鈴木正『狩野亨吉の研究』ミネルヴァ書房、二〇一三年
――『狩野亨吉の思想』平凡社、二〇〇二年

【唐木順三】

『唐木順三全集』全一二巻、筑摩書房、一九六七―一九六九年
『田辺元・唐木順三 往復書簡』筑摩書房、二〇〇四年
澤村修治『唐木順三――あめつちとともに』ミネルヴァ書房、二〇一七年

【河上肇】
『河上肇全集』全二八巻・続七巻・別巻、岩波書店、一九八二―一九八六年
加藤周一ほか『河上肇――21世紀に生きる思想』かもがわ出版、二〇〇〇年
古田光『河上肇』東京大学出版会、二〇〇七年
山田洸『河上肇』（新装版）清水書院、二〇一六年

【北村透谷】
『透谷全集』（改版）、岩波書店、一九七三―一九七五年
色川大吉『北村透谷』（新装版）、東京大学出版会、二〇〇七年
桶谷秀昭『北村透谷』ちくま学芸文庫、一九九四年
透谷研究会ほか編『透谷と近代日本』翰林書房、一九九四年

【木村敏】
『木村敏著作集』全八巻、弘文堂、二〇〇一年
木村敏『自覚の精神病理』紀伊国屋書店、一九七八年
――『時間と自己』中公新書、一九八二年
――『精神医学から臨床哲学へ』ミネルヴァ書房、二〇一〇年
木村敏・檜垣立哉『生命と現実――木村敏との対話』河出書房新社、二〇〇六年

【木村素衞】
木村素衞『表現愛』南窓社、一九六八年
大西正倫『表現的生命の教育哲学』昭和堂、二〇一一年
小田部胤久『木村素衞――「表現愛」の美学』講談社、二〇一〇年
村瀬裕也『木村素衞の哲学――美と教養への啓示』こぶし書房、二〇〇一年

【清沢満之】

『清沢満之全集』全八巻、暁烏敏・西村見暁編、法藏館、一九五三―一九五七年
『清沢満之全集』全九巻、大谷大学編、岩波書店、二〇〇二―二〇〇三年
『清沢満之集』安冨信哉編、山本伸裕校注、岩波文庫、二〇一二年
今村仁司『清沢満之と哲学』岩波書店、二〇〇四年
福島栄寿『思想史としての「精神主義」』法藏館、二〇〇三年
藤田正勝『清沢満之が歩んだ道――その学問と信仰』法藏館、二〇一五年
藤田正勝・安冨信哉編『清沢満之――その人と思想』法藏館、二〇〇二年
安冨信哉『清沢満之と個の思想』法藏館、一九九九年
山本伸裕・碧海寿広編『清沢満之と近代日本』法藏館、二〇一六年

【陸羯南】

『明治文学全集』三七、松本三之介編『政教社文学集』筑摩書房、一九八〇年
鈴木啓孝『原敬と陸羯南――明治青年の思想形成と日本ナショナリズム』東北大学出版会、二〇一五年
松田宏一郎『陸羯南――自由に公論を代表す』ミネルヴァ書房、二〇〇八年

【九鬼周造】

『九鬼周造全集』全一二巻、天野貞祐・澤瀉久敬・佐藤明雄編、岩波書店、一九八〇―一九八二年
九鬼周造『「いき」の構造』藤田正勝全注釈、講談社学術文庫、二〇〇三年
――『偶然性の問題』小浜善信注解・解説、岩波文庫、二〇一二年
――『人間と実存』藤田正勝編、岩波文庫、二〇一六年
伊藤邦武『九鬼周造と輪廻のメタフィジックス』ぷねうま舎、二〇一四年
小浜善信『九鬼周造の哲学――漂泊の魂』昭和堂、二〇〇六年
坂部恵・藤田正勝・鷲田清一『九鬼周造の世界』ミネルヴァ書房、二〇〇二年
坂部恵『不在の歌――九鬼周造の世界』ＴＢＳブリタニカ、一九九〇年

田中久文『九鬼周造――偶然と自然』ぺりかん社、一九九二年
藤田正勝『九鬼周造――理知と情熱のはざまに立つ〈ことば〉の哲学』講談社、二〇一六年
古川雄嗣『偶然と運命――九鬼周造の倫理学』ナカニシヤ出版、二〇一五年

【桑木厳翼】
桑木厳翼『カントと現代の哲学』岩波書店、一九一七年
――『性格と哲学』日高有倫堂、一九〇六年
――『文化主義と社会問題』至善堂書店、一九二〇年

【ケーベル】
『ケーベル博士小品集』三冊、深田康算・久保勉訳、岩波書店、一九一九―一九二四年
久保勉訳編『ケーベル博士随筆集』岩波文庫、一九五七年
『思想』第二三号「ケーベル先生追悼号」岩波書店、一九二三年

【高坂正顕】
『高坂正顕著作集』全八巻、理想社、一九六四―一九七〇年
高坂節三『昭和の宿命を見つめた眼――父・高坂正顕と兄・高坂正堯』PHP研究所、二〇〇〇年
花澤哲文『高坂正顕――京都学派と歴史哲学』燈影舎、二〇〇八年

【幸徳秋水】
『近代日本思想大系』第一三巻『幸徳秋水集』筑摩書房、一九七五年
絲屋壽雄『幸徳秋水』(新装版)、清水書院、二〇一五年
大河内一男『幸徳秋水と片山潜――明治の社会主義』講談社現代新書、一九七二年

【高山岩男】
『高山岩男著作集』全六巻、玉川大学出版部、二〇〇七―二〇〇九年
高山岩男『世界史の哲学』花澤秀文編、こぶし書房、二〇〇一年
花澤秀文『高山岩男――京都学派哲学の基礎的研究』人文書院、一九九九年

【坂部恵】
『坂部恵集』全五巻、岩波書店、二〇〇六―二〇〇七年
坂部恵『仮面の解釈学』東京大学出版会、一九七六年
――『ペルソナの詩学――かたり ふるまい こころ』岩波書店、一九八九年

【下村寅太郎】
『下村寅太郎著作集』全一三巻、みすず書房、一九八八―一九九九年
下村寅太郎『精神史としての科学史』解説野家啓一、燈影舎、二〇〇三年
竹田篤司「下村寅太郎――「精神史」への軌跡」、藤田正勝編『京都学派の哲学』昭和堂、二〇〇一年。

【鈴木大拙】
『鈴木大拙全集』(増補新版)全四〇巻、岩波書店、一九九九―二〇〇三年
鈴木大拙『新編 東洋的な見方』上田閑照編、岩波文庫、一九九七年
――『日本的霊性』岩波文庫、一九七二年
秋月龍珉『鈴木禅学と西田哲学』春秋社、一九七一年
――『鈴木大拙の言葉と思想』講談社現代新書、一九六七年
岡村美穂子・上田閑照『大拙の風景――鈴木大拙とは誰か』燈影舎、二〇〇八年
竹村牧男『西田幾多郎と鈴木大拙――その魂の交流に聴く』大東出版社、二〇〇四年
西谷啓治編『回想 鈴木大拙』春秋社、一九七五年

【左右田喜一郎】
『左右田喜一郎全集』全五巻、岩波書店、一九三〇―一九三一年
斎藤慶司『左右田喜一郎伝』斎藤郁子、一九八八年

【高橋里美】
『高橋里美全集』全七巻、福村出版、一九七三年
高橋里美『全体性の現象学』野家啓一編、『京都哲学撰書』第一七巻、燈影舎、二〇〇一年
野辺地東洋『高橋哲学――絶対愛における体験と存在の解明』福村書店、一九五五年
――――『西田哲学批判――高橋里美の体系』大明堂、一九九七年

【武内義範】
『武内義範著作集』全五巻、法藏館、一九九九年
武内義範『親鸞と現代』中公新書、一九七四年
武内義範・石田慶和『親鸞』、『浄土仏教の思想』第九巻、講談社、一九九一年

【田辺元】
『田辺元全集』全一五巻、筑摩書房、一九六三―一九六四年
『田辺元哲学選』全四冊、岩波文庫、二〇一〇年
『田辺元・唐木順三往復書簡』筑摩書房、二〇〇四年
『田辺元・野上弥生子往復書簡』上下、竹田篤司・宇田健編、岩波現代文庫、二〇一二年
家永三郎『田辺元の思想史的研究――戦争と哲学者』法政大学出版局、一九七四年
伊藤益『愛と死の哲学――田辺元』北樹出版、二〇〇五年
合田正人『田辺元とハイデガー――封印された哲学』ＰＨＰ新書、二〇一三年
武内義範・武藤一雄・辻村公一編『田辺元――思想と回想』筑摩書房、一九九一年

西谷啓治ほか『田辺哲学とは』燈影舎、一九九一年
氷見潔『田辺哲学研究――宗教哲学の観点から』北樹出版、一九九〇年
藤田正勝「西田哲学と田辺哲学――創造的対話の一つの形」『思想』一〇九九号
――「「種の論理」はどのようにして成立したのか――田辺哲学の成立への道」『思想』一〇九三号
――「田辺元の思索――「絶対無」の概念を中心に」『思想』一〇五三号
細谷昌志『田辺哲学と京都学派――認識と生』昭和堂、二〇〇八年
嶺秀樹『西田哲学と田辺哲学の対決――場所の論理と弁証法』ミネルヴァ書房、二〇一二年
――『ハイデッガーと日本の哲学――和辻哲郎、九鬼周造、田辺元』ミネルヴァ書房、二〇〇二年

【土田杏村】

『土田杏村全集』全一五巻（復刻版）、日本図書センター、一九八二年
上木敏郎編『土田杏村とその時代』新穂村教育委員会、一九九一年
川合大輔『土田杏村の思想と人文科学――一九一〇年代日本思想史研究』晃洋書房、二〇一六年
清水真木『忘れられた哲学者――土田杏村と文化への問い』中公新書、二〇一三年
山口和宏『土田杏村の近代――文化主義の見果てぬ夢』ぺりかん社、二〇〇四年

【綱島梁川】

『明治文学全集』四六『新島襄・植村正久・清沢満之・綱島梁川』筑摩書房、一九七七年
虫明竑・行安茂編『綱島梁川の生涯と思想』早稲田大学出版部、一九八一年
行安茂『綱島梁川――その人と思想』大空社、一九九七年

【徳富蘇峰】

『明治文学全集』三四、植手通有編『徳富蘇峰集』筑摩書房、一九七四年
植手通有『徳富蘇峰論』、『植手通有集』二、あっぷる出版社、二〇一五年
米原謙『徳富蘇峰――日本ナショナリズムの軌跡』中公新書、二〇〇三年

【戸坂潤】
『戸坂潤全集』全五巻・別巻、勁草書房、一九六六―一九六七年
『回想の戸坂潤』三一書房、一九四八年
岩倉博『ある戦時下の抵抗――哲学者・戸坂潤と「唯研」の仲間たち』花伝社、二〇一五年
古在由重『戦時下の唯物論者たち』青木書店、一九八二年
津田雅夫『戸坂潤と「昭和イデオロギー」――「西田学派」の研究』同時代社、二〇〇九年
平林康之『戸坂潤』（新装版）、東京大学出版会、二〇〇七年
山田洸『戸坂潤とその時代』花伝社、一九九〇年

【朝永三十郎】
朝永三十郎『カントの平和論』改造社、一九二二年
『朝永三十郎先生の思い出』朝永先生の思い出編纂会、一九五七年
芝崎厚士『近代日本の国際関係認識――朝永三十郎と「カントの平和論」』創文社、二〇〇九年

【中井正一】
『中井正一全集』全四巻、久野収編、美術出版社、一九六四―一九八一年
『中井正一評論集』長田弘編、岩波文庫、一九九五年
木下長宏『中井正一――新しい「美学」の試み』平凡社、二〇〇二年
高島直之『中井正一とその時代』青弓社、二〇〇〇年

【中江兆民】
『中江兆民全集』全十七巻・別巻一、岩波書店、一九八三―八六年
井田進也『中江兆民のフランス』岩波書店、一九八七年。
桑原武夫編『中江兆民の研究』岩波書店、一九六六年。

松永昌三『中江兆民評伝』岩波書店、一九九三年
――『福沢諭吉と中江兆民』中公新書、二〇〇一年
宮村治雄『理学者 兆民――ある開国経験の思想史』みすず書房、一九八九年。
米原謙『日本近代思想と中江兆民』、新評論、一九八六年。

【中村元】
『中村元選集』全二三巻、春秋社、一九六一―一九七七年
中村元『比較思想論』岩波書店、一九六〇年
植木雅俊『仏教学者中村元――求道のことばと思想』KADOKAWA、二〇一四年

【中村雄二郎】
『中村雄二郎著作集』岩波書店、一九九三―二〇〇一年
大塚信一『哲学者・中村雄二郎の仕事――〈道化的モラリスト〉の生き方と冒険』トランスビュー、二〇〇八年

【西周】
『西周全集』大久保利謙編、全四巻、宗高書房、一九六〇―一九八一年
小泉仰『西周と欧米思想との出会い』三嶺書房、一九八九年
島根県立大学西周研究会編『西周と日本の近代』ぺりかん社、二〇〇五年
菅原光『西周の政治思想――規律・功利・信』ぺりかん社、二〇〇九年
蓮沼啓介『西周に於ける哲学の成立』有斐閣、一九八七年

【西田幾多郎】
『西田幾多郎全集』（新版）全二四巻、竹田篤司ほか編、岩波書店、二〇〇二―二〇〇九年
『善の研究』岩波文庫、一九五〇年
『西田幾多郎哲学論集』Ⅰ～Ⅲ、上田閑照編、岩波文庫、一九八七―一九八九年

井上克人『西田幾多郎と明治の精神』関西大学出版部、二〇一一年
上田閑照『西田哲学への導き――経験と自覚』岩波書店、一九九八年
――『西田幾多郎とは誰か』岩波現代文庫、二〇〇二年
上田閑照編『没後五十年記念論文集 西田哲学』創文社、一九九四年
――『西田哲学への問い』岩波書店、一九九〇年
上田久『祖父西田幾多郎』正・続、南窓社、一九七八年、一九八三年
大峯顯編『西田哲学を学ぶ人のために』世界思想社、一九九六年
小坂国継『西田幾多郎の思想』講談社学術文庫、二〇〇二年
岡田勝明『悲哀の底――西田幾多郎と共に歩む哲学』晃洋書房、二〇一七年
小林敏明『西田哲学を開く――〈永遠の今〉をめぐって』岩波現代文庫、二〇一三年
末木剛博『西田幾多郎――その哲学体系』全四巻、春秋社、一九八三―八八年
杉本耕一『西田哲学と歴史的世界――宗教の問いへ』京都大学学術出版会、二〇一三年
竹村牧男『西田哲学と仏教――禅と真宗の根底を究める』大東出版社、二〇〇二年
新田義弘『現代の問いとしての西田哲学』岩波書店、一九九八年
花岡永子『絶対無の哲学――西田哲学研究入門』世界思想社、二〇〇二年
藤田健治『西田幾多郎 その軌跡と系譜（桑木厳翼、田辺元、高坂正顕、山内得立）――哲学の文学的考察』法政大学出版局、一九九三年
藤田正勝『西田幾多郎――生きることと哲学』岩波新書、二〇〇七年
――『西田幾多郎の思索世界――純粋経験から世界認識へ』岩波書店、二〇一一年
遊佐道子『伝記 西田幾多郎』、『西田哲学選集』別巻一、燈影舎、一九九八年

【野田又夫】

『野田又夫著作集』全五巻、白水社、一九八一―一九八二年
野田又夫『哲学の三つの伝統――他十二篇』岩波文庫、二〇一三年

【波多野精一】
『波多野精一全集』全六巻、岩波書店、一九六八―一九六九年
波多野精一『宗教哲学序論・宗教哲学』岩波文庫、二〇一二年
――――『時と永遠 他八篇』岩波文庫、二〇一二年
『追憶の波多野精一先生』松村克己・小原国芳共編、玉川大学出版部、一九六九年
石原謙ほか『宗教と哲学の根本にあるもの――波多野精一博士の学業について』岩波書店、一九五四年
安藤恵崇「時と永遠への思索――波多野精一」、藤田正勝編『日本近代思想を学ぶ人のために』世界思想社、一九九七年

【花田清輝】
『花田清輝全集』全一五巻・別巻二、講談社、一九七九―一九八〇年
『花田清輝評論集』粉川哲夫編、岩波文庫、一九九三年
高橋英夫『花田清輝』岩波書店、一九八五年

【林達夫】
『林達夫著作集』全六巻・別巻、平凡社、一九七一―一九八七年
海老坂武『雑種文化のアイデンティティ――林達夫、鶴見俊輔を読む』みすず書房、一九八六年
高橋英夫『わが林達夫』小沢書店、一九九八年
渡辺一民『林達夫とその時代』岩波書店、一九八八年

【廣松渉】
『廣松渉著作集』全一六巻、岩波書店、一九九六―一九九七年
熊野純彦『戦後思想の一断面――哲学者廣松渉の軌跡』ナカニシヤ出版、二〇〇四年
小林敏明『廣松渉――近代の超克』講談社学術文庫、二〇一五年

【フェノロサ】

村形明子編『アーネスト・F・フェノロサ文書集成——翻刻・翻訳と研究』上下、京都大学学術出版会、二〇〇〇—二〇〇一年
山口静一編『フェノロサ美術論集』、中央公論美術出版、一九八八年
栗原信一『フェノロサと明治文化』六芸書房、一九六八年
山口静一『フェノロサ——日本文化の宣揚に捧げた一生』上下、三省堂、一九八二年

【深田康算】

『深田康算全集』（新版）全三巻、玉川大学出版部、一九七二—一九七三年
深田康算『美と芸術の理論』白鳳社、一九七一年

【福沢諭吉】

『福沢諭吉全集』（再版）全二一巻・別巻、岩波書店、一九六九—七一年
『福沢諭吉選集』全一四巻、富田正文・土橋俊一編、岩波書店、一九八〇—八一年
福沢諭吉『文明論之概略』松沢弘陽校注、岩波文庫、一九九五年
——『学問のすゝめ』岩波文庫、二〇〇八年
丸山真男『福沢諭吉の哲学——他六篇』松沢弘陽編、岩波文庫、二〇〇一年
安西敏三『福沢諭吉と西欧思想』名古屋大学出版会、一九九五年
平山洋『福沢諭吉——文明の政治には六つの要訣あり』ミネルヴァ書房、二〇〇八年
ひろたまさき『福沢諭吉』岩波現代文庫、二〇一五年
丸山真男『「文明論之概略」を読む』上中下、岩波新書、一九八六年
——『福沢諭吉の哲学——他六篇』松沢弘陽編、岩波文庫、二〇〇一年
松沢弘陽『近代日本の形成と西洋経験』岩波書店、一九九三年
松田宏一郎『擬制の論理自由の不安——近代日本政治思想論』慶應義塾大学出版会、二〇一六年

【久松真一】
『増補 久松真一著作集』全九巻・別巻、法藏館、一九九四―一九九六年
『久松真一仏教講義』法藏館、一九九〇年
『覚の宗教――久松真一・八木誠一「対話」』春秋社、一九八六年
藤吉慈海・倉沢行洋編『真人久松真一』（増補版）春秋社、一九九一年
藤吉慈海編『久松真一の宗教と思想』禅文化研究所、一九八三年

【丸山真男】
『丸山真男集』全一六巻・別巻、岩波書店、一九九五―九七年
苅部直『丸山真男』岩波新書、二〇〇六年
小林正弥編『丸山真男論――主体的作為、ファシズム、市民社会』東京大学出版会、二〇〇三年
笹倉秀夫『丸山真男の思想世界』みすず書房、二〇〇三年
田中久文『丸山真男を読みなおす』講談社、二〇〇九年
都築勉『戦後日本の知識人――丸山真男とその時代』世織書房、一九九五年
中野敏男『大塚久雄と丸山真男』青土社、二〇〇一年

【三木清】
『三木清全集』全二〇巻、岩波書店、一九六六―一九八六年
『回想の三木清』、三一書房、一九四八年
赤松常弘『三木清――哲学的思索の軌跡』ミネルヴァ書房、一九九四年
荒川幾男『三木清――哲学と時務の間』（新装版）、紀伊国屋書店、一九八一年
内田弘『三木清――個性者の構想力』、御茶の水書房、二〇〇四年
清眞人ほか『遺産としての三木清』同時代社、二〇〇八年
津田雅夫『人為と自然――三木清の思想史的研究』、文理閣、二〇〇七年

宮川透『三木清』（新装版）、東京大学出版会、二〇〇七年

【三宅剛一】
三宅剛一『学の形成と自然的世界』みすず書房、一九七三年
――『人間存在論』講談社学術文庫、二〇〇八年
――『人間存在論の哲学』酒井潔編、燈影舎、二〇〇二年

【三宅雪嶺】
三宅雪嶺『哲学涓滴』文海堂、一八八九年
『明治文学全集』三三、『三宅雪嶺集』、筑摩書房、一九六七年
長妻三佐雄『公共性のエートス――三宅雪嶺と在野精神の近代』世界思想社、二〇〇二年
森田康夫『「評伝」三宅雪嶺の思想像』和泉書院、二〇一五年

【務台理作】
『務台理作著作集』全九巻、こぶし書房、二〇〇〇―二〇〇二年
『務台理作と信州』南安曇教育会務台理作委員会編、南安曇教育会、一九九一年
務台理作『場所の論理学』北野裕通編、こぶし書房、一九九六年

【柳宗悦】
『柳宗悦全集』全二二巻（二五冊）筑摩書房、一九八〇―一九九二年
柳宗悦『工藝文化』岩波文庫、一九八五年
土田真紀『さまよえる工藝――柳宗悦と近代』草風館、二〇〇七年
中見真理『柳宗悦――「複合の美」の思想』岩波新書、二〇一三年
水尾比呂志『評伝 柳宗悦』ちくま学芸文庫、二〇〇四年

【山内得立】
山内得立『随眠の哲学』梅原猛解説、燈影舎、二〇〇二年
――『体系と展相』弘文堂書房、一九三七年
――『ロゴスとレンマ』岩波書店、一九七四年
木岡伸夫『〈あいだ〉を開く――レンマの地平』世界思想社、二〇一四年
――『邂逅の論理――〈縁〉の結ぶ世界へ』春秋社、二〇一七年
後藤正英「山内得立のレンマの論理」、『日本の哲学』第一四号、二〇一三年

【湯浅泰雄】
『湯浅泰雄全集』全一七巻、白亜書房、ビイング・ネット・プレス、一九九九―二〇一二年
『身体論――東洋的心身論と現代』講談社学術文庫、一九九〇年（初版は『身体――東洋的身心論の試み――』創文社、一九七七年）

【吉野作造】
『近代日本思想大系』第一七巻、松尾尊兊編『吉野作造集』筑摩書房、一九七六年
『吉野作造論集』三谷太一郎編、中央公論社、一九七五年
吉野作造『中国・朝鮮論』平凡社、東洋文庫一六一、一九七〇年
松本三之介『吉野作造』東京大学出版会、二〇〇八年
三谷太一郎『大正デモクラシー論――吉野作造の時代』（第三版）東京大学出版会、二〇一三年

【和辻哲郎】
『和辻哲郎全集』全二〇巻・補遺、岩波書店、一九六一―一九七八年
和辻哲郎『人間の学としての倫理学』岩波文庫、二〇〇七年
――『風土』岩波文庫、一九七九年

和辻哲郎『倫理学』全四冊、岩波文庫、二〇〇七年
市倉宏祐『和辻哲郎の視圏——古寺巡礼・倫理学・桂離宮』春秋社、二〇〇五年
宇都宮芳明『人間の間と倫理』以文社、一九八〇年
苅部直『光の領国 和辻哲郎』岩波現代文庫、二〇一〇年
熊野純彦『和辻哲郎——文人哲学者の軌跡』岩波新書、二〇〇九年
高坂正顕『西田幾多郎と和辻哲郎』新潮社、一九六四年
佐藤康邦・清水正之・田中久文編『甦る和辻哲郎——人文科学の再生に向けて』ナカニシヤ出版、一九九九年
高橋文博『近代日本の倫理思想——主従道徳と国家』思文閣出版、二〇一二年
津田雅夫『和辻哲郎研究——解釈学・国民道徳・社会主義』青木書店、二〇一四年
オーギュスタン・ベルク『空間の日本文化』ちくま学芸文庫、一九八五年
——『風土の日本』ちくま学芸文庫、一九八八年
宮川敬之『和辻哲郎——人格から間柄へ』講談社学術文庫、二〇一五年
湯浅泰雄編『和辻哲郎』三一書房、一九七三年

人名・書名索引

あ 行

か　行

さ 行

た　行

な　行

は　行

ま　行

や　行

ら　行

わ　行

■著者紹介

藤田正勝（ふじた　まさかつ）

1949年生まれ。
京都大学大学院文学研究科、同大学院総合生存学館教授を経て、
現在は京都大学名誉教授。
主な著書に Philosophie und Religion beim jungen Hegel (Hegel-Studien, Beiheft 26)、『京都学派の哲学』（編著、昭和堂）、『世界のなかの日本の哲学』（共編著、昭和堂）、『西田幾多郎――生きることと哲学』、『哲学のヒント』、『日本文化をよむ――５つのキーワード』（以上、岩波新書）などがある。

日本哲学史

2018年10月30日　初版第1刷発行

著　者　藤　田　正　勝
発行者　杉　田　啓　三

〒607-8494　京都市山科区日ノ岡堤谷町3-1
発行所　株式会社　昭和堂
振替口座　01060-5-9347
ＴＥＬ（075）502-7500/ ＦＡＸ（075）502-7501

印刷　亜細亜印刷

ISBN978-4-8122-1736-8
＊落丁本・乱丁本はお取り替えいたします
Printed in Japan